A TRAVERS LA FRANCE

L'ITALIE, LA SUISSE ET L'ESPAGNE

1865 ET 1866

PAR

ALPHONSE CORDIER

(DE TOURS)

PARIS

J. VERMOT ET Cie, LIBRAIRES-ÉDITEURS

33, QUAI DES AUGUSTINS, 33.

1866

A

MON BIEN CHER AMI ET COMPAGNON DE VOYAGE,

LE COMTE DE MONTESQUIOU-FEZENSAC,

EN TÉMOIGNAGE D'AFFECTION ET DE SOUVENIR,

L'ABBÉ ALPH. CORDIER.

Château des Hayes, le 15 juillet 1866.

QUELQUES MOTS D'INTRODUCTION

Depuis les *Lettres* de Dupaty *sur l'Italie,* le *Pèlerinage en Suisse* de Louis Veuillot et le *voyage en Espagne* de Théophile Gautier, on a beaucoup écrit sur ces trois belles contrées de notre vieille Europe. Chaque voyageur, un peu sérieux, a voulu jeter sur le papier des notes, des impressions, des souvenirs, et souvent même des réflexions, plus ou moins laudatives, tant sur la nature du pays qu'il traversait, que sur son gouvernement, ses institutions, ses usages, ses croyances populaires et ses coutumes. J'arrive donc après une foule de touristes, qui ont raconté, à leur manière, ce qu'ils ont vu; et je n'ai pas la prétention de mieux dire qu'ils n'ont dit.

Pourtant, chacun a sa façon de voir, d'examiner et de juger les choses. Il y a des verres qui grossissent les objets et d'autres qui les rapetissent; mais aussi il y en a qui ne trompent pas l'œil, et qui font voir les choses telles qu'elles sont. C'est avec ces derniers que je crois avoir vu l'Italie, l'Espagne et une assez grande partie de la Suisse; par conséquent, dépouillant toute partialité, je raconterai simplement tout ce qui a frappé mes yeux, mon cœur et mon esprit, durant ce voyage; sans toutefois surcharger mon récit de détails fastidieux et inutiles.

J'avoue que ma tâche est difficile, surtout depuis que cette multitude d'*Itinéraires* et de *Guides du voyageur* a inondé la librairie et les bibliothèques des chemins de fer. Ces livres parlent de tout; ce sont de volumineux catalogues, qui entrent dans les plus petits détails et vous mènent, par la main, non-seulement de ville en ville, mais encore de musée en musée et d'hôtel en hôtel. Assurément, ils ont bien leur utilité, et ce qui le prouve, c'est qu'on les retrouve partout et dans toutes les mains. Il n'y a donc presque plus rien à raconter, après ces livres qui vous ont dit tout à l'avance. On est même souvent obligé de les copier malgré soi, puisqu'ils ont touché à tout et que rien ne leur a échappé. Ils s'imposent à vous comme un dictionnaire à consulter, et, bon gré malgré, il faut s'en servir. Tant pis pour eux, et tant pis aussi pour nous!

J'aurais voulu me rejeter entièrement dans le voyage anecdotique, qui est le plus amusant de tous pour le lecteur; mais l'anecdote devient rare, depuis qu'on voyage en chemin de fer. Le buffet des gares, où l'on a quelques minutes à peine pour manger, ne présente pas le même intérêt que la table d'hôte de ces bonnes vieilles auberges, du temps de la poste, où l'on pouvait causer et rire tout à son aise; car alors *on voyageait*, et maintenant l'*on court à toute vitesse*. La vapeur a remplacé les chevaux, et le machiniste, le postillon. Vous ne voyez plus ni la campagne, ni les hameaux, ni les bourgs, ni les villes, vous les *brûlez*; et, pour comble de malheur, comme toutes les gares et tous leurs employés se ressemblent, vous seriez tenté de croire que vous roulez dans un cercle *vicieux*, si, de temps en temps, une voix rauque et monotone ne vous jetait brutalement, à travers la portière du wagon, le nom de la station où votre locomotive fait un instant d'arrêt. Avec cette manière de voyager, on gagne beaucoup de temps et d'espace, mais on ne voit rien du pays que l'on parcourt à tire-d'ailes et qui passe, des deux côtés de votre wagon, avec la rapidité de l'éclair.

Quoiqu'il en soit, j'ai glané, par-ci par-là, le plus d'anecdotes possible, afin de jeter un peu d'intérêt dans mon récit et de ne pas marcher trop servilement sur les traces de mon *Guide*.

J'ai aussi tâché d'éviter les descriptions trop longues et trop minutieuses des monuments et des musées qui se sont rencontrés sur ma route. Mais comment raconter un voyage en Italie, sans parler des trésors artistiques que possède ce magnifique pays? La chose eût été impossible.

Quant à la Suisse, les quelques pages que je lui ai consacrées, ne parlent que de la beauté de ses montagnes et de la bonté de ses habitants. Là, je n'ai pas eu besoin d'un *itinéraire*; et, si j'ai pris parfois un *guide*, c'était seulement pour conduire mon mulet. D'ailleurs, je n'ai fait, pour ainsi dire, qu'*écorner* ce pays d'un pittoresque si grandiose; car je n'ai parcouru que les cantons de Genève, de Vaud, du Valais, de Fribourg, de Berne et de Neuchâtel. Il y a bien là, cependant, de quoi dire une foule de choses intéressantes.

Autrefois la Suisse, comme l'Italie et l'Espagne, avait ses costumes nationaux, qui variaient à l'infini et dont la forme, le coloris, la poésie charmaient souvent les yeux du voyageur; mais à présent que les modes françaises ont fait irruption partout, avec les chemins de fer, l'artiste n'a plus à s'occuper des costumes des différents peuples qu'il visite, puisque tous ces costumes se ressemblent; il n'a plus devant lui que la nature dont la main capricieuse des hommes ne peut altérer les sublimes beautés; et, certes, cette impuissance humaine est une fiche de consolation qui en vaut bien une autre!

CHAPITRE Ier

SOMMAIRE : Départ. — Lyon. — Pie porté par deux cailles. — Un fou dans une cuisine. — L'évêque de Samos et la comtesse Ida de Bocarmé. — Avignon. — Un gardien de musée comme on n'en voit plus. — Marseille. — Le Christ au jardin des Oliviers. — Toulon. — Une visite à l'arsenal. — Cannes. — Nice. — La route de la Corniche. — Monaco. — Menton.

Un vieux proverbe dit : *On sait quand on part, mais on ignore quand on reviendra.* Ce proverbe est très-vrai ; et il y en a même beaucoup qui partent et qui ne reviennent *jamais*. Plus heureux que ces derniers, notre retour a été aussi favorisé et aussi joyeux que notre départ. Nous avions quitté Paris, le lundi 16 janvier 1865, à onze heures du matin, et nous y sommes rentrés, le 16 juin, dans la soirée ; ce qui, jour pour jour, donne à notre voyage une durée de cinq mois, laps de temps bien suffisant pour voir beaucoup de choses.

Je mentirais, si je disais que j'avais les larmes aux yeux, en montant dans la voiture qui nous conduisit de la rue de Varenne à la gare de Lyon ; car mon cœur bondissait de joie, à l'idée que j'allais enfin revoir cette belle Italie, et surtout cette chère Rome, visitée deux fois, à des époques déjà bien éloignées dans les souvenirs de ma jeunesse. Et puis, pour être sincère, j'avouerai que ma joie s'augmentait encore du plaisir d'entreprendre cet agréable voyage dans la compagnie d'un très-aimable jeune homme, dont les parents m'avaient constitué le Mentor et qui était tout aussi enchanté que moi de partir pour l'Italie, ce pays des beaux-arts, cette terre que Pline l'Ancien appelle : « *L'élève et en même temps la mère de toutes les terres !* » D'ailleurs, à côté des souvenirs classiques et païens, n'y a-t-il pas celui des gloires chrétiennes ?

Nous voilà en wagon, et roulant à toute vapeur vers le sud. Cette direction me plaisait d'autant plus qu'il faisait à Paris un froid assez rude, et que je n'étais pas fâché d'aller me réchauffer un peu dans le midi. Mollement blotti dans un coin de notre compartiment, ayant mon compagnon de voyage en face de moi et mon billet de première classe à la main, je résumais intérieurement, et avec une certaine émotion, tous les événements qui avaient précédé et accompagné notre départ. D'abord, la fermeture solennelle des malles et des sacs de nuit; les adieux, plus ou moins tendres, des parents et des amis que nous allions quitter; le dernier repas, pris à la hâte et sans le moindre appétit; les larmes que j'avais surprises aux yeux de la mère du jeune Télémaque qui commençait son premier voyage, sous l'égide de ma sagesse et de mon expérience tutélaires; les suprêmes embrassements, les recommandations et les souhaits de bon voyage qui vous poursuivent jusqu'à la voiture; tout cela me revenait à la mémoire et me remuait fortement le cœur. Ensuite, je songeais à tous les embarras que causent toujours la descente, l'enregistrement et la surveillance des bagages. Que d'allées et de venues dans une gare, avant de pouvoir être commodément installé dans son wagon, comme j'avais le bonheur de m'y trouver en ce moment ! N'a-t-on rien oublié? Les parapluies, les manteaux, les cache-nez, les petits sacs de voyage sont-ils bien tous dans les filets, qui se trouvent au-dessus de votre tête? Le trousseau de clés est-il bien dans votre poche? N'avez-vous point égaré votre bulletin de bagages? Votre porte-monnaie est-il à sa place? Voilà, certes, autant de questions importantes que l'on se pose vingt fois, avant de prêter une attention sérieuse aux personnes que le hasard a fait monter dans le même wagon que vous et qui, parfois, sont très-curieuses à examiner. Mais j'avoue que, ce jour-là, j'avais le cœur trop plein pour m'occuper des étrangers; aussi toutes mes pensées et tous mes soins se concentrèrent-ils sur mon compagnon de voyage et sur nos intérêts communs.

Cependant la vapeur dévorait l'espace. C'est à peine si nous pouvions compter les stations de la voie ferrée, tant notre convoi marchait rapidement! N'est-ce pas ainsi que court l'homme sur le chemin de la vie?

Pourtant, nous pûmes distinguer : *Brunoy*, village qui appartenait aux rois mérovingiens; *Melun*, qui est moins connu par ses anciens ducs que par ses anguilles; *Fontainebleau*, si célèbre par son château et par sa forêt; *Thomery*, d'où vient le beau chasselas doré; *Montereau*, au confluent de l'Yonne et de la Seine, avec son pont historique où Tanneguy-Duchâtel assassina le duc de Bourgogne, en présence du Dauphin, l'an 1419; *Sens*, dont les chanoines en ont fort peu, au dire de l'historien Rorhbacher, mais dont la cathédrale possède une des plus belles sonneries de France; *Tonnerre*, où fut enterré Louvois; *Montbard*, la patrie de Buffon, et enfin *les Laumes*, dans le voisinage desquels se trouve, dit-on, cette fameuse ALESIA, où Vercingétorix se défendit si longtemps contre César.

Le souterrain de *Blaizy*, qui a 4,100 mètres de long, nous fit passer du bassin de la Seine dans celui du Rhône; et, après avoir franchi le beau viaduc de *Malain* et plusieurs autres tunnels, nous arrivâmes à Dijon, où l'on nous accorda vingt-cinq minutes pour dîner au buffet de la gare.

Comme ces sortes de dîners sont désagréables! Quelle lenteur dans le service! On dirait qu'on spécule sur la brièveté du temps qui vous est accordé, pour vous faire payer bien cher un repas que vous pourrez commencer, mais qu'on ne vous laissera pas le loisir d'achever! Bon gré, malgré, il faut pourtant bien en passer par-là, et se hâter le plus possible; car la vapeur ne veut pas attendre. D'ailleurs, entendez-vous ce cri? — *Les voyageurs pour la ligne de Lyon, en voiture! En voiture, Messieurs, en voiture!*

— Vous avez tout juste le temps de retrouver votre wagon et de grimper dedans. La cloche sonne, le coup de sifflet part, et le train se remet à rouler.

En partant de Dijon, nous côtoyons les collines de la *Côte-d'Or*, qui produisent des vins si estimés. Les stations s'appellent *Chambertin, Vougeot, Nuits, Beaune*, c'est tout dire !

Arriverons-nous bientôt à Lyon? La longueur de la route commence à nous fatiguer. Nous consultons l'*Indicateur du chemin de fer*, et nous voyons quelle distance nous sépare encore de la seconde ville de l'Empire français. Il faut, avant d'y arriver, traverser *Chalon-sur-Saône*, *Tournus* et *Mâcon*; nous ne serons donc pas à Lyon, avant dix heures du soir ! Mais nous avons des livres, des journaux et même un cigare, au besoin, pour passer le temps; de sorte qu'avec un peu de patience nous finirons bien par atteindre le *Grand-Hôtel de Lyon*, où nous nous proposons de passer quelques jours.

Qu'on est heureux, après un long trajet en chemin de fer, de pouvoir mettre pied à terre, réclamer ses bagages et monter dans l'omnibus qui doit vous conduire à votre hôtel! Quand nous eûmes ce bonheur, l'horloge de la gare de Lyon sonnait dix heures; il faisait un vent froid qui gelait la figure, et la neige tombait à gros flocons autour de nous.

Le lendemain matin, nous commençâmes à visiter la ville, malgré la neige à moitié fondue qui couvrait le pavé glissant de ses rues, alors presque désertes. Je me demandai où se trouvaient cachés les 292,721 habitants dont la statistique gratifie l'ancienne capitale des *Gaules lyonnaises*, aujourd'hui la ville des soieries par excellence? Imitant sans doute le ver dont les fils précieux font leur fortune commerciale, je pensai qu'ils se tenaient, comme lui, au fond de leur *cocon*, puisqu'on rencontrait si peu de monde dans les rues, en comparaison du chiffre élevé de la population. Il est vrai que nous sortions de Paris et que nous oubliions la différence immense qui doit nécessairement se trouver entre la capitale et la province. Quoiqu'il en soit, le type lyonnais ne m'a pas paru très-beau. Ces tailles défectueuses, ces figures pâles et amaigries viennent peut-être de l'excès du travail, encore plus que de l'insalubrité du climat ; car l'ouvrier en soie, le *canut*, se fatigue énormément, pour tisser toutes ces riches étoffes qui font la joie et l'orgueil du luxe et de la coquetterie ; or ce travail, lent et pénible, joint aux brouillards de la Saône et du Rhône, me semble plus que suffisant pour étioler toute une partie de cette grande cité ouvrière.

Après avoir jeté un coup d'œil sur les places *Bellecourt* et des *Terreaux*, sur les ponts et les quais du Rhône et de la Saône, nous entrâmes dans différentes églises qui, toutes, nous parurent trop pleines d'obscurité ; un peu plus de clarté, sans nuire au recueillement, permettrait de mieux admirer les beautés architecturales que renferment ces édifices dont le style est généralement gothique. Les deux qui m'ont le plus frappé sont les églises de Saint-Nizier et de Saint-Jean ; cette dernière sert de cathédrale.

Mais, en bons catholiques, il nous fallait faire un pèlerinage au célèbre sanctuaire de *Notre-Dame de Fourvières*, qui s'élève au sommet d'un coteau fort escarpé et dominant toute la ville ; de sorte que, de ces hauteurs, l'œil embrasse un vaste horizon et jouit d'un magnifique panorama, lorsque le soleil brille dans un ciel pur. Mon jeune compagnon, qui jusqu'alors n'avait vu que la butte de Montmartre et le mont Valérien, fut saisi d'admiration, quand il aperçut l'immense et splendide tableau qui, de tous côtés, se déroulait devant lui ; au pied de la colline, la ville s'étendait majestueusement sur les bords des deux larges fleuves qui la traversent ; plus loin, la campagne, saupoudrée de neige, déployait ses tapis blancs à perte de vue ; et plus loin encore, les cîmes des montagnes, dorées par le soleil, se découpaient comme une brillante broderie sur l'azur mat du ciel. C'était d'un grandiose ravissant !

Des enfants, qui s'amusaient, dans notre voisinage, à se jeter des boules de neige, nous empêchèrent de braquer plus longtemps notre binocle sur les différents points de l'horizon dont nous étions le plus charmés, et nous forcèrent, pour ainsi dire, d'entrer à l'église pour éviter leurs projectiles. C'étaient des enfants de chœur qui jouaient avec un sacristain. Le sanctuaire de Fourvières n'a rien de remarquable dans son architecture, qui est fort médiocre; c'est une chapelle à trois nefs, dont les murs sont couverts de nombreux *ex-voto*, assez mal peints et représentant les guérisons et les grâces obtenues par l'intercession de la Sainte-Vierge. Nous y avons lu une inscription votive de la ville de Lyon, attestant que la protection de Notre-Dame de Fourvières avait préservé cette grande cité des atteintes du choléra, chaque fois que ce terrible fléau était venu fondre sur la France. Nous nous sommes agenouillés devant l'image miraculeuse de la mère de Dieu, et nous avons prié Marie de bénir notre voyage.

Cette pieuse visite à Fourvières me rappelle une petite anecdote, que je raconterai de suite à mon lecteur :

Lorsque le pape Pie VII traversa Lyon, il voulut aller prier à Notre-Dame de Fourvières. Le chapitre métropolitain se fit un si grand honneur de l'accompagner que deux de ses membres, les frères Caille, disputèrent aux serviteurs du Souverain-Pontife le bonheur de le porter sur leurs épaules jusqu'au sommet de la colline. Comme ils étaient tous les deux d'une taille et d'une force égales, ils s'emparèrent de la *Sede gestatoria*, dès que le pape fut assis dessus, et, chargés de leur précieux fardeau, ils gravirent d'un pas ferme et solennel la rampe escarpée qui conduit à Notre-Dame de Fourvières. Un peintre lyonnais se hâta de faire un petit tableau, représentant cette ascension triomphale du Pontife et l'offrit de suite au cardinal Pacca, neveu de Pie VII, pour qu'il daignât le remettre à son oncle, en souvenir de sa visite à Fourvières. Une trentaine d'années plus tard, l'excellent abbé Caille des Mares, neveu des deux chanoines de Lyon, se trouvant à Rome et ayant été reçu en audience particulière du pape Grégoire XVI, cet illustre et vénérable Pontife, qui était doué d'une mémoire excellente et d'un grand esprit d'à-propos, lui demanda s'il n'était pas parent du célèbre mathématicien *Caille*. Le bon abbé, surpris, répondit qu'il ne connaissait personne, en dehors de sa famille, qui portât le nom de *Caille.*

— Il y a pourtant en France deux familles de ce nom, répliqua Grégoire XVI, avec un sourire plein de finesse; et, moi, je connais l'une et l'autre. Puisque vous n'êtes pas parent du mathématicien, vous devez être le petit-neveu des deux chanoines Caille, de Lyon?

— En effet, très-saint Père, j'ai cet honneur, dit l'abbé français, de plus en plus étonné.

— Eh bien! s'écria le Pape, en se levant tout-à-coup, venez avec moi; je vais vous montrer vos deux oncles.

Alors Grégoire XVI prit par la main son visiteur stupéfait, le conduisit dans une chambre voisine, et lui montrant un petit tableau accroché à la muraille :

— *Ecco! Ecco!* fit-il, en riant. Ils portent le pape Pie VII à Notre-Dame de Fourvières, et le peintre a mis au bas de son œuvre :

PIE *porté par deux* CAILLES.

Je tiens cette anecdote de l'abbé Caille lui-même, qui eût toujours ignoré l'existence du tableau en question, si Grégoire XVI n'avait pas eu l'aimable complaisance de le lui montrer.

Puisque j'ai commencé à raconter des histoires, je veux justifier le proverbe que *l'appétit vient en mangeant;* et avant de quitter Lyon, je demanderai à mon lecteur la permission d'exercer sa patience, en plaçant ici deux autres anecdotes qui ont trait à la ville où nous sommes.

La vue de l'hospice des aliénés, près duquel nous passons, en revenant de Fourvières, me fait songer aux Frères de Saint-Jean-de-Dieu, directeurs de ce vaste établissement et pour lesquels j'ai toujours eu l'estime la plus grande et le respect le plus profond, à cause de cette admirable charité envers les pauvres malades et les insensés, qui est l'âme de leur vie. L'un de ces bons religieux, dont j'avais fait la connaissance, à Paris, me raconta que, un jour, se trouvant à Lyon, il fut le témoin d'un fait assez singulier qui se passa dans leur hospice.

« Un fou furieux, me dit-il, que nous avions pourtant solidement revêtu de la camisole de force, parvint, je ne sais comment, à s'en débarrasser et à s'échapper de la cellule où nous l'avions renfermé. C'était un homme grand et taillé en hercule, dont la folie doublait encore la force. Il pénétra dans la cuisine, au moment où tous les fourneaux étaient allumés, et se précipitant sur l'un de nos frères qui remplissait les fonctions de cuisinier, il l'éleva dans ses bras et lui dit :

— Ah! coquin, je te tiens maintenant! Tu vas me payer cher toutes les mauvaises soupes que tu m'as fait manger. Il me faut aujourd'hui du bouillon plus gras qu'à l'ordinaire, et pour le rendre meilleur je vais te jeter dans la marmite ; elle est assez grande pour te contenir... Que dis-tu de mon idée ?

— Mais elle est excellente ! répondit le cuisinier, qui savait qu'il ne faut jamais contrarier un fou en train de débiter des sottises, et qui, voyant que personne n'était là pour le tirer des mains de cet insensé, voulait user de ruse, pour éviter la chaudière en ébullition au-dessus de laquelle on le tenait déjà. Mais vous avez parfaitement raison, mon cher ami ! Il n'y a rien de si bon que du bouillon de religieux ; vous vous en lécherez les lèvres, pendant plus de huit jours. Oh ! la fameuse idée que vous avez-là !

— N'est-ce pas? reprit le fou, avec des yeux brillants de joie. Comme j'ai bien fait de venir, ce matin, à la cuisine ! Je pense que tous les légumes nécessaires sont bien dans la marmite ?

— Il en manque quelques-uns, dit le frère ; ils sont là, tout à côté, et, si vous m'en croyez, j'irai les chercher de suite, afin que vous me mettiez avec eux dans la chaudière. Lâchez-moi pour un instant, je vous prie.

— Oh ! oh ! te lâcher! comme tu y vas! Moi, te lâcher, pour quelques carottes de plus ou de moins ?.. Allons donc ! ce serait indigne de l'affection que je te porte. Je veux moi-même te plonger, la tête la première, dans cette bienheureuse marmite qui, depuis si longtemps, n'a pas vu de lard.

— Comme vous savez bien dire les choses! Quel homme sensé vous êtes!... Mais, parbleu! s'écria tout à coup le frère, en se mettant à rire comme un fou, j'y pense! Nous allions, à nous deux, faire une belle besogne! Comment voulez-vous faire de bon bouillon avec un frère cuisinier qui n'a pas changé de vêtements, depuis un mois; qui ne s'est pas lavé les mains, depuis un an?...

— Ah! quelle horreur! quelle horreur! hurla le fou, en rejetant loin de lui le cuisinier et en se bouchant le nez. Malpropre que tu es, veux-tu bien vite aller changer de linge et te nettoyer un peu! J'aurai la complaisance de t'attendre; mais cours et ne sois pas long!

Le frère, enchanté d'avoir pu éviter, par cette ruse, un genre de mort qui, après tout, ne me semble pas devoir être des plus agréables, se hâta, non pas d'aller faire sa toilette, mais bien d'aller chercher les gardiens, qui eurent beaucoup de peine à s'emparer de ce pauvre fou et à le réinstaller dans sa cellule. »

L'autre historiette est d'un genre différent. Je la tiens d'un prélat dont je tairai le nom, parce qu'il vit encore. Ce prélat était évêque *in partibus infidelium;* on l'avait sacré à l'âge de vingt-neuf ans, au fond d'une des missions de l'Extrême-Orient, pour remplir les fonctions de vicaire apostolique du Japon; on le nommait, alors, *Monseigneur de Samos;* aujourd'hui, il occupe un des beaux siéges de l'Eglise de France. Revenu en Europe, pour les affaires de sa mission, et étant obligé de se rendre de Paris à Rome, sa pauvreté le contraignit à faire ce voyage le plus économiquement possible et à cacher sa dignité d'évêque sous une vieille soutane noire, fort râpée. Il avait, pour tout bagage, une petite malle de cuir et un sac de nuit; ce qui ne l'embarrassait pas beaucoup dans ses pérégrinations apostoliques. Comme, dans ce temps-là, le chemin de fer de Paris à Marseille n'existait pas encore, Monseigneur de Samos quitta la diligence à Chalon-sur-Saône, pour prendre passage sur l'un des bateaux à vapeur qui faisaient alors, comme aujourd'hui, le service de cette ville à Lyon. Le trajet devant durer six heures, l'évêque, pour occuper son temps, alla s'asseoir sur le pont du navire et se mit à lire son bréviaire. Tandis qu'il vaquait à ce saint exercice, une vieille dame, à l'air sec et hautain s'approcha de lui, et, posant familièrement une main décharnée sur son épaule :

— Pardon, monsieur l'abbé, si je vous interromps, lui dit-elle ; mais j'ai un cas de conscience à vous proposer. Soyez assez bon pour me tirer d'incertitude. Voici ce dont il s'agit. C'est aujourd'hui samedi, et, le dimanche, l'audition de la messe est obligatoire ; or, comme je suis forcée de quitter Lyon, demain, à cinq heures du matin, pour me rendre à Marseille, vous voyez qu'il me sera impossible d'entendre la messe, puisque les églises de la ville ne seront pas encore ouvertes. Ne croyez-vous pas, en cette circonstance, que je sois exemptée du précepte? Et vous, comment ferez-vous pour dire votre messe, si vous venez aussi à Marseille ; car je ne pense pas que vous soyiez encore assez élevé en dignité ecclésiastique, pour qu'on vous ouvre, à deux battants, les portes de la moindre chapelle de Lyon, surtout à une heure aussi matinale.

— Je vais à Marseille, comme vous, répondit en souriant le jeune évêque, et j'espère bien, Madame, que, malgré ma soutane râpée et l'heure un peu matinale, je pourrai me faire ouvrir la première église venue.

— Ah! quelle présomption, mon pauvre petit abbé! Mais, d'où venez-vous donc, pour connaître si peu votre monde?

— Madame, je viens en ligne directe de la Chine, pour vous obéir.

— Allons, je vois que vous aimez à plaisanter ; on ne revient pas de la Chine à votre âge, et, en tout cas, si vous en reveniez, vous seriez mieux monté en *magot*... Tenez, voici un bon gros curé qui monte sur notre bateau ; il est un peu plus *cossu* que vous ; cela doit être un des personnages les plus importants du clergé de Lyon, si j'en juge au brillant de sa soutane, à la largeur de sa ceinture et à la propreté de son rabat. Croyez-moi, allez vite lui faire un petit doigt de cour, et vous vous en trouverez bien ; car il doit avoir le bras long, celui-là; et, s'il est tant soit peu complaisant, je suis sûre qu'il mettra, demain matin, toute une église à notre disposition.

— Mais, Madame, objecta Monseigneur de Samos, je ne connais pas cet ecclésiastique, il ne sait pas lui-même qui je suis; et vous concevez que...

— Je ne conçois rien du tout, interrompit vivement la vieille dame, sinon que vous ne savez pas profiter d'une excellente occasion et que vous êtes peu aimable pour moi... Allons, faites donc ce que je vous dis!

L'évêque, étonné du sans-façon et de l'extrême familiarité de cette étrange personne, referma son bréviaire et, pour en finir avec une semblable importunité, il se dirigea lentement vers le gros abbé, qui venait de descendre dans l'entre-pont et de prendre place sur un des canapés du petit salon de l'arrière. La vieille dame suivait, à distance, l'œil ouvert et l'oreille au guet.

— Monsieur l'abbé demeure sans doute à Lyon, demanda timidement le porteur de soutane râpée au porteur de soutane neuve, après l'avoir salué le plus poliment du monde.

— Oui, Monsieur, répondit froidement l'ecclésiastique lyonnais, mécontent de se voir ainsi interrogé à brûle-pourpoint sur son domicile légal, et ce, par un inconnu; oui, j'habite la ville de Saint-Irénée; oui, j'ai cet honneur, et j'ajouterai même ce bonheur; car enfin : *Non licet omnibus adire Corinthum*... Mais vous, Monsieur, de quel pays êtes-vous? Quel est votre diocèse? Où est-il? Un peu partout, sans doute?

— Ah! moi, je suis un pauvre petit missionnaire, bien maigre et bien chétif. J'arrive de bien loin, et je n'ai pas, comme vous, de domicile fixe sur la terre; ce qui fait que vous avez grandement raison, en disant que mon diocèse est *un peu partout*. Pourtant, j'en ai un bien vaste, au fond de l'Extrême-Orient, et c'est précisément pour les besoins spirituels de cette lointaine et immense mission que vous me voyez aujourd'hui sur la route de Rome.

— Vraiment, monsieur l'abbé est missionnaire? Vraiment, monsieur l'abbé va à Rome? reprit le gros prêtre, étonné et presque joyeux. Mais, asseyez-vous donc près de moi, Monsieur! Mais je suis enchanté d'avoir fait votre connaissance. Vous savez que c'est à Lyon qu'a été fondée l'œuvre admirable, colossale, sublime de la *Propagation de la Foi?* Nous sommes fiers de cela, nous autres, croyez-le bien ; aussi aimons-nous tous les missionnaires du monde entier! Auriez-vous besoin de quelque protection auprès du conseil de l'œuvre? En ce cas, je pourrais peut-être vous aider en quelque chose... Parlez, parlez!

— Je vous remercie beaucoup, monsieur l'abbé, répondit l'évêque; je n'ai besoin de rien, pour le moment. Mais néanmoins vous pourriez m'être utile, je pense, en une chose beaucoup plus simple; celle de me faire ouvrir une église ou une chapelle, demain matin, sur les quatre heures, afin que je puisse célébrer la sainte messe, avant de continuer mon voyage.

— La chose est assez difficile, car l'heure est bien matinale. Pourtant, nous allons voir à arranger cela pour le mieux... Tenez, j'ai votre affaire! Le troisième aumônier de l'Hôtel-Dieu est un de mes amis intimes; il vous ouvrira la chapelle de son établissement; vous serez là à merveille, et pas loin du port... Comme je n'ai pas le temps d'aller lui parler, ce soir, vous irez de ma part, dès en arrivant; et il vous traitera bien, j'en suis sûr.

— Quel nom me faudra-t-il invoquer auprès de ce monsieur?

— Mais, le mien.

— Je l'ignore.

— Ah! c'est vrai. Tenez, voici ma carte.

Et, tirant de sa poche un grand portefeuille en maroquin vert, tout bourré de papiers, et qui était fermé à l'aide d'une longue bande de cuir de même couleur, laquelle bande, après avoir fait deux fois le tour du portefeuille, fixait son extrémité sous une petite patte de maroquin, placée là tout exprès, le bon abbé l'ouvrit, prit dedans une carte épaisse qu'il présenta à l'évêque et sur laquelle celui-ci put lire l'adresse suivante, imprimée en assez gros caractères :

L'ABBÉ POTHIN GRASSOUILLOT,

Septième Vicaire de la Cathédrale de Lyon,

rue du Tire-Col, n° 9.

— Avec ce nom-là, ajouta-t-il, en se rengorgeant dans sa dignité de *septième* vicaire, vous pouvez, Monsieur, vous présenter, de jour comme de nuit, dans toutes les églises du diocèse de Lyon et vous y serez parfaitement reçu.

— Je n'en doute pas, monsieur le vicaire de la cathédrale, reprit en souriant le vicaire apostolique du Japon ; aussi, pour vous en témoigner ma reconnaissance et vous laisser un faible souvenir de notre rencontre passagère, je vous demanderai la permission de vous offrir une petite image, derrière laquelle j'ai écrit mon nom ; vous la mettrez dans votre bréviaire, et ce sera un moyen de vous faire penser de temps en temps au pauvre missionnaire qui vous l'aura donnée.

Alors, ouvrant le livre qu'il tenait à la main, il en tira une pieuse image qu'il remit à l'abbé Pothin Grassouillot; puis, le laissant dans la contemplation de ce précieux cadeau, il sortit promptement du salon et remonta sur le pont, où il se trouva nez à nez avec la vieille dame, qui attendait impatiemment son retour.

— Eh bien! cher abbé, avons-nous notre église? Oui, oui, je vois cela dans vos yeux, nous avons réussi. Je vous l'avais bien dit que ce gros abbé-là devait avoir le bras long! Je parierais que c'est un vicaire général?... Vous souriez trop finement pour que je n'aie pas deviné juste... Donc, demain, nous avons notre messe. Vous tâcherez de vous loger au même hôtel que moi, afin de pouvoir me faire réveiller de bonne heure, et vous me conduirez vous-même à notre église. C'est une chose convenue, n'est-ce pas? Et, comme un service en vaut un autre, moi, je vous serai utile à mon tour, pendant le reste du voyage ; car je vais aussi à Rome, *monsieur le missionnaire*... Il paraît que vous aimez à savoir le nom des gens avec lesquels vous vous trouvez mis en rapport ; c'est assez naturel. Eh bien!

vous allez connaître le mien. Tenez, le voici, sur cette carte de visite!

Tout en parlant de la sorte, la vieille dame avait tiré de l'une de ses poches un joli petit carnet de velours, à fermoirs de vermeil, et elle y avait pris une carte satinée, sur laquelle étaient gravés ces mots, surmontés d'une couronne de comte :

Madame la Comtesse IDA DE BOCARMÉ.

Ce nom devenu si tristement célèbre, quelques années plus tard, ne disait alors rien de plus que celui de la première douairière venue; aussi l'évêque n'y prêta-t-il aucune attention particulière, en promettant à madame la comtesse Ida de Bocarmé de la faire réveiller, le lendemain, à l'heure convenue.

Pendant ce temps-là, l'image donnée au septième vicaire de la cathédrale de Lyon commençait à produire son effet. Après en avoir contemplé la partie coloriée, dans tous ses détails, l'abbé Pothin Grassouillot était passé au revers, avec une certaine indifférence. Il y a tant d'abbés voyageurs qui vous donnent des images!

— Tiens! qu'est-ce que c'est que cela? se dit-il, en voyant une signature épiscopale au *verso* de son image. Il s'est trompé, le petit abbé; il m'a donné, par erreur, une image qu'il tient de son évêque... C'est cela même : *Augustin, évêque de Samos, vicaire apostolique du Japon*, avec la croix en tête. Je connais cet évêque-là; il écrit de fort belles lettres, qui sont imprimées dans les *Annales de la Propagation de la Foi*. Si j'avais su, j'en aurais parlé à ce pauvre missionnaire qui, vraiment, me fait grand pitié avec sa soutane râpée... Allons, il faut pourtant lui reporter son image!

Cette résolution prise, le gros abbé se leva et, montant sur le pont, il ne tarda pas à aborder celui auquel il vous lait faire une restitution.

— Hé! vous vous êtes trompé, mon bon ami, lui dit-il, en le prenant par dessous le bras et en l'entraînant loin des oreilles de la comtesse de Bocarmé ; vous m'avez donné une image qui vous vient de votre évêque, de Monseigneur de Samos. Il faut garder cela, mon cher abbé, c'est un autographe très-précieux ; tenez, je vous le rapporte, reprenez-le.

— Je ne me suis point trompé, en vous disant que j'avais écrit mon nom derrière l'image que je vous ai donnée ; ainsi gardez-la.

— En ce cas, si c'est vous qui avez signé cela, vous êtes donc...

— L'évêque de Samos ! ajouta celui qui portait la soutane râpée.

— Ah ! Monseigneur ! Monseigneur ! Est-ce possible ? s'écria le septième vicaire de la cathédrale de Lyon. Il fallait donc me dire cela plus tôt ! Je vous aurais rendu de suite les honneurs que l'on doit à un prélat aussi distingué que vous l'êtes. Croyez bien que je ne souffrirai pas que vous disiez votre messe à l'Hôtel-Dieu ; toutes les portes de notre cathédrale vous seront ouvertes, et je me tiendrai comme très-honoré de pouvoir y assister Votre Grandeur.

A partir de ce moment, l'abbé Pothin Grassouillot ne quitta pas d'une semelle le vicaire apostolique du Japon ; il lui donnait des détails sur le clergé de Lyon et sur toutes les localités devant lesquelles on passait. La vieille comtesse Ida de Bocarmé était très-intriguée de toutes ces longues conversations qui n'en finissaient plus. Enfin on arriva à Lyon. Au moment où le bâtiment allait s'arrêter devant l'endroit où l'on débarque, la comtesse s'approcha brusquement de l'évêque, et lui dit :

— Je vais garder votre malle et votre sac de nuit, soyez donc assez aimable pour courir m'arrêter un fiacre ; car ma femme de chambre n'en viendrait jamais à bout. Prenez-le à l'heure, je paierai, et vous vous en servirez après, tout à votre aise.

L'évêque fit un signe de tête affirmatif, et s'élança de suite sur le rivage.

— Madame, vous ignorez donc le nom et la dignité de l'illustre personnage auquel vous venez de donner des ordres si étranges? dit alors l'abbé Pothin Grassouillot à la comtesse Ida de Bocarmé.

— C'est un bon petit missionnaire, très-aimable, très-complaisant et auquel je veux beaucoup de bien, répartit la vieille dame.

— C'est un évêque, Madame, c'est un évêque! s'écria le gros abbé, indigné d'une pareille méprise. C'est un évêque missionnaire; en un mot, c'est l'évêque de Samos, le vicaire apostolique du Japon, celui qui écrit de si belles lettres dans les *Annales de la Propagation de la Foi!*

— J'en suis charmée pour lui et pour moi, ajouta tranquillement la comtesse; j'achèverai au moins mon voyage en bonne compagnie, et je lui donnerai du *Monseigneur* tant qu'il voudra.

L'évêque revint avec son fiacre, aida au débarquement, et remonta en voiture avec madame Ida de Bocarmé, pour se rendre à l'hôtel où il devait passer la nuit. Inutile d'ajouter qu'il fut fort grondé d'avoir gardé si mal son incognito.

Mais où m'entraîne la manie des anecdotes? Je devrais être déjà bien loin de Lyon et de ses rues, couvertes d'une neige fondante, qui vous glace le sang dans les veines. Refermons donc nos malles, et reprenons au plus vite l'omnibus qui nous ramènera au chemin de fer, afin que nous puissions sans plus tarder nous diriger sur Avignon.

De Lyon à Montélimart nous roulâmes littéralement au milieu de la neige et des frimas. Nous traversâmes, ce jour-là, trois villes que j'aurais été heureux de pouvoir visiter : *Vienne*, cette antique métropole, avec sa cathédrale gothique, veuve à jamais de ses archevêques, mais fière encore de ses conciles et de ses ruines; *Valence*, ancienne ville des Gaules, où vint mourir, prisonnier de la République, l'auguste et infortuné Pie VI; et *Orange*, si célèbre par son arc de triomphe, son théâtre et ses autres antiquités romaines. Hélas! à combien d'excursions et de visites artistiques la rapidité de la vapeur nous force-t-elle à renoncer!

Depuis que nous avions quitté Paris, le froid et les

brumes de l'hiver n'avaient pas cessé de nous poursuivre. Ce fut à la station de Montélimart que le soleil daigna commencer à nous réchauffer un peu, en nous envoyant quelques-uns de ses bons et joyeux rayons. Nous quittâmes alors brusquement l'hiver, pour entrer dans le printemps dont nous retrouvâmes à Avignon les premiers souffles embaumés, en y cueillant les premières violettes de l'année.

Quel aspect original présente, de prime-abord, aux yeux surpris du voyageur cette ville du moyen-âge, qu'on appelle Avignon, et qui a encore conservé toutes ses murailles crénelées, ses tours et ses portes gothiques! Comme tout cela se découpe bien sur l'azur de ce beau ciel du Comtat-Vénaissin, qui est le même que celui de Provence! On rêve de l'Italie, en voyant l'étrange cité qui, de 1309 à 1376, a servi de refuge et de séjour aux Pontifes romains persécutés; en contemplant de loin ce fameux château d'où Clément V, Jean XXII, Benoît XII, Clément VI, Innocent VI et Urbain V ont successivement gouverné le monde catholique. Salut donc, ô Avignon, toi dont les ruines grandioses attestent un si glorieux passé! L'histoire a imprimé sur ton front un cachet d'immortalité, qui fait de toi une seconde Rome et qui te sauvera à jamais de l'oubli!

Nous sommes descendus à l'hôtel *de l'Europe*; ce n'est plus un palais comme à Lyon, mais bien une de ces vieilles auberges de province qui tendent à disparaître tous les jours; nous avons trouvé à nous y loger, sinon somptueusement, du moins convenablement, et, surtout, à un prix modéré. Il fallait bien une compensation. Notre chambre avait vue sur une petite rue étroite et sale; mais, en revanche, nous n'avions qu'à sortir de la cour de notre hôtel pour nous trouver au pied des remparts que baigne le Rhône, dont le cours, en cet endroit, est large et majestueux. Dès que nous eûmes secoué la poussière du chemin de fer, nous nous hâtâmes de profiter du peu de temps que le soleil avait encore à rester sur l'horizon, afin de jeter un coup d'œil rapide sur l'ensemble de la ville; et nous nous dirigeâmes tout naturellement vers le fleuve, pour voir ce pont d'Avignon, si connu par la gamme qu'on lui fait monter et descendre :

Je suis sur le pont d'Avignon,
Sur le pont d'Avignon je suis.

et par la chansonnette populaire :

Sur le pont d'Avignon,
On y danse, on y danse;
Sur le pont d'Avignon,
On y danse tous en rond.

J'avouerai franchement que le vieux pont d'Avignon, dont il ne reste plus que la moitié qui touche la ville, m'a paru bien étroit pour qu'on y puisse *danser en rond;* et à moins de donner à ces mots le sens de l'ironie, ils ne sont pas explicables. Nous traversâmes le beau pont suspendu, qui remplace beaucoup plus avantageusement l'ancien; et, pendant que nous étions accoudés sur un des parapets, pour admirer les effets du soleil couchant, nous fûmes témoins d'une petite scène tout à la fois comique et tragique. Trois bambins, d'une dizaine d'années environ, passèrent près de nous, traînant derrière eux un malheureux chien crevé qu'ils destinaient aux flots du Rhône, dont la rapidité me donnait presque le vertige. Ils avaient l'air enchanté de leur besogne, qui semblait avoir encore pour eux un arrière-goût de cruauté. Ils furent quelque temps à se décider sur l'endroit qu'ils devaient choisir et sur la manière dont ils jetteraient à l'eau la pauvre bête. Quand tout cela fut bien résolu, ils tirèrent l'animal sur le trottoir, vis-à-vis un espacement des barreaux du parapet, et déjà ils se mettaient en devoir de le pousser avec leurs pieds, pour le précipiter dans le fleuve, lorsque l'un d'eux, qui était le plus petit, fit observer aux autres qu'il ne fallait pas perdre la corde passée au cou du chien, quoiqu'elle fût toute sanglante. Ses camarades renoncèrent à cette corde, en faisant une grimace de dégoût; mais lui, ce précoce économe, cet avare en herbe, se baissa tranquillement, détacha la corde, la roula et la mit soigneusement dans sa poche. Une minute après, le cadavre de l'animal avait disparu dans les flots! Mon compagnon était resté impassible comme une statue de marbre devant cette scène; quant à moi, j'étais outré et de la joie cruelle de ces enfants et de l'avarice naissante de ce bambin, qui spéculait déjà sur un bout de corde immonde.

— Pierre, je suis attristé d'avoir vu cela, dis-je à mon jeune comte, en lui prenant le bras. Quittons ce beau pont d'Avignon, où les enfants, au lieu de *danser en rond*, s'amusent à jeter des chiens dans l'eau.

Et, tout en faisant les réflexions les plus philosophiques et les plus *humanitaires* sur la destinée des bêtes et des gens, je repris le chemin de la ville, dont nous visitâmes la partie basse, avant de rentrer à notre hôtel.

Le soir, nous dînâmes à la table d'hôte; c'était la première fois que nous nous trouvions attablés avec des étrangers de toute sorte. Pierre y mangea peu, mais son esprit froidement observateur s'y amusa beaucoup. Il y a tant d'originaux qui voyagent et qui promènent partout avec eux leur excentricité!

Après une excellente nuit, passée dans des draps bien blancs (ce qui, certes, n'est pas à dédaigner dans une auberge de province), nous nous levâmes assez gaiement, et nous nous empressâmes d'aller visiter les curiosités de la ville. D'abord, ce fut le palais des Papes, qui servait encore de caserne, et qu'un concierge, plus intéressé qu'intéressant, nous fit voir *grosso modo*, c'est-à-dire *en gros*, sommairement; j'avoue franchement que, dans le fond, je n'étais pas trop fâché de ne jeter qu'un coup d'œil rapide sur ces vastes salles remplies de soldats et imprégnées d'une certaine odeur peu agréable.

Le gouvernement doit faire restaurer ce beau palais, qui deviendra un évêché, dès que les nouvelles casernes seront achevées et que les soldats pourront évacuer avec armes et bagages l'ancienne demeure des Papes d'Avignon. La chapelle du vieux palais pontifical sert aujourd'hui d'église cathédrale et renferme plusieurs tombeaux de Papes, entre autres celui de Benoît XII. Autour de cette église, on a dessiné et planté un petit parc anglais, qui conduit sur une terrasse très-élevée d'où l'œil enchanté découvre des horizons superbes. Nous restâmes là, en contemplation, plus d'une heure, nous prêtant mutuellement notre lorgnette et nous reposant sur d'excellents bancs à dossier.

Les églises de Saint-Pierre et de Saint-Martial, l'hôtel de ville, le théâtre et le musée, tout cela n'est que d'un intérêt secondaire auprès du château papal. Pourtant le musée m'a beaucoup plu. Nous avons eu, d'abord, bien de la peine à le trouver; et, ensuite, il nous a été montré en détail par un petit bonhomme, très-poli et très-amusant, dont le langage accentué sentait déjà le marseillais. Cet excellent gardien récitait sa leçon avec intelligence, et ne se tenait pas servilement aux mots qu'il avait appris; il savait en changer au besoin et prouver qu'il n'était point un sot, comme la plupart de ses confrères. Je vois encore d'ici sa bonne figure, pleine de franchise et d'honnêteté, s'illuminer d'un éclair d'enthousiasme et de fierté patriotique, en nous parlant des *Vernets*, ces illustres fils d'Avignon, dont il nous montrait quelques toiles fort remarquables. De la galerie des tableaux, il nous fit passer dans celle des curiosités artistiques, où nous vîmes un magnifique Christ en ivoire, des mieux exécutés, et dont l'auteur avait eu la précaution de faire des bras de rechange. Enfin après avoir parcouru de grandes salles où étaient rangés, avec ordre, des fossiles, des poteries, des fragments de tombeaux et de statues, débris d'un autre âge, trouvés dans le pays, nous songeâmes à nous retirer. Je glissai un franc dans la main du concierge, en franchissant le seuil de la dernière salle; mais, ô stupéfaction! ô miracle d'honnêteté! ô prodige que ne verra jamais l'Italie, ce royaume des *bonnes mains*, mon brave petit homme mit le franc dans sa poche; puis il en retira une pièce de *dix centimes* toute neuve, qu'il me força d'accepter, pour remettre à l'enfant qui gardait nos parapluies, à la porte d'entrée. Je crus d'abord à une fanfaronnade de la part de ce gardien qui m'avait paru si bon, et je refusai ses *dix centimes*, lui offrant même un autre franc; mais il ne plaisantait pas, il agissait d'après sa conscience, et se trouvait très-bien rétribué avec les quatre-vingt-dix centimes qu'il conservait. Allez retrouver des gardiens pareils, surtout à Venise et à Naples! Avignon, je crois, est la seule ville du monde où existe une semblable merveille; aussi j'ai tenu à en conserver le souvenir dans ces pages destinées à la publicité.

Nous quittâmes Avignon le lendemain, et nons nous dirigeâmes vers Marseille. J'aurais bien désiré m'arrêter à *Arles*, pour voir son amphithéâtre qui, dit-on, a 45 mètres de long et peut contenir 25,000 spectateurs; mais mon ami avait hâte d'arriver à Marseille, et comme nous devions parcourir toute l'Italie, il ne tenait pas beaucoup à visiter des ruines romaines qui se trouvaient sur un sol français. Néanmoins c'est un tort que nous avons eu; car Arles est un des plus beaux portiques de l'Italie, et l'on prétend que ses ruines romaines feraient la gloire et la curiosité d'un des quartiers de Rome elle-même.

Nous traversons la *Crau*, plaine immense, couverte de cailloux roulés et qu'on croit avoir été jadis un golfe que la mer a abandonné. Puis, vient *Saint-Chamas*, avec son viaduc de 49 arches; du haut des collines arides que l'on côtoie, on aperçoit l'étang de *Berre*, au fond duquel est *Martigues*, la Venise de la Provence. Nous entrons dans le *tunnel de la Nerthe* qui a 4,638 mètres et qu'on franchit en huit minutes. Les dépenses de ce magnifique travail se élevées à plus de *dix millions* de francs.

Changement de décors! Voici Marseille! Deux heures nous ont suffi pour faire le trajet, et nous avons été favorisés par le plus beau temps du monde.

L'embarcadère est construit sur une vaste esplanade qui domine la ville. En sortant de la gare, nous trouvons une foule de gens qui nous offrent tous de nous conduire au meilleur hôtel de la ville.

Nous nous décidons, au hasard, pour le *Grand-Hôtel de Marseille*, situé dans la rue de Noailles. Aussitôt nos bagages sont placés sur l'impériale d'un omnibus, dans l'intérieur duquel nous nous installons; et, un quart d'heure après, nous étions en plein Marseille. Quel accent terrible pour des oreilles françaises! Cette ville d'origine phocéenne, s'agite et se remue comme une ruche d'abeilles encombrée de miel. Les rues sont pleines de promeneurs et de gens qui vont à leurs affaires. On se croirait presque à Paris.

Notre hôtel a un faux air de l'*hôtel du Louvre*; c'est un logis splendide où rien ne laisse à désirer. Nous sommes au quatrième, et nous avons une chambre magnifique, avec un superbe baldaquin au-dessus de nos lits. C'est un luxe qui écrase l'humble hôtel d'Avignon que nous venons de quitter. J'ai bien grand'peur que nous ne payions cela un peu trop cher. Pour en finir tout de suite avec ce bel hôtel, je dirai qu'on m'y a volé une douzaine de foulards des Indes, cela à ma barbe et sans que je m'en aperçoive. Si j'avais pu prévoir qu'un serviteur infidèle m'eût ainsi *fait le mouchoir*, c'eût été pour moi le cas de dire :

« Que Nostre-Dame de la Garde
« De tous vilains larrons me garde! »

Puisque j'ai nommé *Notre-Dame de la Garde*, il faut que je dise qu'une de nos premières visites a été pour ce sanctuaire célèbre et vénéré, qui est aux Marseillais ce que Notre-Dame de Fourvières est aux Lyonnais. L'église a été nouvellement reconstruite, et la richesse de son ornementation intérieure surpasse de beaucoup l'idée que je m'en étais faite. Quant à sa position, elle est unique au monde, car elle domine l'immensité de la mer qui se déploie à sa gauche, et les hautes collines qui se dressent à sa droite. Devant elle, se déroule le vaste horizon des flots d'où surgissent des points noirs qui sont des îles, et des points blancs qui sont des voiles de navire. C'était bien là, en effet, la place du temple dont la poésie chrétienne pouvait rêver la construction en l'honneur de la vierge divine qu'elle nomme l'*Etoile de la Mer*.

Beaucoup d'écrivains ont déjà longuement et savamment parlé des Marseillais; quelques mauvais plaisants ont cru les dépeindre avec ces quatre mots : *Cannébière, Bagasse, Bouille-abaisse* et *Savon*. — La Cannébière est cette fameuse rue dont les Marseillais sont si fiers et qui est tout pour eux. Otez-leur cette espèce de *forum*, où ils passent leur vie, et le reste du monde ne sera plus rien à leurs yeux. Aussi leur prête-t-on cette phrase ridicule et prétentieuse : « *Si Paris avait sa Cannébière, il serait un petit Marseille.* » Le mot *Cannébière* résume donc en lui tout l'orgueil, toute la fierté du Marseillais, comme le mot *bagasse*, qui se retrouve à chaque instant dans sa bouche, en résume la forfanterie et l'humeur plaisante. C'est le *cadédis* des Gascons de la Provence. La *bouille-abaisse*, espèce de mets particulier à la cité phocéenne, représente ses goûts pour le poisson, l'huile et les épices, comme l'*ailloli* redit son goût pour l'ail, l'oignon et tout ce qui laisse après soi des odeurs fortes. Quant au *savon*, le célèbre *savon de Marseille*, l'une des branches les plus importantes de son industrie, il sert d'enseigne à son commerce local.

Lorsque l'isthme de Suez sera entièrement percé; quand la mer Rouge et la mer Méditerranée réuniront leurs eaux et que les navires des Indes et de l'Extrême-Orient pourront venir en Europe, sans doubler le cap de Bonne-Espérance, alors Marseille dviendra la ville la plus importante du monde maritime, elle sera le double nœud qui rattachera l'Afrique et l'Asie à l'Europe; l'Amérique et l'Océanie elles-mêmes pourront avoir des rapports directs avec elle. Est-ce dans la prévision de cette grandeur future que Marseille se développe déjà d'une manière si prodigieuse et qu'elle a créé un nouveau port et des docks pour faciliter l'extension de son commerce? Je serais tenté de le croire. Quoiqu'il en soit, tôt ou tard, *la Cannébière* sera détrônée par *la Joliette.*

Marseille est un trop grand centre d'affaires pour que la science et les lettres y soient beaucoup cultivées. Il y a pourtant quelques Marseillais qui ont fait leur chemin dans le monde littéraire, témoin ce poète des Bouches-du-Rhône qui, rencontré sur la Cannébière par un négociant de ses amis, est accosté de la sorte.

— Eh bien ! mon cher, vous voilà donc dans les grandeurs ! Est-ce vrai que vous faites des *verses ?*

— Oui, *j'en faisse*, répondit négligemment le Marseillais devenu parisien, et je vous assure que cela ne m'est pas plus difficile qu'à vous de vendre du savon.

Je placerai ici une petite anecdote qui donnera une idée du goût artistique des Marseillais.

Le conseil municipal de Marseille avait décrété qu'un tableau serait offert par lui, en *ex-voto*, à l'une des églises de la ville. Il s'agissait de remercier Dieu d'une récolte très-grasse et très-abondante en huile. Le sujet du susdit tableau devait être *Notre-Seigneur Jésus-Christ au Jardin des Oliviers*, attendu que Marseille est le pays des olives par excellence. On fit venir, tout exprès, un artiste de Paris. Le maire lui indiqua la hauteur et la largeur de sa toile; lui dit le prix voté pour l'exécution du tableau, en combien de jours on devait le faire, et termina toutes ses recommandations par cet ordre formel : *Nous voulons surtout que vous mettiez beaucoup d'oliviers dans votre paysage*. L'artiste se mit à l'œuvre; il plaça le plus d'oliviers possible dans son tableau, sans toutefois en faire un plat d'épinards. On voyait le Christ à genoux, acceptant des mains de l'ange le calice de sa douloureuse Passion : les trois apôtres Pierre, Jacques et Jean dormaient, couchés sur l'herbe, à quelque distance de leur divin Maître; en tout cinq personnages dans le tableau; on n'en pouvait pas mettre moins. Le maire vint voir l'artiste.

— Il y a trop de personnages, lui dit-il, et pas assez d'oliviers. Voyons, ne pourriez-vous pas cacher ces apôtres qui dorment, en les plaçant derrière un massif d'oliviers. Il ne faut pas oublier que Marseille est le pays des olives.

Le peintre voulut défendre les trois apôtres endormis; mais il fallut céder.

Le lendemain, le maire revint avec ses deux adjoints.

— Eh bien! dit-il, votre tableau commence à prendre de la mine. Il n'y a plus que cet ange, qui se trouve mal à l'aise au milieu de tous ces feuillages. Si vous m'en croyez, vous le ferez disparaître.

— Mais il est indispensable, observa le peintre.

— Bah! bah! répliqua le maire, pourvu qu'on voie le

calice, cela suffit. Vous pouvez mettre le calice entre les branches d'un olivier.

Le pauvre artiste poussa un soupir, et se résigna. Seulement il se promit *in petto* de ne pas signer son œuvre.

Quand le tableau fut achevé, le conseil municipal vint le visiter. Un membre, plus artiste que les autres, ayant fait observer que l'ange et les apôtres étaient absents :

— Ils y sont! ils y sont! s'écria le maire. Je les ai vus. Seulement, ils sont cachés derrière les oliviers!

Marseille néanmoins possède un musée où se trouvent quelques tableaux remarquables. Il a même un jardin zoologique assez beau. J'y ai remarqué de superbes kakatoès, des ours fort bien léchés, un éléphant très-spirituel et des singes pleins de sagacité. L'un d'eux me voyant prendre une prise de tabac, étendit le bras à travers les barreaux de sa cage, pour atteindre ma tabatière. Je la lui présentai toute ouverte. Il y prit une forte pincée de tabac qu'il se fourra dans le nez ; et quelques secondes après, il se mit à éternuer de la façon la plus comique. Cela nous fit beaucoup rire.

C'est tout ce dont je me souviens de Marseille. Nous quittâmes cette ville, le dimanche, 22 janvier, pour nous rendre à Toulon, où la vapeur nous mena en quelques heures, par une route des plus pittoresques, tantôt longeant des murailles de rochers, tantôt traversant des souterrains interminables.

Toulon est une ville fort sale et mal bâtie, qui sent son bagne d'une lieue. Nous sommes descendus à la *Croix-d'Or*, petit hôtel de peu d'apparence, mais assez propret, malgré cela. La seule promenade qu'il y ait à faire dans cette ville est celle du port; il faut y aller les yeux grandement ouverts pour voir la mer, mais en même temps avoir bien soin de se boucher le nez ; car l'odeur du poisson exposé au soleil est quelque chose d'infect. A cela près, c'est un port militaire magnifique, défendu par des fortifications de Vauban et précédé d'une très-belle rade, dans laquelle se balançaient alors gracieusement plusieurs navires de guerre. Pierre désira en visiter un ; et à cet effet, ayant cédé aux instances plus qu'importunes d'un canotier, qui nous poursuivait à travers la foule, depuis plus d'une demi-heure, nous montâmes dans sa barque dont il hissa la voile bien malgré moi ; et, après avoir tiré plusieurs bordées, pendant lesquelles j'eus plus d'une fois grand'peur de chavirer, nous abordâmes enfin le *Navarin* à l'aide d'un escalier ressemblant fort à une échelle.

Sur notre demande de visiter ce bâtiment, on nous donna un jeune matelot pour nous accompagner et nous en faire voir les détails les plus curieux. Cette visite dura près d'une heure et nous plut beaucoup. Je me sentais plus à l'aise sur le pont de ce grand navire de guerre que sur les trois ou quatre mauvaises planches formant la barque qui nous attendait patiemment au pied de l'escalier du *Navarin*, pour nous reconduire à terre; pourtant il fallut quitter l'un pour reprendre l'autre, et, *grâce à la voile* et *aux bordées*, nous regagnâmes Toulon un peu avant le coucher du soleil.

Nous eûmes encore le temps de visiter quelques églises telles que Saint-Louis et Notre-Dame, et de faire plusieurs fois le tour de la promenade publique avant de rentrer à notre hôtel, où nous dînâmes à la table commune, en compagnie d'officiers qui arrivaient directement du Mexique et qui nous racontèrent des choses très-curieuses sur cette guerre lointaine.

Ce jour-là, nous avions vu Toulon endimanché; tout le monde était à la promenade, toutes les figures étaient épanouies; mais le lendemain, cette ville de 90,000 âmes avait pris un tout autre aspect. C'était bien la ville de la tristesse et du sombre désespoir. Les visages étaient loin d'y être gais. Partout, je ne voyais que militaires, que marins, que forçats, allant et venant, remplissant chacun leur besogne. Toulon me produisit l'effet d'une immense geôle, et il n'y avait pas jusqu'aux garçons de notre hôtel qui ne me parussent tant soit peu *grimauds* et *maussades*, surtout quand je les vis à notre retour de l'arsenal!

Comme nous n'avions pas de permission pour visiter cet arsenal, dont la création remonte à Henri IV et qui est un des plus considérables de l'Europe, nous nous adressâmes à l'aide-major de marine, qui se trouva être un monsieur très-complaisant et qui nous remit, avec une grande amabilité, un ordre de laisser-passer. Un des soldats, qui étaient de *planton* dans son antichambre, reçut la consigne de nous accompagner partout. De sorte que nous parcourûmes avec lui sans rencontrer le moindre obstacle, les magasins de la marine, la corderie, la cale couverte, le musée de la marine et le bagne. Cet intérieur de forçats est d'une grande tristesse. Les malheureux qui sont condamnés à vivre là, sont traités plutôt comme des bêtes que comme des êtres humains. Enchaînés, pour la plupart, deux à deux, ils sont employés aux travaux du port et de l'arsenal. On leur permet de fabriquer, pendant leurs moments de loisir, certains petits objets où la patience joue toujours un très-grand rôle, et ils peuvent les vendre aux visiteurs. Pour cela, on leur a consacré une salle, sorte de bazar où est étalé leur travail, et dont plusieurs forçats, dignes de confiance, font les honneurs aux étrangers. Nous y avons acheté, comme souvenirs de notre visite, quelques menus objets, qui ont fait avec nous tout le voyage d'Italie avant de revenir en France.

C'est à Toulon que je me suis aperçu du vol de foulards qui m'avait été fait au *Grand-Hôtel de Marseille*. Cette découverte, peu agréable, me rendit si maussade et si grognon, que mon jeune comte s'amusa beaucoup de ma mauvaise humeur. Enfin, je me consolai encore assez vite de cette petite mésaventure, et je pris la ferme résolution de mieux surveiller nos effets durant notre séjour dans les hôtels.

Nous nous sommes remis en route, et la vapeur a côtoyé, sans accident, tous les bords de la mer, depuis Toulon jusqu'à la charmante petite ville de Cannes, où Napoléon, s'échappant de l'île de l'Elbe, débarqua en 1815.

Nous avons salué en chemin les îles d'Hyères dont la principale et la plus fraîche est celle de Porquerolles. *Fréjus*, l'antique *Forum Julii*, dont César fit creuser le port et qu'Auguste se plut à embellir, attira encore plus mon attention par les ruines d'un amphithéâtre et d'un aqueduc que je pus apercevoir du chemin de fer. Enfin, nous vîmes de loin, presque en face de Cannes, les îles de Sainte-Marguerite où se trouve la prison de ce personnage mystérieux qu'on appelle *le Masque de fer*.

Connaissez-vous Cannes? Quelle jolie petite ville! Comme elle est propre et coquette, avec ses maisons neuves, qui sont presque des palais! Le flanc des montagnes, qui lui font une demi-ceinture, est semé de villas blanches, aux volets verts, de châlets de toute sorte, noyés dans un océan de verdure dont les figuiers, les oliviers, les orangers, les aloës et mille autres plantes forment les flots. C'est un Eden véritable, surtout au cœur de l'hiver; aussi les malades y viennent-ils de toutes parts dans l'espoir que l'air doux et vivifiant de ce beau pays leur rendra la santé. Hélas! on meurt partout; et si la salubrité du climat prolonge parfois une vie usée, elle ne peut empêcher la mort de frapper, quand l'heure fatale a sonné!

Cannes s'agrandit et se développe à vue d'œil, depuis plusieurs années. On y bâtit des hôtels splendides, avec tout le luxe et le confortable qu'ont inventés les goûts épicuriens de notre civilisation moderne. Avant peu, Nice aura une rivale sérieuse dans sa voisine, et, pour répéter un joli jeu de mots de mon compagnon de voyage, *elle recevra de terribles coups de Cannes*. Qui vivra verra! En attendant, nous partirons, ce soir, pour Nice, où nous comptons passer quelques jours. Si le changement de lieux rend les voyages agréables, certes, l'obligation de faire et de défaire, à chaque instant, ses malles, les rend parfois bien ennuyeux, surtout au moment d'un départ.

Une heure de chemin de fer nous a conduits à Nice, la patrie de Garibaldi, la ville annexée, *un peu de force*, dit-on, à l'Empire français. Du reste, c'est une ville qui appartient à l'Italie par le sol, à la France par les traités, à l'Angleterre par les mœurs, et à tout le monde par son immense population flottante, venue des quatre coins du globe. Ici, les rois et les reines, les empereurs et les impératrices, les princes et les princesses, coudoient journellement les roturiers et les vilains. C'est une confusion générale des titres et des individus. Chacun vient à Nice pour sa santé ou son bon plaisir, et nul n'y apporte avec lui d'autre distinction que celle de l'argent qu'il lui plaît d'y dépenser.

Je ne parlerai pas de la beauté de Nice, de sa fameuse *promenade des Anglais*, des quais plantés de palmiers qui bordent son *Paillon*, torrent à moitié desséché dont les eaux parfois se gonflent en vingt-quatre heures, et remplissent complétement un lit grand comme deux fois celui de la Seine; car tous les guides du voyageur en Italie font ce genre de description. Je dirai seulement que nous avons été faire, aujourd'hui, une promenade à Villefranche, dont le port abrite deux frégates russes au service de la czarine, actuellement à Nice. J'avoue que Villefranche ne présente qu'un fort médiocre intérêt, et que les deux lieues que nous avons faites à pied méritaient quelque chose de mieux que cela.

Tout le monde connaît le goût d'Alphonse Karr pour les fleurs et sa manie de prendre le titre de *jardinier*. Le fait est qu'il y a un peu droit, lui qui a si bien écrit un délicieux *Voyage autour de son Jardin*. Nous voulions donc voir ce fameux jardin, et, par un soleil des plus ardents, nous avons été frapper à la porte de sa villa; mais le *bon* républicain était absent, et sa concierge avait ordre de ne faire entrer que les gens spécialement recommandés; or, comme nous n'étions que recommandables, nous n'avons pas été admis; ce qui nous a assez vivement contrariés. En revanche, nous avons été, le lendemain, visiter les sources pétrifiantes de Saint-André, qui sont vraiment dignes d'admiration et qui m'ont largement consolé du jardin d'Alphonse Karr.

Ce matin, 28 janvier, nous avons pris la diligence pour nous rendre de Nice à Gênes, en passant par la célèbre *Corniche*, le chemin le plus pittoresque et le plus dangereux du monde. C'est en effet tout ce qu'il y a de plus grandiose et de plus effrayant. A gauche des montagnes à pic qui surplombent la voie; à droite, des abîmes d'une profondeur vertigineuse et la mer qui se déploie à perte de vue. Vous roulez, pendant vingt-quatre heures, sur un chemin sans talus protecteur, et décrivant des milliers de zig-zag; vous traversez une foule de petites villes mal bâties, vous enfilant dans des rues d'une étroitesse extrême, et craignant, à chaque instant, d'écraser un piéton ou de renverser une enseigne; c'est ainsi que vous arrivez, tout moulu, à Gênes, par la voie de terre. Mais, il faut que je dise un mot de Monaco, où nous avons fait une station.

Nous descendîmes d'abord à Menton, où la diligence devait nous reprendre le lendemain. De Menton à Monaco il y a environ quatre lieues que nous fîmes dans une voiture de louage. Monaco est une principauté microscopique qui joue au royaume, comme une petite fille joue à la poupée. Les Grimaldi, qui la possèdent, depuis le dixième siècle, sont pourtant, après les Bourbons, la plus vieille famille d'Europe. Dépouillés de Menton et de Roquebrune, les deux plus riches fleurons de leur couronne, ils n'en dressent pas moins la tête, sur leur rocher de Monaco, petite ville de huit cents âmes, avec un territoire environnant qui en comprend près de quatre cents autres. Le palais des princes souverains de Monaco occupe le tiers de la ville. Une sentinelle monte la garde à son seuil, devant deux guérites vides; des canons rouillés et sans affût sont couchés à plat ventre, çà et là, des deux côtés de la place d'armes, en compagnie de plusieurs monceaux de boulets de différents calibres. Où la coquetterie guerrière va-t-elle se nicher? Les forces de terre et de mer de ce *puissant* Etat, y compris les ministres et les douaniers, montent à *dix-sept* hommes, dont trois, dit-on, sont invalides. Le prince actuel est aveugle, et il n'en peut voir la pitié. J'ai eu l'insigne honneur de rencontrer, un jour, son père, Florestan Ier, dans les salons de Mme Ancelot; et comme je lui demandais qui gouvernait ses Etats, pendant le long séjour qu'il faisait à Paris, il me répondit le plus naïvement du monde : — « Mais, *c'est mon régisseur;* je le paie pour cela! » *Risum teneatis, amici!*

Assez sur Monaco dont tout le monde s'est permis de

rire. Il faut respecter les petits et les faibles. Ce que je reproche aux princes de Monaco, c'est le tripot officiel qu'ils ont ouvert sur leur territoire à l'avidité et à la folie des joueurs. Ne pouvant avoir *la roue de fortune*, ils ont cru sans doute s'en dédommager, en protégeant *la roulette!*

Notre retour à Menton fut une promenade délicieuse. La route qui côtoie la mer et contourne le pied des rochers, présente une quantité de points de vue ravissants. Il y a tout un monde de décors dans ce petit coin de terre. Je conçois maintenant que le prince de Monaco aie pu tenir tant à ses Etats, tout minimes qu'ils fussent. Voyez Roquebrune, au pied de laquelle nous passons, comme elle est fièrement assise sur le sommet de son pic! Et Menton, lui-même, comme il est agréablement situé sur le bord de la mer! La principauté de Monaco ne se composait que de trois petites villes, c'est vrai; mais ces trois petites villes étaient autant de jolis petits bijoux, autant de charmantes miniatures qui avaient bien leur prix pour ceux qui les possédaient.

Menton a environ 6,000 âmes. C'est la patrie de ce pieux serviteur de Dieu, nommé *Bernard de Menton*, qui, poussé par son ardente charité, établit le premier un hospice au milieu des neiges éternelles dont est couvert le sommet des Alpes-Pœninnes; et, c'est pour glorifier sa mémoire, qu'on a donné son nom au *Grand-Saint-Bernard*, appelé autrefois le *mont Joux (mons Jovis)*. Nous couchâmes à Menton et nous y passâmes une partie de la matinée du lendemain.

Cette ville nous plut beaucoup, autant par son admirable position que par la douceur de son climat qui, dit-on, ne ressent jamais les rigueurs de l'hiver. Comme ce jour-là était un dimanche, nous nous rendîmes à l'église principale, afin d'y entendre la messe. Cette église est sous le vocable de *saint Roch* qui, paraît-il, est de ce pays-là. Ce serait alors deux grands saints, sortis d'un bien petit pays. Quoiqu'il en soit, nous avons remarqué que non-seulement on laissait entrer les chiens dans l'église, mais encore qu'on les empêchait d'en sortir durant l'office. Serait-ce en l'honneur du chien de saint Roch ou en celui des chiens du Saint-Bernard ?

A onze heures, nous reprîmes la diligence où nous restâmes encaissés tout le reste du jour et toute la nuit suivante, jusqu'à notre arrivée à Gênes. Nous pûmes néanmoins apercevoir, à travers la portière, Ventimiglia, San-Remo, Porto-Maurizio, Oneglia, Alassio, Albega, Loano, Finale, Noli, et Savone.

Je me souviens parfaitement d'Oneglia, petite ville fortifiée avec un port très-sûr. Notre conducteur nous dit qu'elle était située dans un canton qui produit la meilleure huile d'olive de toute cette partie du golfe de Gènes (ce qui m'intéressait fort peu), et qu'elle avait été bombardée en 1792, par les Français. Nous y arrivâmes sur les quatre heures du soir, au moment où toute la population sortait des églises; c'était l'issue des vêpres. Nous nous arrêtâmes dans une grande rue bordée d'arcades, devant l'hôtel de la poste, où nous changeâmes de chevaux, et où un monsieur, avocat de l'endroit, vint partager notre coupé. Pendant la nuit, qui me parut fort longue, nous traversâmes une foule de bourgs et de petites villes dont une rue très-longue et très-étroite occupait toujours le milieu. Le bruit de la voiture sur les pavés me tirant de mon sommeil, ou plutôt de ma somnolence, j'ouvrais les yeux à demi, et à la clarté de nos lanternes ainsi qu'à celle des réverbères, je voyais se dresser dans l'ombre ces longues files de maisons, près desquelles glissaient silencieusement quelques citoyens attardés.

Je ne puis me rappeler en quel village notre diligence s'arrêta pour relayer, vers les deux heures du matin. La rue était encombrée de monde qui nous attendait, pour assister au départ d'un jeune homme de la localité. Ce brave garçon fut embrassé par plus de trente à quarante personnes. Ces embrassades n'en finissant pas, notre conducteur s'écria :

— Ah! ça, toute la commune va donc y passer! Faut-il que je l'embrasse à mon tour?

Un immense éclat de rire accueillit ces paroles et mit fin à d'aussi tendres adieux.

A Savone, nous fîmes une station d'environ trois quarts d'heure. Ce que j'en vis, à la lueur du gaz, me prouva que c'était une ville fort ancienne et d'une assez grande étendue. C'est là que le pape Pie VI passa les premiers mois de sa captivité. La mort, hélas! devait bientôt la terminer à Valence!

Enfin, le jour commençait à peindre, quand nous entrâmes dans Saint-Pierre-d'Arena, vaste faubourg manufacturier qui précède Gênes. Depuis Nice jusqu'à cette ville, nous avions presque constamment suivi le chemin de fer, qui est en voie de construction, et qui arrive dans Gênes au débarcadère, situé près de la place de l'*Acqua-Verde*.

CHAPITRE II

SOMMAIRE : Gênes. — Ses rues, ses églises, ses palais. — *Romulus* et *Rémus*. Ceci et *Cessi*. — Turin. — Le palais du roi. — La cathédrale. — Comme quoi il nous fut impossible de visiter le *Campo-Santo*. — Milan. — Son Dôme et ses palais. — La dame Grecque.

Nous avons fait ce matin, 30 janvier, notre entrée à Gênes. Cette ville nous est apparue, sortant des flots, aux rayons splendides d'un beau soleil levant ; mais nous étions si fatigués de notre route de nuit que, tombant de sommeil, nous n'avions pas le courage d'admirer les merveilles qui s'offraient à nous. En descendant de voiture nous fîmes conduire nos bagages à l'*hôtel de la Ville*, situé dans la *strada Carlo-Alberto* et ayant vue sur le port. Avec quelle joie je me couchai dans un de ces petits lits bien blancs et ornés de rideaux de mousseline, que l'on retrouve dans toute l'Italie du nord !

Après avoir repris un peu de force dans le sommeil et dans la nourriture, nous nous sommes mis à parcourir la ville, pour jeter un premier coup d'œil sur l'ensemble de ses rues et de ses édifices. C'est l'Italie qui se présente à nous avec son arrogance et sa saleté. Gênes ne paraît vraiment magnifique que lorsqu'on y arrive par mer ; alors son port animé et couvert de navires ; ses édifices disposés en hémicycle comme les gradins d'un vaste amphithéâtre ; la ceinture verdoyante que forme derrière elle les hautes collines, qui la protègent contre les vents du nord et dont les sommets semblent se perdre dans les nuages; tout cela lui donne un aspect féerique et des plus admirables. On peut bien la surnommer alors Gênes *la superbe*, et *la ville de marbre*. Mais, vue dans ses bas quartiers, elle est presque hideuse. Là, ses rues sont sales, étroites, mal éclairées et d'une humidité désolante; le soleil n'y pénètre pas plus que le balai. Cet inextricable réseau de ruelles infectes et irrégulières n'est guère accessible qu'aux piétons. Il y a peu de villes en Europe où l'on trouverait quelque chose d'un extérieur aussi misérable que ces portiques, bas et encombrés d'ignobles échoppes, qui sont situés sous une partie des maisons du port. Les arcades de ces maisons s'enchevêtrent avec celles d'un aqueduc dont les pierres en saillie et couvertes de moisissures contribuent à rendre encore plus grossier l'aspect des façades qui regardent le quai.

Tout à côté et en face de ces sales et obscurs portiques, il s'en trouve d'autres d'une construction moderne et qui sont une des magnificences de la ville. Ils ont environ quatre cents mètres de longueur et supportent des terrasses de douze mètres de large, à dalles de marbre blanc, et formant une belle promenade du haut de laquelle l'œil embrasse tout le port. Malheureusement un chemin de fer s'étend tout le long du quai, entre ces portiques et les maisons. Des convois de marchandises, qui ne cessent d'y circuler, attestent l'activité commerciale de Gênes; mais le sifflement aigu des locomotives et l'épaisse fumée de charbon de terre qu'elles vomissent sans cesse sont fort incommodes et très-désagréables pour les hôtels, qui bordent le quai. Nous en savons quelque chose, depuis hier, puisque ce chemin de fer passe sous nos fenêtres.

La principale magnificence de Gênes est la réunion des palais qui bordent la *strada Nuova*. On peut encore citer les rues *Balbi*, *Nuovissima* et quelques-autres plus modernes qui font l'admiration des étrangers.

Ce peuple génois, jadis l'un des plus riches et des plus turbulents du monde, est tombé bien bas, par rapport à son passé. Pourtant je me rappelle avoir vu dans l'histoire que le roi Louis XI ne faisait pas grand cas de leur république indisciplinée, puisqu'il prononça ce mot plaisant : « *Les Génois se donnent à moi, et moi je les donne au diable !* » Quoiqu'il en soit, ils ont conservé le génie du commerce, et leur Bourse est une des plus affairées de toute l'Italie.

Avant d'entrer dans les palais, nous avons visité les églises.

La cathédrale, ou *Saint-Laurent*, date du commencement du XIe siècle. Elle est extérieurement toute revêtue de marbre blanc et noir, disposé en assises alternatives, ce qui produit un effet assez bizarre. Une seule des deux tours a été achevée. L'intérieur de l'église offre un mélange singulier de styles. Dans une des chapelles se trouve la châsse de saint Jean-Baptiste, dont le corps fut, dit-on, transporté de Mirra à Gênes, en 1097. La belle marqueterie des stalles du chœur est l'œuvre de Francesco Zabello.

L'*Annunziata* est peut-être l'église la plus riche de dorures qui soit en Italie. Sa façade, supportée par des colonnes cannelées et revêtue de marbre blanc, n'est pas achevée. On doit la splendeur et la magnificence de l'*Annunziata* à la famille des Lomellini, qui possédèrent la souveraineté de l'île de Tabarca, en Afrique, jusqu'en 1741. On voit dans cette église le tombeau du duc de Boufflers, mort à Gênes en 1747.

Nous avons encore admiré *Saint-Ambroise*, dont l'intérieur est tout incrusté de marbre de couleur et qui possède plusieurs bons tableaux, entre autres deux *Rubens* et un *Guido Reni ; Saint-Cyr*, où se tenaient autrefois les assemblées du peuple et où avait lieu l'élection du doge ; *Saint-Etienne*, où se trouve un beau *Jules Romain*, dessiné par *Raphaël;* enfin *Sainte-Marie de Carignan*, située sur une hauteur d'où elle domine la mer et une partie de la ville. C'est un édifice d'une parfaite unité, dont le plan, qui forme un carré régulier, présente une grande analogie avec celui de Saint-Pierre de Rome.

Gênes possède une foule d'autres églises que nous n'avons pas visitées, soit parce que le temps nous a manqué, soit parce qu'elles se trouvaient fermées, quand nous sommes venus frapper à leur porte (chose qui arrive très-souvent en Italie et qui contrarie singulièrement les étrangers).

Quant aux palais, ils pullulent à Gênes, mais il faut remonter plusieurs gradins du vaste amphithéâtre pour commencer à les rencontrer. Nous sommes entrés au *palais Ducal,* ancienne résidence des Doges, qui est occupé maintenant par le gouverneur, les tribunaux et l'office de la police. C'est un édifice imposant par son étendue et les souvenirs historiques qui s'y rattachent, plutôt que par la grandeur et la beauté de ses proportions. Nous avons, par curiosité, ouvert la porte de plusieurs salles d'audience, et nous nous sommes trouvés en présence de juges et d'avocats, de prévenus et de gendarmes, de témoins et de spectateurs, qui assistaient à des débats judiciaires, dont nous ne comprîmes rien, attendu que cette justice-là ne parlait pas français. Je ne puis rien dire des palais Doria et Durazzo dont je n'ai vu que l'extérieur; mais je puis assurer que rien ne m'a autant frappé d'admiration que le palais de l'*Université* qui, avec son vestibule aux lions de marbre, d'une grandeur colossale et d'une exécution parfaite, avec ses colonnes et ses escaliers de marbre blanc, a plutôt l'air d'un palais de l'Orient que d'un collége.

Madame de Staël, parlant de la rue *Balbi,* disait : « A voir les palais qui la bordent, on se croirait dans une ville de rois. » Mais c'est surtout la rue *Neuve* qui attire l'admiration des étrangers. C'est là que sont les palais *Brignole-Sale, Adorno, Spinola, Pallavicini,* etc.

Un des premiers palais que l'on doit visiter à Gênes est sans contredit celui de Brignole-Sale, vulgairement désigné sous le nom de *Palais-Rouge,* à cause de la couleur de sa façade; car c'est là que se trouve la plus belle galerie de tableaux qui soit dans la ville. Nous y avons admiré de superbes toiles de Rubens, de Van Dyck, du Titien, du Tintoret, du Guerchin, du Corrége, du Guide, de Paul Véronèse, du Carrache et de Carlo Dolci, sans parler de beaucoup d'autres. Tous ces tableaux sont distribués dans une dizaine de salons richement meublés, et où se tiennent des domestiques en livrée, pour vous offrir les catalogues de chaque salle et vous donner les explications dont vous pouvez avoir besoin. Inutile d'ajouter qu'en sortant on se voit dans la nécessité de glisser quelque chose dans la main de celui qui vous ouvre la porte.

Les palais Balbi et Pallavicini ont également de fort belles collections de tableaux, où l'on retrouve des grands maîtres de presque toutes les écoles.

Comme toutes les villes les plus importantes de l'Italie, Gênes a aussi son *histoire de l'art*. — La Sculpture y fut enseignée par *Taddeo Carlone* et *Filippo Parodi*. L'art génois compte d'habiles sculpteurs en bois, depuis le XVIe siècle jusqu'à nos jours, parmi lesquels le plus célèbre et le plus fécond est Maragliano, mort en 1741. — La Peinture commença à former une école à Gênes vers 1528. Le premier maître véritable en fut *Perino del Vaga*. Nous pouvons citer les deux *Calvi*, *Luca Cambiasco*, *G. B. Castello*, surnommé *il Bergamasco*, *Tavarone*, *Paggi*, *Fiasella*, *Strozzi* dit le *Capucin*, *Pellegro Piola* et *G. B. Carlone*, comme étant les principales célébrités de cette école. — L'Architecture, jusqu'en 1450, n'eût à Gênes d'autre style que le gothique. Mais alors l'ogive fut abandonnée pour le plein cintre, et *Galeazzo Alessi* fut pour Gênes ce que Bramante avait été pour Rome. Il fut le modèle sur lequel se réglèrent les autres architectes, et il exécuta à Gênes un si grand nombre de travaux qu'ils firent donner à cette ville le titre de *superbe*. Après la peste de 1657, l'architecture génoise dut sa renaissance à *Andrea Tagliafichi* et à son école.

Gênes est la patrie de Christophe Colomb; aussi n'est-on pas surpris de voir sur la place de l'*Acqua Verde* une statue en marbre blanc, élevée à ce grand homme dont le génie a découvert un nouveau monde.

Voilà tout ce que mes souvenirs ont pu recueillir sur Gênes. Je n'ai vu ni son théâtre *Carlo Felice*, qui, dit-on, est un des premiers de l'Italie; ni ses bibliothèques; ni enfin cette fameuse *villa Pallavicini* qui fait les délices de tant de voyageurs, et par ses beaux points de vue, et par l'originalité de ses constructions.

Il faut bien à présent que je dise quelques mots de notre hôtel, avant de le quitter pour prendre la route de Turin.

L'*Hôtel de la Ville*, où nous sommes descendus, possède une magnifique salle à manger. Nous y rencontrâmes, dès le premier jour, deux Anglais, attablés, déjeûnant le plus gravement du monde avec des œufs à la coque, des côtelettes de mouton et du thé. L'un, blond et la figure enluminée, avait l'œil vif, le nez mince et effilé, et le menton légèrement relevé en galoche. Il paraissait d'une taille au-dessous de la moyenne; et, quand il se leva, nous nous aperçûmes qu'il était boiteux. L'autre, chatain-foncé et la face ronde comme la lune dans son plein, portait un énorme collier de barbe ébouriffée qui allait d'une oreille à l'autre. Il avait, de plus, des moustaches et une impériale, taillées en brosse, de sorte que le rasoir, chez lui, n'avait que quelques poils à couper au menton. Ses traits étaient épais et sans aucune distinction; ses yeux ronds et gris vous regardaient presque sans vous voir; enfin, il avait la taille d'un Hercule et la raideur d'un piquet. Pourtant, il y avait dans sa figure et dans tout l'ensemble de sa personne un certain air de bonhomie, qui prévenait en sa faveur et qui faisait deviner un bon cœur sous cette rude enveloppe. Je ne sais pourquoi nous les surnommâmes de prime-abord *Romulus* et *Rémus;* c'est peut-être parce qu'ils tenaient un peu tous les deux de la louve, par un air des plus étranges et des plus sauvages. Durant les repas, ils nous servaient de sujets d'étude, et, plus d'une fois, ils nous amusèrent beaucoup sans le vouloir. Ils ne mangeaient pas l'un sans l'autre, et leurs fourchettes, comme leurs mâchoires, allaient toujours en mesure. Ils ne se quittaient pas d'une semelle. Nous les rencontrions toujours ensemble, dans les musées, les églises, les promenades. C'étaient vraiment deux inséparables. Le boiteux, *Romulus*, qui avait la barbe blanche et taillée en pointe, faisait seul tous les frais de leur conversation britannique; l'autre, le raide ou *Rémus*, se contentait de faire avec sa tête des signes affirmatifs ou négatifs, selon le besoin. Dans les grandes circonstances, il allait jusqu'à dire : *Yes, oh! yes!* ou bien : *No, oh! no!* Il me faisait alors l'effet du gendarme de Nadaud, répondant : *Bricadier, fous afez raison !*

Le premier soir que nous dînâmes avec eux à la table d'hôte, Romulus avait à sa droite une jeune dame fort aimable, qui parlait très-bien l'anglais et avec laquelle il engagea une conversation. Rémus, n'en croyant pas ses oreilles, posa son couteau et sa fourchette au milieu de son assiette, arrêta tout court ses mâchoires et fixa ses deux yeux gris, largement ouverts, sur la dame qui avait ainsi le pouvoir magique de charmer tellement son ami, qu'il en perdait le boire et le manger. Son étonnement était si étrange que nous avions toutes les peines du monde à nous empêcher de rire aux éclats. Je vins heureusement à son secours sans m'en douter ; car, ayant adressé la parole en français à cette dame, elle cessa de causer avec Romulus et se plut à nous montrer qu'elle possédait parfaitement toutes les langues des étrangers qui se trouvaient là, en parlant successivement l'anglais, le français, l'allemand, l'espagnol et l'italien.

Dès que son ami eut repris sa fourchette, le pauvre Rémus, grandement soulagé, remit vite la main sur la sienne, et se hâta, en doublant les morceaux, de rattraper le temps perdu.

Mais ce fut le lendemain, au déjeûner, que ces deux inséparables nous amusèrent le plus. Romulus parlait de Gênes, et il tâchait d'expliquer à son ami comme quoi on avait eu tort d'en dire, les uns trop de bien, les autres trop de mal.

— Ainsi on a eu tort, disait-il, d'appeler Gênes : *la superbe ! la ville de marbre !...*

— Oh ! yes, superbe, répéta Rémus, la ville de marbre.

— Car, elle n'est pas toute superbe ; elle n'est pas toute de marbre, poursuivit Romulus.

— Oh ! no, pas toute superbe, pas toute de marbre, répéta une seconde fois Rémus.

— C'est une belle ville, c'est vrai ; mais elle a ses défauts : elle est sale, ignoble et dégoûtante, en plus d'un endroit ; on ne peut donc pas l'appeler *superbe.*

— Superbe ! superbe ! murmura l'écho, en avalant deux gorgées de thé.

— On n'a pas non plus le droit d'en dire du mal. Pourquoi, par exemple, prendrait-on au sérieux ce vieux proverbe génois :

« *Mare senza pesci*, une mer sans poissons,
« *Monti senza legno*, des montagnes sans bois,
« *Uomini senza fide*, des hommes sans foi,
« *Donne senza vergona*, des femmes sans pudeur. »

— Superbe ! superbe ! pas de poissons, pas de bois, pas de foi, pas de pudeur ; superbe ! superbe ! répartit Rémus, en essayant de rire. Gênes n'a pas de poissons, *indeed?* Gênes n'a pas de bois, *indeed?* Gênes n'a pas d'hommes *indeed?* Gênes n'a pas de femmes, *indeed?* Oh ! oh ! oh ! oh!

— Vous brouillez, vous brouillez les mots, s'écria Romulus, qui nous voyait rire et qui devint rouge comme une cerise. Je n'ai pas dit que Gênes était sans hommes et sans femmes ; mais j'ai dit que les hommes y étaient *sans foi* et les femmes *sans pudeur*, sans vergogne, *senza vergona !*

— Oh ! yes, yes, *sans foi, sans vergogne ;* je comprends. Superbe ! superbe ! grommela Rémus, mécontent de s'être trompé et de nous avoir fait rire à ses dépens.

La conversation se termina là ; et, le soir, les deux inséparables allèrent se placer à l'extrémité de la table, en ayant bien soin de parler un peu plus bas que le matin.

Nous les avons retrouvés à Florence et à Rome, et rien ne nous parut changé dans leur caractère ni dans leurs habitudes. Ils voyageaient sans doute pour secouer le spleen qu'engendre leur nébuleuse patrie ; mais ce qu'il y a de sûr c'est que Rémus servait de bâton à Romulus, et qu'ils paraissaient ne pas pouvoir se passer l'un de l'autre. Puissent la paix et l'amitié les unir toujours !

Allons, il nous faut refaire nos malles et dire adieu à cette grande ville de Gênes, si laide et si belle, si pauvre et si riche, si bruyante et si tranquille, si commerçante et si artistique !

Nous remontons vers le nord. En quittant Gênes, nous avons quitté le soleil et le printemps. Le changement de température s'est fait aussi rapidement qu'un changement de décors sur le théâtre. En entrant sous un tunnel, nous avons laissé derrière nous la verdure et la chaleur, et en sortant à l'autre bout, nous nous sommes tout à coup trouvés au milieu des neiges et des frimas.

Nous avions dans notre wagon un libraire de Venise qui parlait bien français et qui était fort amusant. Il avait à côté de lui une dame de Marseille qui se rendait à Turin. En passant dans une gare, celle de *Novi*, je crois, elle demanda à son voisin :

— Qu'est-ce que *ceci* ?

— *Cessi?* reprit en souriant le libraire, et en indiquant du doigt une porte au-dessus de laquelle était peint ce mot, en grosses lettres blanches : *Cessi?*

— Eh! oui, Monsieur, *ceci*! reprit la Marseillaise; comment le nommez-vous ?

— Cessi, Madame.

— *Ceci* ou *cela*, comme vous le voudrez, Monsieur ; mais dites-moi un peu, s'il vous plaît, comment vous l'appelez?

— *Cessi*, Madame; comme je viens d'avoir l'honneur de vous le dire. Lisez plutôt vous- même l'inscription, peinte en blanc, au-dessus de cette porte.

— Alors, cet endroit s'appelle *Cessi?*

— Oui, Madame.

— Alors, nous sommes dans la gare de *Cessi?*

– Non, Madame.

— Mais, alors *Cessi* n'est donc pas une station ?

— *Ceci* dépend, Madame.

— Comment, Monsieur! De qui, de quoi dépend *Cessi?* Serait-ce la succursale d'une autre gare ? Je crois vraiment que vous plaisantez.

— Du tout, Madame, du tout! Je veux dire tout simplement que l'on peut s'arrêter là; alors *ceci* devient une station, et par conséquent *Cessi* aussi.

— Bagasse! quel drôle de corps vous faites, Monsieur! Mais à ce compte-là, vous feriez fâcher un ange du paradis, avec tous vos *ceci* et vos *cela* qui n'en finissent plus!

— Je suis désolé, Madame, que vous ne me compreniez

pas dans tout *ceci ;* je croyais pourtant m'être expliqué en bon français.

— N'en parlons plus, Monsieur, reprit sèchement la Marseillaise ; ce serait pousser la plaisanterie trop loin.

Le convoi se remit en marche, et la dame bouda son voisin, qui riait sous cape. La conversation changea naturellement de sujet. Quand, nous fûmes arrivés à la station suivante, la Marseillaise mit le nez à la portière, et, voyant encore le mot *Cessi* au-dessus d'une porte :

— Par exemple, voilà qui est un peu trop fort ! s'écria-t-elle. Comment ? Mais nous n'avons donc pas marché ? ou bien sommes-nous donc revenus sur nos pas ? Nous voilà encore à *Cessi !* Ah ! ça, il y a donc par ici plusieurs stations qui portent ce nom-là ?

— Il n'y en a pas une seule, Madame, répondit tranquillement le libraire de Venise. *Cessi*, ce mot qui vous intrigue tant, depuis trois quarts d'heure, veut dire tout simplement en piémontais ce que *Water-closet* veut dire en anglais. *Avete capito dunque ?*

La dame eut le bon esprit de rire, et nous fîmes tous de même.

Avant de traverser Alexandrie, nous aperçûmes le célèbre village de Marengo, où Bonaparte battit les Autrichiens, le 14 juin 1800 ; et, deux heures après, nous étions à Turin.

La capitale du Piémont est une ville presque neuve, largement bâtie, et aux rues droites et spacieuses. Située entre le Pô et la Doire, elle présente sur la carte l'aspect uniforme d'un *damier*. On dirait une ville des Etats-Unis. Mais si ses rues sont larges, Dieu ! qu'elles étaient sales et boueuses, le jour où nous les avons vues pour la première fois ! On ne connaît pas plus le balai ici qu'à Gênes. Le peuple qui circule dans ces rues a une mine toute singulière. Je ne reconnais plus le type italien. Quelle drôle de manière de porter nos modes françaises ! Et les soldats, quelle tournure ils ont ! Comme ils sont ridiculement fagotés ! Ah ! nous sommes ici bien loin du *chic* français ; et si (ce que je ne crois pas) le courage de ces militaires ressemble à leur plumage, ils doivent faire de tristes guerriers !

Turin compte 179,683 habitants ; c'est une des villes les plus considérables de l'Italie. Son histoire ne remonte guères au-delà de celle de la monarchie piémontaise, qui fut créée en 1713, en faveur de Victor-Amédée II, duc de Savoie et prince du Piémont. Quant au territoire sur lequel se trouve Turin (*Taurinum* ou *Taurasia*) il appartint successivement aux Liguriens, aux Romains, aux Lombards, à Charlemagne, aux ducs de Savoie et à l'empire français. César en avait fait une place d'armes qu'il nomma *Colonia Julia ;* Auguste, qui fit vendre 40,000 Piémontais comme esclaves, changea ce nom en celui d'*Augusta Taurinorum*. Tibère avait enrôlé des Piémontais dans les légions romaines et l'on prétend que la cohorte qui faisait le service du palais de Ponce-Pilate, à Jérusalem, à l'époque du crucifiement de Notre-Seigneur Jésus-Christ était composée de Piémontais (1).

Quoiqu'il en soit, les rois piémontais de la maison de Savoie, après avoir acquis une partie du Milanais et le royaume de Sardaigne, prirent aussi le titre de *Rois de Chypre, de Jérusalem et d'Arménie*. Ils réclamèrent la Morée, prétendirent à la couronne impériale de Constantinople, etc. Peu de maisons élevèrent autant de prétentions que ces princes guerriers, qui ont fini par absorber toute l'Italie, à l'exception de Venise et de Rome.

Nous avons été nous loger, rue *Charles-Albert*, dans une sorte de pension suisse qui porte le nom d'*Hôtel de la Ville*, et où nous ne sommes pas très-bien. Nous avons cependant l'avantage d'être au centre de Turin, ce qui facilite nos

(1) « Les soldats qui accompagnaient le cortége étaient originaires des pays compris *entre l'Italie et la Suisse*... »

« Cent soldats romains, tous originaires *des pays voisins de la Suisse*, avaient été placés en différents endroits... »

(*La douloureuse Passion de N.-S. J.-C.*, chap. XIV, page 220, et chap. XX, page 307. Traduction faite sur la 10ᵉ édition allemande. — *Paris*, Casterman, éditeur.)

courses dans la ville, en les abrégeant. Notre première visite a été pour la *place du Château* et le *palais du Roi*.

Cette place du Château est la plus belle qu'il y ait à Turin ; elle a 225 mètres de long sur 166 de large. Au centre, se trouve le *palais Madame* où siégeait le Sénat, maintenant transféré à Florence, avec tout le reste du gouvernement. Ce palais Madame est bien peu de chose ; car il ne se compose que d'une seule façade et de deux tours ; il m'a produit l'effet d'un château de cartes, au milieu d'une grande table carrée. Son nom de *Madame* lui vient de ce qu'il a été habité par la duchesse de Nemours, veuve de Charles-Emmanuel II. La galerie royale des tableaux a été, jusqu'à présent, installée dans ce palais, en compagnie des sénateurs ; on doit, dit-on, après le départ de ces derniers, la transporter au palais de l'Académie des sciences. Il nous a été impossible de la visiter, parce que les séances du Sénat ne sont pas publiques ; mais je crois que nous n'y avons pas beaucoup perdu.

Le *palais du Roi*, grand édifice d'un extérieur fort laid, s'élève au nord de la place du Château. Les appartements en sont vastes et richement décorés ; on y remarque surtout de très-beaux vases de Chine et des peintures modernes, représentant des batailles. La bibliothèque particulière du roi possède un grand nombre de précieux manuscrits, et plus de 2,000 dessins anciens, parmi lesquels plusieurs de *Léonard de Vinci*, de *Raphaël*, du *Corrége* et du *Titien*. Le musée royal des armures et le médailler, attenant au palais, contiennent également de grandes richesses artistiques. Quant au *Jardin Royal*, dont *Le Nostre* avait dissimulé la petitesse, il a été agrandi, et il s'étend maintenant jusqu'aux remparts ; mais il est loin de valoir celui des Tuileries.

Un autre genre de palais, celui de l'*Académie des sciences*, nous a beaucoup intéressé. Nous y avons surtout admiré le *Musée égyptien*, cette collection magnifique, formée en Egypte par un consul de France et destinée à orner le Louvre, mais qu'un déplorable motif d'économie empêcha le gouvernement d'acheter. Le Piémont se hâta de profiter de notre faute; et Charles-Félix, en 1823, dota Turin de cette précieuse acquisition, qui n'a de rivales au monde que les collections de Londres et de Berlin.

Somme toute, la capitale du Piémont n'est pas riche en palais; aussi le nouveau roi d'Italie a-t-il eu une excellente idée, en quittant Turin pour s'en aller loger à Florence, où les palais sont nombreux et très-bien meublés. A coup sûr, ce ne seront pas les sénateurs qui regretteront le *palais Madame*, ni les députés qui sangloteront, en disant adieu au *palais Carignan* !

Turin a cent dix églises ou chapelles, la plupart enrichies de marbres, et bâties dans le goût moderne.

En sortant du palais du roi, nous sommes entrés dans la cathédrale qui l'avoisine. Cette église qui est sous le vocable de *Saint Jean-Baptiste*, n'a rien de bien remarquable à l'extérieur comme à l'intérieur. C'est un monument de style grec, où le marbre abonde peut-être un peu plus que dans les autres églises de la ville. Nous y entendîmes chanter un service funèbre. Les chantres, au nombre de trois, étaient tout simplement en palètot et les mains dans leurs poches ; ils se tenaient debout dans le chœur des chanoines, alors absents, et juste en face de la chapelle, à gauche du transept, où se disait la messe de *Requiem*. J'avoue qu'il m'a fallu faire de grands efforts pour ne pas éclater de rire, à la vue d'un pareil usage qui déroute toutes nos idées françaises sur la dignité des cérémonies catholiques. Du reste, la chapelle aérienne du *Saint-Suaire* est venue nous dédommager amplement de cette déception de lutrin, par la beauté et la richesse de son architecture originale. C'est bien tout ce que j'ai vu de plus splendide à Turin.

Cette chapelle, qui est comme une église à part et qui communique avec l'une des galeries du palais du roi, s'élève derrière le maître-autel de la cathédrale, jusqu'à une certaine hauteur ; on y monte par deux escaliers de quinze degrés chacun. Elle forme une rotonde très-élevée et couronnée d'une coupole de construction fort singulière. L'autel de marbre noir est à deux faces, et porte une châsse d'argent où se trouve renfermée la relique du Saint-Suaire. Le pavé est de marbre bleuâtre dans lequel sont incrustées des étoiles en bronze doré. Entre les quatre arcs libres, Charles-Albert a fait placer les tombeaux et les statues de quatre princes de Savoie. Tout cet ensemble est d'une tristesse imposante, conforme à la destination du lieu.

Quant aux autres églises, j'avoue que, sur les *cent dix*, nous n'en avons visité que *cinq : Saint-Philippe de Néri*, dont la voûte s'écroula, en 1716, après quinze jours de pluie; c'est la plus grande église de toute la ville ; *Saint-Laurent*, dont le dôme se compose de deux coupoles rondes, établies l'une au-dessus de l'autre; *La Consolata*, où se conserve une image de la Vierge que le peuple a en très-grande vénération ; *Saint-Dominique*, qui possède un beau tableau du Guerchin ; et enfin, *La Mère de Dieu*, monument situé sur les hauteurs, au-delà du Pô, et auquel on a cherché à donner la forme du Panthéon de Rome.

Turin est une ville assez commerçante ; tous ses magasins nous ont paru bien achalandés. Il y a une foule de petites industries, sous les arcades de la rue du Pô et sous les portiques des autres rues les plus fréquentées. Nous avons surtout remarqué la vente considérable qui se fait, chaque jour, des caricatures et des journaux politiques. La liberté de la presse a, sous ce rapport, engendré une licence effrénée, qui, tôt ou tard, finira par nuire énormément au gouvernement italien. La photographie elle-même vient en aide à ce dévergondage de haines anti-catholiques et antisociales.

Mais ce qui m'a le plus surpris, c'est que le seul souverain qui ait sérieusement agi pour l'indépendance de l'Italie, c'est que l'Empereur des Français ne soit pas plus épargné que le Pape. Il y a là un flagrant délit d'ingratitude qui me paraît monstrueux, et qui devrait donner beaucoup à réfléchir à tous les partisans de l'unité italienne, *per fas et nefas*.

Le Turinois est naturellement *hâbleur* et *vantard;* il aime à faire plus de bruit que de besogne, à jeter de la poudre aux yeux et à se revêtir de la peau du lion qu'il n'a pas tué; en un mot, c'est un *fumiste* qui fait beaucoup de *fu-*

mée! Il met surtout une grande importance à de petits riens, et en voici un exemple.

Un Français, qui était à notre hôtel et dont la force en italien allait jusqu'à traduire : *Direzzione dei Lavori publici*, par : *Direction des lavoirs publics*, nous avait fortement engagés à aller voir le cimetière, ou *campo-santo*, comme étant une des choses les plus curieuses des environs de Turin. Nous prîmes donc une voiture, et nous dîmes au cocher de nous conduire au campo-santo, par le chemin le plus direct. A peine avions-nous roulé pendant cinq minutes, que voilà notre véhicule qui s'arrête, au beau milieu d'une cour. Le cocher descend de son siége, vient ouvrir la portière, et nous dit fort tranquillement :

— *Ecco, signori, ecco!* Voici, messieurs, voici!

— Quoi! nous sommes déjà arrivés? m'écriai-je.

— Cela ne ressemble pas à l'entrée d'un cimetière, observa mon jeune comte, mais plutôt au guichet d'une prison.

— *Il signoretto ha raggione; non è il campo-santo, questo; ma è l'uffizzio di polizia.* Le jeune monsieur a raison; ce n'est pas là le cimetière, mais l'office de la police.

— Est-ce qu'il faut faire signer ses passe-ports pour entrer au cimetière, par hasard? Cela serait un peu drôle!

— *E bisogna d'avere solamente una permizzione della polizia.* Il faut avoir seulement une permission de la police.

Nous descendîmes de voiture et nous entrâmes dans la redoutable demeure, où règne en souveraine la haute et puissante dame qu'on appelle *Police.* On nous fit monter deux étages, et nous arrivâmes devant un guichet au-dessus duquel était peinte, en lettres noires sur un fond blanc, l'inscription suivante : *Polizia dei morti.* Police des morts. C'était notre affaire, quoique nous fussions vivants. Mais la police humaine ressemble au chêne de la fable, *sa tête du ciel est voisine, et ses pieds touchent au sombre empire des morts!*

Un gros monsieur, à la figure très-peu funèbre, était assis devant le bureau mortuaire, lisant paisiblement son journal. Dès qu'il nous vit, il saisit sa plume, posée derrière son oreille droite, et, avançant sa tête à l'orifice du guichet :

— *Che volete, signori? Chi è morto?* Que voulez-vous, messieurs! Qui est mort? demanda-t-il, d'une petite voix flûtée, qui ne paraissait pas en harmonie avec sa corpulence.

— Nous désirons, monsieur, lui dis-je, avoir une permission, pour visiter le *campo-santo.*

— *Va ben, messiou, va ben! Vous êtez Français, ie vois. Ma, pour visitar nostre campo-santo, il n'est pas besoin d'oune permissione, quand la porta elle est ouverte. Donc ie vous dirai,* ajouta-t-il, en tirant une grosse montre d'argent de son gousset, *que nous avons dix heures et les tré quarte du matutine; alors le campo il est ouverte à toute le monde, à les onze heures; donc il est besoin d'une mezze heure, pour aller au campo; donc la permissione il est inoutile; donc ie ne donnai pas rien du toute.*

— Mais, monsieur, observai-je, notre cocher prétend que si nous n'avons pas une permission, le concierge du cimetière ne nous en ouvrira pas la grille.

— *Vostre coucher, il est one bestiole; il ne comprenait pas, il ne parlait pas le français, comme moi, ie le comprends et ie le parle.*

— Alors, monsieur, vous ne nous donnez rien?

— *Pardonnez-moi, messiou, ie vous donne le boniour!*

Et nous ayant salué gravement, l'homme de la police replaça sa plume derrière son oreille droite et se remit à lire son journal.

— Il n'est pas mauvais, celui-là! dis-je à mon compagnon, en descendant l'escalier; il n'est pas mauvais, du tout!

— Surtout pour avoir été fait au guichet des morts, ajouta Pierre.

Nous fîmes comprendre au cocher ce qu'on nous avait dit au bureau des affaires funèbres, au sujet du cimetière; mais il resta convaincu que, sans permission, il nous serait impossible d'y entrer. Nous remontâmes en voiture; et trois quarts d'heure après, nous arrivions devant la grille du campo-santo. Elle était fermée. Notre cocher sonna pour appeler le gardien, qui ne tarda pas à apparaître et à montrer entre les barreaux sa face de dogue hargneux, une vraie face de cerbère.

— Montrez-moi la permission, dit-il à notre conducteur, en avançant la main à travers la grille, pour recevoir le papier de la police.

— Il n'y en a pas besoin, répondis-je, il est onze heures passées.

— Ouais! ouais! grommela l'homme de la mort, avec un ricanement sinistre. Onze heures ne sonneront pas, avant vingt minutes; et je n'ouvrirai pas les grilles avant qu'onze heures soient sonnées à l'horloge du cimetière.

— Votre horloge ne marche pas, répliqua le cocher; elle est morte. Ouvrez-nous donc, allez, mon brave, ouvrez-nous; ces messieurs vous donneront la bonne main. Je vous assure qu'il est plus de onze heures en ville.

— Montrez-moi votre permission, et je vous ouvrirai; sans quoi vous attendrez qu'il soit onze heures. Pourquoi n'êtes-vous pas allés à la police?

— Mais, nous y sommes allés; demandez-le plutôt à ces messieurs! Le commissaire des morts a dit que c'était inutile de donner une signature pour si peu de chose.

— Ah! il trouve cela peu de chose, vingt minutes! Eh bien! moi, je trouve cela beaucoup; je ne veux pas de votre *bonne main*; vous n'entrerez pas!

Nous voulûmes prendre part au débat, mais nous ne fîmes qu'embrouiller les choses; de sorte qu'il nous fallut retourner à Turin, sans avoir pu visiter le cimetière qu'on nous avait tant vanté, malgré tous les pas et démarches que nous avions faits auprès de la police pour en avoir la permission.

En France, assurément, les choses se seraient passées plus légalement, et, surtout, plus courtoisement.

Je crois avoir dit sur Turin tout ce qu'on peut en dire, après y avoir passé seulement quelques jours, froids et pluvieux; aussi vais-je me hâter de quitter les bords du Pô pour me diriger vers ceux du Tésin.

Trois heures et demie de chemin de fer suffirent pour nous transporter de Turin à Milan. La station la plus remarquable de tout ce trajet, est sans contredit celle de *Magenta*, rendue à jamais célèbre par la victoire que les Français remportèrent sur les Autrichiens, le 4 juin 1859. On aperçoit du wagon le monument funèbre, élevé à la mémoire du général Lespinasse. C'était le second champ de bataille que nous traversions depuis huit jours, et sur le premier comme sur le second, à Marengo comme à Magenta, c'était un Napoléon qui y avait été vainqueur.

Il fait déjà nuit, et nous voyons scintiller au loin des lumières. C'est le gaz qui éclaire la gare de Milan; dans quelques minutes nous serons arrivés.

Situé au milieu d'une plaine fertile et entre deux fleuves, l'Adda et le Tésin, Milan est le centre d'un commerce actif et d'un mouvement intellectuel que le nouveau régime politique ne tardera pas à développer. Cette ville ressemble énormément à l'une de nos grandes cités françaises, et l'aspect dont je parle est si frappant que le philosophe Montaigne lui-même trouvait que, déjà de son temps, « *Milan ressemblait assez à Paris.* »

Nous fûmes donc enchantés de nous sentir dans une ville d'une toute autre importance que Turin. D'abord, Milan, l'ancienne capitale du vieux royaume des Lombards; Milan, la ville où saint Ambroise osa imposer une pénitence publique à l'empereur Théodose, et où il convertit Augustin, le futur évêque d'Hippone; Milan, dis-je, est une ville qui présente d'autres souvenirs historiques que Turin, qui serait bien embarrassé d'en trouver un seul. Ensuite, la population milanaise a conservé un certain type de race, et l'on reconnaît en elle quelque chose de ces guerriers d'autrefois, dont les rois ceignaient la couronne de fer.

Cette fois-ci encore, nous sommes descendus à un *hôtel de la Ville*. Je ne sais pourquoi nous choisissons de préférence cette enseigne. Nous habitons dans le *corso Vittorio-Emmanuele*, vis-à-vis de l'église *San-Carlo*. Là, nous sommes dans le voisinage du Dôme et dans un des plus beaux quartiers de la ville, ce qui ne nuira pas à la gaîté que nous inspire déjà le séjour de Milan.

Une de nos premières visites devait être nécessairement pour le *Dôme*. Cet édifice gothique, tout en marbre blanc, est l'une des plus grandes merveilles de la chrétienté. La première pierre en fut posée par Jean Galéas Visconti, en 1386; et il n'est pas encore entièrement achevé! Le vaisseau a 148 mètres de longueur; la largeur des cinq nefs est de 57 mètres; la hauteur, depuis le pavé jusqu'à la lanterne, est de 64 mètres; mais, à l'extérieur, depuis la place jusqu'à l'extrémité de la statue de la Vierge qui se trouve au sommet de la grande aiguille, elle est de 111 mètres.

Comme toutes les belles choses, le Dôme de Milan a rencontré beaucoup de critiques. Scamozzi dit qu'il pèche par l'invention, par la forme générale, par le défaut de correspondance dans les parties; il n'y voit qu'une montagne de marbre taillé à jour. Pour Valery, « *le Dôme n'est qu'un* « *énorme colifichet*, plus hardi, plus extraordinaire que « beau.... Le gothique manque de naïveté; il est à la fois « vague et recherché. » Quoiqu'il en soit de l'opinion de ces deux messieurs, pour nous, l'extérieur du Dôme est d'un aspect féerique, et la multitude de clochetons, de statuettes, de balustrades qui le surplombent, présente un tel air de délicatesse et de légèreté, qu'on dirait une gigantesque guipure de marbre, jetée sur sa vaste toiture, ou plutôt une forêt d'aiguilles blanches qui se dressent vers le ciel, comme pour en percer l'azur ou les nuages.

L'intérieur est également d'un grandiose imposant. On se sent petit, en entrant dans un temple d'une pareille immensité et de proportions à la fois si majestueuses et si sévères.

Quel puissant effet produisent cette voûte si élevée, ces piliers si élancés et si vigoureux, cette obscurité mystérieuse où glissent des lueurs dorées, tombant des hautes croisées en verre jaune du transept, et que perce, dans la profondeur des nefs collatérales, le cliquetis coloré des grands vitraux! Quelle belle ornementation dans les autels! Quels superbes bas-reliefs! Quelles magnifiques statues! Quelles richesses de marbre, de bronze, d'or et d'argent, disséminées avec art et profusion dans tous les coins de cette immense basilique! Nous l'avons visitée, dans tous ses détails, depuis la chapelle souterraine où repose le corps de *saint Charles-Borromée*, jusqu'au haut de la pyramide centrale qui domine tout l'édifice, et d'où l'on a une vue admirable sur les vastes plaines qui environnent Milan, et sur la chaîne des Hautes-Alpes. Comme on se trouve peu de chose, au milieu de tout ce peuple d'anges et de saints qui s'élance vers le ciel du sommet de ces aiguilles!

Nous sommes retournés plusieurs fois au Dôme, et toujours nous avons eu à y admirer quelque chose de nouveau, tant les détails y sont infinis. Les deux chaires en bronze doré et couvertes de bas-reliefs qui entourent les deux grands piliers sur lesquels repose la coupole; la cuve de porphyre, trouvée dans les thermes de Maximien-Hercule et qui sert de fonts baptismaux; la fameuse statue de saint Barthélemy écorché; le candélabre à sept branches, formés de charmants rinceaux gothiques, entremêlés de statuettes, et nommé *l'arbre de la Vierge*; les tombeaux du cardinal Marino Carraccinolo, des archevêques Othon et Jean Visconti, et surtout celui des Médicis, frères de Pie IV; enfin les débris de l'antique et riche trésor de la cathédrale qui se conservent dans la sacristie du midi; tout cela nous a donné une haute idée de la magnificence du Dôme de Milan, dont nous garderons toujours un souvenir des plus agréables.

Le nombre des églises de Milan est très-considérable. Nous n'avons pu en visiter que quelques-unes, attendu qu'elles ne sont ouvertes, comme dans tout le reste de l'Italie, qu'à certaines heures du matin et du soir. Je ne puis donc citer que *San-Carlo-Borromeo*, qui est en forme de rotonde, avec une coupole trop écrasée; elle est précédée d'un atrium carré-long, entouré de portiques à colonnes corinthiennes en granit; *San-Stefano in Broglio*, où fut assassiné, en 1476, Galéas-Marie Sforza, duc de Milan; *San-Ambrogio*, ancienne basilique, qui remonte au IVe siècle et qui pourrait être comparée à un musée, tant est grand le nombre des inscriptions, des bas-reliefs, des bustes et des autres monuments de la primitive église qu'elle renferme; *San-Maurizzio Maggiore*, qui est l'église d'un monastère, converti aujourd'hui en prison militaire; et *Santa-Maria delle Grazzie*, dont la coupole et la sacristie sont attribuées au *Bramante*. C'est dans l'ancien réfectoire du couvent, servant maintenant de caserne, que tous les étrangers vont voir les précieux restes de *la Cène* de Léonard de Vinci.

Tous les musées de Milan sont réunis dans le palais de *Brera*, qui a pris le titre de *Palais des Sciences et des Arts*. Nous avons pu visiter là : le *Gymnase*, l'*Ecole des Beaux-Arts*, la *galerie de Tableaux*, l'*Observatoire*, le *cabinet des Médailles*, la *Bibliothèque* et le *Musée lapidaire*; tout cela est très-beau et très-bien entretenu. C'est du reste, avec la *Bibliothèque Ambrosienne*, qui compte 100,000 volumes et 14,000 manuscrits, la plus grande curiosité artistique de Milan.

La galerie de tableaux comprend *douze* salles, et est très-riche en grands maîtres. Elle a été composée de tableaux provenant des églises et des couvents supprimés.

Le reste de la ville offre d'assez beaux monuments à la curiosité du voyageur. Le *palais du roi*, entre autres, renferme de grandes richesses en tableaux et en tapisseries des Gobelins. Je ne parlerai pas du théâtre de la *Scala*, qui jouit d'une grande réputation européenne et justement méritée; car ce serait répéter ce que tous les *guides* en ont dit.

Le jardin botanique est un petit parc délicieux, avec de charmants cours d'eau, parfaitement distribués; il est un rendez-vous de promenade pour la fashion milanaise.

J'aurais encore bien des choses à dire sur l'ancienne capitale de la Lombardie, mais je me contenterai de constater, en passant, que ces bons Milanais sont enchantés d'avoir secoué, grâce à la France, le joug autrichien, pour tomber sous le sceptre du roi de Turin. Puissent-ils ne jamais regretter leur échange! Il est vrai qu'ils sont incorporés au royaume d'Italie. Ce prestige de l'unité, qui a fait tourner tant de têtes, donnera-t-il le bonheur qu'il a promis? Je le souhaite; mais la Révolution italienne n'a pas dit son dernier mot, et il se pourrait bien faire qu'il y eût du Robespierre sous la chemise rouge de Garibaldi!

Si les Italiens n'aiment pas à être écorchés vifs (et cela se conçoit), ils écorchent pourtant passablement bien les étrangers; témoin la note fabuleuse que notre hôtelier nous a présentée, au moment du départ. Chose singulière! plus les moyens de transport sont devenus faciles, plus la vie est devenue chère; et les voyages coûtent maintenant le double et même le triple d'autrefois; appelez cela comme vous le voudrez, moi je le flétris du nom de *rapacité sordide*.

Pour occuper nos soirées, nous nous promenions dans les rues, à la clarté du gaz, ou bien nous assistions à quelques concerts en plein vent. Un soir l'idée nous prit d'aller voir un prestidigitateur, qui se prétendait l'émule de Bosco et de Robert-Houdin. Nous choisîmes les premières places pour mieux voir les ficelles de l'opérateur qui, disons-le tout de suite, était un piètre physicien. Ses tours étaient pitoyables, et le premier escamoteur venu en eût fait tout autant, sinon plus. J'étais placé près d'une vieille dame qui parlait français et dont la langue ne pouvait rester en repos. En moins d'un quart d'heure, elle m'avait déjà raconté une partie de son histoire et de celle de son mari, qui se trouvait à sa gauche et qui paraissait être aussi taciturne qu'elle était loquace. Plus elle babillait, moins j'étais communicatif; ce qui ne faisait pas son compte; car elle grillait d'envie de connaître ma nationalité. Nous en étions là de nos *confidences*, fort peu réciproques, quand le prestidigitateur vint nous offrir un papier blanc, avec prière d'y écrire, au crayon, un mot, n'importe en quelle langue que ce fût. Il devait ensuite brûler ce papier, en mettre les cendres dans une petite boîte, et opérer de telle façon que le papier brûlé devait se retrouver dans la poche d'un spectateur quelconque. Le mari de la vieille dame écrivit un mot allemand; elle mit au-dessous un mot turc; et moi, j'ajoutai, en troisième ligne, le mot grec

Ἐλπίς, qui veut dire *espérance*. Dès que ma respectable voisine eut aperçu ce mot :

— Mais vous êtes *Grec*, monsieur! s'écria-t-elle, en levant les deux bras, comme pour se jeter à mon cou. Vous venez d'écrire-là un mot grec; Ἐλπίς, c'est tout ce qu'il y a de plus grec! Et moi aussi, monsieur, je suis Grecque; je suis votre compatriote. Je ne suis venue à Milan que pour consulter un célèbre médecin; mais j'habite Athènes, Monsieur; je suis d'Athènes! et vous, de quelle partie de la Grèce êtes-vous?

— Moi, Madame, je suis purement et simplement Français, répondis-je en riant; et je n'ai jamais mis les pieds en Grèce.

— Mais vous parlez le grec?

— Quelques petits mots par-ci par-là, un souvenir de collége, pas davantage!

— C'est bien extraordinaire! reprit la vieille dame, visiblement désappointée. Pourtant, à voir votre profil, j'aurais juré que vous étiez un Athénien pur-sang. Voyez tout de même comme les apparences sont trompeuses!

Au même instant, le physicien vint nous montrer triomphalement les mots que nous avions écrits sur le papier qu'il avait brûlé et qui, comme le phénix, avait pu renaître de ses cendres.

— C'est bien cela? nous demanda-t-il?

— Oui et non, lui répondis-je à demi-voix.

— Comment, ce n'est pas là votre écriture?

— Si fait, mais ce n'est pas le même papier. Celui sur lequel j'ai écrit, et que vous avez brûlé, était noirci au verso, par une couche de mine de plomb. En écrivant au crayon, le fac-simile s'est reproduit sur le feuillet blanc, qui était caché dessous et que voici.

— *Basta! Fa niente.* Suffit! cela ne fait rien! grommela le prestidigitateur. Quand on est aussi savant que vous, on garde sa science pour soi, et on ne cherche pas à faire tort aux autres!

Et il se hâta de procéder à un autre genre d'exercices.

— Il est furieux que vous ayez deviné son tour, me dit

ma voisine grecque. Tant pis pour lui ! Pourquoi ne sait-il pas mieux son métier? Mon Dieu ! Monsieur, ajouta-t-elle, après un petit moment de silence, vous me paraissez fort instruit; et vraiment, si je l'osais, je vous demanderais un conseil.

— Osez toujours, Madame, je vous le donnerai, si je puis.

— Eh bien ! donc, poursuivit-elle, figurez-vous que je suis venue à Milan tout exprès pour consulter cet homme-là !

— Quel homme?

— Mais ce physicien dont vous venez de me démasquer la ruse. Il se fait passer pour le premier magnétiseur de toute l'Italie; et, comme je voudrais me faire magnétiser, pour guérir une insomnie presque continuelle qui me fait horriblement souffrir, je suis d'abord venue ici, afin de voir sa figure, ses manières, son adresse et ses talents de prestidigitateur, avant de m'aboucher avec lui. Maintenant que je l'ai vu, je vous dirai franchement que ce monsieur ne me plaît pas du tout, et que je doute fort de sa science, aussi bien en physique qu'en magnétisme. Que me conseillez-vous de faire?

— Je ne suis pas médecin, Madame, et je ne puis rien vous dire sur votre insomnie. Il y a cependant de vieux remèdes, qui ont une grande propriété soporifique, et qui étaient très-connus des médecins du temps de Molière; par exemple l'*opium, qui facit dormire*. Consultez donc un vrai médecin, il vous dira beaucoup mieux ce que vous devez faire qu'un jongleur maladroit, qui ne connaît pas le premier mot de la science médicale.

Pendant ce temps-là, l'escamoteur allait toujours son petit bonhomme de chemin. Il avait demandé une montre aux spectateurs, pour la broyer dans un mortier; et un jeune officier piémontais qui se trouvait là, bien pommadé et bien pincé dans sa tunique, causant gaîment et galamment avec plusieurs dames, avait offert avec empressement la montre demandée. C'était une fort jolie montre en or avec sa chaîne. L'homme la prit, la plaça dans le mortier et se mit en train de la piler. Tout le monde riait dans la salle; l'officier seul était tout à coup devenu sérieux. Lorsque la cuisine du physicien fut terminée, il mit ce *hachis* dans une sorte de tromblon qu'il amorça et qu'il tira, en visant l'officier, au cou duquel la chaîne devait aller se placer d'elle-même, avec la montre. Le tour était probablement trop difficile pour ce Robert-Houdin aux petits pieds; car la montre et la chaîne sortirent bien en effet de la gueule du tromblon; mais au lieu d'atteindre leur but, elles roulèrent à terre où la pauvre montre reçut un choc qui cassa son verre, au grand dépit de l'officier que l'hilarité générale força de rire aussi, quoiqu'il n'en eût guères envie.

Lorsque toute cette comédie fut terminée, mon Athénienne se leva, en me disant :

— Vous pouvez être sûr, Monsieur, que ce charlatan ne verra jamais la couleur de mon or.

— Tant mieux pour vous, Madame, lui répondis-je, en la quittant; mais si vous voulez dormir, même debout, je ne connais pas de meilleur soporifique que la lecture d'un ouvrage que l'on ne comprend pas. Usez de mon remède, et vous vous en trouverez bien!

Milan est une ville où l'on ne s'ennuie pas, et où l'on resterait volontiers toute une saison d'hiver ou d'été. Les nombreux canaux qui la traversent, les belles promenades plantées d'arbres, qui, en longeant ses murs bastionnés, lui forment une superbe ceinture de verdure: les agréables jardins qui l'environnent de toutes parts, *intra muros*, et lui tiennent lieu de faubourgs; l'aménité et la gaîté de ses habitants; tous ces avantages font vivement regretter que sa position topographique, trop avancée dans le nord, n'ait pas permis de la choisir pour capitale du nouveau royaume d'Italie.

L'entrée triomphale des Français à Milan, après la glorieuse victoire de Magenta; les fleurs dont on joncha les rues à leur passage; la joie et l'enthousiasme du peuple, acclamant ses libérateurs, prouvent combien la haine des Autrichiens était profondément enracinée dans le cœur des Lombards; mais tout cela ne démontre pas que le

Français soit plus aimé du Milanais que du Piémontais. Un des garçons de notre hôtel nous disait, que le soir même de la bataille, Milan avait refusé d'envoyer à Magenta des voitures et des charriots pour enlever nos blessés et les conduire dans la ville. — Est-ce vrai?... Cela ne m'étonnerait pas le moins du monde; car l'Italie n'a jamais su aimer ceux qui l'aiment!

F.

CHAPITRE III

Sommaire : Les vicissitudes des royaumes de ce monde. — La douane autrichienne. — Vérone. — *San-Zenone.* — Venise. — Les gondoles. — La place Saint-Marc. — La basilique. — Le palais ducal. — Visites aux îles des environs de Venise. — Les *bonnes mains.* — Monsieur et Madame *Qui-lo-sa.* — Padoue. — Rovigo. — Passage du Pô.

Nous sommes dans un siècle fécond en changements politiques. Ce qui est aujourd'hui, demain n'existe plus. Les États changent de maîtres et de constitutions aussi facilement que l'homme change d'habits. Cette instabilité des choses humaines rentre dans les secrets impénétrables de la Providence, et peut s'appeler *les vicissitudes des royaumes de ce monde.* Nous n'avons qu'à ouvrir l'histoire pour nous convaincre de ces étranges mutations. Mais c'est surtout de nos jours que les événements politiques marchent vite. L'un attend à peine l'autre : ils se précipitent tous ensemble !

Quand nous visitâmes la Vénétie, elle était autrichienne ; le contre-coup de la bataille de Sadowa l'a rendue française, et la voici maintenant redevenue italienne, grâce à la noble générosité de notre gouvernement ! Tout cela a été l'affaire de quelques jours.

Le retour de Venise à l'Italie était presque une certitude, et maintenant c'est un fait accompli ! Le canon autrichien n'est plus braqué sur la piazzetta de Saint-Marc ; l'habit blanc a disparu pour faire place au pantalon rouge, et l'ancienne ville des doges a recouvré sa liberté !

Il n'y a plus, à présent, de sceptre étranger qui pèse sur l'Italie ; et le peuple qui, autrefois, domina le monde, va reprendre son rang de grande puissance, puisque tous ses vœux sont exaucés !

Malgré ce changement, que le nouvel état de choses me force à indiquer ici, je poursuivrai le récit de notre voyage à travers la Péninsule italique, et le lecteur indulgent me pardonnera si je parle encore quelquefois du passé ; car, quelle que soit ma bonne volonté, je ne puis pas faire que les Autrichiens n'aient pas été les maîtres de la Vénétie, en 1865, époque à laquelle j'ai visité cette belle contrée.

Le jeudi 9 février, nous avons repris le chemin de fer pour nous rendre à Venise, en nous arrêtant un jour à Vérone. Nous avons aperçu du wagon, *Bergame*, *Brescia* et une partie du lac de *Garde*, chanté autrefois par Virgile et par Catulle, qui avait une habitation sur ses bords.

A *Peschiera*, nous quittons les Etats de Victor-Emmanuel pour entrer dans le fameux quadrilatère, qui appartient encore aux Autrichiens. On nous fait descendre de wagon, nous et nos bagages, afin de passer à la visite de messieurs les douaniers, entre les mains desquels nous remettons nos passe-ports et les clefs de nos malles.

Je ne connais rien de plus désagréable au monde qu'une visite de la douane, quand bien même vous êtes en règle et que vous n'avez dans vos effets ou sur votre personne aucun objet prohibé. Vous êtes là, tous parqués dans une salle, sous les yeux de lynx d'une police ombrageuse, qui suit tous vos mouvements et bouleverse toutes vos pauvres malles, que vous vous étiez donné tant de peine à bien arranger. Quand les mains, plus ou moins propres, de deux ou trois employés ont tout mis sens dessus dessous dans vos *colis*, dont tous les coins et recoins ont été consciencieusement fouillés, alors on vous dit tranquillement : *Refermez!* Et un morceau de craie blanche trace sur vos malles et sur vos sacs de nuit le signe conventionnel du *laissez-passer*. Il ne reste plus à l'infortuné voyageur qu'à renfoncer pêle-mêle, dans leurs compartiments réciproques, son linge, ses vêtements, en un mot, tout ce qui a été dérangé par les douaniers, et ensuite à refermer ses colis, ce qui n'est pas toujours très-facile. Cela fait, il faut se présenter devant le commissaire de police pour réclamer son passe-port. Puis, voilà que la cloche sonne le départ; les employés du chemin de fer vous forcent à remonter en wagon. Vous vous êtes bien démené, bien tourmenté, et vous n'avez souvent pas même eu le temps de songer à vous. Eh bien! toutes les douanes se ressemblent et se valent. J'ai trouvé les douaniers français et italiens tout aussi désagréables que les douaniers autrichiens et peut-être même plus, car je m'étais fait de ces derniers une idée épouvantable; et ils n'ont pas été plus croquemitaines que les autres!

Il faisait nuit et la neige tombait à gros flocons, quand nous entrâmes dans la gare de Vérone. Comme nous voulions ne passer qu'un jour dans cette ville, nous laissâmes nos gros bagages au bureau de consignation, et, nous jetant tous transis de froid dans une voiture de louage, nous nous fîmes conduire à l'*Hôtel impérial et royal des deux Tours*, situé sur la place *Santa-Anastasia*. Pour y arriver, nous traversâmes une grande partie de la ville, en roulant sur une neige que la clarté du gaz rendait plus blanche encore. Je me rappelle que nous passâmes près de l'*Arène*, et que la masse noire et imposante de ce vaste amphithéâtre, tranchant sur le fond blanc de la neige qui l'environnait, me produisit un grand effet.

Nous eûmes bien de la peine à nous réchauffer, en appuyant nos pieds contre la faïence du poêle qui remplace ici la cheminée. Je trouve ce genre de calorifère bien triste et bien peu commode. Cela ne vaut pas le foyer dont la flamme réjouit l'œil et réchauffe le corps tout à la fois. Quand nos membres furent un peu dégourdis, nous passâmes dans la salle à manger, où nous dînâmes seuls, l'heure de la table d'hôte étant écoulée depuis longtemps. Le domestique qu'on nous donna était un vieil et long Allemand, qui baragouinait quelques mots de français. Ce brave homme nous servit avec zèle et poussa la complaisance jusqu'à remettre quelques bûches dans le poêle qui était derrière nous, parce qu'il s'était aperçu que je grelottais encore. Nous le questionnâmes sur Vérone. Il nous dit que la ville était une des mieux fortifiées du quadrilatère et qu'elle renfermait environ 60,000 habitants, sans compter la garnison qui était fort nombreuse :

— Croyez-vous que les Piémontais nous auraient enlevé la Lombardie si les Français n'avaient pas été là pour les aider et les soutenir? Nous avons été battus par Napoléon, mais non par Victor-Emmanuel. Qu'ils y reviennent tout seuls, les Italiens de Magenta, et ils verront comment nous les recevrons dans notre quadrilatère! Si nous quittons la Vénétie, ce ne sera toujours pas la force de leurs baïonnettes qui nous en chassera!

C'était un Autrichien qui parlait, il ne pouvait pas dire autre chose.

Le lendemain, dès la pointe du jour, nous fîmes venir une voiture et nous commençâmes à visiter la ville, dont les rues étaient encore pleines de neige.

Vérone, avec ses vieilles murailles flanquées de tours, ses ponts dont les parapets sont des créneaux, ses longues et larges rues et ses souvenirs du moyen-âge, a une sorte de grand air qui impose. Elle est située dans une plaine et arrosée par l'*Adige*, qui la divise en deux parties inégales : la plus petite est appelée *Véronette*. Quatre ponts mettent en communication ces deux parties de la ville.

La cathédrale est une antique église, construite en partie avec les matériaux d'un temple de Minerve. Son porche est du XIIe siècle et présente des colonnes supportées par des griffons. On voit sur la façade les statues des paladins Roland et Olivier. L'intérieur de cette église n'a rien de remarquable, si ce n'est une *Assomption* du *Titien*. Mais la perle de toutes les églises de Vérone est *San-Zenone*, qui présente un des plus beaux types du style lombard au moyen-âge. La voûte et les piliers qui la soutiennent sont d'une grande légèreté et d'une élégance extrême. Au-dessous du chœur est une crypte contenant des restes d'anciennes fresques et le sarcophage de saint Zénon, évêque de Vérone. Un sacristain, orné d'une chevelure ébouriffée et d'une soutane déguenillée, accourut vers nous dès qu'il se fut aperçu de notre présence dans l'église ; et il se mit à nous expliquer tous les monuments curieux de l'art qui s'y trouvent, tels que : la statue de saint Zénon, qui est du XIIIe siècle ; *sa coupe* de porphyre qui a vingt-sept pieds de circonférence, le tombeau d'Augusta-Ailia-Valeria, qui date des premiers siècles du christianisme ; la statue de saint Proculus, qui est de 1392 ; la Vierge de *Mantegna*, les fresques du XIVe siècle qui décorent les bas-côtés du chœur, etc., etc. Il nous fit redescendre dans la crypte, nous mena dans le cloître pour voir le tombeau du roi Pépin ; enfin, il nous reconduisit jusqu'au porche pour nous en faire admirer les colonnes, portées par des lions se détachant du sol, de façon à laisser un vide sous le corps qui porte la colonne. Puis, se tenant debout devant les belles portes en bronze, qui datent de 1178, il nous tendit la main pour recevoir le prix de sa complaisance. Quand il l'eût touché, il nous accompagna de quelques pas sur la place et nous fit observer, pour la *bonne bouche*, que le superbe clocher de Saint-Zénon était de l'an 1045.

Nous avons vu, près de la petite église de *Santa-Maria l'Antica*, les tombeaux des Scaliger, anciens podestats de Vérone ; ils sont entourés de grilles en fer forgé, d'un travail merveilleux. Le plus beau est celui de Can Signorio, surnommé *Volto Barbaro*, pour avoir assassiné publiquement son prédécesseur et étranglé son plus jeune frère. C'est lui qui fit élever sur la *place des Herbes* la grande tour qu'on y voit aujourd'hui. Une des curiosités de cette place, ce sont les peintures à fresque dont sont décorées plusieurs façades de maisons.

Vérone a la gloire non-seulement d'avoir donné le jour à Pline-le-Jeune, à Cornelius-Nepos, à Vitruve, à Emilius-Macer et à Catulle, mais encore de posséder un amphithéâtre romain, de forme ovale, comme le Colisée, et très bien conservé. Malheureusement un grand nombre des *vomitoires* sont occupés aujourd'hui par des magasins et des boutiques enfumées.

Le musée ou *Pinacothèque* est riche en toiles précieuses.

Une salle, consacrée à la statuaire, offre quelques bons ouvrages, entre autres des modèles de Canova, qui est un enfant de Vérone.

Somme toute, cette ville nous a beaucoup plu, malgré ses soldats autrichiens qui, soit dit en passant, ont une tournure plus propre et plus martiale que celle des soldats italiens. Il y a tant de souvenirs historiques à Vérone qu'on peut y retrouver les traces de toutes les illustrations littéraires et artistiques, depuis Cornelius-Nepos, qui y est né, jusqu'à Châteaubriand, qui y a siégé au congrès européen de 1822; depuis le fameux peintre Paul Véronèse jusqu'au célèbre sculpteur Canova!

De Vérone à Venise la route n'a pas été longue. Nous avons successivement traversé des stations dont le nom rappelle quelques-unes des gloires de notre premier Empire, telles que : *Montebello*, *Vicence* et *Padoue*. Puis, à partir de cette dernière ville, le chemin a continué à travers une plaine basse, de plus en plus coupée de canaux, et a fini par s'engager sur le grand *viaduc* qui, long de 3,603 mètres, s'élance, comme un énorme serpent, sur les eaux de la lagune, qu'il traverse en neuf minutes, pour vous introduire d'une manière féerique dans la vieille cité des doges vénitiens, bien autrement célèbres que ceux de Gênes.

Comme nous voyagions de préférence pendant le jour, pour être à même de mieux admirer les beautés de la route, nous arrivâmes encore au débarcadère à l'orée de la nuit, au moment où s'allume le gaz. Nous ne vîmes donc pas grand'chose de Venise, en y arrivant. Ce qui nous frappa le plus au sortir de la gare, ce fut l'absence complète des omnibus et des voitures, qui ont coutume de stationner près de la porte de tous les chemins de fer. Mais, en revanche, il y avait une foule de gondoles devant le petit port du débarquement; et tous ces *gondoliers*, au lieu de chanter des barcarolles, comme autrefois, s'égosillaient à vous faire, de loin, absolument les mêmes propositions que les cochers de Naples ont l'habitude de vous faire du haut de leurs fiacres, avec cette seule différence que ces derniers peuvent vous poursuivre à outrance dans les rues, tandis que les gondoliers ne sauraient, et pour cause, montrer à votre égard le même empressement.

Venise étant entièrement bâtie sur les eaux et ne se composant que d'îlots nombreux, très-rapprochés les uns des autres, les canaux et les ponts sont les seuls moyens de communication que ses habitants puissent avoir entre eux. La *gondole*, sorte de barque d'une forme très-allongée et d'une légèreté extraordinaire, remplace ici les voitures. Aussi y a-t-il des gondoles de toutes sortes : La gondole *armoriée*, la gondole *bourgeoise*, la gondole *publique* et la gondole *plate*. La première correspond à la *voiture de luxe*, la deuxième au *remise* ou au *fiacre*, la troisième à l'*omnibus* qui dessert les principaux points d'une grande ville, enfin la quatrième sert de charrette, de tombereau, de tout ce que vous voudrez.

Nous montâmes avec nos bagages dans la gondole-omnibus qui réclamait les voyageurs pour l'hôtel Danieli, *Albergo reale*, où nous voulions descendre ; et, après avoir été emboîtés, pendant une grosse demi-heure, dans une espèce de cage oblongue, qui rappelait assez bien celle du cardinal Balue, sous le rapport de la gêne où l'on s'y trouvait, nous parvînmes enfin heureusement sur le quai des *Esclavons*, en face de notre hôtel, vieille construction du XIVe siècle, qui se trouvait à quelques pas du *palais Ducal*.

Voyez comme l'illusion vient vite et comme elle s'en va plus vite encore ! Avant de voir une gondole, j'*adorais* la forme de cette charmante barque qui ne va qu'à l'aide de rames, et dont la poupe est repliée en l'air, tandis que sa proue est élancée et recourbée ; je m'étais bercé bien souvent, en esprit, sur les lagunes de Venise, mollement étendu au fond d'une *gondole* frêle et légère ; ou bien (toujours en esprit) j'avais mille fois pris plaisir à voir, le soir, la gondole glisser en silence à travers les longues ombres que projettent sur les flots les antiques demeures des sénateurs vénitiens !!!... Tout cela était très-beau dans le rêve ; mais comme la réalité donne parfois de terribles coups d'assommoir! Il me suffit de deux ou trois *renfoncements* de chapeau, que me donna prosaïquement le dessus de ma cage en bois, pour dépoétiser à mes yeux la *gondole* et même pour me la faire prendre en grippe à tout jamais. Quant aux flots *transparents* et *argentés* de la lagune, dès le lendemain matin, j'étais fixé sur leur compte; ils servent tout bêtement d'égoûts à la ville, et leur émeraude se macule ignominieusement de toutes les immondices que tant d'autres villes d'Italie se plaisent à garder, des semaines entières, au coin de leurs rues! Pourtant, soyons justes : il y a une certaine heure où il s'établit un courant, qui fait l'office du balai et qui emporte tout cela dans la haute mer.

Venise est donc, malgré tout, une ville unique au monde, et par ses rues *liquides*, et par son profond silence qui n'est guères interrompu que par le son des cloches et la voix des rameurs. On est tout surpris de ne plus entendre le bruit des voitures sur le pavé, et surtout de ne pouvoir faire un pas hors des maisons, sans rencontrer une foule de petits ponts qui vous forcent à gravir leur dos d'âne, pour passer d'une ruelle dans une autre. Ces ruelles sont dallées d'une sorte de pierre que le long usage a rendu fort luisante; de sorte qu'il faut bien prendre garde à soi pour ne pas glisser trop souvent.

Mais ce qui rend Venise bien autrement remarquable que son titre de *Reine de la mer Adriatique*, ce sont les richesses monumentales et artistiques qu'elle a su amonceler dans son sein. Quel spectacle magnifique et grandiose vous présente la *Piazzetta*, quand vous y arrivez en gondole! D'abord se dressent devant vous deux gigantesques colonnes de granit, transportées de l'Archipel par le doge Michleli, en 1127; elles ne furent érigées qu'en 1170, et on y ajouta des bases et des chapiteaux. L'une est surmontée de la statue du premier patron de la République vénitienne, *saint Théodore*, foulant aux pieds un crocodile; l'autre porte à son sommet le *lion ailé de Saint-Marc*, protecteur spécial de la ville. Le conseil des Dix faisait accrocher par les pieds à ces colonnes les cadavres des criminels d'Etat. A droite, est le *palais Ducal* avec ses galeries en ogive ; à gauche, est la *libreria Vecchia*, qui fait partie du *Palazzo-Reale*. Du même côté, et presqu'à l'endroit où la Piazzetta communique avec la *place Saint-Marc*, s'élève le *Campanille*, haute tour carrée qui domine tous les édifices de Venise. A sa base est la *Loggia*, charmant petit édifice revêtu de marbre, de bronze et de statues par *Sansovino*. Dans le fond du tableau, on aperçoit la *Tour de l'Horloge*, qui appartient à la place Saint-Marc et qui est voisine de la basilique; et, devant cette tour, juste en face du portique de saint Marc, se dessine le profil des *trois piliers* de bronze qui supportent les trois mâts où l'on arborait jadis les étendards de la République, symbole de sa puissance sur les royaumes de Chypre, de Candie et de la Morée. Quant à la place Saint-Marc, c'est un long parallélogramme entouré de constructions qui ont une très-grande analogie avec celles des galeries du Palais-Royal à Paris. Cette place et la Piazzetta sont pavées avec de larges dalles qui leur donnent un air tout-à-fait grandiose, mais qui rendent parfois la marche difficile et même dangereuse, surtout lorsque le pied y rencontre une écorce d'orange ou quelque chose qui peut le faire glisser.

Pour me résumer, je dirai que toutes les dépouilles du monde oriental sont réunies là, comme dans un musée en plein vent. Byzance semble être venue se réfugier au fond du golfe Adriatique et avoir prêté à Saint-Marc ses coupoles dorées, ses mosaïques, ses colonnes de porphyre et tous ses marbres les plus rares ; car partout ici l'on retrouve quelque chose qui rappelle les richesses architecturales de l'Orient.

Quoique Venise entière ne soit qu'un vaste et splendide musée, elle a voulu néanmoins élever un superbe sanctuaire aux beaux-arts. Ce sanctuaire s'appelle l'*Académie*. La peinture antique, l'école vénitienne et les autres collections de tableaux y occupent *vingt* grandes salles. C'est là que se trouve la magnifique *Assomption* du *Titien*. On y admire une foule de belles toiles, signées par la touche et le coloris de peintres célèbres. Qu'il me suffise de nommer :

Paul Véronèze, *Palma-le-Vieux*, le *Tintoret*, *Bassano*, *Tiépolo*, *Schiavone*, le *Padouan*, *Caravage*, *Giorgione*, *Murano*, etc. Ce n'est pas seulement là, ni dans les palais, que l'on trouve des chefs-d'œuvre ; les églises encore en sont remplies. Or il y a à Venise une soixantaine d'églises qui toutes méritent d'être visitées.

La principale et la plus belle est incontestablement la basilique de Saint-Marc, qui est un modèle précieux d'architecture *byzantine*. Elle est enrichie d'une profusion des plus beaux marbres orientaux, de sculptures, de bronzes, de dorures et de mosaïques, exécutées depuis le Xe jusqu'au XVIIIe siècle. On y compte cinq cents colonnes de vert antique, de porphyre et de serpentine, enlevées à la Grèce et à Constantinople, et dont le bizarre assemblage fait de ce temple un monument unique et original. L'église de Saint-Marc fut commencée vers l'an 977, par le doge Orseolo, et terminée en 1094. Sa longueur est de 76 mètres 50 centimètres, et sa largeur, à la façade, de 51 mètres 80 centimètres. Cette façade, d'un style si singulier, présente un ordre inférieur percé de cinq portes à arcades et surmonté de cinq arceaux en forme de diadêmes, séparés par des clochetons. Elles sont ornées de mosaïques et de peintures. A son sommet sont les quatre célèbres chevaux de bronze fondus à Corinthe et qui ont fait tant de chemin. En effet, ils ont orné les arcs de triomphe de Néron et de Trajan, à Rome ; ils ont accompagné Constantin à Byzance ; en 1205, ils furent transportés à Venise, d'où Napoléon les enleva pour servir d'ornement à l'arc de triomphe du Carrousel ; enfin la Restauration les renvoya à Venise avec le lion de Saint-Marc, en 1815.

L'intérieur de Saint-Marc correspond à la beauté de l'extérieur. On y remarque un magnifique bénitier de porphyre, dont la base est un autel antique de sculpture grecque ; la chapelle des *Fonts baptismaux* qui ont un couvercle en bronze orné de bas-reliefs exécutés par *Tiziano Minio*, de Padoue, et *Desiderio*, de Florence, élèves de Sansovino ; l'*oratoire de la Croix*, formé par un ambon que soutiennent six colonnes dont une est en porphyre noir et blanc, morceau excessivement rare ; la chapelle de *Notre-Dame des Môles*, intéressante par ses sculptures et ses mosaïques ; la chapelle de *Saint-Isidore*, où se trouve l'arbre généalogique de la Sainte-Vierge, mosaïque de Bianchini ; le *chœur*, qui est séparé de la nef par un soubassement, surmonté de huit colonnes ; sur l'architrave sont quatorze statues de marbre, représentant la Sainte Vierge, saint Marc et les douze apôtres ; au milieu est un grand Crucifix Sur les deux côtés de l'entrée du chœur il y a deux chaires de marbre, soutenues par des colonnes, et, à côté de ces chaires, deux petits autels également en marbre et d'une sculpture très-délicate. Les stalles sont ornées d'ouvrages très-fins en marqueterie ; au-dessus de ces stalles règnent des tribunes avec des bas-reliefs en bronze. Les balustrades intérieures, à côté du maître-autel, sont décorées de huit figures de bronze, représentant les quatre Evangélistes et les quatre grands Docteurs. Enfin le *maître-autel* a un tabernacle de vert antique, soutenu par quatre colonnes de marbre grec qui sont couvertes de bas-reliefs, représentant les faits principaux de la vie de Jésus-Christ ; c'est un ouvrage du XIe siècle. Les six petites figures qui couronnent le tabernacle paraissent être de la fin du XIVe. Cet autel a deux tableaux, dont l'un sert de couverture à l'autre. Le premier est dans le goût grec, peint à l'huile, sur planche, en quatorze compartiments. Le second s'appelle *la Palà d'Oro ;* c'est une icone byzantine peinte en émail sur lame d'argent et d'or, ornée de ciselures, de perles, de camées et de pierres précieuses. On ne la découvre que les jours de fête. Derrière le maître-autel est un autre tabernacle en bronze porté par quatre colonnes torses d'albâtre oriental et couvrant un autel, avec bas-reliefs en marbre et en bronze doré, par Sansovino. Ce même artiste a exécuté *la porte de la sacristie*, qui est en bronze avec des ornements de marbre blanc. Quant au *Trésor de Saint-Marc*, autrefois très-riche, il ne possède plus que des reliques et quelques objets de prix.

Après Saint-Marc, une des plus belles églises que nous ayions vues est bien, sans contredit, celle des *Saints Jean et*

Paul, qui renferme les tombeaux de vingt-cinq doges et de magnifiques bas-reliefs en marbre de Paros, représentant les mystères de l'enfance du Sauveur. Ces bas-reliefs, qui occupent tout le fond de la chapelle de *Notre-Dame du Rosaire*, sont d'un fini de détails merveilleux et qu'on ne peut se lasser d'admirer. Je dois encore citer l'église de *San-Giorgo-Maggiore*, dans laquelle fut élu le pape Pie VII (Barnabé Chiaramonti) par les cardinaux réunis à Venise, après la mort de Pie VI, à Valence. C'était une ancienne église de Bénédictins, et l'on voit encore, dans le chœur, des stalles admirablement sculptées qui, aujourd'hui, ne servent plus, puisque l'abbaye est devenue une caserne et que l'aumônier seul du régiment dit la messe dans cette vaste basilique. En général, toutes les églises de Venise sont curieuses à visiter, à cause des statues, des tableaux et des autres objets d'art qu'elles renferment.

Le palais ducal est une magnifique et gigantesque construction qui occupe tout le côté de la *Piazzetta* allant de Santo-Marco au bord de la lagune, et qui, formant un angle droit, borde une partie du quai, égale en longueur à celle de la Piazzetta. C'est un monument d'un style majestueux et féerique, avec des galeries mauresques superposées l'une à l'autre et qui, par leur gracieuse légèreté, rappellent l'Alhambra. Ce palais est plein de souvenirs historiques. C'est là que siégeaient le Grand-Conseil, le Sénat, le Conseil des Dix, si terrible pour l'aristocratie vénitienne, et ce *Conseil des Trois*, plus terrible encore.

Comme nous allions entrer au palais ducal, pour le visiter dans tous ses détails, voici qu'un homme nous suit, et, malgré nos soins et nos efforts pour l'éviter, finit par nous atteindre au sommet de l'*escalier des Géants*. Il s'attache à nous comme une chenille à la feuille qu'elle veut dévorer; comment s'en défaire? C'était un de ces faquins importuns qui guettent les étrangers, pour s'imposer à eux comme cicerone. Il nous fallut bien faire bonne mine contre mauvais jeu, et accepter cet introducteur dans l'ancien palais des Doges. Cet homme se mit aussitôt à nous débiter gravement sa leçon. D'abord il nous montra les gueules de lion par lesquelles les espions des *Dix* faisaient parvenir à ce redoutable Conseil leurs dénonciations secrètes; puis l'endroit où le doge Marino Falerio eut la tête tranchée, puis la vaste salle du Grand-Conseil, dont le plafond offre des peintures d'une beauté remarquable; puis différentes pièces meublées encore comme au temps de la splendeur et de la puissance de Venise.

Au milieu de toutes ces magnificences, nous avons rencontré, sur un balcon, un brave homme assis aux rayons du soleil, un livre à la main et faisant sécher près de lui un mouchoir de poche qui, sans doute, avait trop servi. Comme le grotesque vient parfois se mêler au grandiose! C'était le seul lecteur qui, ce jour-là, honorât de sa présence la bibliothèque de Venise, qui compte près de cent mille volumes et qui occupe toute la salle du Grand-Conseil! Encore lisait-il en bâillant! Ayez donc d'immenses bibliothèques pour en tirer un pareil parti!

Chaque salle que nous visitions avait son portier différent, de sorte qu'il nous a fallu donner des bonnes mains à tous ces custodes avides, véritables cerbères qui ne cessent de grogner, ne trouvant jamais assez gros le gâteau de miel qu'on leur jette. L'un d'eux a eu l'insolence, après avoir reçu notre monnaie, de la compter dédaigneusement et de la laisser tomber à ses pieds, comme étant un prix trop vil pour l'*important service* qu'il croyait nous avoir rendu, en nous saluant à notre passage. Vraiment, pour l'honneur de l'Italie, qui veut se régénérer, le gouvernement de Victor-Emmanuel ferait bien de proscrire cet abus détestable des *bonnes mains*, qui n'est qu'une mendicité, d'autant plus odieuse qu'elle est presque officielle!

Après la visite des appartements et des galeries nous sommes descendus dans les anciens cachots de la République. D'abord nous nous sommes arrêtés quelques instants sur le mystérieux et célèbre *Pont des Soupirs*, ainsi appelé parce que les prisonniers qui le traversaient pour se rendre au terrible tribunal dont la sentence allait probablement les envoyer à la mort, ne pouvaient s'empêcher de *soupirer* en apercevant de loin, à travers les grilles de marbre qui le ferment des deux côtés, comme les parois d'un sarcophage, fouillées à jour, en apercevant, dis-je, l'eau verte des lagunes, l'azur du ciel, l'oiseau qui vole, la foule qui court à ses affaires, enfin *la liberté*, se jouant dans un rayon de soleil. Oh! il y avait bien là de quoi faire *soupirer* un homme sortant, pour un instant, d'un cachot aussi affreux que celui que nous avons visité!

Qu'on se figure un tombeau noir, privé d'air et de lumière, dans lequel on s'introduit par un trou carré au niveau du sol et qui n'a pas plus de deux pieds d'ouverture. Là, une pierre oblongue servait de couche au malheureux captif, qui pouvait à peine faire trois pas, en tâtonnant dans les ténèbres. C'était, tout à la fois, la prison préventive et expiatoire. Le condamné ne sortait plus de cette horrible cellule que pour aller au supplice, et certes, il n'avait pas beaucoup de chemin à faire; car la roue de strangulation, la fatale *rota*, était placée à l'angle même des deux corridors donnant accès aux cachots dont nous venons de parler. Un tour de roue suffisait pour étrangler le patient, qui mourait ainsi sans revoir la lumière du jour, et dont le corps, jeté dans une barque, était de suite porté au cimetière. Telle était la justice de Venise!

Tout ce déploiement de froide et sombre cruauté avait lieu surtout pour les prisonniers politiques; les assassins et les voleurs étaient traités avec beaucoup plus d'indulgence. Quand il fallait leur appliquer la peine de mort, la sentence était publiée à son de trompe par toute la ville, et l'exécution avait lieu sur la place de Saint-Marc. Le silence semblait alors être devenu inutile, car les juges n'avaient pas à craindre, dans cette circonstance, que les cris et les malédictions des victimes innocentes vinssent exciter contre eux les fureurs de la foule, en provoquant sa pitié!...

Avant de quitter le palais ducal, nous avions le désir de faire un pèlerinage à ces fameux *Piombi de Venise*, où l'infortuné Silvio Pellico fut enfermé; mais ces *Piombi* ne servent plus de prison; l'Autriche a voulu en effacer le souvenir, en les convertissant en chambres assez proprettes, destinées au logement des employés du palais.

Quoiqu'il en soit, les *Plombs de Venise* resteront longtemps dans la mémoire des amis de la liberté italienne, qui auront toujours une flétrissure à jeter à ses bourreaux et une larme à donner à ses martyrs! Pourtant, il faut avouer que Venise est punie par où elle a péché. Quand elle était libre et maîtresse des mers, elle se jouait de la liberté de ses propres enfants; maintenant l'Autriche la bâillonne et la torture; elle passe aussi sur le *pont des Soupirs;* elle voit de loin cette liberté encore vague et mal assise, dont jouissent les autres peuples italiens, et cette vue est pour elle le supplice de Tantale. Mais cette expiation, toute temporaire qu'elle puisse être, est justice, et elle n'a pas trop le droit de s'en plaindre!

Chose singulière! A côté de la cruauté politique de Venise, on trouve dans le cœur de cette reine superbe un sentiment exagéré de tendresse, non pas pour ses enfants, mais pour des oiseaux. Un décret de la République assure des rentes perpétuelles à tous les pigeons de Saint-Marc, qui pullulent dans la ville entière, et sont par le fait même, devenus les hôtes sacrés de la cité. Ces bienheureux pigeons sont encore aujourd'hui nourris aux frais de l'Etat; ce n'est pas, il est vrai, le budget autrichien qui pourvoit à leur nourriture, mais bien la paternelle sollicitude de la municipalité. Que de pauvres à Venise voudraient être pigeons!...

Il y a de très-agréables promenades à faire en gondole, tout autour de Venise. Ainsi, nous avons été visiter le *Lido,* cette digue naturelle qui protége les lagunes contre les flots toujours agités de la mer Adriatique. C'est là que, dans la belle saison, les Vénitiens vont prendre des bains de mer. Les Juifs y étaient inhumés autrefois, et c'est près de leurs anciennes tombes que se trouvent aujourd'hui les cabarets où le petit peuple va boire et s'amuser, les jours de fête. En revenant du Lido, nous nous sommes arrêtés à l'île de *Saint-Lazare,* où les moines arméniens, nommés *Mekhitaristes,* du nom de Mekhitar leur fondateur, nous ont permis d'entrer dans leur couvent et de voir la célèbre imprimerie qu'ils y ont établie, depuis 1718, et d'où sont sorties tant d'excellentes éditions d'ouvrages orientaux. En souvenir de cette visite, nous avons acheté, de la main même d'un de ces savants religieux, un livre qu'ils venaient d'imprimer et qui contient des prières en trente-trois langues différentes.

Un autre jour, nous avons dirigé notre gondole vers l'île de *Murano*, où se trouvent d'importantes fabriques de glaces et de cristaux. Malheureusement nous n'avons pu voir faire que des bouteilles et des perles de verre!

C'est dans une île voisine de Murano qu'on a placé le campo-santo général. Les morts de Venise vont en gondole à leur champ de repos, comme ceux de Paris y vont en voiture; on peut donc dire d'eux qu'*ils passent la barque à Charon*. Pourtant, ce genre de cimetière sur pilotis ne manque pas d'une certaine poésie. C'est, du reste, le seul endroit où l'on ne nous ait pas demandé la *bonne main;* et cela pour une excellente raison, c'est que nous étions *seuls*, et que les morts ne parlent pas!

A propos de *bonne main*, je dirai que l'on est obsédé de mendiants de toute sorte, dans cette belle et *patriotique* Italie. Cent fois, le jour, il faut mettre la main à son porte-monnaie. Vous demandez un renseignement à un passant quelconque, une *bonne main* pour sa courtoisie; un faquin vous salue, une *bonne main* pour sa politesse; un domestique vous ouvre une porte, une *bonne main* pour sa complaisance; un enfant se jette entre vos jambes, une *bonne main* pour sa maladresse; à tous les employés des musées et des églises, une *bonne main*; aux riches, aux pauvres, enfin à tout ce peuple de mendiants, il faut donner des *bonnes mains*, sous peine d'en être maudit. Ah! quelles *bonnes mains* devra donner le pauvre Victor-Emmanuel, s'il veut régner en paix sur sa chère Italie!

Maintenant parlons d'une *bonne main* qui nous a été donnée à nous-mêmes, d'une main royale qui s'est paternellement placée dans la nôtre.

Ma première pensée, en arrivant à Venise, avait été d'aller offrir mes hommages et mes respects à monsieur le comte de Chambord, qui, tous les ans, passe la saison d'hiver dans cette ville. Mais il y avait des formalités à remplir, des démarches à faire. On ne va pas, de but en blanc, chez un prince qui porte l'auguste nom de *Henri de France*, quand bien même ce prince a le malheur d'être en exil. Je m'adressai à monsieur le comte de la Ferronnays, qui alors se trouvait auprès de *Monseigneur*, et je lui demandai une audience pour mon compagnon et pour moi. Elle nous fut donnée pour le surlendemain; et, au jour et à l'heure dits, nous nous rendîmes au *palais Cavalli*, où habite le prince. Il nous reçut de la manière la plus charmante et la plus gracieuse; et, quoique nous redoutassions un peu les embarras que le respect et la timidité pouvaient apporter à une pareille visite, son air affable et sympathique nous mit de suite à l'aise. Le comte de Chambord a le vrai type bourbonien; son profil ressemble d'une manière frappante à celui d'Henri IV. Il a les yeux bleus et d'une grande douceur; le nez fortement aquilin; les dents très-blanches et bien rangées; le front large et élevé; la voix d'un timbre agréable; le sourire débonnaire, et un visage dont tous les traits respirent la franchise et la bonté. On le dit très-instruit; du reste, il a une vie énormément occupée par les travaux de l'esprit et de l'intelligence; il lit tout ce qui paraît de nouveau dans le triple domaine des lettres, des sciences et de la politique. Je le crois *à la hauteur de son siècle,* quoiqu'on en dise; et il m'a laissé convaincu qu'il aurait pu faire le bonheur de la France, s'il était resté sur le trône de ses pères. Quand nous prîmes congé de lui, le prince eut l'amabilité de nous inviter à dîner, pour le jeudi suivant; et ce fut encore une occasion pour nous de pouvoir apprécier les belles qualités de son esprit et de son cœur. Nous fûmes présentés par lui au jeune duc de Parme, Robert de Bourbon, ce royal orphelin dont le père fut assassiné, comme le duc de Berri son aïeul, et dont la courageuse mère vient de mourir en exil, après avoir vu se consommer l'inique spoliation des Etats de son fils par un prince de la Maison de Savoie, si étroitement alliée à la Maison de Bourbon! Pauvres Bourbons, la révolution les a-t-elle tourmentés, depuis 1789!

Comme leurs *lis* ont été flétris et déracinés souvent par les tempêtes politiques! Si Louis XIV reparaissait sur la scène du monde, combien serait-il surpris de voir tous ses petits-fils en exil, à l'exception des *cadets* d'Espagne, qui ont usurpé le trône sur leurs *aînés*, et qui même ne tiennent plus que d'une main mal assurée leur sceptre constitutionnel à moitié brisé! — Mais ne cherchons pas à approfondir les mystères étranges qui enveloppent la chute des rois et des empires; car Dieu seul tient en ses mains leurs destinées. Néanmoins, notre visite au comte de Chambord est bien assurément l'un des plus agréables souvenirs que j'aie emportés de Venise.

Je vois encore la chambre que nous occupions à l'hôtel *Danieli*. Les deux fenêtres avaient été pratiquées dans des rosaces, qui formaient une espèce de broderie à jour sur la façade du vieil édifice converti en hôtel; et de là, nous jouissions d'une magnifique vue sur toute la grande lagune qui s'étend jusqu'au Lido. Quand notre œil était fatigué de regarder au loin, il abaissait son regard sur le quai des Esclavons, qui passe au pied de l'*Albergo Reale*, et il s'occupait à voir circuler la foule des allants et des venants. Nous nous amusions parfois à jeter des mies de pain aux pigeons qui voltigeaient sur les dalles du quai, ou à prêter l'oreille au cri monotone des petits marchands d'oranges et de comestibles à l'usage du peuple. Il y avait un débitant d'eau-de-vie qui se tenait sous nos fenêtres, et dont la voix lamentable ne cessait de répéter ces mots : *Demandano l'acqua! Quanto e buona l'acqua vita!* Celui-là ne cessait de crier la même chose du matin au soir. Il vendait beaucoup, parce que le grand nombre des gondoliers, qui étaient en station sur le port, lui fournissait des pratiques abondantes. Quand il ne vendait pas son liquide, il le buvait pour réparer ses forces, épuisées par ses cris continuels. J'ai remarqué des gens qui vendaient des pépins de citrouilles, dont le peuple de Venise et de toute l'Italie en général semble être très-friand.

Le soir, après notre dîner, nous allions nous promener sous les galeries de la place Saint-Marc, dont les riches magasins, splendidement éclairés au gaz, nous rappelaient beaucoup le Palais-Royal de Paris; et quand neuf heures sonnaient à la tour de l'Horloge, nous reprenions tranquillement le chemin de notre domicile.

Nous avions rencontré dans la gare de Milan, un jeune couple voyageant, comme nous, le *Guide Joanne* à la main. Le monsieur portait un chapeau en forme de melon, avec un large ruban où se trouvaient brodés en fils de soie de diverses couleurs, *Blair-Athol* et d'autres chevaux, vainqueurs aux courses de Chantilly ou de Longchamps. Il avait l'air fort simple et même un peu niais. Sa moitié, petite femme sèche et maigre, le suivait à une certaine distance, et semblait très-ennuyée d'avoir un mari qui, en voyage, lui était à peu près inutile. Nous les retrouvâmes à Venise, au palais de l'*Académie des Beaux-Arts*, visitant la galerie des tableaux.

La femme était encore à quelques pas de son mari, qui nous marchait presque sur les talons; car il avait toujours la tête en l'air pour mieux voir, et il ne regardait pas à ses pieds. En ce moment, mon ami et moi, nous cherchions quel nom de grand maître on pouvait mettre au bas d'une toile qui nous plaisait beaucoup. Comme nous ne trouvions rien dans notre guide, je dis en riant : C'est du *qui lo sa ?* (qui le sait ?) faisant allusion à un quiproquo que Pierre connaissait. Ces mots de *qui lo sa ?* furent entendus du monsieur qui nous suivait; il les réunit dans un seul dont il fit un nom de peintre; et quand sa femme fut près de lui :

—Voyez, Albertine, lui dit-il, avec le plus grand sérieux du monde, voyez ce beau tableau! Eh bien! il paraît que c'est un *Quilosa!*

— Qu'en savez-vous? répondit aigrement sa femme. Est-ce que le nom est au bas?

— Non, répliqua le mari; il n'est même pas dans le *guide*. Mais ces messieurs-là, qui sont devant nous, viennent de dire que c'est un *Quilosa*.

— Êtes-vous sûr d'avoir bien entendu?

— Très-sûr, très-sûr!

—Je vais prendre note du numéro et du nom de l'auteur.

Et, à l'aide d'un crayon, cette dame qui semblait aimer les tableaux, écrivit le nom de *Quilosa* sur un petit calepin qu'elle tenait à la main.

Ayant toutes les peines du monde à nous empêcher d'éclater de rire, nous nous hâtâmes de passer dans une autre salle; et, à partir de ce moment, nous donnâmes le nom de *Quilosa* à ces deux époux *artistes*, qui promenaient leurs ennuis sur les grands chemins de l'Italie, et que nous devions retrouver à Bologne, à Florence, à Pise et à Rome.

Dans notre hôtel *Danieli*, nous voyions, tous les soirs, à la table, une femme appartenant à je ne sais trop quel monde. Elle était arrivée à Venise dans le même train que nous, et les douaniers autrichiens l'avaient fort molestée dans la visite de ses bagages. C'était une femme sentimentale, qui voyageait *pour sa santé*, en compagnie d'un petit chien. Elle parlait à tort et à travers, riait comme une folle, chantait comme une oie, et touchait du piano en dépit du bon sens; ce qui ne l'empêchait pas de manger et de boire comme un ogre. Celle-là, nous ne l'avons pas revue, heureusement.

Nous quittâmes Venise, le vendredi, 17 février, après y être demeurés huit jours qui s'écoulèrent très-agréablement. Pour aller à Bologne, il nous fallut reprendre le chemin de fer jusqu'à Padoue, où nous restâmes le temps de déjeûner et de chercher un voiturin, qui pût nous conduire jusqu'à Ponte Lagoscuro, endroit situé au-delà de la frontière autrichienne et d'où l'on peut prendre le chemin de fer allant de Milan à Bologne. Ce faible espace de temps me suffit néanmoins pour jeter un coup d'œil sur Padoue. C'est une ville de 45,000 âmes, qui a une enceinte bastionnée, percée de sept portes. Les rues sont mal alignées et mal pavées; plusieurs sont bordées d'arcades. Padoue possède un grand nombre de palais et d'églises; mais la première et la plus ancienne de toutes ses merveilles monumentales, est l'église de *Saint-Antoine*, qui a été construite, comme Saint-Marc de Venise, sous l'influence byzantine, et dont la coupole lui donne à l'extérieur un air de mosquée. Une autre église, *Sainte-Justine*, offre également une grande analogie avec la basilique de Saint-Marc. C'est tout ce que j'ai pu remarquer à Padoue, qui est la patrie de Tite-Live, et dont la cathédrale eut pour chanoine l'illustre Pétrarque.

Notre *voiturin* est prêt à partir; il faut donc monter dans le véhicule qui doit nous conduire à Rovigo, l'étape où nous passerons la nuit. Une dame italienne et ses deux filles, qui étaient venues avec nous de Venise à Padoue, et qui se rendaient également à Bologne, nous demandèrent la permission de monter dans notre voiture, en partageant les frais du voyage. Nous les fîmes monter dans l'intérieur, et nous grimpâmes sur le siége, ou plutôt sur une espèce d'impériale qui se trouvait derrière le cocher, afin de pouvoir fumer plus à notre aise. Mais mal nous en prit; car la banquette sur laquelle nous étions assis était dure, étroite et très-incommode; et, de plus, sa capote était tellement trouée que nous étions exposés à la pluie et à tous les vents. Enfin, après quatre heures de cahotage, nous arrivâmes à Rovigo. Il faisait encore jour; aussi, quand nous nous fûmes un peu réchauffés au feu de la cuisine de notre auberge, qui portait le titre ambitieux de *la Couronne de Fer*, prîmes-nous bien vite nos parapluies pour parcourir quelques rues de la ville, afin de nous en faire une idée.

Rovigo n'a d'autre mérite que celui de ses fortifications. Il renferme peu de monuments, et, à l'exception d'une ou deux églises assez belles, et du palais du podestat, situé sur une grande place, au milieu de laquelle est une colonne qui portait autrefois le lion de Saint-Marc, il n'offre rien d'assez intéressant pour arrêter un voyageur. Nous rentrâmes donc dans notre auberge; peu contents de ce que nous avions vu, et tellement mouillés par la pluie froide, qui n'avait cessé de tomber, que nous eûmes encore recours au feu de la cuisine pour nous sécher, en nous faisant une petite place au milieu des poulets qui rôtissaient. Notre dîner fut peu appétissant, dans cette auberge malpropre; mais en revanche, nous y trouvâmes des Français avec lesquels nous causâmes quelque temps. C'est un si doux plaisir de pouvoir parler sa langue maternelle dans un pays étranger!

Nous nous couchâmes assez tristement dans une chambre sans feu; et le lendemain, il nous fallut partir à six heures du matin, par un brouillard des plus épais et des plus froids.

Nous suivîmes, durant plus de trois heures, une route stratégique plantée d'arbres et droite comme un I. Enfin nous arrivâmes à *Santa-Magdalena*, à moitié gelés et grelottant jusqu'aux os. C'était la douane autrichienne. Il nous fallut exhiber nos passe-ports avant de traverser le Pô, qui sépare en cet endroit la Vénétie du royaume d'Italie.

Ces bons Autrichiens sont fort peu galants de leur nature; ils nous laissèrent dehors pendant une grosse demi-heure, sans avoir même l'idée de nous offrir la moindre place autour de leur poêle, bien qu'ils vissent que nous étions transis de froid. Mais en revanche, ils nous rendirent nos papiers, d'assez bonne grâce, et alors nous pûmes monter sur le large bac qui devait nous conduire au-delà du fleuve, avec notre voiture et nos chevaux. J'avoue que cette traversée s'effectua au milieu d'un tel brouillard, qu'il me fut impossible d'y rien voir, et que je sortis du Pô, sans avoir pu en admirer les bords.

Là, nouvelle douane et nouvelle exhibition de papiers. Cette fois-ci, nous avions affaire à des Italiens. Une armée de *faquins* se mit à nos trousses pour nous demander la bonne main, parce qu'ils nous avaient vu descendre de notre bac, et qu'ils avaient voulu toucher à nos bagages: nous eûmes toutes les peines du monde à nous en défendre, et sans le secours du directeur de la douane, nous n'en serions pas venus à bout. Ce monsieur fut très-honnête et très-complaisant pour nous. Il nous permit de nous chauffer à son poêle et fit expédier vite la visite de nos bagages, qui furent immédiatement transportés à la gare du chemin de fer de Ponte Lagoscuro, où nous devions prendre le train pour Bologne.

CHAPITRE IV

SOMMAIRE : Bologne. — Les églises. — La Pinacothèque. — La villa Reale. — Le voyageur complaisant. — Florence. — Le palais Ducal. — Les Offices. — Le palais Pitti. — Le carnaval. — Visite à la maison de Michel-Ange. — Fiésole. — San-Miniato. — Le Dôme et les autres églises. — L'hôtel du Nord.

De Ponte Lagoscuro à Bologne, le trajet s'effectua en une heure et demie. Nous n'avions pas mangé depuis notre maigre dîner de Rovigo ; de sorte que nous mourions de faim quand, à deux heures de l'après-midi, nous pûmes nous asseoir à une des tables de la salle à manger du Grand Hôtel *Brun*, où nous étions descendus.

Bologne, qui a une population de 96,356 habitants, était la seconde capitale des Etats de l'Eglise. Elle est entourée de murs en briques, qui servent de fortification. Le plus grand nombre de ses rues sont bordées, des deux côtés, de portiques irréguliers, utiles pour abriter les piétons, mais qui attristent un peu l'aspect de la ville. La plus belle place de Bologne est la *Piazza Maggiore*. Elle est ornée d'une fontaine, où l'on remarque un *Neptune* de *Jean Bologne*, et quatre sirènes, dessinées par *Lauretti* ; ce monument a coûté 70,000 écus d'or. La Piazza Maggiore est presqu'au centre de la ville, dont elle était le forum au moyen-âge. Elle est bordée, au nord, par le palais du Podestat, et au sud, par l'église de *San-Petronio*, qui, commencée le 7 juillet 1390, n'a jamais été achevée. On avait démoli *huit églises*, afin d'avoir le terrain nécessaire pour l'assiette de cet édifice, qui devait surpasser en grandeur toutes les constructions qu'on avait vues jusqu'alors. Cette basilique complètement interrompue, depuis 1659, ne s'étend même pas jusqu'au transept, et pourtant sa longueur est de 350 pieds. San-Petronio est l'église du patron de la ville; elle est de style gothique italien et a trois nefs. Sa façade, qui n'est pas terminée, offre à l'admiration du voyageur trois portes en bronze d'une magnifique exécution. Celle du milieu est une œuvre capitale de *Jacopo della Quercia.* « Jamais aucun sculpteur, dit Rio, n'avait encore si bien « traduit les premiers chapitres de la Genèse; la figure « d'Ève, au moment où elle naît à la vie, peut être regar« dée comme une des productions les plus exquises de la « sculpture chrétienne au moyen-âge. »

Bologne est très-riche en fort belles églises. Nous en avons visité un assez grand nombre, mais je ne parlerai ici que de *San-Domenico*, de *San-Stephano* et de *Santa-Maria dei Servi.* Quant à la cathédrale, qui est sous le vocable de *saint Pierre,* elle n'a guère d'autre mérite que celui d'être au centre de la ville.

San-Domenico est une église des plus remarquables qu'il y ait en Italie, à cause de la grande quantité d'objets d'art qu'elle renferme et du tombeau de saint Dominique, monument précieux de la Renaissance, dû à *Nicolas de Pise. San-Stephano* est une agglomération de sept autres églises, d'un style assez pauvre, mais d'une haute antiquité; on y retrouve les vestiges d'un temple d'Isis. *Santa-Maria dei Servi* est précédée d'un beau portique à colonnes de marbre, par frà *Andrea Manfredi,* général de l'ordre des *Servites.* C'est dans cette vaste église que se trouve la fameuse fresque de saint Charles, exécutée, *en une nuit,* par le *Guide.*

Quelle peine nous avons eue à trouver la *Pinacothèque!* Les Italiens donnent ce nom à leurs galeries de tableaux et à leurs collections publiques d'objets d'art; de sorte que, pour eux, une *pinacothèque* est la même chose qu'un *musée* pour nous. Mais nous n'étions pas le moins du monde familiarisé avec ce mot-là, et nous nous obstinions toujours à le remplacer par celui de *musée*. Ce jour-là donc, il faisait un beau soleil et nous parcourions Bologne à pied, à la recherche de la galerie de tableaux. Cinq à six personnes, auxquelles nous nous étions déjà adressés, en baragouinant une mauvaise phrase italienne où nous répétions, deux ou trois fois, le mot : *Museo*, nous avaient presque ri au nez, en s'efforçant de nous faire comprendre, autant par leurs paroles que par leurs gestes, qu'elles ignoraient ce que nous voulions leur demander.

Je commençais déjà à croire que jamais nous ne pourrions, de nous-mêmes, trouver le musée de Bologne, et je songeais sérieusement à nous y faire conduire en voiture; quand, passant devant un grand palais, je ne sais trop pourquoi je m'imaginai que ce pourrait bien être là le *Musée*. Il y avait une sentinelle qui se promenait, l'arme au bras, sous le porche de ce palais. Je m'approchai d'elle et je lui dis :

— *Che è questo palazzo? Il museo?* (Quel est ce palais? Le Musée?)

— *Museo!... Museo!... Io non capisco niente... Io so Piemontese... Ma, si volete, io lo demandaro al nostro caporale? Ohé! Tomaso! Tomaso! Venga qui!* (Le Musée!... le Musée! Je ne comprends pas cela... Je suis Piémontais... Mais, si vous voulez, je le demanderai à notre caporal?... Ohé! Thomas! Thomas! Viens ici!

Un soldat sortit presque aussitôt d'une sorte de loge, qui me parut être un corps-de-garde, et s'approcha de la sentinelle, dont j'aurai plutôt fait de traduire les paroles en français.

— Dis-moi un peu, Thomas; voilà des Messieurs étrangers qui demandent si c'est ça, ici, le *Musée*. Moi, je ne sais pas rien du tout. Tu sais lire, toi, parle-leur un peu.

— Donc, Messieurs, vous demandez si c'est ça le *Musée?* reprit gravement le caporal italien. Hum! le *Musée!...* le *Musée*, diable! je ne sais pas!... Qu'est-ce que c'est ça, un *Musée?* Je n'ai jamais entendu parler de ça! aussi vrai que je m'appelle Thomas!

— Un Musée, répliquai-je, c'est l'endroit où l'on met les tableaux.

— Oh! je comprends, maintenant, s'écria le caporal. C'est un atelier de peinture que ces Messieurs cherchent. *Il Museo! va ben! va ben!*

Pendant cette conversation, les trois soldats qui étaient restés au corps-de-garde en étaient sortis et étaient venus faire groupe autour de leur caporal et de la sentinelle. Ils nous regardaient tous d'un air fort étonné, en répétant machinalement le mystérieux mot *Museo*, que nul d'entre eux ne comprenait.

Je n'avais pas eu le temps de réclamer contre cette traduction un peu trop libre de *museo*, que déjà le caporal et ses quatre hommes nous avaient poussés jusque dans la rue, et que, pour se débarrasser poliment de nous, chacun d'eux, répétant les paroles du chef qui nous montrait un coin de rue au hasard, nous disait :

— C'est par là ; à droite! à droite!

Nous voyions bien que ces braves gens nous trompaient, sans le vouloir, et que, s'ils nous indiquaient la droite plutôt que la gauche, c'est qu'il leur fallait dire quelque chose pour sauver les apparences d'un savoir qui n'existait pas. J'étais furieux de perdre ainsi un temps considérable à la recherche d'un musée, devant la porte duquel nous étions peut-être déjà passés plusieurs fois; mais Pierre riait dans sa barbe et prétendait que nous devions nous estimer très-heureux de faire, à si peu de frais, une pareille étude de mœurs.

Près de la tour *Degli Asinelli*, je rencontrai une vieille bonne femme à laquelle je demandai ce que déjà j'avais demandé à tant d'autres. Elle me regarda avec des yeux grands de surprise et presque d'effroi, et se mit à crier d'une voix glapissante :

— Je suis sourde : je n'entends pas!

Heureusement qu'un chaudronnier, qui se trouvait là sur le seuil de sa boutique, avait entendu ma demande. Il s'approcha de moi, et me dit :

— C'est la galerie de tableaux que vous cherchez! A

Paris, où j'ai été, ils appellent cela le *Musée;* et nous, à Bologne, nous l'appelons la *Pinacothèque*. Eh bien! vous êtes sur le chemin : vous allez suivre la rue *San-Donato* jusqu'à celle du *Borgo della Paglia*, où est située l'*Académie des Beaux-Arts* qui renferme la *Pinacothèque*, ou galerie de tableaux.

Nous commencions à espérer; le jour se faisait dans nos ténèbres. Tout alla bien jusqu'au bout de la rue *San-Donato*. Là, il nous fallut redemander notre chemin; mais nous n'avions qu'à dire : *Borgo della Paglia*, tout le monde comprenait cela, et tout le monde pouvait nous l'indiquer; ce qui eut lieu.

Ah! nous respirons plus à notre aise! Nous allons entrer dans le port! Nos yeux regardent, à droite et à gauche, cherchant l'entrée de l'Académie des Beaux-Arts. Aucune façade particulière n'indique cet édifice. Il faut encore arrêter un passant. Lequel prendrai-je? Oh! voici mon affaire. Un gros chanoine, à bas violets, bien tiré, bien épinglé, se dirige de notre côté. Il doit nécessairement connaître l'Académie des Beaux-arts. Adressons-nous à lui, le plus honnêtement possible.

— *Signor Abbate, dove sta l'ingresso della Pinacotheca?* Monsieur l'abbé, où se trouve l'entrée de la Pinacothèque?

J'aurais bien ajouté : *S'il vous plaît!* mais je ne savais pas comment exprimer ces mots en italien. Cette omission involontaire rendait ma phrase un peu sèche; néanmoins le bon chanoine parut s'en contenter, car il nous conduisit courtoisement jusqu'à la porte de l'Académie qui, du reste, était sur son chemin. Nous entrâmes donc fièrement dans ce palais des Beaux-Arts, que nous avions eu tant de peine à trouver.

Déjà nous montions les premières marches de l'escalier quand le gardien vint nous barrer le passage, en nous disant, d'un air désolé :

— Monsieur, c'est inutile de monter; car l'heure de fermer les salles est arrivée. Il faudra revenir demain, sur les dix heures du matin.

Nous fûmes aussi surpris que désappointés de ce nouvel

anicroche. Je pensai à *Monsieur Scudo,* et je l'appelai à notre aide, en glissant quelque chose dans la main du gardien, qui ne fit pas trop le difficile et nous laissa passer.

Nous rencontrâmes, dans la première salle, monsieur et madame *Quilosa*. Le mari avait son *melon* sur la tête, son *guide* ouvert à la main, et marchait, en levant le nez, comme d'habitude; la femme prenait des notes sur son calepin. Nous ne fîmes pas grande attention à eux, ayant beaucoup d'autres choses plus curieuses à voir.

La galerie des tableaux de Bologne est une des plus célèbres de l'Italie, quoiqu'elle ne soit pas très-considérable. Les peintures sont distribuées dans *huit* salles, qui, presque toutes, renferment les plus rares chefs-d'œuvre de l'école bolonaise. Qu'il me suffise de nommer quelques uns des grands maîtres dont nous avons admiré là les toiles :

D'abord, les trois *Carrache,* Louis, Augustin et Annibal; ensuite, Domenico *Zampieri,* surnommé le *Dominiquin,* que Poussin regardait comme le plus grand peintre après Raphaël; puis, le fameux et fécond *Guido* Reni, dont les œuvres se retrouvent presque dans toute l'Italie; puis, l'*Albane,* qui n'a guère peint que *quatre* tableaux dans sa longue vie de 83 ans; puis, le *Guerchin,* dont la *Sainte-Pétronille* est considérée comme l'un des trois chefs-d'œuvre de l'art tout entier; et enfin *Lanfranc,* qui a appris aux machinistes l'art de satisfaire les yeux à une grande distance, moitié en peignant, moitié en laissant à la perspective aérienne le soin de peindre.

Mais la perle la plus précieuse du musée de Bologne et une des œuvres les plus belles que l'art de la peinture ait produites, c'est la *Sainte-Cécile* de Raphaël, entourée de plusieurs saints et tombant en extase, en entendant la musique exécutée par les anges. Elle fut commandée à Raphaël, en 1513, par une dame de Bologne, de la famille Bentivoglio. Peinte d'abord sur bois, elle a été reportée sur toile à Paris.

Nous sommes revenus à notre hôtel si émerveillés de tout ce que nous avions vu à la Pinacotheca, que nous y sommes retournés le lendemain.

Pour jouir du beau coup d'œil qu'offre le panorama de Bologne, il faut monter à la *Villa-Reale*, ancienne résidence des légats, située au sommet d'une colline, d'où l'on découvre toute la ville, avec ses nombreux palais, les dômes et les clochers de ses églises, et ses deux *tours penchées*, construites en briques et de forme carrée. La plus haute est la tour *degli Asinelli*, qui mesure 256 pieds, et qui n'a que 3 pieds et demi hors de la perpendiculaire; la plus petite qui n'a que 130 pieds de haut, est la plus inclinée et la plus célèbre. Elle se nomme la *Garisenda*, et elle a fourni à Dante une comparaison dans le poème de l'*Enfer*. Quant au palais des anciens légats, il est très-richement décoré et les objets d'art y sont répandus en profusion. J'y ai remarqué de superbes fresques.

Bologne était célèbre autrefois par son *Université*. C'est là que le galvanisme prit naissance et que le premier cadavre fut disséqué, en 1440, par Mondini. Cette université a compté dans son sein un certain nombre de femmes qui ont occupé des chaires de droit, de philosophie, d'anatomie et de chirurgie.

En général, Bologne plaît beaucoup aux touristes, et c'est une de ces villes que l'on ne quitte qu'à regret.

Notre hôtel était un ancien palais et nous y occupions un appartement des plus agréables. C'est là que nous fîmes la connaissance d'un charmant et très-complaisant jeune homme, nommé Adrien Gré. Il venait, comme nous, de Venise, où il avait été très-malade, et il se rendait à Florence et à Rome. Il nous prit en grande amitié, et nous renseigna sur toute espèce de choses; car il connaissait déjà parfaitement le centre et le midi de l'Italie. Il se fit notre guide et notre cicerone dans la ci-devant capitale des grands-ducs de Toscane; et il nous précéda à Rome pour nous y préparer des logements. Comme nous lui avions dit que nous devions aller à Naples et en Sicile, il se dépêcha d'y aller avant nous, pour voir s'il n'y avait aucun danger de faire cette excursion; il nous écrivit de Palerme une lettre de *huit* pages, pour nous dire quel était le meilleur hôtel de cette ville, et pour nous assurer que les brigands siciliens étaient des êtres fantastiques et inventés par les journaux. Enfin, il revint nous trouver à Rome; et, comme nous étions très-embarrassés pour expédier en France un assez volumineux colis, dont personne n'eût voulu se charger, il s'en empara avec une joie extrême et partit de suite pour Paris, en emportant notre fâcheux excédant de bagages, qu'il fit promptement remettre à sa destination. Certes, voilà un homme complaisant, s'il y en a un au monde! Son aimable obligeance est, du reste, une vertu bien rare, et nous lui en saurons toujours *gré*.

Le lendemain de notre visite à la *villa Reale*, il nous fallut refaire nos malles et partir pour Florence. L'hôtelier payé, les bagages chargés, nos personnes déjà coffrées dans l'omnibus de l'hôtel, nous attendions, avant de rouler vers la gare, deux voyageurs en retard, dont les manteaux, parapluies et sacs de nuit étaient là, devant nous, sur les banquettes. Ces voyageurs n'arrivant pas, nous forçâmes le cocher à fouetter ses chevaux, afin de ne pas manquer le chemin de fer, où nous rattrapèrent les deux retardataires, qui n'étaient autres que... *M. et Mme Quilosa!*

Une fois en wagon, douze heures environ suffirent à la vapeur pour nous conduire à Florence. Le chemin de fer traverse les Apennins, en passant sous une cinquantaine de tunnels dont plusieurs sont fort longs; de sorte que cette traversée n'a été qu'un changement continuel de décors. En sortant des ténèbres du tunnel, nous nous trouvions tout-à-coup en présence de splendides paysages, de rochers escarpés, formant des gorges sauvages, au fond desquelles mugissaient des torrents; tantôt c'étaient des cascades qui bouillonnaient aux flancs d'une montagne; tantôt c'étaient des bois de pins et d'oliviers qui se déroulaient devant nous; puis des ponts, des maisons, des lambeaux de prairies, qui fuyaient des deux côtés de la route. Tout cela était vraiment féerique, au milieu des flots de lumière qui nous inondaient au sortir du souterrain. Le panorama de Pistoie, surtout, est magnifique, vu du sommet des montagnes que nous traversions.

Quand nous fûmes parvenus dans la plaine, nous stationâmes à Pistoie, durant près d'une demi-heure, pour attendre un autre train. Là, nous eûmes le plaisir de rencontrer, plus de vingt fois, dans la gare monsieur et madame Quilosa, marchant l'un après l'autre, comme deux canards qui se rendent au champ, et ne s'adressant pas le moindre mot. Pauvres époux, mal assortis, leur indifférence me fait de la peine! — Mais, remontons vite en wagon; car le train que nous attendions est arrivé, et nous allons nous mettre en route pour Florence, où nous serons dans très-peu de temps.

Par sa situation et par le relief élégant de ses monuments, Florence justifie déjà de loin la réputation de beauté que lui ont attirée ses édifices et ses trésors artistiques; mais, dès qu'on y entre, on est frappé de l'aspect extraordinaire que présentent ses anciens palais aux constructions épaisses, simples, sans portique, sans colonnades, et dont les noires façades ressemblent à des murs de citadelles.

La plus belle place de Florence et celle que nous avons été voir tout d'abord, est la place *della Signoria*, où se trouve le *Palazzo Vecchio*, antique monument du moyen-âge, qui rappelle, par sa forme massive et sévère, les luttes orageuses de la liberté florentine. Des deux côtés de sa porte d'entrée, se dressent des statues colossales de marbre : le *David* de *Michel-Ange* et l'*Hercule* de *Bandinelli*. Presque en face, est l'angle de la *Loggia de' Lanzi*, ou loge des lansquenets des Médicis. C'était autrefois la tribune aux harangues. Deux lions en gardent l'escalier. On voit sous l'une des arcades, le fameux Persée en bronze de *Benvenuto Cellini*. Au milieu de la place, est la statue équestre en bronze de Cosme Ier, par *Jean Bologne*; et, à l'angle nord du *Palazzo Vecchio*, se trouve, assez mal placée, une belle fontaine de Neptune, entourée de Tritons, par *Ammanati*. Il faudrait au moins que le visiteur pût en faire le tour, pour mieux l'admirer dans tous ses détails; or, cela est impossible, puisque d'un côté sa grille est scellée aux murs du vieux château. Hâtons-nous de dire que, par exception, toute la beauté de ce palais est à l'extérieur, et qu'il n'a vraiment de remarquable que sa tour carrée, au sommet de laquelle nous avons voulu monter pour jouir du panorama de la ville. On restaure actuellement ce palais pour y loger le Corps législatif; le Sénat sera aux *Offices* et le roi au palais *Pitti*; de sorte que l'Arno seul séparera le *Roi galant homme* des représentants de la nation. Somme toute, la place *della Signoria*, quoique fort belle, n'est ni spacieuse, ni régulière, et les objets d'art qui se trouvent au seuil de son palais, sont là comme des échantillons à la porte d'un marchand de bric-à-brac.

Les Offices (*Uffizi*) sont des galeries, voisines du Palazzo Vecchio et composées de deux longs corps de logis, parallèles l'un à l'autre et reliés, à leur extrémité sud, par une troisième galerie moins longue que les deux autres. L'espace compris entre ces bâtiments forme une belle rue, interdite aux voitures, et des deux côtés de laquelle une foule de petits marchands ont établi leurs boutiques ambulantes que protègent, contre le soleil ou la pluie, les portiques et les arcades de cet étrange palais. La collection des antiquités romaines, marbres et bronzes, se trouvent au dernier étage des *Offices*; on y a ajouté celle des tableaux de toutes les écoles, ce qui forme une réunion et un mélange des plus intéressants. Parmi les plus vieux souvenirs du passé, j'ai surtout admiré les bustes en marbre des empereurs et des impératrices depuis Jules-César jusqu'à Constantin. C'est peut-être tout ce que l'on a de mieux conservé en ce genre. Au milieu de tant de richesses, on est fort embarrassé pour faire un choix sans être injuste envers les autres.

Pourtant, je citerai la *Tribune*, qui renferme le groupe des *Lutteurs*, l'*Apollon*, le *Faune* et la *Vénus* antiques. Ces quatre chefs-d'œuvre de la statuaire sont entourés de tout ce que le palais des Offices possède de plus rare et de plus admirable en tableaux; de sorte que cette pièce seule vaut un des plus beaux musées du monde, non pour la quantité, mais pour la qualité des objets qu'elle renferme. Dans ce délicieux sanctuaire de l'art, la peinture le dispute au marbre pour rendre d'une manière frappante les formes les plus séduisantes de la beauté humaine. La chair s'est animée sous le pinceau; on voit le sang et la vie circuler dans ces corps, à moitié nus et si merveilleusement dessinés sur la toile. Mais d'autres que moi ont déjà longuement parlé de tous ces chefs-d'œuvre; c'est pourquoi je n'en parlerai pas davantage dans ces notes de voyage. Je nommerai seulement, avant de quitter les *Offices*, la salle de la *Niobé*, le cabinet des *Gemmes*, ou pierres précieuses, et celui des *Bronzes florentins*, qui contiennent encore d'immenses richesses.

Le palais *Pitti*, qui était la demeure du grand-duc de Toscane, au moment où la révolution italienne le chassa de ses Etats, est bien assurément le plus beau palais de la nouvelle capitale; aussi le roi Victor-Emmanuel s'est-il empressé de le choisir pour sa résidence. Il a un vaste et magnifique jardin, qui peut rivaliser avec celui de Versailles, et qui porte le nom de *Boboli*; mais ses pelouses et ses bosquets, qui ont inspiré Le Nostre, ont le très-grand tort de n'être ouvert au public que deux fois par semaine. Nous les avons visités par un soleil superbe, qui se jouait dans la verdure éternelle des arbres et des gazons, et nous avons été vraiment émerveillés de leur fraîcheur et de leur beauté. Il y a là des profusions de statues, de vases et de bassins, où l'eau transparente jaillit et murmure de tous les côtés. C'est tout ce qu'on peut s'imaginer de plus féerique, en ce genre.

L'intérieur du palais renferme une admirable collection de tableaux, qui ne le cède en rien à celle des *Offices*. Il faudrait écrire des volumes, si l'on voulait analyser toutes les beautés picturales qui se trouvent dans la collection du palais Pitti, où tous les grands maîtres sont dignement représentés. Parmi tant de toiles merveilleuses, je n'en citerai que trois, qui m'ont plus frappé que les autres : ce sont les *trois Parques* de Michel-Ange, *la Vierge à la Chaise* de Raphaël, et une autre *Vierge* de Murillo.

Les Parques sont trois vieilles d'une figure énergique et pleine d'expression. Celle qui tient les ciseaux, surtout, a un rictus infernal et l'on voit toute la joie cruelle qu'elle éprouve en tranchant le fil de nos jours. Quant à la Vierge à la Chaise, devant laquelle tant de monde tombe en extase, j'ai un reproche à lui faire. Elle me semble mal à l'aise dans son cadre trop étroit. On dirait une femme qui, avec son enfant, regarde par la lucarne d'un grenier. Elle manque d'air et de marge; elle est écrasée par le cercle de bois qui l'environne de tous côtés et qui lui mange la moitié de son auréole. La figure est très-belle; le dessin, le coloris ne laissent rien à désirer; mais au résumé, c'est une délicieuse image taillée en rond, et dont la marge absente diminue beaucoup le grandiose et l'éclat. J'aime mieux la Vierge de Murillo, qui est au moins largement assise et de fort bonne mine. En général, les vierges de Murillo sont plus fraîches, plus souriantes, plus rayonnantes, et j'ajouterai même plus *pieuses* que celles de Raphaël, surtout dans ce qu'on appelle sa *troisième manière*.

Je n'en dirai pas davantage sur la galerie Pitti, où tout est vraiment beau et où l'on voudrait passer des journées entières, tant il y a de ravissantes toiles à contempler; mais le voyageur doit passer vite, il a tant de choses à voir!

Pendant notre séjour à Florence, nous avons eu le spectacle assez insignifiant d'un carnaval italien. J'avais bien entendu vanter autrefois le carnaval de Venise et même celui de Rome; mais j'étais loin de penser que celui de Florence fût si peu de chose. Qu'on se figure un défilé de voitures de toutes les formes et de toutes les couleurs; défilé sans ordre et avec des lacunes immenses; un défilé enfin qui n'est qu'une ridicule exhibition d'équipages bizarres, et l'on aura une faible idée de ce carnaval presque silencieux et sans aucune gaîté. Mon jeune compagnon trouvait que cette *joie* florentine ressemblait fort à un deuil public, et qu'elle avait presque un air d'enterrement. En cela, je suis un peu de son avis.

Pouvions-nous séjourner à Florence sans visiter le petit palais *Buonarrotti*, qui fut la maison paternelle du plus grand génie du siècle de Léon X? Non, assurément. Aussi est-ce avec un religieux respect que nous pénétrâmes dans la maison de Michel-Ange, et que nous vîmes les meubles qui avaient servi à cet homme illustre, tout à la fois sculpteur, peintre et poète. J'avoue que j'avais le cœur profondément ému, en pénétrant dans son cabinet de travail ; en voyant son épée, son bâton de vieillesse et jusqu'à ses pantoufles; car tout ce qui a appartenu à un grand homme a reçu la consécration de son génie et n'a plus rien d'insignifiant pour la postérité !

Un autre pèlerinage artistique, que nous crûmes devoir faire encore, fut celui de *Fiésole*, la patrie du célèbre religieux *fra Angelico,* qui a donné à ses peintures chrétiennes une si grande expression de piété. Fiésole est l'ancienne Florence. La ville en s'agrandissant, ou plutôt, pour mieux s'agrandir, est descendue dans la plaine et s'est assise sur les bords de l'Arno. Il ne reste plus sur la montagne que quelques maisons avec une antique cathédrale qui se trouve là bien isolée au milieu de quelques ruines. Elle a pourtant *un évêque.* Assurément le diocèse de ce pontife ne doit pas être bien étendu. Il y a en France des curés de village qui ont plus d'âmes à gouverner qu'il n'en peut avoir; mais, ici, il ne s'agit, pas sans doute, de la quantité des brebis, on ne considère que leur qualité, si j'en juge par le grand nombre d'évêques qui se trouvent en Italie. Fiésole a des traces de murs étrusques et les vestiges d'un vaste amphithéâtre. Ce dernier monument avait été déblayé en partie, il y a quelques années; mais les chanoines de l'endroit, auxquels appartient le terrain où il se trouve, ont jugé à propos de faire recombler les excavations déjà faites, afin d'y planter des choux. *Trahit sua quemque voluptas ;* c'est-à-dire, que chacun s'arrange comme il l'entend !

Pour jouir à son aise du beau panorama de Florence, il faut monter à *San-Miniato,* grande église d'une architecture très-curieuse et construite, en 1013, avec des matériaux antiques, par l'évêque Hildebrand et l'empereur Henri II. Nous y sommes allés par un temps superbe. Après avoir gravi le rapide calvaire, au haut duquel se trouvent la terrasse et l'église de Saint-Sauveur que Michel-Ange appelait *la belle Vellanella,* nous suivîmes une avenue de cyprès, qui nous conduisit au sommet de la colline, dominée entièrement par la basilique de San-Miniato. Ce saint est un martyr du IIIe siècle, qui fut décapité sur cette même colline, à laquelle on a donné son nom. Rien de grandiose et de magnifique comme la vue de Florence, aperçue, embrassée de cet endroit! Ce vaste panorama a véritablement quelque chose de féerique. Le *Dôme*, le *Campanile*, la tour du palais ducal, l'église de *Santa-Croce*, et tous les autres monuments de la ville se groupent ou se déroulent admirablement sur les bords de l'Arno, qui traverse majestueusement la cité florentine, comme un immense serpent d'argent qui déploierait mollement tous ses anneaux aux pieds d'une reine.

Maintenant que nous avons bien admiré Florence, examinons un peu l'endroit où nous sommes.

La terrasse de San-Miniato est un cimetière. Cette belle vue est pour les morts, dont les yeux sont fermés dans les ténèbres du sépulcre! A l'exception du gardien, pas un être vivant n'habite ici. L'église elle-même est déserte et entièrement pavée de tombeaux; on n'y dit même plus la messe; et pourtant, bien des cathédrales de France voudraient avoir son étendue, son élévation et sa richesse architecturale! Elle est ornée de mosaïques du XIIIe siècle; le chœur et l'abside sont surélevés, et un chancel, délicieusement ouvragé, sert de barrière au chœur. Voilà pour sa beauté physique; mais le silence dont elle est environnée; mais le recueillement qu'inspire l'ombre de ses voûtes tant de fois séculaires; mais enfin le charme de sa position qui la sépare du bruit de la terre et semble la rapprocher du ciel, tout cela ne fait-il pas regretter son triste délaissement et son complet abandon? Hélas! elle est l'église des morts, et, comme eux, elle est ensevelie dans l'oubli!

Redescendons chez les vivants, et allons jeter un rapide coup d'œil sur les églises de Florence, que fréquente encore la foule.

Voici d'abord le Dôme, ou *Santa Maria del Fiore (Sainte-Marie de la Fleur,* quel joli nom! comme il est doux à l'oreille et au cœur!) Cette église est la cathédrale. C'est un vaste monument dont l'extérieur est revêtu de marbre bigarré, à l'exception de la façade, qui est entièrement nue. En construisant cette basilique, les Florentins voulaient qu'elle surpassât en grandeur et en beauté tout ce qui avait paru jusqu'alors en Italie. Commencée en 1298, elle ne fut terminée qu'en 1458. Sa longueur est de 426 pieds; sa largeur, dans le transept, de 313; la hauteur de la nef du milieu est de 143 pieds; celle des bas-côtés, de 90. Elle est surmontée d'une coupole, exécutée par Brunelleschi, le hardi prédécesseur de Michel-Ange. Son dôme a 131 pieds de diamètre intérieur, *un pied de plus* que le dôme de Saint-Pierre de Rome!

L'intérieur de l'église n'offre rien de bien remarquable, si ce n'est des vitraux de couleur, peints à Lubeck, en 1434; quelques fresques et les cinq chapelles de l'abside. Le chœur est en marbre, de forme octogone, et orné de bas-reliefs.

A quelques pas de l'église, s'élève fièrement le *Campanile*, cette merveilleuse création de *Giotto*, ce beau clocher en style gothique italien, que Charles-Quint aurait voulu couvrir d'un étui, tant il le trouvait admirable. Il a 96 mètres 46 centimètres de haut, et est entièrement revêtu de marbres blancs, rouges et noirs, jointoyés dans la perfection. De plus, il est orné de 54 bas-reliefs et de 16 statues.

Le *Baptistère*, qui date du VIIe siècle, est en face de l'entrée principale du dôme. C'est un édifice octogone, qui est surtout remarquable par ses fameuses portes de bronze, œuvres d'*Andrea Pisano* et de *Lorenzo Ghiberti*. Les mosaïques de la coupole sont de *Tafi*, de *Greco* et de *Lippi*.

Florence a beaucoup d'autres églises très-belles et très-riches. Je citerai seulement: *Santa-Croce*, remplie d'illustres tombeaux; c'est là que reposent Galilée, Michel-Ange et Machiavel; l'*Annunziata*, qui a des fresques superbes; *Santa-Maria Novella*, que Michel-Ange surnommait *sa* fiancée ; *San-Michele*, édifice gothique et carré, orné à l'extérieur de magnifiques statues, entre autres, du Saint-Marc auquel Michel-Ange disait : — « *Marc, pourquoi ne me parles-tu pas?* » *San-Lorenzo*, où se trouvent les tombeaux des Médicis ; *San-Marco* et son couvent où vécut Savonarole ; enfin, l'église *del Carmine* dont les fresques ont fait l'admiration du Pérugin, de Raphaël, de Léonard de Vinci et de Michel-Ange.

Je me rappelle avoir vu dans cette dernière église un jeune garçon de huit à neuf ans, dont le babillage et l'aplomb étaient merveilleux. Il s'était imposé à nous comme *cicerone*, en sa qualité de fils du sacristain de la paroisse, et il nous suivait pas à pas dans l'église, récitant sa leçon avec une mémoire et une intelligence incroyables. Nous essayâmes plusieurs fois de le faire tromper et de mettre sa finesse d'observations en défaut; mais nous n'y parvînmes pas; il trouvait toujours le moyen de réfuter nos objections, et de nous faire sentir poliment que l'erreur était de notre côté. Malheureusement cet esprit et ces dispositions précoces étaient infectés de cette lèpre de la mendicité, que les Italiens trouvent tellement à leur goût qu'ils l'appellent la *bonne main*. Ce petit bonhomme que j'avais trouvé si intéressant pendant qu'il babillait, me parut alors un gueux en herbe, comme tous les autres bambins des rues. Je lui donnai 50 centimes; mais il me fit observer qu'on eût donné plus que cela au sacristain, son père, dont il venait de remplir parfaitement les fonctions de cicerone, et que par conséquent, il était de toute justice de lui donner ce qu'on aurait donné à son père, c'est-à-dire *un franc*, pour le moins. J'aurais certes bien pu envoyer promener ce petit bavard; mais il parlait si bien l'italien, avec un accent si pur et des expressions si choisies, que je voulus aller jusqu'au bout, et voir où pouvait s'arrêter sa cupidité naissante.

— Je n'ai pas de monnaie, lui dis-je, en fouillant dans mes poches, il faut te contenter de ces 50 *centimes-là*.

— Monsieur n'a pas de monnaie, sans doute, mais il a de quoi en faire. Confiez-moi un écu, je courrai le changer; et dans deux minutes vous aurez de la monnaie, beaucoup plus qu'il ne vous en faudra pour me payer le franc qui m'est dû.

Il n'y avait rien à répliquer à une semblable réponse. Je mis un *scudo* dans la main de l'enfant, qui disparut et revint bientôt avec sa poche pleine de monnaie. Il me compta très-exactement mes *cinq francs*, et tendit la main pour recevoir ce qui me ferait plaisir. Je le payai et je sortis de l'église, en plaignant cet enfant dont on pouvait faire un homme hors ligne, mais dont on ne ferait qu'un mendiant.

La mendicité, sous toutes les formes possibles, est une plaie trop profonde et trop invétérée dans toute l'Italie, pour que le nouveau gouvernement puisse la cicatriser du jour au lendemain. Il a commencé par défendre à ses employés, aux gardiens de ses musées, de ses palais et autres monuments publics, de solliciter ou d'accepter une rétribution ou gratification quelconque de la part des étrangers ou des autres visiteurs. Au palais des *Offices*, à Florence, près de la porte grillée qui conduit au cabinet des *Gemmes*, ou pierres précieuses, on a même été jusqu'à placer un écriteau pour avertir le public qu'il lui est expressément défendu de donner la moindre des choses aux gardiens du musée, et à ceux-ci de rien recevoir, sous peine de perdre leur place; mais cela n'empêche pas la mendicité de suivre son cours; elle se cache un peu plus, voilà tout. La main se tend de côté, par derrière, dans l'ombre, au lieu de se tendre en face et en plein jour!

La pauvreté étant une vertu chrétienne, les mendiants se trouvent chez eux dans toutes les églises du monde, et principalement dans celles de l'Italie. A *Santa-Croce*, l'une des plus belles églises de Florence, je me souviens que nous fûmes poursuivis par une foule de mendiants qui, se lamentant à haute voix, nous empêchaient par leurs importunités et leurs doléances de considérer tranquillement les innombrables beautés artistiques que nous avions sous les yeux. Si, pour avoir la paix, nous donnions quelques centimes aux uns, les autres ne nous en poursuivaient qu'avec plus d'acharnement; de sorte que, fatigués d'être ainsi harcelés, nous prîmes le parti de battre en retraite, et d'aller chercher ailleurs d'autres sujets d'admiration.

Les rues de Florence sont supérieurement bien pavées en dalles polygones de calcaire, et bordées de palais ou de magasins assez bien achalandés. J'aimais beaucoup à m'y promener, parce que, à chaque pas, je rencontrais toujours quelque curiosité nouvelle. Chaque matin, j'allais à la poste, située place *della Signoria*, qui est à Florence ce que la place Saint-Marc est à Venise, avec cette différence qu'elle n'est ni aussi belle, ni aussi régulière. C'était ordinairement là que nous lisions, en plein vent, les lettres qui nous étaient arrivées de France. Puis, nous dirigions nos pas, tantôt d'un côté, tantôt d'un autre. Ce n'était jamais le but qui faisait défaut à nos promenades; car à Florence, tout est plein de merveilles monumentales et artistiques.

Le soir, nous dînions à la table d'hôte, où nous eûmes presque constamment la bonne chance de nous trouver dans la compagnie de gens très-aimables et bien élevés. Il y avait, entre autres, plusieurs jeunes Polonais d'une grande distinction, dont le langage, les manières et l'instruction ne laissaient rien à désirer. Tous étaient de nobles exilés, victimes de la tyrannie russe, qui étaient venus chercher sous le beau ciel de l'Italie, le calme de l'esprit et l'oubli momentané des malheurs de leur patrie. Ils parlaient très-bien français, et cette dernière circonstance nous rendait leur société encore plus agréable. Nous étions logés à l'*hôtel du Nord*, vis-à-vis l'église de *Santa-Trinita* et à quelques pas du pont du même nom, qui traverse si hardiment l'Arno, en ne s'appuyant que sur deux piles. Notre appartement était à l'entre-sol et avait deux fenêtres donnant sur la rue de *Tornabuoni*, qui, élargie en cet endroit, prend le nom de place *Santa-Trinita*.

Nous avions, presque en face de nous, une colonne en granit oriental, provenant des thermes d'Antonin, à Rome, et élevée par Cosme Ier de Médicis, en mémoire de la victoire remportée en 1537, sur les bannis florentins du parti populaire. Une statue en porphyre, représentant la Justice et due au ciseau de Ferrucci, surmonte cette colonne. Le portail de l'église de la *Sainte-Trinité* était un peu plus loin, à gauche, s'alignant parfaitement avec les autres maisons que longeait un large et magnifique trottoir. Le jour, nous avions la vue des voitures et des piétons; le soir, à la clarté du gaz, nous pouvions encore voir circuler la foule, toujours très-considérable aux abords d'un pont. Nous étions donc admirablement bien placés pour assister aux interminables défilés du carnaval de Florence, qui passaient juste sous nos fenêtres; aussi avons-nous pu en apprécier très-bien tout le néant. Le spectacle le moins gai, mais assurément le plus étrange et le plus frappant que j'aie vu de ces fenêtres, est celui d'un enterrement aux flambeaux. Rien de plus solennel et de plus lugubre que ce cercueil, porté sur les épaules de quatre hommes, vêtus de noir et environné de torches ardentes!

Notre hôte était un très-honnête homme qui, au départ, nous présenta une note beaucoup moins élevée que nous nous l'étions imaginé; de sorte que nous pouvons dire, à présent, que de toutes les villes de l'Italie où nous avons séjournés, Florence est celle qui nous a le moins écorchés. Aussi, je recommande l'*hôtel du Nord* à tous ceux qui liront ces lignes.

Monsieur Adrien Gré, notre connaissance de Bologne, était venu nous retrouver à Florence et logeait également à l'hôtel du Nord. Nous fîmes avec lui la promenade de *San-Miniato* et celle des *Cascine*. Le nom de *Cascine* provient d'une ferme où étaient des laiteries, appartenant au grand-duc. On l'a donné à un long parc qui s'étend entre la rive droite de l'Arno et le chemin de fer. Ce parc consiste principalement en bois de haute futaie, dont les allées servent, le soir, de rendez-vous habituel aux équipages et aux promeneurs. C'est *le Bois de Boulogne* de Florence.

J'ai oublié de dire que Monsieur Gré était Bordelais, et d'un caractère très-vif et très-enjoué. Il nous trouvait toujours d'excellents restaurants pour nos déjeûners, que nous ne prenions presque jamais à notre hôtel; et chaque fois qu'il pouvait nous rendre service, il le faisait de grand cœur et avec un empressement tout méridional. C'est lui qui sut découvrir pour nous le meilleur chemisier de Florence. Nous nous rendons au magasin indiqué; nous entrons, et, voyant un monsieur au comptoir :

— Monsieur est chemisier?

— Oui, messieurs, répondit gravement l'homme du comptoir. *Et QUEL CHEMISIER!!!...*

Cette exclamation, faite en levant les yeux au ciel et avec un ton de si profonde conviction, nous donna une furieuse envie de rire. Mais le fait est que cet homme était un bon chemisier; car il nous le prouva, encore plus par ses œuvres que par ses paroles.

CHAPITRE V

SOMMAIRE : Pise. — Le Dôme. — Le Baptistère. — Le Campo-Santo. — La Tour penchée. — Visite aux Molines. — La Tour de la Faim. — Le Russe et l'Allemand. — Livourne. — Nos aventures de Livourne à Civita-Vecchia. — Arrivée dans cette dernière ville. — La dogana romana.

Après avoir passé douze jours à Florence, nous prîmes la route de Pise, où la vapeur nous mena en moins de deux heures.

Située sur les deux rives de l'Arno, Pise est une ville assez gentille et assez proprette. Ses quais et ses rues offrent aux piétons de grandes facilités pour la promenade ; car ils sont admirablement bien pavés avec de larges dalles, comme on en trouve à Venise et à Florence.

Nous sommes descendus à l'hôtel *Peverada,* sur le quai de la rive droite de l'Arno, un peu au-dessous du pont du *Milieu.*

Tout ce qu'il y a de curieux à voir, à Pise, se trouve à l'extrémité nord de la ville, sur une seule place ; ce qui est très-commode pour les visiteurs. Là vous avez le *Dôme,* le *Baptistère,* le *Campo-Santo* et la fameuse *Tour penchée.* Disons, de suite, quelques mots de chacun de ces quatre chefs-d'œuvre.

Le *Dôme* de Pise est, à mon avis, plus beau que celui de Florence. C'est une église d'une architecture toute particulière et qui ne ressemble en rien à ce que nous avons déjà vu. Il y a là une forêt de colonnes de toute espèce. Vous en trouvez en bas; vous en voyez en haut; les unes, imposantes par leur grosseur et leur élévation; les autres, admirables par leur grâce et leur légèreté. Comment appeler ce genre d'architecture? Je l'ignore. Quant à moi, je le nomme tout simplement le *style pisan*. Il y a dans cette cathédrale de fort beaux tableaux et une profusion de marbres précieux. Les autels sont richement décorés, et celui du *Saint-Sacrement* est en argent massif. Enfin, les statues et les bas-reliefs abondent dans ce sanctuaire, digne en tout point de l'admiration des voyageurs.

Le *Baptistère*, magnifique à l'extérieur, ne renferme, outre les fonts baptismaux, qu'une chaire de marbre blanc, sculptée par Nicolas de Pise et d'un travail remarquable par la finesse de son exécution. Mais ce qui est encore plus merveilleux, et ce qui ne se retrouve pas ailleurs, c'est un *écho*, le plus étrange et le plus harmonieux que j'aie jamais entendu. Il répète, plusieurs fois, les phrases musicales que l'on lui jette, et met tant de suavité dans cette répétition qu'on dirait entendre une harpe céleste ou les sons mélodieux d'un orgue.

Le *Campo-Santo* est un vaste cloître, qui dessine la forme d'un parallélogramme et qui est environné de charmants arceaux de marbre blanc, soutenus par des colonnettes on ne peut plus gracieuses. Il est, tout à la fois, le musée de la mort et celui des beaux-arts. C'est là que, autour des tombeaux, la sculpture et la peinture murale sont venues se réfugier, comme dans un lieu de repos où le silence et la paix les mettent à l'abri des injures du temps et de celles des hommes. La plupart de ces sculptures et de ces peintures ont déjà traversé bien des siècles, et ce sont des morts d'un autre âge qui tiennent compagnie à ceux qui dorment à leurs pieds!

Quant à la *Tour penchée*, elle m'a produit un effet désagréable. Elle vous agace avec son inclinaison trop marquée, et l'on dirait qu'elle est toujours sur le point de tomber. Je ne pense pas que l'architecte, qui a présidé à sa construction, ait voulu vaincre une difficulté de son art en lui donnant cette pente; il est très-probable, au contraire, que c'est le terrain qui, pour une cause ou une autre, s'est affaissé sous la partie sud des fondations, car les cintres du sommet de la tour ont été élevés de façon à mettre sa plate-forme de niveau.

Une autre curiosité de Pise est une petite chapelle gothique, du moins à l'extérieur, qui se trouve sur la rive gauche de l'Arno et qui s'appelle *Santa Maria della Spina*. C'est une gentille bonbonnière, qui ferait beaucoup plus d'effet si elle était construite sur un terrain moins bas.

Nous avons profité de notre séjour à Pise pour aller faire une excursion au village des *Molines*, où le duc Pozzo di Borgo possède une villa, qu'il n'a pas visitée depuis environ trente ans. Mon jeune compagnon de voyage, qui est le beau-frère du neveu de ce duc, était chargé de voir en quel état se trouvait la susdite villa. Nous l'avons trouvée charmante et bien entretenue, ce qui est une preuve de la fidélité de ses gardiens; car, dans le siècle où nous vivons, très-peu de serviteurs remplissent exactement leurs devoirs, lorsqu'ils sont loin de l'œil du maître!

Une autre excursion que nous avons faite est celle des *Cascines royales*, sorte de ferme-modèle, où l'on élève des chevaux et des *chameaux*. Il y a là une centaine de ces derniers animaux, dont la race a été apportée à Pise, au temps des croisades; ils se sont fort bien acclimatés et on les emploie à la culture de la terre.

Nous avons cherché, à Pise, la célèbre *Tour de la Faim* où le comte Ugolin et ses enfants furent enfermés pour y mourir d'inanition; mais nous n'avons rencontré que quelques vestiges de cette fameuse tour, confondus avec les murs d'une maison moderne. La prison d'Ugolin a été démolie; on l'a fait disparaître comme un témoin terrible qui rappelait trop l'épouvantable souvenir d'un cruel passé. Il y a de ces supplices barbares qui effraient jusqu'à la postérité la plus reculée; c'est pourquoi la tour du *Temple* a été démolie comme celle de la *Faim!*...

A l'hôtel *Peverada*, où Garibaldi était descendu, quelques années auparavant, ainsi que l'attestait l'inscription, gravée en lettres d'or sur une plaque de marbre blanc et encastrée dans un des murs du vestibule, se trouvaient, en même temps que nous, un Russe et un Allemand, qui étaient deux maniaques de la première espèce. Le Russe était un jeune homme, maigre et pâle, au visage en lame de couteau, à la chevelure luisante de pommade et aux vêtements musqués. Il parlait le français, en supprimant la lettre R, à la façon des *Incroyables* du Directoire. Je l'avais à table, tout près de moi, et j'avoue qu'il me portait singulièrement sur les nerfs. Entre autres stupidités, il se vantait de n'avoir pas encore vu la Tour penchée, quoiqu'il fût à Pise depuis plus d'un mois et qu'il se promenât, tous les jours, sur les quais de l'Arno. L'Allemand était un personnage épais, à la barbe mal peignée et aux yeux cachés sous de larges lunettes bleues. C'était, m'a-t-on dit, un savant qui avait usé sa cervelle à creuser des utopies. Il faisait lui-même sa cuisine à table (et quelle sale cuisine!); c'étaient des œufs crus qu'il écrasait et battait dans de l'eau chaude, en y ajoutant je ne sais plus quelle sorte de condiment. Puis, la montre en main, il avalait tout son potage en moins d'une minute. Cette promptitude de déglutition canine était, disait-il, indispensable à sa santé.

Par contre, en visitant le *Dôme*, je fis la connaissance de deux excellentes personnes, que nous retrouvâmes à Rome, et dont la trop courte société nous fut néanmoins très-agréable. C'était, celui-là, un couple bien assorti et un peu mieux d'accord que ces pauvres Quilosa. Il est vrai que ces deux époux étaient déjà d'un certain âge et qu'ils avaient besoin de se prêter un mutuel secours, ce qui les attachait encore plus étroitement l'un à l'autre. Se rendant à Naples par la voie de mer, ils avaient fait escale à Livourne et avaient profité du chemin de fer pour venir visiter les curiosités de Pise. C'est, du reste, ce que font tous les autres voyageurs dans la même situation.

Le Monsieur, ancien avocat-général, était, comme tous les gens du barreau français, d'une grande facilité d'élocution et, par conséquent, assez parleur. Il avait un peu la manie du calembour, ce jeu des mots qu'on prétend être l'esprit de ceux qui n'en ont pas. Mais je ne suis pas de cet avis et je pense, au contraire, qu'il faut avoir beaucoup d'esprit et connaître parfaitement sa langue pour faire un *bon* calembour, ou, si vous l'aimez mieux, un *bon* jeu de mots. D'ailleurs, Cicéron et saint Augustin en ont fait. Pourquoi monsieur Dupin et tant d'autres n'auraient-ils pas pu en faire? Donc, mon respectable avocat retraité s'amusait parfois à jouer sur les mots. Voici, du reste, un petit échantillon de son crû. Nous avions admiré ensemble les magnifiques portes de bronze exécutées, en 1602, sur les dessins de *Jean Bologne*, et nous étions arrivés devant celle qui, sauvée seule de l'incendie de 1596, a été placée au transept du sud; quand, m'adressant tout-à-coup la parole :

— Savez-vous, Monsieur, me dit-il, pourquoi ce bronze-ci est plus humide que l'autre?

— Je n'en sais rien.

— Eh bien! c'est parce qu'il est *plus vieux*.

Ce n'était pas très-fort; mais enfin on pouvait faire *pis à Pise*.

Il y a dans la nef du Dôme, vis-à-vis le maître-autel, une grande lampe de bronze, suspendue à la voûte par une longue et forte corde. On prétend que ce sont les oscillations de cette lampe qui mirent Galilée sur la voie de la théorie du pendule. Quand nous nous arrêtâmes près de cette lampe pour l'examiner, l'avocat se prit à sourire à une idée qui venait de lui traverser l'esprit :

— Quel singulier rapprochement dans les noms, nous dit-il, et quel bizarre contraste dans les choses! C'est un *Galiléen* qui a sauvé le monde, et c'est *Galilée* qui l'a fait tourner!

Après celui-là, il n'y avait plus qu'à tirer l'échelle. Pourtant, je n'en fis rien; car au Campo-Santo et au Baptistère, ce fut un feu roulant de bons mots, qui ont malheureusement échappé à ma mémoire. Tout ce dont je me souviens, c'est que les fresques naïves et parfois grotesques qui recouvrent une grande partie des murs intérieurs du Campo-Santo, nous fournirent un abondant sujet de remarques, plus ou moins spirituelles, dont je fais ici humblement mon *meâ culpâ*. Il y a pourtant sur ces murs une composition d'*Andrea Orcagna*, qui semble animée par le sombre génie du Dante : c'est le *Triomphe de la Mort*.

Au centre du tableau, on voit des infirmes qui appellent la mort, pour qu'elle les délivre de leurs maux; mais celle-ci se détourne d'eux et dirige ses coups vers un bosquet, où des jeunes gens et des jeunes femmes se livrent au repos, en écoutant les chants d'un troubadour. Toutes ces figures sont des portraits du temps. Le personnage, assis au milieu et qui tient un faucon sur le poing, est *Castruccio-Castracane*, ancien podestat de Lucques et ennemi des Pisans. Des rois, des évêques, des religieuses, des guerriers, gisent à terre, abattus par la faulx de la terrible moissonneuse; des anges et des démons recueillent leurs âmes. Dans la partie gauche du tableau, on voit une noble cavalcade qui s'arrête au pied d'une montagne devant le corps de trois rois, étendus dans leurs bières, à différents degrés de destruction. Les figures des cavaliers expriment des sensations diverses; celui qui se bouche le nez est Uguccione della Fagginolla, seigneur de Pise. Cette composition multiple, cause une impression saisissante et profonde, et, quoique l'art y soit encore à son début, l'on se prend à trembler devant les terribles images qu'elle esquisse.

En sortant du Campo-Santo, notre ancien avocat qui venait de faire un jeu de mots sur le *torse* d'une statue, faillit se donner une *entorse*, en glissant sur les dalles. Comme il surprit un sourire malicieux sur nos lèvres, il nous dit le plus gracieusement du monde :

— Que voulez-vous, Messieurs? je n'ai pas, comme vous, le pied *fait aux dalles* (féodal).

Sa femme était également très-aimable, et sa conversation, quoique moins vive, avait autant de charme que celle de son mari. Je fus enchanté de les retrouver à Rome, après leur retour de Naples; ils prenaient leurs repas au même restaurant que nous; nous nous rencontrions souvent dans les galeries de tableaux et dans les villas; de sorte que nous étions, pour ainsi dire, de vieilles connaissances, quand nous nous séparâmes pour aller, les uns au sud, et les autres au nord de l'Italie.

Avant de quitter Pise, je dois dire au moins que nous avons visité l'église de *Santo-Catharina*, qui dépendait autrefois d'un couvent de dominicains et dans laquelle se voit encore la chaire où prêcha saint Thomas d'Aquin, tandis qu'il résidait à Pise. Nous avons également vu le beau clocher de *San-Nicolas*, qui, hors la perpendiculaire, présente à l'intérieur un escalier en colimaçon porté par des colonnes de marbre. C'est ce monument remarquable de l'habileté de Nicolas de Pise qui a servi de modèle à l'escalier du Vatican par Bramante.

Quant à l'*Université*, à la *Bibliothèque* et à l'*Académie des Beaux-Arts*, nous les avons laissées de côté comme ne présentant pas un grand intérêt.

Le mardi, 7 mars, nous fîmes nos adieux à Pise où j'aurais voulu rester plus longtemps; car je m'y plaisais beaucoup. En une demi-heure, le chemin de fer nous conduisit à Livourne, en nous faisant traverser d'abord un pays plat et coupé de quelques marais, formés par les débordements de l'Arno pendant l'hiver; et ensuite une forêt de lièges ou de chênes verts, dans laquelle on voit, par intervalle, des fourrés très-épais de grands myrtes domestiques qui servent de retraites aux bêtes fauves, réservées pour les plaisirs de la chasse du roi d'Italie.

En approchant de Livourne, on aperçoit la ligné des dunes de sable qui bordent le rivage et retiennent les eaux de la mer.

Livourne, que les Romains appelaient *Portus Herculis*, est une ville de 91,432 âmes. On y compte 8,000 juifs. C'est un port franc qui sert d'entrepôt de commerce entre l'Italie, l'Europe occidentale et le Levant, et qui est en même temps un point de relâche pour les paquebots des Messageries Impériales. Comme toutes les villes modernes et riches, Livourne est bien bâtie; elle a de belles places et de belles rues; mais pas un seul monument digne d'être visité. La seule chose que j'y aie remarquée est une statue élevée, près du port, en l'honneur de je ne sais plus quel duc de Toscane. Quatre esclaves maures en bronze sont groupés autour de cette statue, et produiraient un fort bel effet si leur entourage était un peu plus propre ; mais ils sont perdus au milieu d'une forêt de bois de construction, et il faut les savoir là pour les y aller trouver.

Nous ne restâmes que vingt-quatre heures à Livourne, et ce court espace de temps nous suffit amplement pour voir la ville, et nous ennuyer horriblement dans une chambre étroite et obscure de l'hôtel *Aquila Nera,* où nous étions descendus. Je ne sais pourquoi cette ville de Livourne me pesait ainsi sur le cœur ; mais je sentais autour de moi une atmosphère de commerce et d'agiotage qui me prenait à la gorge et semblait vouloir m'étouffer. Nous dînâmes à la table d'hôte, et je trouvai la cuisine détestable. Il y avait en face de moi un brave homme très-distrait qui mettait du sucre dans son potage gras, et du fromage râpé sur des quartiers d'orange. Un autre original, qui lui servait d'interlocuteur, se vantait de pouvoir faire un excellent voyage en Italie avec un *indicateur des routes*, imprimé en 1807. Certes, il y avait pourtant là de quoi m'égayer ; mais je ne retrouvai ma bonne humeur que le lendemain, en remontant en wagon.

Notre voyage de Livourne à Civita-Vecchia fut une véritable odyssée ; car les embarras, les dangers et les fatigues ne nous firent pas défaut, durant ce trajet d'un jour et d'une nuit.

A la gare de Livourne nous retrouvâmes nos gros bagages que nous y avions laissés en dépôt ; et, comme nous voulions les faire enregistrer pour *Nunziatella,* qui est l'endroit où s'arrête le chemin de fer, encore inachevé sur ce littoral, les employés s'y refusèrent, en nous disant qu'une inondation avait abîmé la voie et interrompu toute communication entre *Grosetto* et *Nunziatella.* Il nous fallut donc prendre nos billets seulement jusqu'à Grosetto, ne sachant pas du tout quel serait notre moyen de transport de cette station à Nunziatella. Mais cette incertitude ne nous empêcha pas de nous confier à la vapeur et de rouler à la grâce de Dieu. Après avoir côtoyé le bord de la mer, pendant quelques heures, nous atteignîmes Grosetto, capitale de la Maremme toscane, située au milieu d'un territoire marécageux qui y engendre des maladies endémiques. Là, nous apprîmes que l'eau s'était retirée de dessus la voie, et que nous pouvions continuer notre route *sans danger* jusqu'à Nunziatella. On ne renouvela ni nos billets, ni l'enregistrement de nos bagages; ce qui causa une grande confusion à notre arrivée à la dernière gare, laquelle n'étant pas couverte était à peine éclairée par deux ou trois lanternes que la pluie et le vent menaçaient d'éteindre à chaque instant. N'anticipons pas, et continuons notre route. Notre train, quoique marchant avec prudence, ne faisait que cahoter sur les rails placés au milieu d'un terrain boueux et mouvant. Les secousses étaient telles, que, par moment, nous croyions être sur le point de verser.

Une Anglaise, qui était dans le même compartiment que nous, faillit s'évanouir de frayeur, et elle ne fut ranimée que grâce à un petit verre d'eau-de-vie dont son mari eut la bonté et la courtoisie de se priver pour elle. Pauvre Anglais, il fallait qu'il aimât bien tendrement sa femme pour qu'il lui fît un pareil sacrifice! Nous roulâmes ainsi sur des rails mal assujettis l'espace d'environ six kilomètres, de sorte que la nuit était déjà arrivée avant que ce mauvais et dangereux passage fût entièrement franchi. Je n'ai pas besoin de dire que, de Livourne à Nunziatella, nous n'aperçûmes même pas l'ombre d'un buffet, et que nous fûmes réduits, pour toute nourriture, à quelques quartiers d'orange et à une croûte de pain que nous avions heureusement conservée. Mais il ne fallait pas se flatter de pouvoir manger avant d'avoir atteint Civita-Vecchia, et peut-être même Rome, la ville *éternelle!* C'était vraiment pour nous toute une petite *éternité!*

Il était dix heures du soir, quand notre train s'arrêta devant une mauvaise baraque en bois; c'était la gare de Nunziatella. Il tombait une pluie fine et froide qui nous nous fouettait très-désagréablement le visage. On nous cria de nous hâter pour les passe-ports, les billets et les bagages, parce que les diligences qui devaient nous transporter à Civita-Vecchia, étaient déjà attelées. En effet, nous entendions piaffer les chevaux qui, impatientés d'attendre, hennissaient, en secouant les grelots de leur collier. Ils étaient là au nombre de vingt-cinq; car il y avait *cinq* grandes diligences, à trois compartiments chacune, sans compter l'*impériale*. Nous nous précipitâmes donc autour du bureau du chef de la station qui, je pense, était un peu l'*omnis homo* de l'endroit, attendu qu'il faisait, à la fois, le commissaire de police, le directeur des messageries, le préposé de la douane et le chef de gare. Ses subalternes étaient tout ce que j'ai jamais rencontré de plus *oie* et de moins complaisant. Quand il me fallut régler avec eux le prix du transport de nos bagages de Grosetto à Nunziatella, ils ne voulurent jamais me changer en petite monnaie une pièce de cinq francs, quoique sans cela il me fût impossible de les payer. Ils parlaient un italien que je ne pouvais comprendre; de sorte que notre discussion n'aboutissant à rien, je serais resté là toute la nuit à vouloir raisonner ces *buses*, si le commissaire de police ne fût pas venu à mon secours, en me rendant tout bonnement la monnaie de ma pièce. Pendant ce temps-là, on avait distribué les billets et vendu les places de coupé. Il s'agissait maintenant de faire charger ses bagages sur la diligence qui vous avait été assignée; et vraiment la chose n'était pas facile à cause de l'obscurité, de la pluie et du manque de bras : aussi, comme tout cela devait être porté directement à la douane de Civita-Vecchia, pour y subir une minutieuse visite, les *faquins* jetèrent-ils pêle-mêle sur les premières voitures venues tous les colis qui tombèrent sous leur main !

S'il eût fait jour, c'eût été un singulier spectacle de voir tous ces voyageurs, ahuris par la fatigue, couverts de boue et de pluie, criant après les faquins qui portaient leurs bagages, ou bien appelant leurs compagnons de route, grimper plus ou moins lestement sur les marchepieds des diligences, pour s'emparer de la meilleure place possible!

Dans ces cas-là, chacun travaille pour soi et s'occupe fort peu des autres. La politesse est alors un hors-d'œuvre auquel personne ne touche; et cela se comprend jusqu'à un certain point.

Enfin, nous perdîmes un temps considérable à ce changement de véhicules; et il était plus de onze heures quand la première diligence se mit en route. C'était précisément celle dont nous partagions le coupé, avec un gros monsieur fort gênant, à cause de sa corpulence qui usurpait au moins un bon quart de ma place. Ce monsieur ne souffla pas un mot jusqu'à notre arrivée à *Montalto*, petite ville d'un aspect assez misérable, et qui est sur la frontière des Etats de l'Eglise. Il pouvait être alors deux heures du matin, et la pluie tombait à verse. Notre compagnon, dès que la voiture se fut arrêtée, ouvrit la vitre mobile qui se trouvait devant lui, et demanda au conducteur, qui descendait de son siége :

— Où sommes-nous donc ?

— A Montalto, en *terre sainte*, répondit le conducteur qui, paraît-il, était un bel esprit. Attendez-vous à la visite du *papalin* et préparez votre passe-port, sans quoi pas d'*indulgence!*

— Hum! hum! grommela notre gros compagnon, qui parut stupéfait de cette réponse. Ouvrez-moi, conducteur ; il faut que je descende!

— Vous donnerez bien un pour-boire ?

— Sans doute ; deux, si vous voulez ; mais ouvrez-moi de suite.

Le conducteur ouvrit la portière, et le gros homme, qui se tordait comme un ver, se hâta de mettre pied à terre, malgré le vent et la pluie.

J'étais à moitié endormi, et je ne me rendais pas bien compte de l'empressement de mon compagnon de gauche à quitter la voiture par un temps pareil.

La douane est longue à se lever, la nuit, en Italie et surtout dans les Etats Pontificaux. Ce ne fut qu'au bout d'une demi-heure environ que notre portière se rouvrit, et qu'une voix impérative, quoique enrouée, nous dit :

— *Signori, i passaporti!* Messieurs, les passeports!

Nous obéîmes fort docilement à ce brusque commandement de la police romaine.

— *Non e un altro?* Il n'y en a pas un autre?

— *Qui lo sa? Dio lo sa!* Qui le sait? Dieu le sait!

— *Va ben! va ben!* C'est bien! c'est bien!

Et la portière se referma; et le demandeur de passeports s'éloigna.

Une grosse demi-heure s'écoula encore, avant qu'on commençât à *ratteler* la voiture où nous étions engourdis par le sommeil et par le froid. Dès que les chevaux eurent fait entendre leurs grelots, notre portière s'ouvrit de nouveau, et le gros homme vint reprendre sa place à mes côtés. J'avoue que j'eus peur de lui, et qu'il me fit l'effet d'un homme qui a maille à partir avec la police. Pourtant je me rassurai un peu, en pensant que ce pouvait être un exilé politique, qui revenait *incognito* dans les Etats du Pape, pour y traiter quelques affaires de famille ou de commerce.

Le nouveau conducteur a pris place sur le siége; son fouet claque; les chevaux s'agitent; le lourd véhicule s'ébranle; et nous voilà partis. Mais, *crac!* nous nous arrêtons, tout-à-coup, au détour d'une rue! Qu'est-ce qu'il y a de nouveau? Mon compagnon de gauche, qui s'imagine, sans doute, que c'est la police qui est à ses trousses, pousse un grognement des plus significatifs; il ouvre la vitre, et demande au conducteur la cause de cet arrêt subit.

— *Per Bacco! E rotta la bilancia!* Par Bacchus! la *balance* est rompue! répond le postillon, qui paraît peu surpris de ce malheur; mais cela ne fait rien; nous allons en remettre une autre!

Et, il se mit à crier et à frapper à la porte d'une maison voisine, afin qu'on lui vînt en aide. Les gens qu'on éveillait ainsi ne se pressèrent pas plus que la douane, et nous fûmes dépassés par les quatre voitures qui nous suivaient, avant qu'on eût répondu aux cris de notre conducteur. Nous perdîmes là une heure, au grand déplaisir du gros homme, mon voisin, qui, n'en pouvant mais, poussait de sourdes imprécations contre la maladresse des cochers en général et du nôtre en particulier. Cet accident nous déplaisait également beaucoup; car nous étions harassés de fatigue, et à moitié morts de froid et de faim. Mais que faire autre chose, sinon de se résigner? Ah! supposons que cet accident fût arrivé, hors de la ville, dans un certain endroit affreusement désert, par où nous sommes passés, et où, quelques semaines après, on arrêtait, à main armée, la diligence où nous étions alors, afin d'en égorger les voyageurs, pour mieux les dépouiller ensuite; certes, le cas eût été bien différent, et j'avoue que j'aurais eu une peur bleue de rester aussi longtemps stationnaire au même endroit!

Allons, une nouvelle *balance* est remise; nos chevaux repartent, et nous roulons rapidement sur la route de Civita-Vecchia, où nous n'arriverons pourtant qu'une heure après tous les autres. En effet, il était déjà grand jour et le train pour Rome était parti, quand notre diligence nous descendit dans la gare de Civita-Vecchia, où la douane papale s'empara de suite de nos bagages. Elle avait déjà nos passeports que la police de Montalto lui avait envoyés, par l'une de nos diligences.

Nous ne pouvions donc plus partir pour la ville éternelle que par le train de onze heures, et c'était encore trois heures que nous avions devant nous, c'est-à-dire, beaucoup plus de temps qu'il ne nous en fallait, pour prendre un peu de nourriture, dont nous avions si grand besoin, puisque nous n'avions pas mangé depuis Livourne; et pour visiter les curiosités de Civita-Vecchia, qui ne sont pas fort nombreuses. Par contre, nous éprouvâmes un très-grand plaisir, en revoyant les soldats français, dont la tournure martiale diffère tant de l'air efféminé des troupes piémontaises, qui tiennent leurs fusils comme des manches à balai, qui montent la garde les mains dans leurs poches, et dont le costume de cantinière, sale et délabré, dénote l'insouciance de ceux qui le portent.

L'importance de Civita-Vecchia est tout entière dans son port franc, dans ses fortifications et dans sa garnison;

car il n'y a là que des matelots, des soldats et des petits marchands auxquels on peut ajouter quelques moines. Le reste n'est rien ou si peu que rien.

Pourtant, n'allons pas si vite! Et la *dogana!* Et la *polizia!* Et la *sanita!*... Il me semble que ces trois sœurs-là, où ces *trois grâces*-là, si vous l'aimez mieux, doivent compter pour quelque chose à Civita-Vecchia, où nul ne peut arriver du dehors, sans passer entre leurs mains.

La *dogana*, la douane, s'empare de vos bagages; elle les ouvre; elle les fouille dans tous les coins et recoins; elle met la main sur tout ce qui lui paraît suspect; elle confisque vos cigares, ou bien vous force à les payer une seconde fois; puis, quand elle a bien bouleversé vos malles, elle vous en rend les clefs, en vous disant tranquillement : *Refermez!*

La *polizia*, la police, s'attaque à vos passeports; elle les prend à la frontière, et met un temps considérable à les flairer, à les épeler, lettre par lettre; elle s'assure, tout à la fois, et de votre identité et de votre probité... Puis elle pose son premier visa, que vous payez de suite, en attendant le second, que vous payerez plus tard.

La *sanita*, la santé, vient à vous, sous la forme d'un médecin, quand vous arrivez par la voie de mer. Son but est de vous regarder dans le blanc des yeux et de vous tâter le pouls, pour se bien convaincre que vous n'avez pas la peste ou le germe de quelque maladie épidémique. Au reste, on ne saurait que louer d'aussi sages précautions; mais, ce qu'on peut hardiment blâmer, c'est la lenteur désespérante avec laquelle fonctionnent les préposés de la dogana et de la polizia?

La douane a fait ses visites; la police nous a remis nos passeports; les guichets se sont ouverts, nous avons pris nos billets et fait enregistrer nos bagages; de la salle d'attente nous passons dans les wagons; onze heures sonnent, la vapeur siffle, et nous voilà partis! C'est pour Rome, cette fois-ci!

En quittant Civita-Vecchia, la route suit, le long de la mer, toutes les sinuosités de la voie antique. On passe à

Santa-Severa, petite ville construite sur l'emplacement de *Lyrgos*, que Denys-le-Tyran vint surprendre, une nuit, avec ses vaisseaux, et dont il emporta un million de talens. *Palo*, port de pêcheurs, qui occupe l'endroit où s'élevait *Alsium*, l'ancienne ville étrusque, chérie de Pompée et d'Antonin-le-Pieux, est à peu près à moitié chemin de Civita-Vecchia à Rome. Avant l'établissement de la voie ferrée, c'était le seul point d'arrêt des voitures entre ces deux villes. Je me rappelle qu'on y était assailli par une nuée de mendiants, qui vous demandaient tout simplement une *petite monnaie d'or*, comme d'autres vous auraient demandé un *sou*.

A partir de Palo, on s'éloigne du rivage. La campagne devient monotone et déserte ; de distance en distance, on aperçoit des traces de moissons, quelques rares habitations et quelques troupeaux poudreux, que des pâtres, à cheval, armés d'un long aiguillon, chassent devant eux et réunissent vers le soir. Le chemin de fer, suivant la base des collines, va rejoindre la vallée du Tibre et arrive bientôt sous les murs de Rome, où il entre, presque en face des Thermes de Dioclétien.

Plus j'approchais de la ville sainte, et plus mon cœur était fortement ému. J'allais donc revoir cette Rome, que j'avais déjà visitée, deux fois ; cette ville des grands souvenirs, où tous les peuples ont, pour ainsi dire, passé, et qui, malgré le nombre de ses années, est toujours une ville neuve et curieuse à visiter ! Comme mon émotion fut profonde, en apercevant, de loin, la coupole de *Saint-Pierre* et le faîte des principaux édifices de cette ville vraiment *éternelle*, la plus illustre de l'univers ! Encore quelques instants, et j'allais pénétrer dans l'ancienne capitale du monde romain ; j'allais fouler cette terre classique des Césars et des Pontifes chrétiens, où nul homme n'est étranger, parce que c'est là qu'est réellement la commune patrie de tous ceux dont l'esprit est cultivé et dont la foi est sincère !

CHAPITRE VI

SOMMAIRE : Rome. — Notre installation. — Pie IX. — Les grandes basiliques. — Le Colysée. — Les Thermes. — Le Forum. — La *via Appia*. — Les Catacombes. — Le mont Aventin. — Le Capitole. — Le sénateur et les cardinaux. — La statuaire, la numismatique et la céramique. — Les tableaux.

Nous descendîmes d'abord à l'hôtel de *la Minerve,* mais nous n'y restâmes que quelques jours; car nous avions besoin d'un logement plus paisible et plus convenable. Un petit appartement meublé que nous découvrîmes, au numéro 127 de la rue *del Babuino,* 3° *piano,* fit parfaitement notre affaire. L'entrée de la maison et l'escalier étaient assez propres. Nos fenêtres donnaient sur la rue. La femme qui nous sous-louait était une pauvre veuve, d'une figure avenante et d'un extérieur décent; cela nous fit espérer que nous n'aurions pas à nous plaindre de son obligeance et de sa probité; et j'avoue de suite que nous n'avons pas été trompés sous ce double rapport.

Une fois bien installés, nous commençâmes nos excursions artistiques, et nos pèlerinages chrétiens à travers la ville.

Notre première visite fut pour la vaste et magnifique basilique de *Saint-Pierre,* où nous eûmes le bonheur de voir le Pape, accompagné d'un grand nombre de cardinaux. C'était un vendredi de carême, et il faisait en cérémonie sa station au tombeau du Prince des Apôtres. Le

Souverain Pontife me parut bien vieilli. Il portait le camail rouge, sur sa soutane blanche, et semblait marcher avec peine. On voit que dix-neuf années d'un pontificat, rempli de sollicitudes et d'amers chagrins l'ont fortement affaissé sur lui-même. La tiare est peut-être le diadème le plus lourd qui soit au monde, et, si dans les circonstances ordinaires, il n'est pas surprenant que ceux qui le portent se courbent vite sous son fardeau, combien, à plus forte raison, dans les temps difficiles où nous vivons, Pie IX ne doit-il pas être écrasé sous le poids de sa triple couronne! Il fut une époque où la papauté pouvait être ambitionnée par certains cardinaux; mais à présent, l'on peut s'écrier avec le poète :

Que les temps sont changés!...

Le souverain pontificat, réduit à sa plus simple expression, humilié et abreuvé d'outrages, n'est plus qu'un long martyre. Pourtant qu'a-t-on à lui reprocher? — De vouloir être libre, pas autre chose. Il défend ses droits, et il a, certes, bien raison. Comme gouvernement politique, il est le plus paternel de tous ceux qui existent, et ses ennemis mêmes ne trouvent à le critiquer tant soit peu légèrement que dans les détails de son administration municipale. Il est vrai qu'il y a là beaucoup de choses à réformer. L'édilité, par exemple, est déplorable. La ville est sale et mal entretenue. Les rues ne sont jamais balayées, ou presque jamais; il en résulte un fumier perpétuel, qui se change tantôt en boue et tantôt en poussière, suivant qu'il tombe de l'eau ou qu'il fait du vent. On pourrait encore se plaindre d'une foule d'autres petits inconvénients, qui frappent les étrangers, mais dont les Romains n'ont pas l'air de s'apercevoir; ainsi, les *boîtes aux lettres* manquent dans presque toute la ville, et il n'y a que deux ou trois débits de timbres-poste. Mais de ces vices d'administration locale, qui peuvent facilement disparaître, il y a loin à des motifs *plausibles* d'insurrection; et je suis intimement convaincu que, quand bien même le Pape céderait sa place à Victor-Emmanuel, les choses n'en iraient pas mieux, sous le double rapport de la propreté et du confortable ; car le peu que j'ai vu des autres villes de l'Italie me prouve jusqu'où peut aller la saleté et l'insouciance de leurs habitants.

Mélangeant le sacré au profane, nous visitons tantôt les églises et tantôt les ruines des vieux monuments romains ; il est vrai que les unes et les autres ne manquent pas ici, et qu'il y en a en profusion. Nous avons commencé par les sept grandes basiliques. D'abord *Saint-Pierre*, la merveille architecturale du monde. Ensuite *St-Jean-de-Latran*, qui est la cathédrale de Rome et qui s'intitule avec raison : *Omnium urbis et orbis ecclesiarum mater et caput* ; puis *Sainte-Marie-Majeure*, sur le mont Esquilin ; puis *Sainte-Croix-en-Jérusalem*, dans les anciens jardins de Varianus ; *Saint-Paul-hors-des-murs*, sur la voie d'Ostie ; *Saint-Sébastien* et ses catacombes, sur la voie Appienne ; enfin *Saint-Laurent* et son vaste campo-santo, où nous avons retrouvé avec tristesse le tombeau, à peine refermé, d'une jeune et aimable femme que nous avions connue en France, madame de Charette, née Antoinette de Fitz-James.

Rome est la ville où il y a le plus d'églises ; notre Guide nous en indique *cent-soixante-huit* à visiter. Les verrons-nous toutes? J'en doute. Pourtant, nous en avons déjà vu *quarante-deux*, et nous espérons encore en voir autant.

Quant aux ruines, nous avons commencé par l'amphithéâtre de Vespasien, nommé vulgairement le *Colysée*. C'est un vaste monument assez bien conservé et que les pontifes romains se sont plu à restaurer, depuis une trentaine d'années. Il est à regretter que l'indifférence du XVIe siècle ait laissé abîmer ce bel édifice que le moyen-âge et le vandalisme lui-même avaient respecté. En effet, sous Urbain VIII, on commença à l'exploiter comme une carrière, et l'on construisit plusieurs palais avec ses matériaux ; ce qui fit dire à un critique :

Quod non fecerunt Barbari fecerunt Barberini.

Enfin, ce qui reste du Colysée le rend encore la plus belle ruine du monde. Que de souvenirs rappelle cet amphithéâtre! C'est là que la cruauté humaine s'est révélée, pour la première fois, à l'univers stupéfait. Cinq mille bêtes féroces et plusieurs milliers de gladiateurs furent tués dans son enceinte, durant les fêtes de sa dédicace. Puis, son arène se teignit du sang de plus d'un million de martyrs. Gaudentius, l'un des architectes qui l'avaient construit, y fut dévoré, avec toute sa famille, par les lions et les tigres auxquels il avait été exposé, pour *amuser* le peuple romain, ce peuple-roi qui ne demandait autre chose que du pain et des spectacles : *panem et circenses.* Le Colysée est donc la transition naturelle entre les ruines sacrées et les ruines profanes. Aussi se dresse-t-il fièrement, au milieu de la Rome antique, comme pour inviter le voyageur à commencer par lui ses études historiques, ou plutôt ses recherches philosophiques sur un monde passé.

Nous avons eu, deux fois, le plaisir de voir le Colysée, illuminé aux feux de Bengale. C'est un ravissant spectacle auquel il faut avoir assisté, pour s'en faire une idée. La première fois, nous sommes entrés dans l'intérieur de l'amphithéâtre, et nous avons vu, d'un peu trop près, cette splendide féerie; car la fumée du salpêtre nous prenait fortement à la gorge; mais, la seconde fois, nous eûmes la bonne idée de rester à l'extérieur et de voir, d'un peu plus loin, cette étrange illumination, qui est unique au monde. Je me rappelle que, le premier soir, les spectateurs ne furent pas médiocrement étonnés, en voyant la multitude innombrable d'oiseaux que l'éblouissante clarté des feux de Bengale fit tout-à-coup sortir des ruines du vieil et gigantesque édifice, resté depuis si longtemps silencieux et solitaire. Ces pauvres bêtes, surprises ainsi durant leur sommeil, volaient, effarées, de tous les côtés, ne sachant où chercher un refuge et se trouvant fort mal d'une fête qui nous procurait tant de plaisir. L'amphithéâtre, que nous avions si brusquement envahi, était devenu leur domaine; et, si parmi ces oiseaux, il se fut trouvé quelques corneilles *séculaires*, elles eussent pu se croire revenues aux temps où le peuple romain accourait avec tant d'empressement aux fêtes nocturnes que lui donnaient parfois les Césars, dans la vaste enceinte du Colysée. Laissant de côté cette supposition, qui n'a rien de probable et qui n'est qu'une simple fiction, je reprends sérieusement ma première idée, et j'affirme que cette glorification passagère et physique de l'enceinte immense où tant de chrétiens furent livrés aux bêtes, ou tant de courageux athlètes gagnèrent la palme du martyre, me fit éprouver une des plus grandes joies de ma vie. J'en atteste ici tous les cœurs vraiment catholiques!

A côté du Colysée, l'on voit les restes du piédestal qui portait la statue colossale de Néron dont la fameuse *maison dorée (domus aurea)* s'élevait à peu de distance de là, sur un tertre où l'on voit aujourd'hui les ruines gigantesques des bains de Titus. Le peuple, à la mort de Néron, se rua sur son palais, en arracha l'or et l'argent, en brisa les statues, en combla les salles souterraines et en démolit une grande partie des murs qui s'élevaient au dessus du sol. Titus acheva de le raser, pour construire ses thermes sur le même emplacement. Les thermes de Titus eurent, plus tard, le même sort que la maison de Néron. C'est dans leurs fouilles que furent trouvés le beau groupe du Laocoon et ce magnifique bassin de porphyre que l'on voit dans la grande salle circulaire du Vatican.

Plus loin, en remontant la voie Sacrée, du côté du Forum, on rencontre les débris du palais des Césars, que l'empereur Napoléon III vient d'acheter et dans lesquels il fait faire des fouilles intelligentes, qui nous révèlent déjà la forme et les distributions intérieures de ce vaste et surprenant amas de palais qui se nommait *la demeure des Césars*. On conçoit que ce devait être là l'habitation des maîtres du monde. Quel luxe, quelle magnificence, rien que dans ces ruines! C'était une ville à part au milieu de Rome même. Jules César d'abord, puis Auguste, Tibère et Claude ont habité là, et ont agrandi ces palais à l'envi. Néron les trouva trop petits pour lui; il en bâtit un autre, près de l'endroit où devait s'élever le Colysée; c'était la *maison dorée*, dont nous avons parlé plus haut, et dont la magnificence faisait dire à l'indigne élève du vertueux

Sénèque : *Enfin je suis logé, comme un homme doit être logé!* Il est présumable que les autres empereurs se contentèrent d'habiter le palais des premiers césars; car les édifices qui portent les noms de Titus, de Trajan, de Caracalla et de Dioclétien ne sont que des *Thermes*, ou monuments publics, élevés par les différents empereurs qui leur ont imposé leur nom.

C'était dans ces *Thermes* que le peuple venait goûter les douceurs du bain, et se livrer tout à la fois aux exercices du corps et à ceux de l'esprit; car ils avaient tous leur bibliothèque et leur gymnase. Ils renfermaient de beaux portiques, des cours et des salles magnifiques, ornées de statues; on y trouvait aussi des bosquets et des allées délicieuses pour se promener. Ceux de Caracalla avaient 4,200 pieds d'enceinte et pouvaient contenir 1,600 baigneurs; ceux de Dioclétien en contenaient 3,200, et avaient 4,276 pieds de circuit. Dioclétien avait fait transporter dans cet édifice la fameuse bibliothèque Ulpienne, du Forum de Trajan. Il y avait dans tous les thermes des hémicycles où les philosophes discutaient, les orateurs déclamaient et les poètes lisaient leurs vers; c'étaient, comme nous l'avons dit, des écoles de sciences et d'exercices gymnastiques; de là, leur importance et leur étendue. Quoiqu'il en soit, la volupté y régnait en souveraine absolue, si l'on en croit ce vieil adage romain, qui renfermait en lui le nec plus ultrà du bonheur des sens : *Vinum, Balnea, Venus.*

Que de souvenirs classiques réveille en moi ce vieux *Forum*, que les Romains d'aujourd'hui appellent bêtement le *champ des vaches* (campo-vachino), et cet illustre Capitole qu'ils appellent plus bêtement encore les *champs de l'huile* (campi d'olio)! Voici cette *voie Sacrée*, que suivait Horace, lorsqu'il fut accosté par ce *fâcheux*, à propos duquel il composa une si belle satire. Je passe sous l'arc de Titus, où sont sculptées les dépouilles opîmes de la malheureuse Judée vaincue; et je ne puis regarder l'image de ce fameux chandelier d'or à sept branches, sans songer à l'original qui, dit-on, est enfoui dans les boues du Tibre et qu'il serait si facile de retrouver, avec bien d'autres richesses, en détournant les eaux de ce fleuve. Je vois, à ma droite, le temple de Romulus et de Rémus; celui d'Antonin et de Faustine; à ma gauche, j'aperçois le temple de Vesta, où se conservait le feu sacré et le *palladium*. Sur le penchant du mont Palatin, qui domine ce temple, était le Lupercal, antre consacré au dieu Pan, et le figuier Ruminal, sous lequel Romulus et Rémus avaient été trouvés par le berger Faustulus. Les ruines, dont je viens de parler ont été converties en églises; celles qui occupent maintenant le contour du Forum sont restées telles que les siècles les ont faites, c'est-à-dire, sans restauration aucune. Cependant on distingue fort bien où se trouvaient : la *Curia*, ou salle du Sénat; le *Comitium*, ou lieu destiné aux assemblées populaires et aux procès; la *Græcostasis*, ou salle dans laquelle on recevait les ambassadeurs étrangers; l'arc de Fabius, vainqueur des Allobroges; le temple de Castor et de Pollux; le petit lac de Juturne; le temple de Jules César; la basilique de Julie; l'area de Saturne et son temple; l'arc de Tibère; la *Schola-Xantha*; le temple de Vespasien; les deux basiliques Emiliennes, et ces boutiques où Virginius prit le couteau dont il se servit pour tuer sa fille.

Le *Forum*, proprement dit, se trouvait au milieu de tous ces édifices. C'était un parallélogramme, long de 550 pieds, sur 366 de large. Il était environné de portiques à deux étages, qui en rendaient la forme régulière. Sous ces portiques, au rez-de-chaussée, étaient des boutiques (*tabernæ*), et, dans l'étage au-dessus, étaient des chambres pour le recouvrement des impôts. Au milieu du Forum s'élevait la tribune d'où les orateurs parlaient au peuple et qu'on appelait *rostra*, parce qu'on l'avait ornée des *rostra*, ou avirons des vaisseaux pris par les Romains sur les *Antiates*; on avait placé autour les statues des ambassadeurs romains qui avaient été tués dans leur mission. Sous Jules César, cette tribune fut transportée vers l'angle méridional du Forum. Dans le côté septentrional était une colonne dorée sur laquelle on avait marqué la distance des principales villes de l'empire, suivant les grands chemins, ce qui lui avait fait donner le nom de *milliarium aureum*; elle fut rendue célèbre par la mort de Galba. Mais c'est assez ; l'énumération des autres monuments qui ornaient encore le Forum nous entraînerait trop loin ; et, bien qu'il ait perdu son antique splendeur, « les ruines qui en restent, le souvenir des événements dont il fût le théâtre, les sublimes fragments de l'art qu'on y admire, en font le lieu le plus intéressant de Rome (1). »

Ce n'est pas seulement dans l'intérieur de la ville des Césars que le voyageur rencontre, à chaque pas, des magnificences du passé ; car toutes les ruines du vieux monde romain ne sont point renfermées dans l'enceinte des murailles d'Aurélien. Bien loin de là, cette enceinte a beau en être pavée, elle n'en possède que ce qu'elle en peut contenir. Sortez de Rome par la porte que vous voudrez, vous vous retrouverez encore au milieu des ruines ; la campagne en est pleine. Dans sa sublime désolation, elle semble être elle-même une des plus belles et des plus imposantes ruines de la nature. Sans culture régulière, et, pour ainsi dire toute échevelée, la campagne romaine marie admirablement bien ses hautes herbes, ses buissons et ses chênes verts aux ruines qui la couvrent et qui l'encadrent de tous les côtés. Des troupeaux de bœufs, aux longues cornes, ruminent gravement couchés, au milieu de prairies qui sont loin d'être *artificielles* ; des chèvres, aux pieds plus légers que ceux d'Achille, grimpent au sommet des pans de murailles couverts de lierre, et y broutent capricieusement les feuilles à leur convenance ; des moutons se pressent sur le bord des chemins, cherchant avidement, entre les pierres, une herbe rare et poudreuse, tandis que leur berger, nonchalamment appuyé contre un tronçon de colonne, les regarde avec indifférence et semble rêver à tout autre chose qu'à ses brebis. Voilà une bien faible esquisse du paysage monotone et mélancolique qu'offre de toute part la campagne romaine.

Mais, si vous suivez la voie Appienne de Rome à Albano, la scène prend un aspect encore plus imposant et plus sé-

(1) *Itinéraire de Rome*, par Niby, p. 110.

vère; car vous marchez, pendant deux heures, au milieu de deux longues et interminables files de tombeaux; vous êtes littéralement sur la voie triomphale de la mort! Les Romains se plaisaient à étaler au grand jour la magnificence des sépulcres, qui renfermaient les cendres de ceux qu'ils avaient perdus. Ils plaçaient orgueilleusement leurs morts sur le chemin des vivants, comme ces Egyptiens qui faisaient circuler une momie dans l'ivresse de leurs festins. En étaient-ils plus sages pour cela? La dépravation de leurs mœurs ne le prouve pas. On dirait plutôt que cette vue continuelle de la mort ne servait qu'à leur faire mépriser une vie qu'ils gaspillaient sans scrupule, et que leur unique étude était d'apprendre à mourir, comme leurs gladiateurs, sans trop faire de *grimaces!* Il fallait que l'idée chrétienne vînt changer la face de ce vieux monde perclus et faire asseoir, près de leurs tombeaux, la douce figure de l'Espérance, à la place de ce spectre ténébreux et plein de mornes désespoirs, qu'on appelait *le Néant*!... Quelle consolation le cœur trouvait-il dans les adieux suprêmes? Aucune. On se quittait sans oser croire à une réunion. C'était le vague pays des ombres éternelles, les rivages de l'inconnu que le moribond allait aborder; il quittait la vie comme on quitte un vêtement usé, sans savoir qui le remplacerait. Le tombeau, pour lui, n'était pas un champ de repos, c'était la destruction immédiate du corps qu'il avait idolâtré. En effet, le bûcher était là, pour dévorer sa chair et brûler ses os. Le peu de cendres, que sa famille en devait recueillir, serait mis dans une urne d'argile et porté au *columbarium*. Les faibles mains d'un enfant pourront suffire au transport du vase cinéraire, tant le fardeau en sera léger; et, une fois cette cendre déposée dans un des trous carrés du columbarium, tout sera dit pour lui sur la terre; car, la croix, emblême de la résurrection future, ne protégera pas les parcelles de son corps qui auront échappé à la flamme du bûcher!...

Les monuments funéraires étaient donc destinés à satisfaire l'orgueil des vivants, plutôt qu'à protéger les restes des morts et à consoler leurs ombres. Aussi est-ce par milliers que les Romains les entassaient sur les bords des grandes routes, surtout à l'approche des villes. La voie Appienne, entre autres, avait le privilége d'être à la mode et de compter le plus grand nombre de mausolées. Ce qui en reste, de nos jours, étonne le voyageur, autant par sa magnificence que par sa quantité; et les deux heures que j'ai passées au milieu de tous ces tombeaux m'ont révélé tout ce qu'il y a de vain et de fragile dans les plaisirs et les grandeurs du monde. — *Sic transit gloria mundi!*

Les chrétiens avaient aussi leurs cimetières sur la voie Appienne; car on y retrouve l'entrée de deux *catacombes;* celle de Saint-Calixte et celle de Saint-Sébastien. A vrai dire, les chrétiens avaient leurs catacombes partout, attendu que ces souterrains, qui leur servaient, tout à la fois, de cimetières et de lieux de refuge, règnent sous toute une partie de la ville et forment, dans la campagne romaine, un immense réseau, s'étendant à plusieurs lieues et environnant de toute part l'ancienne capitale du monde païen, comme des tranchées stratégiques, destinées à faire le siége régulier de la cité des Césars. C'était là, dans les entrailles de la terre, que les chrétiens persécutés inhumaient leurs morts au lieu de les brûler; et ces morts étaient, presque tous, des martyrs dont les corps étaient souvent rachetés, au prix de l'or, des mains des bourreaux qui les avaient si cruellement mutilés. On les enfouissait à la hâte dans des niches oblongues, creusées par les fossoyeurs dans les parois de pouzzolane qui formaient les deux côtés de la galerie souterraine. L'ouverture de ce sépulcre, appelé *loculus,* était soigneusement refermée par une tablette de marbre, scellée avec le ciment le plus dur, et sur laquelle on inscrivait le nom du martyr et le jour de sa mort, lorsqu'on en avait le temps. Une fiole, renfermant le sang de la victime, était placée au-dessus de ce tombeau, comme pour indiquer la sainteté des reliques qu'il avait reçues en dépôt, jusqu'au jour de sa glorification sur nos autels, ou jusqu'à celui de la résurrection générale. Souvent, quand ces galeries étaient pleines, les chrétiens les recomblaient avec les terres, extraites de nouvelles tranchées, qui, après avoir été remplies elles-mêmes, étaient comblées à leur tour, comme des greniers d'abondance, réservés pour les générations futures.

Sans cesse au milieu des craintes et des alarmes, les Fidèles n'avaient pas de retraite plus sûre que celle des catacombes. Ils avaient là leurs églises et leurs dortoirs; ils priaient et vivaient dans ces souterrains, qui les cachaient si bien aux yeux de leurs persécuteurs. Tout leur cœur était là, durant les tempêtes qui menaçaient de submerger la barque de Pierre ; aussi les païens les appelaient-ils *race taupinière*. Parmi les emblêmes mystiques, qui se retrouvent, à chaque pas, dans les catacombes, on peut mettre, en première ligne : le monogramme du Christ; la colombe, portant dans son bec le rameau d'olivier; le poisson, etc. Ce n'est que plus tard que les chrétiens osèrent graver *la Croix* sur leurs tombeaux et leurs monuments sacrés; car ce signe auguste était encore un objet d'ignominie pour les nations et ils craignaient de l'exposer au mépris des païens.

On ne peut descendre dans les catacombes, sans se sentir profondément ému, quand on a tant soit peu de foi au cœur. En effet, lorsqu'on pénètre, un flambeau à la main, dans ces galeries noirâtres, qui, s'entre-croisant à chaque pas, comme les mailles d'un vaste filet, ressemblent au dédale de la mort, on sent, malgré soi, le froid du tombeau; on éprouve une de ces frayeurs respectueuses, qui ne se ressentent que dans l'ombre mystérieuse d'un lieu trois fois saint; on comprend qu'on foule une terre qu'ont foulée des milliers de martyrs et que les vains bruits de celle qu'habitent les vivants ne peuvent plus descendre jusqu'à vous; qu'on est dans la région des sépulcres, c'est vrai, mais des sépulcres glorieux, et que toutes ces tombes béantes, dont les ossements ont été enlevés, renferment encore un peu de cette poussière immortelle qui appartenait aux corps des saints et qui ressuscitera brillante et presque divinisée au grand jour du jugement dernier! Plus on marche au milieu de ces tombeaux, plus le cœur, resserré d'abord, se dilate et se réchauffe. La foi fait naître l'espérance, et toutes les deux s'embrâsent au doux feu de la charité, qui n'est autre chose que l'amour divin!

Depuis quelques années, on ne peut plus visiter les catacombes, sans une permission spéciale du Cardinal-Vicaire qui a confié leur garde à des *fossoyeurs* habiles et intelligents; aussi ne sommes-nous descendus que dans celles de Saint-Sébastien et de Saint-Calixte, qui sont voisines l'une de l'autre. J'avais vu autrefois, celles de Sainte-Agnès, de Sainte-Cyriaque et des Saints Achillée et Nérée, de sorte que ma pieuse curiosité se trouve à peu près satisfaite de ce côté-là. Il y a encore beaucoup de ces souterrains sacrés, où personne n'ose s'aventurer, à cause du mauvais état de leurs galeries et du danger qu'on y pourrait courir. Mais, je ne m'étendrai pas davantage sur les catacombes, qui ont été décrites par tant de savants archéologues.

Avant de quitter les ruines romaines de la *via Appia*, il me faut au moins indiquer les tombeaux des Scipions, enfouis dans une sorte d'arénaire; deux beaux *columbarium*, situés près de la porte Appienne, et le môle gigantesque de Cécilia-Metella. On trouve également, sur la même voie, le *Grand-Cirque* dont l'enceinte est assez bien conservée; et, non loin de là, les temples de Bacchus et du dieu *Redicule*, ainsi que la grotte de la nymphe Egérie, où Numa-Pompilius allait s'inspirer pour dicter des lois à son peuple.

Il y a une partie de Rome fort intéressante à visiter, c'est le quartier du Mont-Aventin, cette colline célèbre qui servit de refuge au peuple mutiné contre le Sénat. Du sommet de l'Aventin, on jouit d'une vue magnifique : le Tibre roule ses eaux limoneuses au pied de ce mont fameux, en serpentant majestueusement au milieu des maisons et des palais qui bordent son lit, dépourvu de quais; on aperçoit le pont *Dirotto* et celui *di Quatro Capi*, qui traverse l'île de Saint-Barthelemy; puis les clochers et les coupoles d'une multitude d'églises, que domine au loin le dôme gigantesque de Saint-Pierre. La vue s'étend sur un horizon aussi vaste qu'animé, et l'on se sent en présence d'une cité qui a été et qui est encore la reine du monde.

Trois édifices couronnent le mont Aventin : l'ancien temple de Junon, converti en église et qui a conservé les belles colonnes de marbre blanc qui le décoraient autrefois ; le couvent de Saint-Alexis et le Grand-Prieuré de Malte, dont les jardins sont admirables.

En descendant, on trouve, au bord du Tibre, une jolie place, ornée d'une belle fontaine du Bernin, et non loin de laquelle s'élèvent le temple de la *Fortune virile* et celui de *Vesta*, deux monuments assez bien conservés et d'une forme très-gracieuse : le premier est carré et rappelle, par la pureté de ses lignes et la noblesse de son architecture, les monuments de la Grèce ; le second est circulaire et entouré d'un portique de vingt colonnes cannelées, en marbre de Carrare et de style corinthien. Tous les deux servent aujourd'hui de chapelles ; dans l'une se réunit une confrérie de la Sainte-Vierge, et dans l'autre on confesse, pour la dernière fois, les criminels condamnés à mort ; car la place dont il s'agit sert de lieu d'exécution, et la guillotine dresse, de temps en temps, ses deux longs bras rouges devant le charmant temple de Vesta. Il y a, en outre, sur cette place, une ancienne église du nom de Ste-Marie *in Cosmedin*, mais plus particulièrement connue sous celui de la *Bocca della Verità*, à cause d'un masque colossal en marbre blanc, qui se trouve sous son portique, et dans la bouche béante duquel le peuple fait introduire parfois la main des enfants, pour savoir s'ils disent bien la vérité.

On voit, près de là, l'embouchure de la *Cloaca-Maxima*, cet égoût construit par le roi Servius-Tullius et qui, résistant aux efforts de tant de siècles, conduit encore au Tibre les eaux sales d'une partie de la ville. Les voûtes de cet égoût sont faites avec d'énormes pierres qui garantissent de sa solidité et semblent défier la faulx du temps. On peut voir aussi, près du *Velabrum*, l'endroit où les eaux qui viennent du Forum et de son voisinage, s'engouffrent sous les voûtes noirâtres et cyclopéennes de la *Cloaca-Maxima*, et l'on reste étonné devant une pareille construction. Certes, les Romains d'autrefois savaient bâtir pour les siècles futurs! Sans cette science de la maçonnerie, que nous resterait-il d'eux, aujourd'hui?

Je viens de nommer le *Velabrum;* c'est un arc à quatre faces, élevé à *Janus Quadrifrons*, sous le règne de Septime-Sévère. Il était revêtu de marbre et orné de quarante-huit niches avec leurs statues. Il y avait à Rome un assez grand nombre de ces arcs qui servaient de lieu de réunion aux marchands.

Le Velabrum nous a ramenés au Capitole dont je n'ai pas encore parlé, et qui mérite pourtant que l'on s'occupe un peu de lui. Reprenons donc la voie triomphale et montons sur cette illustre colline, dont le nom seul faisait bondir le cœur des Césars et celui de leurs vaillants généraux. Là, se trouvait en réalité le seul temple de la *Victoire*, l'autel sur lequel les vainqueurs aimaient vraiment à sacrifier. Maintenant le temple du Jupiter capitolin est devenu l'église de l'*Ara-Cœli;* l'*inter montium* est occupé par les trois palais du Sénateur; et la Roche Tarpéienne a presque entièrement disparu sous les exhaussements du terrain; on voit pourtant encore une partie de ce rocher, d'où l'on précipitait les traîtres à la patrie, et qui était si voisin du lieu du triomphe, qu'on a pu dire, avec raison: *Il n'y a qu'un pas du Capitole à la Roche Tarpéienne.*

J'ai dit les trois palais du *Sénateur*, j'ai eu tort; car il n'y loge pas, il n'en a que la garde, ou plutôt la jouissance. Deux sont des musées, l'un de statues, l'autre de tableaux. Celui du milieu sert à je ne sais quoi. Le fait est que, bien qu'on n'y conserve pas grand'chose, on l'appelle vulgairement le palais du *Conservateur*. Comme tous les édifices publics de l'ancienne Rome, il porte, au-dessus de son entrée principale, les quatre fameuses lettres initiales du *Senatus Populus que Romanus*, S. P. Q. R., lettres que mon jeune compagnon de voyage se plaît à traduire par ces mots: *Si peu que rien*. Et, vraiment, il ne se trompe pas; car le Sénat actuel, réduit à *un seul* membre, est une ombre ridicule de cette nombreuse et puissante assemblée qui gouvernait le monde romain. Peut-être ce sénateur unique est-il là pour conserver le nom des vieux *Pères Conscrits*, et, en cela, on pourrait dire de lui qu'il est vraiment *conservateur*. En tout cas, ce monsieur, qui résume en lui tout le Sénat, est un très-grand seigneur de Rome. Il a deux *assesseurs*, quatre *pages* et une demi-douzaine de *laquais*, le tout habillé comme des arlequins.

Pourtant, pour être véridique, il me faut dire que Rome a un autre Sénat, qui est beaucoup plus sérieux que celui dont nous venons de parler; c'est le corps vénérable des éminentissimes cardinaux, qu'on appelle le *Sacré-Collége*. Voilà le véritable Sénat. En effet, ces princes de l'Église, au nombre de soixante-dix, forment le conseil du Pape et l'aident dans le gouvernement spirituel du monde catholique. Ils se divisent en *trois ordres* : celui des *cardinaux-évêques*, qui ne dépasse jamais le chiffre de *six*; ils ont pour titre un des six évêchés *suburbicaires*, c'est-à-dire, des six évêchés les plus voisins de Rome; celui des *cardinaux-prêtres*, au nombre de *cinquante* et dont le titre est le nom de l'une des églises de la ville éternelle; parmi ces cardinaux, plusieurs sont évêques dans différentes parties de la catholicité; enfin, celui des *cardinaux-diacres*, qui ne peuvent être que *quatorze*, et qui ont également pour titre une des églises de Rome. Ceux-là restent ordinairement diacres toute leur vie, et il faut une permission spéciale du Pape pour qu'ils puissent recevoir la prêtrise, encore ne disent-ils jamais la messe en public, mais bien, *in sacello privato*, c'est-à-dire, en chapelle particulière. Une des fonctions les plus importantes des cardinaux est, sans contredit, l'élection du Pape qu'ils choisissent dans leurs rangs, après un séjour, plus ou moins long, entre les murs du *Conclave*. Mais, ceci dit en passant, retournons aux antiquités de Rome.

J'ai encore à nommer le théâtre de Marcellus, le temple de Minerve et une foule d'autres monuments, à moitié fondus avec les constructions modernes et éparpillés un peu de tous côtés dans la ville; néanmoins je ne m'arrêterai point sur ces débris du passé; car des notes de voyage ne doivent pas trop ressembler aux pages d'un *Guide*. D'ailleurs je veux dire quelques mots sur les statues, les bronzes et les vases retrouvés dans les ruines et réunis aujourd'hui dans les musées de la capitale du monde chrétien.

Les statues, les médailles et les vases antiques sont, en eux-mêmes, des monuments dont personne ne peut nier la valeur historique, puisqu'ils nous révèlent l'art, plus ou moins parfait, d'une époque déjà si éloignée de nous; puisqu'ils sont, en réalité, des tableaux de marbre ou de métal qui nous font voir les traits des hommes les plus célèbres des siècles où ils ont été faits. Par eux, nous entrons dans la vie intime des peuples qui nous les ont légués et nous acquérons des données certaines sur leurs mœurs, comme sur les principaux événements de leur vie politique. Les collections de statues, de médailles et de vases, provenant des siècles passés, ont donc une importance incontestable; aussi voyons-nous, de toutes parts, la statuaire, la numismatique et la céramique occuper une large place dans les musées les plus fameux de l'Europe.

Rome ne le cède à aucun autre pour ce triple genre de musées; car les vastes galeries du Vatican renferment les plus beaux marbres de Paros et de Carrare que le ciseau de la Grèce et celui de l'Italie aient jamais sculptés. Le groupe du Laocoon, l'Apollon du Belvédère, l'Antinoüs, le Méléagre, le *Torse*, si admirable et si admiré, enfin toute la série des empereurs romains et des principaux philosophes de l'antiquité, sans parler des dieux et des déesses du paganisme, dont les statues abondent de tous côtés, tout cela prouve la richesse de cette immense collection qui est la première en ce genre. A côté de la statue de marbre se trouve la statue de bronze; cette dernière est beaucoup plus rare. La raison de cette rareté n'est pas dans le petit nombre de bronzes que nous ont laissés les Romains, car ils en ont fabriqué des quantités; mais bien dans l'ignorance et le vandalisme des siècles de barbarie qui ont fait main basse sur tous les bronzes antiques pour les fondre et en fabriquer une foule d'objets à leur usage. Si le musée de Naples est, aujourd'hui, si riche en bronzes, c'est qu'il a exhumé à lui seul toute une cité romaine, ensevelie *vivante*, pour ainsi dire, sous les cendres du Vésuve. Il fallait déterrer Pompéï pour retrouver à la fois tant de bronzes si bien conservés.

Pourtant, Rome a deux chefs-d'œuvre que Naples n'a pas : c'est, d'abord, la statue équestre de Marc-Aurèle, au Capitole, qui est de grandeur naturelle et qui conserve encore des vestiges de sa dorure primitive ; ensuite l'Hercule colossal, trouvé récemment dans les fouilles du palais Righetti. Cet Hercule, qui a conservé parfaitement sa dorure, a seize palmes et demie de hauteur, et l'on peut dire que c'est, jusqu'à présent, la plus belle statue de bronze qui existe dans le monde entier. Nous avons vu l'endroit où elle a été découverte, grâce à l'amabilité de M. Righetti lui-même, qui nous a donné un fragment du marbre africain qui la recouvrait. Cette découverte, si importante au point de vue de l'art, a valu à son auteur le titre de *marquis* et une somme considérable d'argent que lui a payée le gouvernement romain, pour s'en rendre l'acquéreur. Mais ce n'était pas suffisant pour notre curiosité de touristes d'avoir vu l'endroit où cette merveille avait été trouvée, il nous fallait aussi pouvoir l'admirer ; ce qui n'était pas chose facile, attendu qu'elle n'est pas encore placée au musée du Vatican et que l'on restaure un de ses pieds, qui a été brisé, sans doute à l'époque où elle a été enfouie sous les ruines du théâtre de Pompée, dont une partie est occupée par l'emplacement du palais Righetti. La Providence s'est présentée à nous, sous la forme de l'excellent marquis Ignace Lavaggi, qui connaît particulièrement le sculpteur Tenerani, chargé de la restauration de cette magnifique statue. Avec une *chaude* recommandation de notre noble ami, nous pûmes pénétrer dans l'endroit où l'on restaure le gigantesque Hercule et le considérer tout à notre aise. C'est vraiment tout ce que l'on peut rêver de plus beau, pour la forme et la science anatomique ; aussi sommes-nous enchantés d'avoir vu un pareil chef-d'œuvre, avant de quitter Rome, où il ne sera visible, pour le public, que dans un temps plus ou moins éloigné, à cause des grands préparatifs que demande son installation dans la cour du Belvédère.

Quant aux médailles, elles sont en très-grand nombre, et elles occupent toute une salle de la bibliothèque vaticane. Il ne faut pas confondre les médailles avec les *monnaies*. Celles-ci, que les Romains appelaient *as*, sont des pièces de bronze de différents poids et de divers modules; on y voit habituellement représentée la double tête de Janus. Les Pères Jésuites du collége romain ont une superbe collection de ces monnaies primitives. Les médailles, au contraire, n'ont été frappées que pour conserver le souvenir d'un événement important, tel que celui d'une victoire ou d'un changement d'empereur. Ces médailles, *consulaires* d'abord, puis *impériales*, ont une valeur intrinsèque de métal qui a pu, dans la suite, les faire employer, comme monnaie, dans les transactions commerciales. On en retrouve de fort belles en or et surtout en argent; mais les bronzes sont les plus abondants. Pourtant la collection de ceux-ci est la plus difficile et la plus chère, à cause de leur trois différents modules (*grand*, *moyen* et *petit* bronze) qui se rencontrent très-rarement dans un état de conservation convenable; et, aussi, parce que certaines têtes impériales sont en si petit nombre qu'il faut les payer des prix fabuleux, quand on a le bonheur de pouvoir mettre la main dessus. Ainsi Pertinax, Didius-Julianus, Elagabalus, les deux Gordiens d'Afrique, Emilianus, etc., etc., sont très-rares. Othon même n'existe pas; on n'en connaît qu'un exemplaire grec, frappé à Antioche. En revanche, les collections de médailles d'argent sont très-faciles à faire et peu coûteuses.

La bibliothèque vaticane, outre 25,577 manuscrits, tant orientaux que grecs et latins, et environ 30,000 imprimés, renferme encore une riche collection d'objets ayant appartenu aux rites chrétiens primitifs. On y voit des anneaux, des diptyques en ivoire et en bois, des lampes, des ciboires, des calices, des vases cinéraires en verre, etc. La céramique est dignement représentée au Vatican. C'est au pape Grégoire XVI qu'est due la formation du musée étrusque, le sanctuaire le plus précieux pour l'histoire de l'archéologie italique. Les trésors de cette collection occupent une douzaine de salles. Outre des urnes en terre cuite et en albâtre, on y voit des vases étrusques, proprement dits, des vases de la Sabine, de la Campanie et de la Grande-Grèce. Tous ces vases, aux formes si élégantes, offrent le plus grand intérêt, tant à cause des peintures qui les décorent qu'à cause du fini et de la grâce de leur exécution. Le Vatican possède également un musée égyptien où se trouvent des choses fort curieuses, en fait de statues et de momies.

La galerie des tableaux contient peu de toiles, mais toutes appartiennent au pinceau des plus grands maîtres, et Raphaël en fait les principaux honneurs, comme dans presque tout le reste du palais pontifical. En effet, s'il a peint ses fresques immortelles aux voûtes des *Loges* et sur les parois de plusieurs salles, on peut dire que sa *Transfiguration* et sa *Vierge au Donataire* ne le cèdent en rien à son *Ecole d'Athènes* et à sa *Dispute du Saint-Sacrement*. Pourtant ce grand génie semble avoir un rival au Vatican; je ne veux pas parler de Michel-Ange, mais bien du Dominiquin dont la célèbre toile de *la Communion de Saint Jérôme* est un chef-d'œuvre hors ligne. Le Titien est là, aussi, avec son *Saint Sébastien*, qui semble sortir du cadre tant il paraît vivant. Murillo, Sasso-Ferrato, fra Angelico de Fiésole, le Guerchin, Poussin et plusieurs autres achèvent le magnifique cortége que la papauté a su donner au plus illustre peintre du monde entier. Il se trouve dans Rome une infinité d'autres galeries, renfermant des statues et des tableaux précieux, telles que les galeries Borghèse, Doria, Sciarra, Corsini, Spada, Barberini, Farnèse, Rospigliosi, etc. Nous les avons toutes visitées avec un véritable plaisir. J'allais oublier la galerie Colonna, qui possède tant d'objets d'art, et l'académie de Saint-Luc, où tant d'artistes ont apporté le tribut de leur talent; mais je me hâte de réparer cet oubli involontaire, en indiquant ces deux galeries, qui ont un droit incontestable à l'admiration des visiteurs.

Les églises de Rome sous le rapport artistique, sont

presque toutes des musées; car, il y en a fort peu qui ne possèdent pas quelques statues ou quelques tableaux admirables. La Trinité-des-Monts garde l'original de la *Descente de Croix* de Daniel de Volterre; l'église des capucins, le beau tableau de Guido Reni, représentant l'archange saint Michel terrassant le dragon; Sainte-Marie-des-Anges, aux thermes de Dioclétien, conserve presque tous les originaux dont les copies en mosaïque se voient maintenant à Saint-Pierre. Je n'en finirais pas, s'il me fallait énumérer, ici, tout ce qui se trouve de remarquable dans les églises de Rome; je me contenterai seulement de citer une charmante petite église, *Saint-Luc-et-Sainte-Martine*, au Forum, qui est un vrai petit bijou, tant pour la pureté de son architecture que pour la richesse de ses peintures et de ses marbres. Mais c'est surtout sa crypte qui est ravissante. L'autel, qui en occupe le milieu, est composé de pierres précieuses et de bronzes dorés, d'un travail si délicat qu'on dirait un joyau, sorti des mains de Benvenuto Cellini.

Je n'en dirai pas plus long sur les beautés physiques de Rome; car la description de ses monuments a déjà été faite, tant de fois, qu'il me faudrait encore répéter ce qui a été dit par tout le monde.

CHAPITRE VII

SOMMAIRE : Caractère des Romains. — Un insecte insupportable. — Antonio. — Principales villas. — Visite au Pape. — Les cérémonies de la Semaine-Sainte. — Les voleurs de la foule. — Excursions à Frascati et à Tivoli. — Nos adieux à Rome.

Que de choses j'aurais à dire, si je voulais raconter toutes les émotions que j'ai éprouvées à Rome, tous les vieux souvenirs qui s'y sont éveillés au fond de mon cœur! Mais ce livre n'est pas destiné à des élucubrations, plus ou moins poétiques; c'est un simple recueil de notes de voyage, où je ne parle que des choses qui m'ont le plus frappé.

Les Romains modernes sont très-doux et très-pacifiques; il me semble qu'ils n'ont que deux défauts : la paresse et la saleté. A cela près, je les tiens pour les meilleurs gens du monde. Leur paresse s'explique, jusqu'à un certain point, par la chaleur excessive du climat sous lequel ils vivent. En effet, on devient paresseux, malgré soi, lorsqu'on passe quelques mois à Rome, tant le soleil vous énerve. Quant à leur saleté, je ne la comprends pas ; car elle s'applique aussi bien à leurs rues et à leurs maisons qu'à leurs corps. Ils ont tout ce qu'il faut pour être propres, et ils ne le sont pas. L'eau abonde dans leur ville; il n'y a pas une seule maison qui n'ait sa fontaine; ils pourraient donc facilement se nettoyer eux et leur logis. A coup sûr, ils sont bien dégénérés de leurs ancêtres qui aimaient tant les bains. Un signor Saulini, qui tient un établissement de bains, *via del Babuino*, m'a assuré qu'il n'y avait à Rome que les étrangers qui se baignassent. Cette incurie, jointe à la chaleur du pays et à la malpropreté des rues, doit, certes, être fort malsaine et engendrer beaucoup de maladies. Quoiqu'il en soit, nous ne nous sommes pas aperçus que la mortalité fût plus grande à Rome qu'ailleurs.

Je ne puis passer sous silence un des fléaux les plus désagréables et les plus continuels de Rome ; je veux parler des *puces*. Cet insecte, incommode et fâcheux au possible, se retrouve partout : dans les églises, dans les palais et dans les maisons particulières ; j'ajouterai même jusque dans les rues et les voitures. Personne n'en est exempt, depuis le plus grand seigneur jusqu'au dernier des mendiants. Ce fléau gâte un peu le plaisir du séjour de Rome, et rappelle qu'il n'y a rien de parfait dans ce bas-monde. Pourquoi Dieu a-t-il créé la puce? Voilà une grave question que se posent bien des gens. Je crois que la création de ce petit animal n'a pas d'autre but que de tourmenter l'homme, pour lui rappeler qu'il n'est lui-même qu'un insecte aux yeux de Dieu, et que ce qu'il nomme orgueilleusement sa force n'est qu'une faiblesse de tous les instants, puisqu'il ne peut se défendre des piqûres d'une puce, l'un des plus petits êtres de la création. Hélas! le lion lui-même n'est-il pas souvent vaincu par un moucheron!

Nous avions, pour nous servir dans notre logement de la *via del Babuino*, un bien brave homme, nommé *Antonio*. C'était une de ces bonnes natures de serviteurs, qui se rencontrent rarement, de nos jours; car le moule qui les a formés est, je crois, brisé depuis longtemps. Antonio est, depuis trente ans, au service de sa vieille maîtresse, que des malheurs domestiques ont ruinée; il la sert dans la pauvreté, comme il l'a servie dans la fortune. Il n'a pas de *gages;* il se contente de la nourriture et des habits. Allez trouver un serviteur pareil, par le temps qui court! Toujours le sourire sur les lèvres, Antonio n'a jamais répondu à tous les ordres de sa maîtresse que par ces deux mots : *va bene*. Avec cela, il est propre et actif, deux choses extraordinaires pour un Romain moderne. Il nous a servi avec zèle et intelligence, sans mendier les *bonnes mains* dont ses compatriotes fatiguent à chaque instant les étrangers; et, à notre départ, il a versé des larmes qui n'étaient pas feintes. Je ne veux pas faire davantage son éloge; ces quelques lignes suffisent pour faire comprendre toute l'estime qu'il nous a inspirée, et toute la reconnaissance que nous conservons de ses bons services; car ce n'est pas l'argent que l'on donne à un excellent domestique qui peut vous délier envers lui de la gratitude, cette dette du cœur que l'or ne saurait payer!

Je ne puis me dispenser de parler un peu de ces délicieuses villas qui se trouvent dans les environs de Rome, et que tous les étrangers se font un plaisir de visiter.

La première de toutes et la plus voisine est assurément la *villa Borghèse*, située près de la *porte du Peuple*. On passe, en y allant, devant l'église et le couvent des *Augustins*, qui sont accolés aux murs de la ville. C'est là, dans ce couvent, que logea Luther, lorsqu'il vint à Rome demander au Pape le privilége de prêcher les indulgences, accordées au denier pour la construction de la basilique de Saint-Pierre. Et dire que le protestantisme ne serait pas sorti de la cervelle de ce moine orgueilleux, si Rome eût accueilli sa demande!!!... — La villa Borghèse est célèbre par ses frais ombrages et ses promenades charmantes. Comme ce beau parc, d'environ quatre milles de tour, est ouvert au public, tous les jours, et que ses larges allées sont carrossables, il est pour les Romains ce qu'est le bois de Boulogne pour les Parisiens. Nous y avons visité une riche galerie de sculpture, où l'on admire de très-belles statues antiques et modernes.

On peut citer ensuite la *villa Albani*, dont l'entrée est proche de la *porta Salara*, et qui est très-remarquable, tant par sa belle vue sur les montagnes que par ses jardins dans le goût italien et son intéressante collection d'antiquités. Nous l'avons visitée avec plaisir, ainsi que la *villa Ludovisi*, sur l'exhibition de permis que nous avait procurés l'excellent marquis Lavaggi. J'avoue que je préfère de beaucoup les grands jardins de la villa Ludovisi à tous ceux des autres villas romaines. C'est moins taillé, moins ratissé ; mais c'est plus naturel, plus ombragé et surtout plus poétique. Dans la galerie des statues, nous avons admiré le beau groupe du *Bernin*, représentant Pluton qui enlève Proserpine, et, dans le palais, la célèbre fresque du *Guerchin*, qui a peint l'Aurore chassant la nuit, en répandant des fleurs.

Quant à la *villa Médicis*, ou Académie de France, ses jardins, qui touchent ceux du *Pincio*, sont presque également ouverts à tout le monde. On peut leur reprocher leur sécheresse et leur mauvais entretien, du moins en ce qui concerne la partie livrée au public.

A un mille de Rome, en sortant par la porte *San-Pancrazio*, on rencontre la *villa Pamphili-Doria*. C'est un superbe lieu de promenade. Les jardins de cette grande villa sont bien dessinés et parfaitement entretenus ; ils sont rafraîchis par un grand nombre de bassins et de cascades. On y jouit d'une vue magnifique sur les environs de Rome. Près du palais se trouve un columbarium, récemment découvert.

Enfin, je nommerai la *villa Mattei*, sur le mont Cœlius ; la *villa Madama*, à un mille de la porte *Angelica* ; la *villa Massimi*, la *villa Torlonia*, et, pour terminer, la verte et charmante *villa Patrizzi*, où nous a conduits lui-même l'obligeant marquis Lavaggi, notre providence à Rome, pour nous en faire découvrir et admirer les beautés.

Il est impossible de raconter, en quelques pages, tout ce qu'on a vu, en six semaines, dans une ville où, à chaque pas, l'on rencontre des merveilles. Il y a néanmoins une chose que je ne puis omettre et que j'aurais dû même placer en première ligne, à cause de son importance et du grand honneur qu'elle nous a procuré. Je veux parler de l'audience privée qu'a daigné nous accorder le chef suprême de l'Eglise, le vicaire de Jésus-Christ sur la terre.

Nous avions déjà entrevu Pie IX, plusieurs fois, depuis notre arrivée à Rome. Tous les vendredis de carême, il descendait à Saint-Pierre, pour faire sa station au tombeau du Prince des Apôtres. Là, il était facile de le voir, en se mêlant à la foule des curieux qui envahissait la basilique; et ce fut durant une de ces cérémonies que je l'entrevis, la première fois. Il me sembla, alors, qu'il avait bien vieilli et qu'il marchait difficilement, parce que ne l'ayant pas revu depuis *quatorze* ans, et ayant si souvent entendu dire à certains journaux qu'il était très-souffrant, je pouvais aisément me faire illusion sur la prétendue *caducité* de cet auguste vieillard. Mais, je reconnus bientôt mon erreur. Vu de près, Pie IX porte vigoureusement ses *vingt années* de souverain pontificat; il jouit d'une santé excellente, et sa voix, forte et sonore, est bien loin de ressembler à celle d'un *vieillard moribond;* n'en déplaise à ceux qui spéculent déjà sur sa mort! Je parle ici *de visu;* car je l'ai rencontré, marchant, *bel et bien à pied*, dans les rues de Rome. Il est ainsi passé près de moi, *via del Babuino*, en long manteau rouge, le chapeau sur la tête, et précédant tout son cortége. Son pas était ferme sur le pavé glissant de la rue, et l'on pressentait de suite, à son air vigoureux, que ce vieillard-là pouvait marcher encore ainsi pendant longtemps. Je l'ai, de plus, entendu parler et chanter la grand'messe à Saint-Pierre; je l'ai, surtout, vu, à la loge de la basilique, donnant la bénédiction *Urbi et Orbi*, d'une voix si pleine, si étendue, si solennelle, qu'il était impossible de ne pas en admirer la force, la plénitude et la beauté. Certes, il n'y a rien là qui sente la *décrépitude!*

Mais arrivons à notre audience. Elle nous fut accordée, pour le lundi, 2 avril, à sept heures du soir. Nous fîmes nos achats de chapelets et de médailles, destinés à recevoir la bénédiction du Pape, et nous nous rendîmes au Vatican, au jour et à l'heure indiqués.

Après une demi-heure d'antichambre, nous fûmes introduits, par Monseigneur Talbot, dans le cabinet du Pape, où nous fîmes les trois génuflexions d'usage. Pie IX était assis sur un simple fauteuil, devant une table chargée de livres et de papiers, au milieu desquels s'élevaient un crucifix et une image de la Sainte-Vierge. Il nous présenta sa main à baiser et nous adressa de suite, en français, quelques paroles indulgentes et paternelles. Sa figure noble et douce respirait un grand air de bonté ; et ses yeux vifs et intelligents s'attachèrent plusieurs fois sur nous avec une bienveillance extrême. Il adressa au jeune comte que j'accompagnais des éloges sur l'illustration de sa famille ; lui fit quelques questions sur ses voyages et lui donna plusieurs bons conseils, avec un ton de voix plein de mansuétude. Nous nous agenouillâmes ensuite, pour recevoir sa bénédiction, et nous nous retirâmes enchantés de l'aimable et affectueux accueil que nous avait fait ce grand et immortel pontife. Une pareille audience laisse un souvenir impérissable dans la mémoire du cœur et dans celle de l'esprit!

Avec quel plaisir n'avons-nous pas revu Pie IX, aux cérémonies de la Semaine-Sainte et aux solennités du jour de Pâques! Comme il nous parut beau et majestueux, à la procession du dimanche des Rameaux, quand les grandes portes de bronze s'ouvrirent pour le laisser rentrer dans l'immense basilique, au chant de l'antique *Hosannah!* Il était porté sur la *sedia gestatoria;* une longue chape violette, brodée d'or, l'enveloppait dans ses plis soyeux; au-dessus de sa tête, coiffée, ce jour-là, de la mitre, flottait la riche draperie d'un dais mobile ; et, de chaque côté, se balançaient mollement ces deux larges éventails, faits de plumes de paon blanc et qu'on nomme *Flabelli.* Il s'avançait lentement, avec toute la majesté d'un pontife et d'un roi, bénissant la foule agenouillée sur son passage, et montrant à tous un auguste visage sur lequel on pouvait lire, à la fois, l'amour et le pardon. En le voyant ainsi s'avancer *plein de douceur*, je répétais, dans le fond de mon cœur, ces paroles des enfants d'Israël : — *Béni soit celui qui vient au nom du Seigneur!*

Mais c'est le Jeudi-Saint que le Pape se montre dans toute la gloire et dans toute l'humilité du Pontife-Roi, qui est en même temps *le Serviteur des serviteurs de Dieu.* Il assiste d'abord à la messe, dans la chapelle *Sixtine,* et porte, en procession, le Saint Sacrement dans la chapelle *Pauline*, qui est magnifiquement illuminée ; ensuite, il se rend sur le balcon de la basilique de Saint-Pierre et donne la bénédiction au peuple ; au moment où il la prononce, d'une voix forte et solennelle, le canon tonne au *château Saint-Ange*, les tambours battent aux champs et les cloches se font entendre, mêlant leur son à celui des trompettes. Puis, descendant à la basilique, le Pape procède bientôt à la touchante cérémonie du lavement des pieds, qui est suivie de la *Cène*, où, remplissant les fonctions de serviteur, il circule autour de la table, pour donner à boire et à manger aux douze pauvres prêtres dont il vient de laver les pieds.

Ce jour-là, tous les étrangers qui sont à Rome inondent la place Saint-Pierre, la basilique et le Vatican, dont toutes les galeries sont ouvertes au public. M. Adrien Gré, notre obligeant Bordelais, nous avait accompagnés; et nous aperçûmes dans la foule : *Romulus* et *Rémus*, qui se tenaient constamment l'un près de l'autre, comme deux *inséparables*; M. et Mme *Quilosa*, qui étaient tout aussi décousus qu'à l'ordinaire ; et enfin mon vieil avocat-général, avec sa femme, qui étaient le type de l'union conjugale la plus parfaite. Il arriva, dans cette circonstance, une aventure assez désagréable à M. R*** (c'est le nom de notre aimable et spirituel avocat). Tandis qu'il était perdu dans l'immense foule de curieux, qui se pressaient dans la basilique pour voir la cérémonie du lavement des pieds, un adroit filou, comme il y en a tant en Angleterre, en France et surtout en Italie, sut si bien lui escamoter son portefeuille qu'il ne s'en aperçut pas le moins du monde, dans le moment. Pouvait-il s'imaginer qu'on le volerait, en plein jour, dans une église, au milieu d'une telle foule et en présence du Pape ! Quand il me raconta sa mésaventure, le soir, au restaurant *delle Colonne*, où nous prenions nos repas, je le blâmai d'abord d'avoir manqué de prudence, en se jetant étourdîment dans une foule pareille, avec un portefeuille contenant des valeurs. Les grandes réunions de peuple sont toujours exploitées par de hardis coquins, accourus de tous les côtés pour *travailler* sur les masses; aussi ne doit-on jamais, ces jours-là, sortir de chez soi couvert de bijoux et encore moins porteur d'argent.

— Tenez, je me rappelle, ajoutai-je, qu'à *San-Carlo*, là, en face de nous, je vis, un dimanche, pendant la messe, je vis un homme, vêtu en paysan et pieusement agenouillé derrière un ecclésiastique français, choisir le moment de l'élévation pour soutirer la bourse du pauvre abbé, placé devant lui. Heureusement que plusieurs témoins de ce vol effronté arrêtèrent le filou qui, surpris la main dans le sac, ne put nier son méfait et se vit contraint de lâcher une proie qu'il tenait déjà. Mais le voleur dont il s'agit n'était qu'un maladroit; car, le *vide-gousset* italien est si habile que si Dieu avait un corps il essaierait de voler le Père Eternel. Un capucin prêchait, un jour, sur la place de la *Rotonde*, vis-à-vis le Panthéon d'Agrippa; il était monté sur une table et commentait en plein vent le septième commandement de Dieu:

Bien d'autrui ne prendras,
Ni retiendras à ton escient.

Beaucoup de gens faisaient cercle autour de lui et j'étais moi-même au nombre des auditeurs. Pendant que le bon Père s'escrimait sur sa table et se donnait beaucoup de mal pour prouver l'iniquité et l'injustice du vol, je remarquai, dans l'assistance, deux ou trois larrons qui débarrassaient leurs plus proches voisins des différents objets qu'ils pouvaient avoir dans leurs poches. Cette remarque m'effraya, et je m'éloignai au plus vite, laissant l'infortuné prédicateur perdre ainsi son temps et son huile. Le fait est que l'Italien est enclin au vol dès l'enfance, et qu'il est presque parvenu à faire une vertu du brigandage. On est *brigand* dans ce pays-ci, comme on est contrebandier ailleurs; on trempe son poignard dans un bénitier et l'on récite dévotement son chapelet, derrière les buissons qui bordent la route, en attendant le passage de la victime que l'on volera d'abord, et que, très-souvent, l'on égorgera ensuite, s'il n'y a pas l'espoir d'une forte rançon! Et dire que c'est un peuple que l'on croit mûr pour la liberté, tandis que cette prétendue maturité n'est qu'une décrépitude !

— La police est toujours bien mal faite ! soupira M. R***. Figurez-vous qu'ils m'ont avoué, au bureau du commissaire où j'ai été porté plainte, que le nombre des vols commis à Saint-Pierre, durant les cérémonies de la journée, s'élève à un chiffre trop considérable pour qu'on puisse mettre la main sur aucun des voleurs ! Tout ce que j'ai pu faire, c'est d'aller chez mon banquier pour l'avertir de ne pas payer les lettres de change qui lui seraient présentées en mon nom.... Ah ! les maudits coquins ! si seulement ils ne m'avaient pris que mon argent ; mais ils m'ont encore volé mes notes de voyage, mes impressions, mes pensées, mes réflexions que je m'étais donné la peine de si bien coucher sur le papier, et que j'avais soigneusement cachées dans une des poches secrètes de mon portefeuille ! A quoi cela leur servira-t-il ?

— Bah ! lui dis-je, vous avez bonne mémoire, par conséquent vous referez facilement vos notes.

— Je l'espère bien ; sans cela, le vol en question me serait désagréable au possible !

Il devait y avoir beaucoup de calembours dans les notes que mon avocat venait de perdre d'une si déplorable façon ; car la pointe de son esprit était encore plus fine et plus perçante à Rome qu'à Pise. Pour preuve, je citerai le bon mot suivant qu'il nous fit, le lundi de Pâques au soir, quatre jours seulement après le vol de son portefeuille qui n'était pas encore retrouvé (et qui ne l'a jamais été). C'était sur la place de *Sainte-Marie du Peuple*, pendant que nous assistions au magnifique spectacle de la *Girandola*, ce feu d'artifice que l'on tire tous les ans à pareille époque sur le mont *Pincio*, en l'honneur de la Résurrection du Sauveur. Ce soir-là, les artificiers lancèrent dans les airs, au bruit du canon et de toute l'artillerie pontificale, soixante-dix petits ballons, ayant la forme de *mitres ;* c'était une courtoisie à l'adresse des soixante-dix cardinaux qui composent le Sacré-Collége.

— Quand *les canons de l'Eglise* tonnent si fort, nous dit gravement Monsieur R***, il n'est pas surprenant que *la mitre aille si haut !*

Mais continuons ce qu'il reste encore à dire sur la Semaine-Sainte et la fête de Pâques.

Le chant du *Miserere*, à la fin de l'office des *Ténèbres ;* l'ostension solennelle des saintes *reliques* de la Passion; l'adoration de la Croix, le Vendredi-Saint; les fonctions pontificales, telles que le baptême et la confirmation des adultes, l'ordination générale et les autres belles cérémonies qui se font à *Saint-Jean-de-Latran*, le Samedi-Saint, tout cela occupe suffisamment la piété du voyageur jusqu'au grand jour de Pâques, où le Pape, dans toute la magnificence de ses habits pontificaux, et portant la plus riche de toutes ses tiares, vient lui-même chanter la grand'messe sur l'autel de *la Confession de Saint-Pierre*. Tous les cardinaux, tous les évêques, présents à Rome, toute la prélature, tout le corps diplomatique, les gardes-nobles, les *Cent-Suisses*, en un mot, tout le brillant cortége de la *Cour papale*, aux grands jours de fête, se trouve-là réuni autour du Roi-Pontife, célébrant les divins mystères. Après la messe, on porte le Pape, assis sur sa *sedia gestatoria*, jusqu'à la loge, ou balcon de la basilique, d'où il donne au peuple, assemblé sur la place, groupé sous les portiques des galeries et monté jusque sur les toits des maisons voisines, la bénédiction *Urbi et Orbi*, d'une manière encore plus solennelle que le Jeudi-Saint.

L'aspect général de la place Saint-Pierre était alors vraiment magnifique : les troupes françaises, ayant à leur tête le comte de Montebello, leur commandant en chef, étaient rangées au milieu ; puis venaient, derrière elles, les soldats pontificaux; puis une foule de paysans, hommes, femmes et enfants, accourus de tous les environs de Rome et vêtus de toutes les couleurs. Lorsque le Pape parut à la loge, où s'étaient déjà montrés les cardinaux qui le précédaient deux à deux, les cloches se turent, les soldats présentèrent les armes, et toute la foule immense du peuple, faisant taire subitement ses cent mille voix, se découvrit respectueusement pour saluer le Pontife qui allait la bénir. Pie IX alors se leva de toute sa hauteur sur le *pavois* qui lui servait de siége; puis étendant les bras vers le ciel et les abaissant bientôt vers la foule silencieusement agenouillée, il bénit sa ville et le monde entier, en se tournant vers les quatre points cardinaux. En ce moment solennel, le château Saint-Ange commence ses salves d'artillerie, les tambours battent aux champs, et les cloches de la basilique se font entendre de nouveau, tandis que le peuple enthousiasmé pousse de nombreux *vivats* en l'honneur du Pontife qui vient de faire descendre sur Rome et sur l'univers les plus saintes bénédictions du ciel!

Le soir du jour de Pâques eut lieu l'illumination accoutumée du dôme de Saint-Pierre. Il y a changement de décors à vue; 365 hommes sont employés pour allumer avec une rapidité surprenante les cinq mille cent quatre-vingt-onze lampions destinés à cette double illumination, qui est véritablement féerique. Le lendemain soir, se tira au mont *Pincio* le fameux feu d'artifice appelé *Girandola*, et dont j'ai déjà dit un mot plus haut.

Maintenant, il me reste à parler de quelques excursions que nous avons faites dans le voisinage de Rome. La première fut celle de *Frascati*, où le chemin de fer nous conduisit en trois quarts d'heure. La ville est sale et petite, mal bâtie et n'offrant rien de remarquable, sinon une garnison de zouaves pontificaux qui, n'ayant rien à faire, tuent le temps comme ils peuvent, soit en buvant à la porte d'un café borgne, soit en flânant dans les rues, en compagnie des poules, des chiens et des pourceaux que l'on s'expose à heurter du pied, à chaque instant. Mais ce n'était pas la ville de Frascati elle-même, que nous voulions voir, c'était *Tusculum*, qui la domine; c'étaient ses charmants environs.

Nous nous étions adjoints, pour cette excursion, un jeune Français, nouvellement arrivé à Rome et qui était un des meilleurs amis de Pierre. Il se nommait Maurice A***. C'était un aimable garçon, très-vif et très-spirituel, dont la bonne et fraîche figure respirait tout à la fois la santé la plus solide et la gaîté la plus franche. A peine descendu de wagon, il s'était mis à grimper, avec son camarade, sur l'impériale d'un omnibus qui, par une route montueuse et très-chaude, nous avait conduits sur la principale place de la ville. Une fois là, il s'était empressé de chercher un moyen de transport facile et agréable, pour atteindre les hauteurs que nous voulions visiter; mais les chevaux et les mulets étaient si rares que nous montâmes à Tusculum, à dos d'âne. Il faisait une chaleur excessive et je suais à grosses gouttes sur ma pauvre monture qui trottait, à moitié écrasée sous le poids de mon corps, tandis que mon jeune compagnon de voyage, encore espiègle comme un écolier, s'évertuait à la fouetter, pour la faire galoper, ayant le malicieux espoir de me voir culbuter avec ma bête, tant ma maladresse en fait d'équitation lui était bien connue. Quoiqu'il en soit, j'eus le bonheur de me tenir ferme sur mes étriers et d'atteindre Tusculum, sans accident. Les ruines que nous y vîmes sont assez imposantes et, surtout, pleines de souvenirs classiques. En effet Cicéron n'a-t-il pas vécu là? N'y a-t-il pas écrit ses fameuses *Tusculanes?* On y voit encore les restes de sa maison de campagne, qui sont appelés *les grottes de Cicéron,* et qui servent maintenant de retraite aux lézards, après avoir abrité le plus grand génie du siècle d'Auguste. Telle est la destinée des choses humaines! Dans le voisinage de ces ruines, on voit celles d'un théâtre et d'un aqueduc, ainsi que des thermes assez bien conservés.

En redescendant à Frascati, nous vîmes la villa *Mondragone,* qui appartient aux Borghèse et qui est remarquable par ses allées, ses jardins et ses magnifiques fontaines, formant de superbes cascades. Du reste, toutes les villas romaines se ressemblent plus ou moins. Allez voir les villas Albani, Pamphili, Ludovisi, Patrizzi, Borghèse, etc., ce sont partout des statues, des grottes, des fontaines, des chênes-verts et de longues allées, bordées de buis. Il me semble que ces parcs à l'italienne gagneraient beaucoup en ombre et en fraîcheur, je dirai même en beauté, s'ils étaient mieux dessinés qu'ils ne le sont. Il y a trop de monotonie et trop de soleil dans leurs allées; il faudrait leur donner la forme des squares anglais, pour en faire quelque chose de ravissant.

Quant à notre excursion de Tivoli, elle nous a pris tout un jour et nous a fait avaler beaucoup de poussière. Sept heures de voiture, à travers une campagne désolée, poudreuse et sans ruines; et cela, par un soleil des plus ardents, pour voir quoi? Une *cascade* et trois *cascatelles!* Je trouve vraiment que c'est se donner beaucoup trop de peines et de fatigues pour si peu de chose, surtout quand on connaît les cascades de la Suisse et celles de l'Amérique. Mais enfin, il est convenu qu'on verra Tivoli, quand on part pour l'Italie; c'est une excursion à la mode, et la mode est un tyran qui veut qu'on lui obéisse, sans répliquer. Je faisais partie du *servile pecus*, et j'ai suivi les autres en vrai mouton de Panurge.

D'abord, à mi-chemin, bouchez-vous hermétiquement le nez; car, voici le marais de la *Solfatara* dont les miasmes écœurants vous poursuivent, durant un quart d'heure. Ensuite, vous descendez à la villa *Adriana*, vaste amas de ruines appartenant au prince Onesto Braschi, et où l'on a trouvé, jadis, une quantité de superbes statues, qui sont maintenant dans les musées de Rome. Ces ruines vaudraient assurément celles des thermes de Caracalla, si elles étaient mieux déterrées; mais l'incurie de leur propriétaire les laisse enfouies, aux trois quarts, dans un sol sablonneux qu'il serait pourtant bien facile de déblayer, si l'on voulait s'en donner la peine. Il y a là un théâtre grec; un *Pœcile* ou portique décoré de peintures; un *temple des stoïciens*; une naumachie; un palais impérial; une caserne des gardes; un *canope* ou temple de Sérapis; une académie et un théâtre latin. Des souterrains, creusés dans le roc, portaient le nom d'*Enfers*; et des jardins, délicieusement ombragés, s'appelaient les *Champs-Elysées*; enfin, des mouvements de terrain, habilement dessinés, imitaient la vallée de Tempé. Telle était la surprenante villa de l'empereur Adrien, au temps de sa splendeur et de sa magnificence; aujourd'hui, il n'en reste plus que des ruines, qui se cachent honteusement derrière la sombre et maigre verdure d'une multitude d'oliviers rabougris !

Mais, il faut remonter en voiture et gagner Tivoli, au plus vite ; car il est midi, et notre estomac, encore à jeûn, crie famine d'une telle force qu'il n'y a plus moyen de lui faire entendre raison. Notre cocher entre bientôt dans la cité tiburtine, qui a voulu singer Rome, en mettant au dessus de ses portes : S. P. Q. T. *le Sénat et le peuple Tiburtin* (*Senatus Populus que Tiburtinus*) ; nous sommes arrivés à l'auberge de la Sibylle, où l'on nous sert un assez mauvais déjeûner que nous dévorons, tout comme s'il eût été bon, par le double principe que *si la faim n'a pas d'oreilles, elle n'a pas non plus de palais*, c'est-à-dire, de *goût*. Malgré la voracité de mon appétit, je remarquai la forme hétéroclyte de deux carafes dont on avait orné notre table. C'étaient tout simplement deux bouteilles de verre blanc et de forme carrée, dans lesquelles on avait dû, autrefois, mettre de l'eau de Cologne ou d'autres drogues pharmaceutiques. Je demandai au garçon, qui nous servait, si ces prétendues carafes avaient été faites dans le pays. Il me répondit, le plus naïvement du monde : « *Non, monsieur ; ce sont des carafes de Paris.* » On conçoit que je ne pus retenir un rire homérique et que mon compagnon de voyage partagea ma gaîté.

Après avoir déjeûné, nous nous mîmes en devoir de visiter les curiosités du pays. D'abord, nous en avions une, tout près de nous ; c'était le temple de Vesta, superbe monument de figure circulaire, environné de colonnes de travertin, revêtues de stuc, cannelées, d'ordre corinthien et hautes de dix-huit pieds, sans le chapiteau, qui est à feuilles d'acanthe ; leur entablement est orné de festons et de têtes de bœuf : ces colonnes forment un très-joli portique qui augmente beaucoup la magnificence et la beauté de cet édifice, situé au sommet d'une roche, en face d'une immense vallée et vis-à-vis de la grande cascade de l'Anio. A gauche de ce temple charmant est placé celui de la Sibylle Tiburtine. Il est en travertin et a la forme d'un carré long, orné de quatre colonnes d'ordre ionique de front.

Nous allâmes ensuite visiter la grotte de Neptune et celle des Sirènes, qui sont presque aussi curieuses l'une que l'autre, tant par la variété des accidents que produisent les eaux, que par la quantité de roches qui s'y trouvent. En remontant de la grotte des Sirènes, où l'horrible contraste avec le beau, nous prîmes le sentier à droite pour aller voir les fameuses *cascatelles*. La vue de ces cascades, qui tombent de plus de cent pieds de hauteur et qui ressemblent à des nappes d'argent, est admirable, surtout à cause du mélange de la blancheur éclatante de ces eaux avec l'agréable verdure des mousses, qui recouvrent les rochers entre lesquels mugissent et écument les cascatelles.

En faisant le tour de ces cascades, on voit, à droite, la villa du poète Catulle; puis les ruines de la maison d'Horace; puis enfin, les restes de la maison de plaisance de Quintilius Varus. Tivoli possède encore les ruines d'un vaste édifice, qu'on appelle *la villa de Mécène*. C'était là, en effet que venait se reposer au bord, des eaux, pendant les chaleurs de l'été, cet intelligent et puissant protecteur des lettres que Flaccus Horatius a si bien chanté dans ses odes sublimes et immortelles.

La villa *d'Este*, magnifique construction du seizième siècle, fut notre dernière station à Tivoli. Les jardins de cette villa sont arrosés par des eaux abondantes; on y rencontre une infinité de petites grottes d'un caractère fort mesquin; mais néanmoins l'ensemble du parc et, surtout, la vue dont on y jouit est admirable.

Nous remontâmes en voiture, très-fatigués de toutes ces courses; et, après avoir roulé, durant trois heures et demie, au milieu de la poussière, nous rentrâmes à Rome, avec beaucoup plus de joie que nous n'en étions sortis, le matin.

Quand on séjourne dans une ville comme Rome et qu'on est tant soit peu amateur de l'antiquité, on doit nécessairement collectionner quelques débris des temps passés, quelques fragments de bronze ou de marbre qui vous rappellent une visite, faite à une ruine célèbre ou à un lieu fameux dans l'histoire. Aussi que de vieux souvenirs n'avons-nous pas butinés, un peu partout, dans Rome et dans ses environs! Tous ces petits trésors, qui n'ont d'autre valeur que celle qu'on y attache, sont soigneusement enfouis au fond des malles, après avoir été bien étiquetés et bien enveloppés; ils voyagent avec vous, se grossissant en route d'une foule d'autres curiosités modernes, et vous êtes enchantés, au retour, de revoir tous ces objets qui, muets témoins de vos voyages, savent néanmoins vous redire tant de choses?

Le mardi, 25 avril, nous fîmes nos adieux à Rome, et j'avoue que j'avais le cœur bien gros, en quittant cette ville où la Foi, l'esprit et le cœur trouvent tant d'aliments délicieux ; mais il nous fallait prendre la route de Naples.

Adieu donc, ville éternelle! Adieu, ville aux grands souvenirs, adieu! Notre corps te quitte, notre âme te reste toute entière!...

Quoique notre siècle soit l'ennemi juré de la poésie rimée, j'oserai citer ici quelques vers que m'inspira, au moment du départ, ma vive affection pour la ville sainte, où je venais de couler de si beaux jours :

Je vais donc la quitter, la ville aux sept collines,
Aux nobles souvenirs, aux illustres ruines;
La Rome des Césars, qui, bravant les revers,
Vit longtemps à ses pieds ramper tout l'univers!
Mais, ce n'est plus la Rome, au front rempli d'audace,
Qui promenait partout son glaive et sa menace,
Qui foulait sous son char tous les tremblants humains
Et du sang des martyrs engraissait ses Romains;
C'est la Rome chrétienne et la reine du monde,
Dont le sceptre béni verse une paix profonde
Sur tous les cœurs croyants aux dogmes de la Foi
Et qui de l'Evangile ont adopté la loi.

J'ai voulu, ce matin, aux rayons de l'aurore,
Des Papes, des Césars, chercher la trace encore.
J'ai revu ce Saint-Pierre et ce vieux Vatican
Qu'un peuple ne pourra jamais vendre à l'encan;
J'ai revu ce *Forum*, où, tribuns téméraires,
Les Gracques demandaient qu'on fît des lois agraires;

J'ai revu le parvis du temple de Fausta
Et l'autel où brillait la flamme de Vesta;
J'ai vu l'arc de Titus et celui de Sévère;
Le palais où Néron vint remplacer Tibère;
Le jardin des Césars, où croissaient les lauriers
Que la gloire cueillait pour le front des guerriers;
Les thermes d'Augustus, changés en basilique,
Ceux de Caracalla, dont reste le portique;
L'arc que Rome éleva, quand le grand Constantin
Y revint triomphant, tout chargé de butin;
Et la *Meta Sudans*, et le vieux Colysée
Dont la terre de sang fut souvent arrosée!
Oui, j'ai revu cela, moi, poète rêveur,
Et j'ai senti passer un frisson sur mon cœur!

Assez comme cela, avec une poésie qui n'est pas des plus brillantes, et revenons vite à la prose, pour dire que, de dix heures du matin à six heures du soir, nous roulâmes en wagon, avant d'atteindre la gare de Naples. Il faisait très-chaud, et, souvent, une poussière aveuglante nous cachait la vue des environs.

A *Ceprano*, ville frontière des Etats du Pape, nous fîmes une station pour la visite des passeports; et un peu plus loin, la douane italienne visita nos bagages, et nous fit changer de wagons. Parmi toutes les gares que nous traversâmes, il y en a deux où j'aurais bien désiré descendre; c'est d'abord *Capoue*, que la défaite des Carthaginois a rendue si célèbre; et ensuite *Caserte*, où les anciens rois de Naples avaient établi leur principale résidence, dans un de ces palais magnifiques, si rares au monde et dont les splendeurs presque inouïes rappellent si bien celles de notre Versailles d'autrefois. Sur les cinq heures et demie, nous aperçûmes avec joie le sommet du Vésuve; et à six heures nous fîmes notre entrée à l'*Hôtel d'Angleterre*, situé près de la mer, sur le quai de la *Chiaïa*.

CHAPITRE VIII

SOMMAIRE : Naples. — Pompéï ; son origine, son histoire et sa destruction. — Fragment de la lettre de Pline-le-Jeune sur l'éruption de 79. — Découverte de Pompéï. — Ses murailles, ses rues, ses édifices publics et ses maisons particulières. — Courses à travers cette ville exhumée. — Inscriptions. — Fouille faite en présence du duc de Persigny.

Voir Naples, et puis mourir ! Quel singulier proverbe ! Moi, pour mon compte, je dis : *Voir Naples, et puis vivre !* C'est beaucoup plus rationnel et surtout beaucoup plus agréable.

Assurément, Naples est admirable ; sa position, merveilleusement belle, ne le cède qu'au splendide panorama de Constantinople ; Naples a son golfe, ses îles, ses montagnes et surtout son Vésuve. Mais enfin, c'est une ville qui a ses taches comme le soleil a les siennes. Ses rues sont bien pavées ; plusieurs sont larges et spacieuses ; je dirai plus, elles sont presque propres, pour la plupart ; mais elles sont montueuses et glissantes. Il y en a beaucoup de tortueuses et de très-étroites. Quelques-unes sont même des escaliers. Et puis, quelle poussière dans ses environs ! Comme la route de Naples à Pompéï, par exemple, est affreuse et mal entretenue ! Tout le côté du Vésuve est naturellement brûlé par la lave et dépouillé de verdure. La côte du Pausilippe et celle de Sorente ont seules gardé leur fraîcheur. Naples peut être la reine des villes de l'Italie, mais elle n'est pas celle du monde.

D'où vient le mot *Naples, Néapolis?* — Evidemment du grec. Ce nom de Ville-neuve ferait supposer qu'une ville plus ancienne aurait été remplacée par une ville plus récente. En effet, nous voyons dans l'histoire que Naples, primitivement *Parthénopolis*, fut dans la suite composée de deux cités grecques : *Palœapolis* (la ville vieille), et *Néapolis* (la ville neuve). Ce dernier nom a prévalu. « Cette ville grecque, ajoute le *guide Joanne,* fut un séjour de prédilection pour les Romains et pour plusieurs empereurs. On l'appelait : *la riante, l'oisive, la docte.* Pétronne, qui s'y connaissait, en parle comme d'un lieu de dépravation (1). » Voilà pour le passé. Quant au présent, il parle assez de lui-même.

Autrefois, avant la construction du chemin de fer, on venait de Rome à Naples par une route très-fatigante et peu sûre, qui traversait les *Marais Pontins.* Maintenant la vapeur vous y transporte en sept heures, et ne vous donne pas le temps de goûter *les délices de Capoue,* ni de visiter le beau château royal de Caserte, qui, néanmoins s'aperçoivent du wagon. Nous arrivâmes à Naples à la tombée de la nuit, et nous fûmes nous loger à l'hôtel d'Angleterre, situé sur le quai de la *Chiaïa*, ainsi que je l'ai déjà dit.

Notre première nuit fut paisible, nous étions si fatigués! Mais quel délicieux réveil nous attendait! Quel harmonieux concert, quelle douce mélodie nous avons entendue, aux premières clartés de l'aurore! Je crois que tous les ânes de l'Italie s'étaient donné rendez-vous sous nos fenêtres, pour y braire à qui mieux mieux. Cette sérénade, d'un nouveau genre, n'était pourtant pas exclusivement pour nous seuls; car il paraît que c'est l'habitude des ânes napolitains de chanter de la sorte, lorsqu'ils arrivent, le matin, sur les bords du golfe, pour recommencer leurs pénibles et pacifiques travaux de tous les jours. Quelque temps après, des soldats vinrent prendre une leçon de clairon, non loin de notre domicile; de sorte que le braiement des ânes se trouva remplacé par celui de la trompette guer-

(1) *Itinéraire de l'Italie*, p. 687.

rière. Avec un tel tapage, il n'y avait plus moyen de rester au lit.

Nous fûmes donc forcés de nous lever et de nous mettre à la recherche d'un établissement de bains, afin de nous nettoyer un peu de la poussière de la veille. Ne connaissant pas encore la ville, nous tombâmes en plein dans des bains borgnes et fort sales, ce qui ne contribua pas peu à me mettre de mauvaise humeur et à me faire prendre Naples en grippe, ce jour-là, au grand étonnement de mon compagnon qui, enchanté de trouver ici plus de mouvement qu'à Rome, s'extasiait devant les magasins de la rue de Tolède et les larges dalles qui pavent toute l'ancienne capitale du ci-devant royaume des Deux-Siciles.

Mais je ne tardai pas à reprendre ma gaîté habituelle et à reconnaître que Naples est une belle ville, digne en tout de la réputation qu'on lui a faite.

Le surlendemain de notre arrivée, nous prîmes une voiture pour aller visiter Pompéï, où des fouilles devaient avoir lieu en présence du duc de Persigny. Nous traversâmes successivement Portici, où se trouve une résidence royale; Résina, construite sur la lave qui recouvre Herculanum; Torre del Greco, la dernière victime du Vésuve, qui a rebâti ses maisons avec une insouciance incroyable, sur la lave à peine refroidie du terrible volcan qui venait de la détruire; enfin Torre-Annunziata, ville de seize mille âmes, où l'on fabrique de la poudre à canon et des armes à feu. Après avoir roulé pendant deux heures au milieu d'une poussière blanche, qui nous prenait à la gorge et environnait notre voiture d'un nuage épais, nous atteignîmes, avec une joie facile à comprendre, l'entrée du faubourg de Pompéï.

Cette ville, qu'on exhume lentement, depuis près d'un siècle, et dont on n'a encore découvert que le tiers, est la plus grande curiosité du monde entier. En effet, c'est une cité romaine disparue tout à coup de la terre des vivants, et qui, après dix-sept siècles de sépulcre, revoit la lumière du jour dans le même état où elle était quand elle fut engloutie sous les cendres du Vésuve, avec Herculanum et

Stabies. Pompéï était une ville très-antique, d'origine phénicienne ; elle était bâtie au pied méridional du Vésuve, à l'extrémité d'un promontoire baigné des deux côtés par la mer, et à l'embouchure du Sarno. Elle était devenue une colonie romaine sous la dictature de Sylla, qui la punit d'avoir embrassé le parti de Marius. Plus tard, Auguste établit des vétérans dans un de ses faubourgs. Cicéron y avait une agréable villa, où il reçut Auguste, et où il écrivit son volume des *Offices*. Il s'y retira après la bataille de Pharsale. Sénèque y passa sa jeunesse, et Phèdre s'y abrita contre les fureurs de Tibère et de Séjan. Tacite raconte qu'en l'an 59 de notre ère une rixe s'éleva pendant les jeux de gladiateurs, entre les habitants de Pompéï et ceux de Nuceria. Beaucoup de ces derniers y furent tués. Une plainte fut portée à Néron, qui déféra l'affaire au sénat, et celui-ci interdit les spectacles à Pompéï, durant *dix ans*.

En l'an 63, Pompéï fut ruinée en partie par un tremblement de terre qui dévasta la Campanie. Tandis que la terre tremblait, Néron était sur le théâtre de Naples ; il ne voulut pas quitter la scène avant d'avoir achevé son air favori, quoique tous les spectateurs épouvantés eussent désiré de prendre la fuite au plus vite. Mais le *maître du monde* était là, qui chantait ; il fallut, bon gré mal gré, l'écouter et l'applaudir jusqu'à la fin ! Plus heureux que les Napolitains, ce jour-là, les habitants de Pompéï purent fuir. Leur ville souffrit beaucoup de ce tremblement de terre ; cependant ils y revinrent peu à peu, et, un an après, une grande partie du dommage était réparée.

Pompéï avait donc repris toute sa splendeur, quand, le 23 novembre 79, au milieu du jour, éclata la terrible éruption qui devait l'engloutir. Pline-le-Jeune, dans une lettre écrite à Tacite, nous a laissé des détails très-intéressants sur cette épouvantable catastrophe.

Pline-le-Naturaliste était alors à Misène, où il commandait la flotte. Sa sœur, mère de Pline-le-Jeune, appela son attention sur un nuage de forme extraordinaire qui s'élevait au-dessus du Vésuve. Aussitôt il fit préparer un navire, pour aller étudier de plus près le phénomène et porter à des amis, habitant le pied de la montagne, un secours qu'ils réclamaient. Malgré les cendres et les pierres calcinées qui tombaient sur son navire, il aborde à Stabiœ, rassure son ami Pomponianus, se fait porter au bain, et soupe avec l'apparence de la gaîté.

« Ensuite, ajoute Pline-le-Jeune, il se coucha et dormit « profondément, car on entendait de la porte le bruit de « sa respiration... Cependant la cour par où l'on entrait « dans son appartement commençait à se remplir de cen- « dres et de pierres, et, pour peu qu'il y fût resté plus « longtemps, il ne lui eût plus été possible de sortir. On « l'éveille ; il sort et va rejoindre Pomponianus et les autres « qui avaient veillé. Ils délibèrent s'ils se renfermeront « dans la maison ou s'ils erreront dans la campagne ; « car les maisons étaient ébranlées par de violents et fré- « quents tremblements de terre... Ils attachent des oreil- « lers sur leurs têtes comme un rempart contre les pierres « qui tombaient. Le jour se levait ailleurs, mais autour « d'eux régnait la plus sombre et la plus épaisse des nuits, « interrompue par différentes clartés. On s'approcha du « rivage ; la mer était toujours orageuse et contraire. Là, « mon oncle se coucha sur un drap étendu, demanda de « l'eau froide et en but deux fois. Bientôt des flammes et « une odeur de soufre, qui en annonçait l'approche, « mettent tout le monde en fuite et forcent mon oncle à « se lever. Il se lève, appuyé sur deux jeunes esclaves, et, « au même instant, il tombe mort, suffoqué comme je « l'imagine, par cette épaisse fumée. Il avait naturellement « la poitrine faible, étroite et haletante. Lorsque la lu- « mière reparut (trois jours après le dernier qui avait lui « pour mon oncle), on retrouva son corps entier sans « blessure..... Son attitude était celle du sommeil plutôt « que de la mort.... »

Pline-le-Jeune, alors âgé de dix-huit ans et retenu par ses études, avait refusé d'accompagner son oncle. Sa mère, éveillée pendant la nuit par la violence du tremblement de terre, se précipita dans sa chambre. Ils s'assirent dans la cour, où le jeune étudiant se mit à lire Tite-Live et à en faire des extraits. Mais, craignant d'être écrasés par la chute des murs, ils s'enfuirent dans la campagne.

« Le rivage, continue Pline-le-Jeune, s'était étendu; « beaucoup de poissons demeuraient à sec sur le sable, « une nuée noire et horrible s'ouvrait, déchirée par des « sillons de flammes semblables à des éclairs... Elle s'a- « baisse sur la terre, couvre la mer, dérobe à nos yeux « l'île de Caprée et nous cache la vue du promontoire de « Misène.... J'étais soutenu par cette pensée triste et *conso-* « *lante* à la fois, *que tout l'univers périssait avec moi.* »

(PLINE, liv. VI, 20.)

Au moment où commença l'éruption, une grande partie des habitants de Pompéï se trouvait à l'amphithéâtre, qui était situé à l'extrémité de la ville et qui pouvait contenir de 15 à 20,000 spectateurs. Toute cette foule, séparée de ses habitations par des torrents de cendres, chercha son salut dans une autre direction; et, c'est ce qui explique le petit nombre de squelettes trouvés dans les fouilles de Pompéï. Cependant le volcan vomissait avec violence des matières incandescentes que le vent portait sur Pompéï et sur les villes voisines. Les toitures des maisons ne tardèrent pas à être incendiées ou enfoncées par le poids des matières qui s'y accumulaient. Les bois brûlés, les verres fondus prouvent que le feu visita Pompéï, avant les pluies d'eau chaude qui ne l'inondèrent que lorsqu'elle était déjà couverte de pierres-ponces et de cendres. Ces torrents d'eau et de cendres transportèrent de tous côtés les objets mobiliers et fragiles, et en les recouvrant, empêchèrent qu'ils ne fussent écrasés par l'écroulement des étages supérieurs. Les ténèbres épaisses, les bruits formidables qui accompagnèrent cet affreux cataclysme, épouvantèrent tellement les habitants qui purent se sauver, qu'ils furent longtemps sans oser revenir fouiller ce sol d'ensevelissement dont la profondeur n'avait pas encore acquis son épaisseur actuelle de plus de quatre mètres.

Néanmoins, la première frayeur une fois passée, un assez grand nombre reparut sur les lieux où avait été Pompéï; les plus hardis d'entre eux firent des excavations et retirèrent de leurs habitations les trésors et les objets précieux qu'ils y avaient laissés. Ils se rebâtirent même, à quelque distance de là, un village auquel ils donnèrent également le nom de *Pompeia*. Cette nouvelle Pompéï fut à son tour ensevelie par l'éruption de 472. Le nom de Pompéï ne fut pas complètement oublié, comme celui d'Herculanum; car les chroniques du moyen-âge parlent de son emplacement sous le nom de : *Campus-Pompeius*.

On ne peut attribuer qu'à l'indifférence le fait de la découverte si tardive de cette ville antique; car, en 1592, Domenico Fontana fut chargé d'amener les eaux du Sarno à Torre dell'Annunziata, et il fit creuser un canal à travers l'emplacement de Pompéï. Un siècle après, Giuseppe Macrini conjectura que là devait être le site de Pompéï, se fondant sur des restes de murs et des maisons entières qu'il y avait reconnus lui-même. En 1748, des paysans, travaillant à faire un fossé dans ce sol fertile et garni de vignes, qui recouvre encore de nos jours une partie de la ville, découvrirent des objets d'art. Le roi Charles III, averti de cette découverte, fit poursuivre les fouilles, et successivement depuis, une partie de la ville de Pompéï, ensevelie depuis près de dix-sept siècles, reparut à la lumière. C'est surtout sous la domination française que les fouilles prirent de l'activité. Depuis la chûte de Murat, elles ont été poursuivies d'une manière irrégulière; tantôt interrompues, tantôt activées à la venue de quelque haut personnage, à qui l'on voulait en faire une fête galante. Le tiers de la ville à peine est aujourd'hui découvert (1).

Les murailles de Pompéï ont été mises à jour en 1814, et elles nous font parfaitement connaître l'étendue de l'enceinte de cette ville, qui était défendue par un double mur de 25 à 30 pieds de hauteur et renfermant un terre-plein assez large pour être parcouru, en certains endroits, par trois chars de front. De distance en distance sont des restes de tours carrées, à plusieurs étages, qui servaient en même temps de poternes et paraissent plus récentes que les murs,

(1) *Guide Joanne, Itinéraire de l'Italie*, p. 735.

construits d'assises horizontales de blocs de lave sans ciment. On n'a pas retrouvé de murs du côté de l'ouest, qui regarde la mer, soit qu'ils aient été détruits par Sylla, soit que la pente rapide de cette partie de la ville les rendit inutiles. Les portes sont entièrement ruinées, excepté celles d'Herculanum et de Nola.

Les rues, en général, sont droites et très-étroites, afin de les rendre moins accessibles au soleil ; un grand nombre le sont tellement qu'on peut les franchir d'une seule enjambée. Un seul char pouvait y circuler ; on voit encore les traces des ornières. Elles sont irrégulièrement pavées en lave et bordées de trottoirs élevés. Quelquefois un dé en pierre est placé au milieu de la rue, pour faciliter le passage d'un trottoir à l'autre, en temps de pluie. Il y a aussi des marches en pierre pour monter à cheval. La plupart des rues étaient ornées de fontaines, alimentées par l'eau qu'amenaient des canaux en maçonnerie et qui se distribuait dans les édifices publics ou les maisons particulières, au moyen de conduits en plomb.

L'architecture qui règne à Pompéï dans les édifices publics est une corruption de l'architecture grecque. Les habitations particulières n'ont la plupart que deux étages; quelques-unes en avaient trois. Ces maisons, bâties presque toutes sur un même plan, sont remarquables par la petitesse des pièces, ainsi que par leurs décorations. Elles ne réalisent aucune de nos idées modernes de comfort, et accusent la différence entre nos habitudes et celles des anciens, dont la vie, toute extérieure, se passait au forum, sous les portiques, dans les basiliques, les palestres, le gymnase et les bains.

La disposition principale des maisons de Pompéï consiste en deux cours intérieures, environnées de portiques et d'appartements ; l'une, l'*atrium*, espèce de forum, destiné à recevoir les visiteurs et les étrangers; l'autre, le *peristylum*, approprié à la vie privée et domestique. C'est là le type de la maison romaine, correspondant à la double vie privée et publique des citoyens. Les dispositions variaient d'étendue et d'importance, selon la fortune des propriétaires. Les principales étaient les suivantes : le *prothyrum* ou vestibule, ayant une porte d'entrée sur la rue et une seconde porte, ouvrant à l'intérieur, sur l'*atrium*, salle carrée dont le plafond laissait au centre une ouverture, donnant du jour à la cour et nommée *compluvium*, parce qu'elle livrait passage aux eaux pluviales, qui étaient reçues dans un bassin carré situé au milieu; c'était l'*impluvium*. Le portique autour de la cour était désigné sous le nom de *cavædium*. Autour de l'atrium étaient distribuées des chambres à coucher (*cubicula*) éclairées par la porte. Au fond de l'atrium était le *tablinum*, salle d'audience où l'on conservait les images des ancêtres et les archives de la famille. De chaque côté, deux pièces, appelées ailes, *alæ*, avaient en partie la même destination. Le tablinum servait quelquefois de pièce de communication entre l'atrium et le péristyle; cette communication s'effectuait ordinairement par un corridor, nommé *fauces*. Le *peristylum* était une cour ouverte à l'air au milieu et entourée d'un portique à colonnes, servant d'abri pendant la pluie. Au centre était un petit parterre orné de fleurs. Un mur à hauteur d'appui s'étendait entre les colonnes; c'était le *pluteus*. Autour du péristyle étaient les appartements intérieurs; entre autres la salle à manger, désignée sous le nom de *triclinium*, d'après les trois lits placés autour de la table et sur lesquels les convives se couchaient pour prendre leur repas. Il y avait des *triclinia* pour l'été et pour l'hiver. Des chambres à coucher étaient distribuées autour du péristyle comme autour de l'atrium. Au fond du péristyle était l'*œcus*, salle élégante, ouvrant souvent sur le jardin, et où se tenaient les femmes. Il y avait encore l'*exedra*, salle avec des bancs en hémicycle pour la conversation; la *bibliothèque*; la *pinacotheca* ou galerie de tableaux; le *lararium*, ou chapelle des dieux domestiques, et la salle des *bains*. Tout au fond était un petit espace libre, planté de fleurs et d'arbustes, nommé *xystus*; on y voyait des fontaines et des statuettes. C'est là qu'était sous des treilles le triclinium d'été. La séparation entre l'appartement des hommes, *andronitis*, et celui des femmes, *gyne-*

cœum, était plus ou moins complète. Dans quelques maisons, les appartements des femmes occupaient une partie entièrement séparée, à la manière d'un harem. L'entrée en était gardée par des esclaves qui habitaient de petites chambres contiguës.

Les pièces du premier étage, désignées aussi sous le nom de *cœnacula*, servaient à loger les provisions et les esclaves. Cet étage avait seul des fenêtres sur la rue. Il présentait quelquefois des terrasses, ombragées de treilles. Des tuyaux de plomb y conduisaient l'eau, sans doute pour l'agrément de ces jardins aériens. L'absence des cheminées, des écuries et des étables se fait remarquer à Pompéï ainsi qu'à Herculanum. Au lieu de numéros sur les maisons, une inscription en lettres rouges ou noires indiquait le nom du propriétaire.

Les maisons, même celles des riches, étaient entourées de *boutiques*, dans lesquelles ceux-ci laissaient vendre leurs denrées, ou bien qu'ils louaient à des marchands et dont ils tiraient un bon revenu. Ces boutiques, très-petites, s'ouvraient sur la rue, dans laquelle se tenaient les acheteurs. Elles se fermaient la nuit avec des volets à coulisse. Le nom du marchand était en lettres rouges au-dessus de la boutique. Parmi les peintures servant d'enseigne, on signale deux hommes portant une amphore, pour un marchand de vin; deux hommes combattant, pour une école de gladiateurs; un grammairien avait pour enseigne la représentation d'un pédagogue fouettant un jeune garçon, hissé sur les épaules d'un autre. Les plus petites boutiques, aussi bien que les maisons, sont ornées de mosaïques et de peintures, et cette profusion de décorations, régnant partout, est un des traits les plus singuliers de la physionomie de Pompéï.

Voilà, à peu près, tous les renseignements préliminaires qu'un antiquaire peut donner sur Pompéï, avant d'entrer dans cette ville exhumée et d'en parcourir les rues et les places publiques. Maintenant, franchissons la *Porte d'Herculanum* et pénétrons dans cette antiquité morte qu'on n'entrevoit plus à travers les textes des livres, les doutes et les conjectures des érudits, mais que l'on saisit dans sa réalité matérielle.

Aujourd'hui, nous ne sommes plus en 1865; nous sommes au 26 novembre de l'an 79, au lendemain de cette terrible éruption, qui dura trois jours. La ville est là tout entière sous nos yeux, conservée telle que l'ont laissée ceux qui l'habitaient, il y a 1,800 ans. L'on peut errer dans ses rues; visiter ses temples, ses théâtres, ses édifices; s'aventurer dans les pièces les plus reculées des maisons particulières, retrouver dans les caves les amphores de la dernière vendange; voir sur les murailles les comptes des cabaretiers, les inscriptions et les caricatures, crayonnées par les passants; enfin, apercevoir sur le pavé la trace du dernier char qui l'a traversé. L'illusion est si vive, si présente, qu'on oublie involontairement les dix-huit siècles qui vous séparent de cette population disparue, et l'on s'imaginerait volontiers qu'il faut se hâter de profiter de la solitude momentanée de la cité, parce que les habitants vont y revenir.

Voici, d'abord, la villa de Diomède, une des plus vastes habitations de Pompéï; elle offre un rare exemple d'une maison à trois étages, avec différence de niveau. C'est un spécimen unique de villa suburbaine. Diomède, au moment de l'éruption, avait voulu fuir, après avoir fait cacher sa famille dans un cellier; mais il fut étouffé par les cendres et l'on trouva son squelette, près de la porte du jardin. Il tenait à la main une clef et une bourse pleine d'or. Un esclave, portant des vases précieux, était tombé à ses côtés. Quant à sa famille, elle fut suffoquée dans l'endroit où elle s'était réfugiée; et l'on retrouva, dans l'un des celliers de la maison, les squelettes de dix-sept personnes qui la composaient.

Vient ensuite la rue des *Tombeaux*, qui en possède un assez grand nombre parfaitement conservés. C'était la *via Appia* des Pompéïens. Cicéron avait sa villa dans cette rue.

Nous avons passé la porte d'*Herculanum;* marchons au milieu de la rue, et contentons-nous d'indiquer les maisons, qui se trouvent à droite et à gauche. — *Auberge d'Albinus*; — on y a trouvé des squelettes de chevaux, des mors, des brides et des fragments de chars. — Un *Thermopolium*, ou débit de boissons chaudes; *maison des Vestales*, on lit encore le mot *Salve* sur le pavé du vestibule; la *maison d'un chirurgien*; la *maison du pesage*, on y a trouvé des balances, avec beaucoup de poids en marbre et en plomb; quelques-uns portaient ces mots : *Eme et habebis*; une *fabrique de savon* et deux *boutiques de cuisiniers*. Tournant à gauche, dans la *rue de Narcisse*, on voit la *maison des Danseuses*, ainsi nommée d'après les célèbres et charmantes peintures qui décoraient l'atrium; la *maison de Narcisse*, et celle *d'Isis et d'Osiris*. En revenant sur ses pas, on trouve une *boulangerie*; quand on découvrit cette boutique, le blé, la farine dans les amphores, les vases pour l'eau, tout était encore en place; il n'y avait qu'à allumer le feu et à chauffer le four pour reprendre la fabrication interrompue depuis dix-huit siècles. La *maison de Salluste* vient après; puis l'*Académie de musique*, ou *maison du Chorège*; puis deux autres maisons à trois étages.

Nous voici dans la *rue des Thermes*, en face de la *maison de Paratus*, qu'on appelle à tort : *maison de Pansa*, puisque l'inscription suivante se lit près de la porte d'entrée : *Pansam æd. Paratus rogat*. Un peu plus loin, nous voyons la *maison du Poëte tragique*, où fut découverte la curieuse mosaïque du Chorège, instruisant les acteurs; à l'entrée du vestibule, on en trouva une autre non moins célèbre, qui représentait un chien enchaîné, avec ces mots : *Cave canem*. La *maison du Teinturier* est également dans le voisinage, ainsi que celles de *la Grande* et de *la Petite Fontaine*. Dans la *rue de Mercure* sont les maisons : *d'Apollon, d'Inachus et d'Io, de Méléagre, des Néréïdes, de Neptune, de l'Ancre, de Zéphire, de Cérès, des Bacchantes et du Navire*. Tournons dans la *rue du Faune* et voyons la maison qui porte ce nom. C'est là qu'on a découvert la superbe *mosaïque de la bataille d'Issus*. A côté, est la *maison du Labyrinthe*. On trouve, dans la *rue de la Fortune*, une *fabrique de produits chimiques*; la *maison de Lucrétius*, dite des

Suonatrici; des *Bains* et cinq à six autres maisons assez curieuses. Là, se trouvent le *Temple de la Fortune et les Thermes*, ou *bains publics*. Dans les boutiques de cette rue on vendait des objets en verre et en bronze, des vases d'argile, des pesons, des sonnettes, des lanternes, etc. On a trouvé deux squelettes, dans la rue, et un troisième dans l'attitude de s'échapper par une fenêtre, emportant de la monnaie et des plats d'argent.

Enfin, voici le *quartier du Forum*. Nous passons sous deux arcs de triomphe pour entrer dans le *Forum civile*, où se trouvent le *Temple de Jupiter*, celui *de Vénus, la Basilique. les Prisons, le Grenier public, les Tribunaux* et *l'Ærarium* ou *Trésor*. Les murs de la Basilique portaient un grand nombre d'inscriptions, tracées par les oisifs; tantôt ce sont des vers d'Ovide ou de Virgile; tantôt ce sont des sentences en prose, des épigrammes et des plaisanteries. En voici quelques-unes :

Quid potè durum saxso aut quid molliùs undâ?
Dura tamen molli saxsa cavantur aquâ.

Qu'y a-t-il de plus dur que le rocher ou de plus mou que l'eau?
Cependant les rochers durs sont creusés par l'eau molle.

(Ovide.)

Quoi (cui) perna cocta est, si convivæ ad ponitur, non gustat pernam, lingit ollam aut caccabum.

Celui pour qui on a fait cuire une poule, si on la pose devant un convive, ne goûte pas à la poule; il lèche la marmite ou le pot.

Vale, Messala, fac me ames!

Adieu, Messala, tâche de m'aimer.

Cosmus nequitiæ est magnussimæ (maximæ).

Le monde est d'une très-grande méchanceté.

Quod pretium legi?

Combien coûte la loi?

Tu enim me doces!

Comment, tu oses me donner des leçons!

Pyrrhus Geta conlegæ salutem.
Molestè fero quod audivi te mortuom (sic).
Itaque vale.

Pyrrhus à Géta son collègue, salut.
J'ai appris avec peine que tu étais mort.
C'est pourquoi porte-toi bien.

Suavis vinaria sitit, rogo vos valdè sitit (sitiat).
La douce cantinière a soif; tâchez, je vous prie, qu'elle ait plus soif encore!

Ah peream! sine te si deus esse velim!
Que je meure, si jamais, sans toi, je consentais à devenir même un dieu!

Candida me docuit nigras odisse puellas.
Ma blonde m'a appris à détester les brunes.

On lit au-dessous :

Oderis et iteras:
Scripsit : VENUS PHYSICA POMPEIANA.
Tu les détestes, mais tu y reviens volontiers.
Signé : LA VÉNUS PHYSIQUE DE POMPÉÏ.

Labora, aselle, quomodo laboravi, et proderit tibi.
Travaille, ânon, comme j'ai travaillé, et cela te fera du bien.

Sabinum ædilem, Procule, fac, et ille te faciet.
Proculus, nomme Sabinus édile, et lui te nommera à son tour.

Oppi embolari, fur, furuncule.
Oppius le portefaix est un voleur, un filou.

Plus loin, un plaisant, parodiant le style lapidaire, annonce que : « *Sous le consulat de L. Nonius Asprenas et d'A Plotius, il lui est né un ânon.* » Un autre fait la réclame suivante : « *Un pot de vin a été perdu, celui qui le rapportera aura telle récompense de la part de Varius; mais celui qui ramènera le voleur aura le double.* »

Sous l'enseigne d'une école de gladiateurs, on lit l'inscription suivante, adressée aux *gamins* de Pompéï :

« *Abiat (habeat) Venere Pompeiiana iradam qui hoc læserit.* — Qu'il soit en butte à la colère de Vénus, protectrice de Pompéï, celui qui salira cette enseigne! »

On retrouve aussi des annonces de spectacle, peintes en lettres rouges sur les murs de plusieurs édifices. Lisez vous-mêmes :

« *N. Festi Ampliati familia gladiatoria pugna iterum pugna XVI K. jun. venat. vela.* — La troupe de gladiateurs de N. Festus Ampliatus combattra à outrance, le 16 des calendes de juin. Il y aura une chasse et l'on dressera les voiles. »

En quittant le forum, nous passons devant l'*école publique* et nous entrons dans la *rue des Orfèvres*, où se trouvent l'*édifice d'Eumachia*, le *temple de Mercure*, la *Curie*, le *temple d'Auguste*, la *maison du Sanglier*, celle *des Grâces*, et plusieurs autres.

Les théâtres ont aussi leur quartier à part. Traversons le *forum triangulaire*, le *temple de Neptune* et le *quartier des soldats*, nous nous trouverons de suite dans le *grand théâtre*, qui pouvait contenir 5,000 spectateurs. Il a 68 mètres de diamètre, à l'intérieur. On y jouait la tragédie. Non loin de là, était le *petit théâtre*, ou *Odéon*, qui ne contenait que 1,500 spectateurs et qui servait aux représentations comiques. Il ne nous reste plus à visiter que le *temple d'Isis*, celui *d'Esculape* et *l'atelier d'un statuaire*, pour en avoir fini avec les rues et les édifices de Pompéï ; car *l'amphithéâtre*, où nous nous rendons, de ce pas, est situé à l'extrémité de la ville, et il faut traverser des champs et des vignes pour y arriver. Ce monument est de forme elliptique ; il compte 35 rangées de gradins et peut contenir 20,000 spectateurs. La foule y entrait et en sortait par 40 *vomitoires*. C'est là où se trouvaient les Pompéïens, au moment de l'éruption du Vésuve.

A présent que nous avons entrevu Pompéï, que le lecteur peut se faire une idée de cette ville morte, parlons de la curieuse fouille qui y a été faite, en notre présence.

Dès que nous fûmes arrivés à Pompéï, notre premier soin fut de demander au guide qu'on nous donna de nous conduire à l'endroit où devait se faire la fouille. Cet homme eut le bon esprit de vouloir, avant tout, nous montrer la ville, et bien nous en advint ; car le duc de Persigny ne put venir à Pompéï, ce jour-là, et la fouille extraordinaire fut remise au lendemain. Nous eûmes cependant la chance de voir travailler aux fouilles ordinaires, qui se font tous les jours; et l'on découvrit devant nous un beau réchaud de bronze. La maison que l'on exhumait était, nous dit-on, celle *d'un menuisier*.

Le lendemain, le chemin de fer nous ramena à Pompéï, sur les onze heures et demie du matin. Nous retournâmes aux fouilles, où les ouvriers étaient en plus grand nombre que la veille; et (le dirai-je?) nous eûmes la patience d'attendre jusqu'à quatre heures et demie du soir, avant de voir se diriger vers la *maison du menuisier* le célèbre personnage, en l'honneur duquel Pompéï était en fête. Le duc et sa femme, accompagnés d'un certain nombre de nobles napolitains, étaient arrivés, à midi, par un train spécial, et un festin leur avait été offert, dans la salle des Thermes, par le duc de San-Arpino. Ce repas fut joyeux et dura trop longtemps, pour notre impatience. Nous arpentions la ville dans tous les sens; et, moins à l'aise que celui du duc de Persigny, notre estomac commençait à crier famine, quand nous eûmes l'idée de nous adresser à un gardien et de nous faire apporter, dans le *petit théâtre* de l'*Odéon*, de quoi boire et de quoi manger. S'il fut moins somptueux, notre modeste et maigre repas fut toujours beaucoup plus poétique que celui des nobles convives du duc de Persigny, et il nous fournit l'occasion de rire, en faisant de la philosophie. Il se composait de pain et de fromage que nous arrosions avec une bouteille de mauvais vin rouge, une vraie *piquette* du pays; mais nous étions assis dans le théâtre le mieux conservé de tout Pompéï; nous mangions en plein air, près de la belle cariatide agenouillée qui se trouve à l'extrémité gauche du mur de *præcinctio;* nous étions devant la scène antique, où, dix-huit siècles auparavant, on avait joué les comédies d'Eschyle et *la Casina* de Plaute; enfin nous étions, ce jour-là, les *hôtes* ou plutôt les *successeurs* des Pompéïens!

Quand notre très-frugal repas fut terminé, nous allâmes voir où en étaient les *ducs;* car les explosions du champagne que l'on débouche arrivaient jusqu'à nous, roulant d'échos en échos et troublant le profond silence de la ville déserte. Ils n'en étaient pas encore *au dessert*, et notre montre marquait plus de trois heures et demie! Nous nous remîmes donc à flâner dans les rues, nous arrêtant devant les boutiques et pénétrant, sans gêne aucune, jusque dans l'intérieur des maisons. L'inscription suivante, que je lus sur les murs d'une pharmacie : *Otiosis non est hic locus; non siste, morator* (Ce n'est pas ici le lieu des oisifs; ne t'arrête pas, flâneur) me fit presque honte, et je me hâtai de reprendre le chemin de la maison du menuisier, au sommet de laquelle on avait arboré un immense drapeau national, en l'honneur du haut personnage français qui daignait visiter Pompéï.

A force d'attendre les convives, nous finîmes par les voir arriver. Des rires, des paroles joyeuses et surtout des bruits de soie, frôlant le pavé sec de la ville déterrée, nous avaient déjà avertis de leur approche. Ils étaient une quinzaine. Mme de Persigny donnait le bras au marquis de Spinola, jeune et fringant colonel de hussards, qui semblait apprécier beaucoup cet honneur. Quatre à cinq dames avaient aussi leurs cavaliers. Le duc de Persigny était seul et fermait la marche. Tous s'installèrent sur des chaises préparées à cet effet, et la fouille commença, sous la direction du savant et spirituel M. Fiorelli.

On avait deux chambres à déblayer. Dans la première, on ne trouva qu'une lampe de bronze; mais, dans la seconde, on mit à jour un beau vase en bronze, de forme circulaire; quatre squelettes, et plusieurs vases de verre et d'argile. M. de Persigny suivit toutes les opérations de la fouille avec beaucoup d'attention et un intérêt très-visible. Quant aux dames, elles ne cessèrent de rire et de causer avec leurs cavaliers qu'au moment où l'on annonça la découverte de la tête du premier squelette. La curiosité les fit lever, comme poussées par un ressort; et elles se précipitèrent vers l'endroit où était la fameuse *trouvaille*. Une petite voix, fraîche et flûtée, s'écria:

— Vraiment, une tête de mort? Quelle chance! Quel

bonheur! Ah! monsieur Fiorelli, que vous êtes aimable!

Un respectable monsieur, qui se trouvait près de moi et qui avait un accent germanique des plus prononcés, me dit alors, en aspirant gravement une pincée de tabac qu'il venait de prendre dans ma tabatière :

— Cette dame a raison ; c'est véritablement une grande chance; car on ne trouve pas, tous les jours, un squelette! Vous savez qu'ils étaient à l'amphithéâtre, au moment de l'éruption ; ils se sont presque tous sauvés. J'ai déjà assisté à bien des fouilles et on n'a jamais rien trouvé devant moi. Aujourd'hui, je n'espérais rien ; car nous sommes dans la maison d'un pauvre menuisier, et elle a déjà été fouillée, quelque temps après l'éruption, comme l'indiquent ces trous que vous voyez dans le mur. Allons, *vous* avez de la chance!

Le squelette fut bientôt entièrement mis à jour. Il avait la face tournée vers la terre, et tenait à sa main droite une longue clef avec une bourse, où se trouvaient *cinq* pièces d'or (deux à l'effigie de Néron et trois à celle de Vespasien), *vingt-deux* pièces d'argent et plusieurs monnaies de bronze. Evidemment ce Pompéïen avait été surpris par la mort, au moment où il se sauvait avec une partie de son trésor et la clef du coffre qui, sans doute, contenait le reste. Des tuiles, qu'on voyait dans les décombres, indiquaient que le toit de sa maison s'était effondré sur lui. Il s'était trop attardé pour emporter une poignée de vil métal, et son avarice l'avait perdu! Décidément ce menuisier commençait à baisser prodigieusement dans mon estime, quand mon voisin, l'Allemand, me secouant par le bras, me dit :

— Allons, allons, vous avez de la chance aujourd'hui! Voici une seconde tête, un second squelette! C'est une fouille admirable! C'est la première fois qu'on trouve quelque chose devant moi ; je n'espérais pourtant rien!

— Encore une tête de mort! s'écrièrent les dames. Mais, c'est superbe! Quelle belle fouille!

— C'est la femme du menuisier, je vois cela à ses dents, goguenarda un noble loustic de la société ; d'ailleurs une femme honnête suit toujours son mari.

C'était en effet le squelette d'une femme. La main droite portait un anneau d'or, orné d'une petite émeraude gravée; une fibule, pour agraffer le voile ou le manteau, gisait sous les ossements de la poitrine. La malheureuse femme avait été écrasée, en même temps et de la même façon que son mari. Quand ces deux squelettes eurent été enlevés, on en découvrit aussitôt deux autres, celui d'une vieille femme et celui d'un enfant. Toute la famille était là, réunie dans une même mort, couchée dans un même tombeau. Cette femme, cet enfant, cette aïeule, voilà peut-être le cher trésor que voulait sauver le pauvre Pompéïen; voilà, sans aucun doute, ce qui retardait sa fuite! Cet or qu'il tenait à la main, ce n'est pas l'avarice qui le lui avait fait prendre, mais bien la piété filiale; il en avait besoin pour nourrir sa vieille mère, sa femme et son enfant.... Le menuisier remontait donc bien haut dans mon estime, lorsque mon brave Allemand, me demandant une nouvelle prise de tabac, me dit, pour la troisième fois:

— Ah! monsieur, quelle chance vous avez! Je n'espérais rien, et voilà *quatre* squelettes! C'est à n'y pas croire, moi qui ai assisté à tant de fouilles dans ma vie, et qui n'ai jamais rien trouvé! *Quatre* squelettes! C'est prodigieux!...

Cependant les dames, ravies de voir tant de têtes de morts, un vrai *charnier*, comme disait le beau loustic, essayaient de mettre à leur doigt l'anneau d'or de la femme du menuisier et une autre bague d'argent, trouvée au doigt de la vieille mère. Ces bijoux causaient bien des envies! Mais il fallut les rendre; car il est extrêmement défendu de s'approprier quoi que ce soit, pas même un grain de sable, quand on assiste aux fouilles de Pompéï, et s'

Il est avec le ciel des accommodements,

il n'y en a point avec les employés de M. Fiorelli, qui vous refusent jusqu'à un platras colorié, qu'on préfère (je ne sais trop pourquoi) briser en mille morceaux plutôt que de le donner à un amateur, qui en ferait une relique. J'avoue que la consigne est un peu sévère, pour ne pas dire *ridicule*.

Vers le milieu de la fouille, le duc de San-Arpino eut l'amabilité d'offrir des rafraîchissements à tous les assistants, même à ceux qu'il ne connaissait pas. Nous prîmes donc un verre d'une sorte de breuvage, à moitié gelé, que les Napolitains appellent *granit;* et nous eûmes, à cette occasion, l'honneur de faire connaissance avec cet excellent duc, qui fut charmant pour nous, et qui, afin de nous donner le temps de voir achever la fouille, nous proposa de nous ramener à Naples dans le train spécial, mis à sa disposition; ce que nous acceptâmes avec plaisir.

En quittant Pompéï, mon Allemand, qui avait entièrement vidé ma tabatière, s'arrêta un instant au milieu du *Forum civile,* et me dit:

— Quelle belle journée! Ce duc de San-Arpino nous a donné un excellent dîner; notre fouille a été superbe. *Quatre squelettes,* monsieur, *quatre squelettes!* Ah! vous avez bien eu de la chance!

Ce bon Allemand continua à causer avec moi jusqu'à Naples; il parla un peu de tout et fut très-spirituel. Je le prenais pour un précepteur en retraite. Mais quelle fut ma surprise, quand, arrivé à la gare, il voulut absolument nous faire monter dans sa voiture, qui l'y attendait, et nous conduire à notre hôtel. C'était un ancien ministre d'Etat, qui, pendant plus de trois ans, avait présidé un cabinet important d'Allemagne et qui avait, deux fois, été mis à la tête des affaires d'un grand pays! — Fiez-vous donc aux apparences, quand vous ne connaissez pas les gens! Hélas! lorsque mon interlocuteur m'eût involontairement appris qui il était, j'ouvris ma tabatière; mais il ne s'y trouvait plus le moindre petit grain de tabac à lui offrir!...

CHAPITRE IX

SOMMAIRE : Le miracle de Saint-Janvier. — Les principales églises de Naples. — Les Chartreux. — Les Camaldules. — La grotte du Pausilippe. — Le tombeau de Virgile. — Les Catacombes de Naples. — Le Campo-Santo. — Le Palazzo Reale. — Capodimonte. — Caserte. — Le musée Borbonico. — Le Vésuve. — Herculanum. — Capri. — Les progrès de la langue française en Italie.

Ce soir, samedi, 6 mai 1865, j'ai été le témoin d'une merveille dont j'avais entendu parler, dès ma plus tendre enfance. J'ai vu, de mes propres yeux vu, ce qui s'appelle *vu*, le miracle *du sang de saint Janvier.*

C'était aujourd'hui la fête de la *translation* des reliques de ce saint de Pouzzoles à Naples. Il y a eu une procession solennelle de l'église cathédrale à celle de *Santa-Chiara.* Tout le clergé régulier et séculier de la ville était représenté à cette procession, dans laquelle on a porté *quarante-sept* bustes de saints, en argent et de grandeur naturelle; quelques-uns étaient même couverts de pierreries. Chaque buste était porté par six hommes vigoureux, qui pliaient sous le poids de leur fardeau. A la fin, venait, sous un dais flottant, le magnifique reliquaire, en vermeil et de forme gothique, qui renferme les deux fioles de verre, contenant le sang de saint Janvier, premier évêque de Naples, martyrisé à Pouzzoles, sous le règne des empereurs Dioclétien et Maximien. Ces deux fioles, hermétiquement fermées et scellées, renferment un sang desséché qui se liquéfie et entre en ébullition, lorsqu'on le met sur l'autel, près du buste de vermeil qui contient, sous un masque d'or, la tête du saint.

Je suis arrivé, avec mon jeune compagnon, à quatre heures de l'après-midi, dans l'église de Santa-Chiara; et nous y avons attendu jusqu'à six heures et demie l'arrivée de la procession. Il y avait une foule énorme d'étrangers et de curieux; plusieurs attendaient là, depuis neuf heures du matin. Au côté droit du maître-autel étaient une centaine de femmes, appartenant à la classe du peuple et prétendant descendre de la famille de saint Janvier. Ces femmes, dans l'ardeur de leur foi, priaient à haute voix et d'une façon si étrange qu'elles écorchaient les oreilles des assistants, avec les sons perçants de leur voix aigre et criarde. C'était une cacophonie, une discordance de tons à agacer les nerfs de l'homme le moins musicien; enfin, c'était quelque chose de faux au possible; c'était un vacarme abominable ! Cela dura près de deux heures. L'orgue vint heureusement remplacer tous ces cris; puis un orchestre, assez bon, se fit entendre, quand la procession entra dans l'église, richement décorée pour cette circonstance.

Le grand-vicaire, qui remplace l'archevêque exilé et dont le trône était voilé d'une longue étoffe de soie rouge, ôta du reliquaire les deux fioles où se trouve le sang du martyr, et les mit sur l'autel, après les avoir, plusieurs fois, montrées à la foule, pour la convaincre que le sang était bien desséché. Il se fit alors un profond silence, pendant lequel le prêtre prononça l'oraison liturgique, presque à voix basse. Puis, quand le clergé eût répondu : *Amen*, l'officiant, s'adressant au peuple, s'écria : *Orate !* Les parentes de saint Janvier ne se le firent pas répéter deux fois, et les cris recommencèrent de plus belle.

Bientôt un violent coup de sonnette avertit que le miracle était opéré. Aussitôt les fanfares de l'orchestre ébranlèrent les voûtes de l'église ; les tambours battirent aux champs et les cousines du saint hurlèrent de joie. La foule impatiente se rua littéralement sur l'autel, pour voir de près le miracle. Nous suivîmes le torrent, bousculant les uns et bousculés par les autres. Après maints et maints efforts, nous parvînmes enfin à l'autel, mais la relique n'y était plus ; on venait de la porter à la grille des religieuses, afin de la leur faire vénérer. Il nous fallut attendre près d'une demi-heure, au milieu d'une véritable cohue, pressés de toutes parts et à moitié suffoqués par la chaleur. J'avoue que la patience alors me manqua et que je murmurai fort contre les religieuses, qui auraient fort bien pu vénérer la relique un peu plus tard, elles qui voient ce miracle-là, tous les ans, tandis que les étrangers ne peuvent le voir que très-difficilement ; c'eût été, de leur part, un acte de charité ; mais point n'en fut ainsi ; et je ne pus, en cette circonstance, m'empêcher d'appliquer aux Clarisses de Naples ce que Gresset disait des Visitandines de Nevers :

> Désir de fille est un feu qui dévore ;
> Désir de nonne est cent fois pis encore.

A force de l'attendre, la relique finit par arriver. Je dirai, à ma honte, que j'étais un peu comme l'apôtre saint Thomas, surnommé Dydime, et que je me disais tout bas : *Nisi videro non credam.* Enfin, je vis et je crus. Le sang, qui était dans les deux fioles, se trouvait véritablement liquéfié. Dans l'une, aux trois quarts pleine, se remuait une liqueur rougeâtre, assez semblable à du sirop de groseilles ; dans l'autre, beaucoup moins pleine, était une liqueur presque vermeille d'où se dégageaient de tout petits globules d'air, semblables à ceux que l'on voit sortir d'un vin qui fermente et qui pétille. On ne peut nier l'évidence ; et je courbai pieusement la tête devant ce mystérieux prodige. Le prêtre me fit baiser la sainte relique, et je me retirai, en me disant :

> *Beati qui non viderunt*
> *Et firmiter crediderunt ;*
> *Vitam æternam habebunt !*

Demain, dimanche, je verrai de nouveau ce miracle dans l'église de Saint-Janvier, où il doit encore s'opérer, à neuf heures du matin. Cette fois, je ne recourrai pas à la clarté des cierges pour voir un tel prodige; car il aura lieu en plein jour, et je pourrai l'examiner de plus près. Le retour de la procession de Santa-Chiara à Santo-Gennaro s'est fait aux flambeaux. Rien de plus imposant que cette *théorie* religieuse, s'avançant, à pas lents, au milieu des rues de Naples, au bruit de la musique militaire qu'entrecoupaient, de temps en temps, les chants sacrés. Le buste du saint martyr, porté sur un brancard, marchait, sous le dais, à côté du superbe reliquaire gothique, qui renfermait les deux fioles de sang. La vive clarté des torches, dont il était entouré, faisait étinceler les milliers de pierreries qui ornaient ses vêtements et sa mitre. En un mot, c'était un spectacle admirable que je ne reverrai sans doute jamais de ma vie.

Aujourd'hui, 7 mai, nous sommes allés à *San-Gennaro*, sur les huit heures et demie du matin, pour assister de nouveau au miracle de la liquéfaction du sang, qui devait se faire dans la vaste chapelle du *Trésor*. Nous nous sommes agenouillés sur les marches de l'autel, et nous avons eu le bonheur de voir, de fort près, cet étrange prodige, qui nous avait tant émus, la veille. Il s'est opéré sous nos yeux, instantanément; et, cette fois, je me suis retiré, encore plus convaincu que je ne l'étais, hier soir; car je m'étais parfaitement assuré de la concrétion du sang, avant que la prière liturgique en opérât la liquéfaction. La chose s'est passée exactement comme le raconte la légende du Bréviaire Romain, édité à Rome, en 1568, sur l'ordre du pape saint Pie V :

« *Præclarum illud quoque, quod ejus sanguis, qui in ampullâ vitreâ concretus asservatur, cum in conspectu capitis ejusdem Martyris ponitur, admirandum in modum colliquefieri, et ebullire, perinde atque recens effusus, ad hæc usque tempora cernitur.* »

Voici la traduction littérale de ce texte :

« Il y a encore cela de remarquable, c'est que son sang, qui est conservé desséché dans une fiole de verre, lorsqu'il est placé devant la tête de ce même martyr, devient miraculeusement liquide et entre en ébullition, tout comme s'il venait d'être répandu, et ce prodige se voit encore de nos jours. »

Il y a donc encore des miracles visibles, dans l'église de Dieu ; des merveilles qui s'opèrent, depuis des siècles, dans l'ordre physique, afin de fortifier la foi des fidèles et de mettre en défaut la science humaine, qui veut orgueilleusement tout expliquer en dehors de l'action divine et qui nie l'existence des faits surnaturels. Je me contente d'admirer et de croire, en disant, comme cet homme de l'Evangile : « *Credo, Domine; sed adjuva incredulitatem meam!* » Je crois, Seigneur; mais aidez mon incrédulité !

Ce même jour, en sortant de la chapelle du *Trésor*, nous vîmes des *cousines de saint Janvier*, qui se partageaient des oiseaux, dans un des bas-côtés de la basilique. Je m'approchai de l'une d'elles, et je lui demandai pourquoi on leur avait ainsi distribué des petits oiseaux.

— Ce sont des canaris que notre *cousin san Gennaro* nous a envoyés, me répondit-elle. Moi, je n'ai pu en avoir qu'un. Tenez, voyez comme il est joli ! Caressez-le un peu ; cela vous portera bonheur ! Je parle sérieusement.

Et, prenant ma main, le plus familièrement du monde, elle y mit le petit oiseau de saint Janvier. Mais je ne sais comment cela se fit ; le canari effarouché glissa entre mes doigts et s'envola sous les voûtes de la cathédrale, à la grande stupéfaction de la cousine de saint Janvier, qui se mit à pousser des cris de paon. Quant à moi, je m'éloignai prudemment et je me perdis dans la foule.

Les églises de Naples sont très-nombreuses, mais elles ne sont pas aussi belles que celles de Rome, tant s'en faut. Je n'indiquerai, ici, que celles qui ont le plus fixé mon attention. A la tête de toutes, il faut mettre *San-Gennaro*, qui est la cathédrale. Cette église fut bâtie sur l'emplacement de deux temples dédiés, l'un à Apollon et l'autre à Neptune. Le corps de saint Janvier repose sous le maître-autel. Nous sommes descendus dans une belle crypte, qui s'étend sous le chœur des chanoines et qu'on appelle la *Confession de saint Janvier*. Elle est toute incrustée de marbre, couvert de sculptures d'un travail délicat, et huit colonnes d'ordre ionique en soutiennent la voûte. Deux grandes chapelles, ou plutôt deux églises, annexées à la cathédrale, s'ouvrent dans les nefs latérales : à gauche, celle de *Santa-Restituta*; et à droite, celle du *Trésor de saint Janvier*, où s'opère le miracle de la *liquéfaction du sang* de cè martyr.

Une chose qui frappe le plus les étrangers, qui visitent *Saint-Janvier*, c'est la manière dont les Napolitains en usent avec la confession sacramentelle, à différ[illegible]-ques de l'année. Quand j'entrai dans cette égl[illegible] première fois, le jubilé y avait attiré un si gra[illegible] de pénitents que les confesseurs pouvaient à pein[illegible]. Ils étaient, pour la plupart, établis sur des chais[illegible]-tant la confession de leurs pénitents, agenouillés devant eux et parlant presqu'à voix haute. Il en résultait, pour toute l'église, une sorte de bourdonnement qui me parut des plus étranges. Il y avait, de part et d'autre, une multitude de gestes expressifs dont je n'aurais jamais pu me faire une idée, si je ne les avais pas vus. Ce peuple, d'une morale peut-être trop facile, a néanmoins une grande foi, et il a un sans-gêne si surprenant, dans sa façon d'en agir avec Dieu, que ceux qui ne le connaissent pas ont vraiment le droit d'en être étonnés.

J'ai visité ensuite : *Santa-Chiara*, ou Sainte-Claire, qui présente plutôt l'aspect d'une immense salle que d'une église, et dont le principal intérêt consiste dans ses tombes royales; *San-Domenico*, bel édifice gothique, qui offre une trop grande profusion de peintures murales et qui porte la trace de toutes les époques. La sacristie contient une collection de tombeaux de princes et de princesses d'Aragon dont l'effet est des plus singuliers. Ces tombeaux sont en l'air, sous une espèce de balustrade étroite, circulaire, et placés dans de larges coffrets, recouverts de velours cramoisi. On dirait des malles, fermées pour le grand voyage de l'éternité! *San-Filippo Neri*, dont l'intérieur est décoré avec magnificence et une surcharge de mauvais goût; le *Gesu-Nuovo*, où se trouve la célèbre fresque d'*Héliodore chassé du Temple;* cette vaste composition de *Solimène* a beaucoup de mouvement, mais elle manque d'unité ; enfin la chapelle de *San-Severo*, qui renferme les tombeaux de la famille *di Sangro*. Il y a là une foule de statues allégoriques, de l'école de Bernini, témoignant d'une grande perfection technique et du goût le plus dépravé.

J'ai voulu visiter l'église de *San-Francesco di Paola*, qui est située vis-à-vis du Palazzo Reale ; mais, par trois fois, je l'ai trouvée fermée. Cette église, qui est une ambitieuse imitation du Panthéon de Rome, sert aujourd'hui aux prêtres schismatiques, ainsi que le *Gesu-Nuovo* et plusieurs autres. Ces prêtres, que le fanatisme politique, pour ne pas dire *révolutionnaire*, a séparé du Saint-Siége, sont assez nombreux à Naples, qui est devenue ainsi la sentine de tout ce qu'il y a de plus mauvais dans le clergé d'Italie ; le peuple ne les aime pas et fréquente si peu les églises dont ils se sont emparés que ces dernières restent presque toujours fermées ; voilà pourquoi nous n'avons pu voir l'intérieur de San-Francesco di Paola.

Une des plus belles choses à voir, aux portes de Naples, est sans contredit *la Chartreuse*, qui se trouve sous le fort *Saint-Elme*. On y monte facilement en voiture. C'est bien le plus beau cloître qui soit au monde. Sa situation, dominant Naples et tout le golfe, est célèbre, à juste titre, par les beaux points de vue qu'elle présente. C'est à l'occasion de ce superbe panorama qu'un moine dit à un voyageur, qui vantait cet endroit comme un paradis sur la terre : « Oui, en effet, mais pour ceux qui passent. (*Transeuntibus !* » Le cloître et la balustrade du Campo-Santo sont en beau marbre de Paros. L'église est d'une richesse et d'une magnificence qui égalent celles que l'on rencontre dans les plus belles églises de Rome. Ici les marbres précieux rivalisent avec les merveilles de la peinture. Ce n'est partout que chefs-d'œuvre de l'art. La sainte-table du maître-autel est surtout remarquable par l'heureux mélange de ses bronzes et de ses marbres. Le chœur des religieux, la salle du chapître, le trésor, la sacristie et le parloir sont ornés de boiseries admirables et de fresques excellentes. Enfin, il faut aller au belvédère pour jouir de la vue la plus délicieuse qu'il y ait aux environs de Naples, après celle des Camaldules. Cette chartreuse qui, selon moi, est la plus belle du monde, n'en déplaise à Pavie et à Grenoble, est sous le vocable de *San-Martino*, l'illustre évêque de Tours. Au-dessus de la porte d'entrée, on voit un bas-relief en marbre, représentant le futur thaumaturge des Gaules, sous le costume d'un guerrier, qui donne la moitié de son manteau à un pauvre; et j'avoue franchement que j'ai éprouvé un sentiment de fierté nationale, en retrouvant, là, l'image protectrice du patron de la France.

Un dimanche, après avoir déjeûné au bord de la mer, avec Pierre et son ami Maurice A***, nous décidâmes que, pour bien employer le reste de notre journée, il nous fallait faire l'excursion des *Camaldules*. Un fiacre nous conduisit à l'extrémité de la rue de *Tolède*, près du musée *Borbonico*, où nous trouvâmes une station d'ânes. Je crois avoir déjà dit que les ânes ne manquaient pas à Naples, ce qui ne les empêche pas d'y être loués fort cher. Nous voilà donc partis, tous les trois, montés chacun sur un excellent *Aliboron*, et précédés de notre ânier, jeune gars de quinze à seize ans, dont la cupidité était déjà développée jusqu'à la scélératesse. Tandis que nous gravissions le Pausilippe, en suivant des sentiers délicieux, qui serpentaient à travers des bois de chênes dont l'ombre et la fraîcheur, jointes aux gazouillements des oiseaux, ajoutaient encore au plaisir de notre charmante promenade, cet ânier s'approcha de moi et me dit :

— Donnez-moi deux francs, et je ne vous ferai pas tomber de dessus votre âne.

— Comment! et pourquoi me faire tomber! m'écriai-je. Plaisantes-tu, vilain drôle?

— Non, répliqua-t-il, je ne plaisante pas; vos deux *fils* m'ont donné *un franc* pour vous faire tomber; mais, si vous m'en donnez *deux*, je ne frapperai pas votre âne, et ce sont eux que je ferai tomber.

— Tu ne feras tomber personne; entends-tu bien, polisson, vaurien que tu es? Si tu touches à mon âne ou à ceux de mes compagnons, tu n'auras pas un centime de *bonne main*, et, de plus, je te ferai rosser d'importance par ton maître, dès que nous serons de retour à Naples.

— Eh bien ! répartit le jeune coquin, je ne toucherai ni à votre âne ni à ceux de vos *fils* (il s'obstinait à prendre pour mes enfants les deux jeunes gens que j'accompagnais); mais, pour l'amour de Dieu, de la Madone et de saint Janvier, donnez-moi quelque chose, un franc, cinquante centimes, ce que vous voudrez !

— Rien, rien !... Peut-être que, si tu es sage, jusqu'à notre retour à Naples, je pourrai ne pas dire à ton maître de te donner des coups de bâton ; voilà tout! Laisse-moi tranquille, à présent.

On m'avait prévenu qu'il fallait brusquer ces sortes de gens, si l'on voulait en venir à bout. J'eus donc l'œil sur mon ânier, et je prévins mes compagnons d'en faire autant.

Nous arrivâmes, sans encombre, au couvent des *Camaldules*, qui n'offre rien de bien extraordinaire, si ce n'est la vue dont on y jouit. A gauche, on voit le Vésuve, Portici, Résina, Torre del Greco, Torre dell'Annunziata, Castellamare et Sorrento ; devant soi, on a l'île de Capri, où vécut Tibère et où se trouve la fameuse *Grotte d'Azur;* à sa droite, on découvre tout le golfe de Baïa, le cap Misène, les îles de Procida et d'Ischia, les lacs de la Solfatare, d'Agnano, de Lucrin et de Fusaro, la *Mer Morte*, Pouzzoles, etc. Lorsque le temps est beau, l'œil aperçoit même Gaëte et Terracine. Après avoir contemplé, tout à notre aise, ce magnifique panorama, nous songeâmes à regagner Naples. Mais nous étions tellement altérés par la chaleur du jour, que nous mourions de soif; et nous allions demander un verre d'eau au portier du couvent, quand, passant devant un puits, ou plutôt une citerne, l'idée nous vint d'y puiser de l'eau, à l'aide du seau qui était resté près de la margelle. Chacun tira de l'eau, à son tour, et but à même le seau, ce qui n'était pas très-commode; mais la nécessité, qui est mère de l'invention, sait donner de l'adresse à ceux qui n'en ont pas. Il y eut bien quelques petites malices, faites de part et d'autre; néanmoins l'on put s'abreuver à longs traits, comme au temps des patriarches. Nous retrouvâmes nos ânes à la porte du couvent, et notre descente fut beaucoup plus facile que notre ascension. Mes compagnons firent des courses et, je crois même, des culbutes. Ce qu'il y a de sûr, c'est qu'il y eût des boutons de manches perdus et des cannes cassées sur le dos des ânes. Quant à l'ânier, il ne broncha pas jusqu'à Naples, et il eut son pour-boire, quand même!

Il me faut bien dire un mot du Pausilippe, ce fameux promontoire qui s'avance dans la mer, entre les golfes de Naples et de Pouzzoles. On a, de là, une vue admirable sur des lieux illustrés par les deux plus grands chantres de l'antiquité, Homère et Virgile. Toutes les gloires du monde romain sont venues se reposer sous les frais ombrages du Pausilippe. Virgile, Cicéron, Marius, Pompée, Lucullus y avaient des villas. On y voit encore les viviers où l'affranchi Pollion faisait jeter ses esclaves vivants aux murènes. Mais les deux choses qui attirent le plus la curiosité du voyageur sont bien, sans aucun doute, la Grotte du Pausilippe et le Tombeau de Virgile. Cette *grotte* est tout simplement un tunnel antique, creusé dans le tuf volcanique, pour faciliter les communications entre Naples et Pouzzoles. Il est éclairé par des reverbères, qui brûlent jour et nuit; et il est tellement orienté, qu'à la fin de février et d'octobre, le soleil couchant l'éclaire d'un bout à l'autre. Sénèque parle de ce tunnel dans ses épîtres :

« J'ai dû subir, dit-il, toute la destinée des athlètes; « d'abord frotté d'huile, le souterrain de Naples nous « attendait avec sa poussière. Rien de plus long et de plus « obscur que ce cachot!... Là, la poussière, renfermée « sans issue, tournoie sur elle-même et retombe sur les « malheureux qui l'ont soulevée. »

(*Senec.* VII, ép. LVII.

On s'étonne qu'Auguste et Néron, qui venaient souvent à Naples, n'eussent pas fait améliorer ce passage souterrain, qui, outre les inconvénients signalés par Sénèque, était si bas, qu'au dire de Pétronne, il fallait se baisser en quelques endroits. Au quinzième siècle, Alphonse Ier d'Aragon fit agrandir et aplanir la grotte du Pausilippe, et c'est lui, probablement, qui la fit ventiler par ses deux puits d'aérage.

Quant au *Tombeau de Virgile*, c'est un *columbarium* fort ordinaire, perché au haut d'un escalier qui se trouve dans le voisinage de la grotte dont nous venons de parler. Virgile a-t-il été enterré là? Les savants ne sont pas d'accord sur ce point comme sur beaucoup d'autres. Pourtant le chantre d'Enée, ou, si vous l'aimez mieux, *le Cygne de Mantoue*, avait désiré être inhumé près de ce mont Pausilippe, où il avait une villa et où il avait écrit ses *Eglogues* et ses *Géorgiques*. Quoiqu'il en soit, ce tombeau n'offre rien de remarquable et ne répond pas à l'idée poétique que le voyageur s'en était faite. Je n'ai vu qu'une petite pierre tumulaire, qui se dresse au milieu du columbarium et sur laquelle on a gravé deux vers latins, rappelant la gloire du poète qui a si bien chanté les *prairies*, les *sillons* et les *combats*. Voilà tout; point de mausolée; point de laurier! On dit que Casimir Delavigne en a planté un, pour remplacer celui de Pétrarque qui avait péri; mais je n'ai rien vu que des ronces et des arbrisseaux, plus ou moins sauvages, autour de ce columbarium qui se trouve lui-même au milieu d'un cimetière juif. Quel étrange rapprochement entre Virgile et les enfants de Moïse, entre la poésie et le *positif!* Du reste, le cœur ne bat pas, on se sent froid en présence de cette tombe, qui prétend renfermer les cendres du plus grand génie du siècle d'Auguste; or, cette froideur involontaire n'est-elle pas une sorte de preuve qu'on a affaire, ici, à un tombeau vide?

Comme Rome, Naples a aussi ses catacombes, et même on se complaît à les dire plus belles. Il faut savoir ce qu'on entend, ici, par beauté. S'il s'agit de largeur et d'élévation, assurément les catacombes de Naples sont plus hautes d'étage et plus spacieuses que celles de Rome; mais elles sont moins étendues et surtout moins curieuses à visiter, sous le double rapport de l'idée religieuse et de l'intérêt historique. D'ailleurs, les étrangers, qui n'ont vu que les galeries souterraines de Saint-Sébastien et de Saint-Calixte, ne peuvent se faire une juste idée des catacombes romaines, puisqu'ils les ont à peine aperçues. Quant à moi, qui ai vu les unes et les autres, je trouve la comparaison même impossible, et je reste convaincu, plus que jamais, de la bêtise humaine, qui juge toujours en dernier ressort ce qu'elle ne connaît pas.

Les archéologues se sont livrés à bien des hypothèses sur l'origine des catacombes de Naples, qui semblent être bien antérieures à la domination romaine; la moins probable serait certainement de supposer qu'elles aient été creusées seulement par les chrétiens. Ces vastes excavations, qui s'étendent sous les collines au nord de la ville, ont un développement de plusieurs milles. Elles sont creusées dans une pouzzolane durcie, et ont trois étages. L'étage inférieur a été comblé ou fermé par des éboulements, et probablement aussi avec intention, à l'époque où tant de milliers de victimes de la peste de 1656 y furent ensevelies. Les parois latérales des deux autres étages présentent des niches oblongues, formant autant de tombeaux qui, d'après leurs inscriptions, appartenaient tous à des chrétiens. J'ai remarqué, dans ces catacombes, un autel païen, ayant la forme d'une colonne, avec le nom du dieu auquel il était consacré. Le guide me dit que les chrétiens avaient transporté-là cet étrange autel, parce qu'il avait été purifié par le sang des martyrs dont un grand nombre avaient eu la tête tranchée dessus. Pour en finir avec les catacombes de Naples, j'ajouterai qu'elles ressemblent à d'immenses cavernes, qui reçoivent le jour par plusieurs ouvertures et qu'on s'y promène, sans éprouver le sentiment religieux qui vous saisit, en entrant dans celles de Rome.

Des catacombes, nous sommes allés au *Campo-Santo Nuovo*, sorte de square funèbre, où les roses abondent plus que les cyprès, et où presque tous les tombeaux se cachent sous des massifs de fleurs et de verdure. C'est le jardin le plus gai que puisse avoir la mort. Il paraît qu'à la Toussaint, c'est un spectacle curieux d'y suivre la foule. « A côté des calèches et des corricoli, des troupes d'ânes au trot amènent et ramènent abbés, soldats, moines, bourgeois, femmes, enfants, chevauchant pêle-mêle. La foule circule, s'assied, boit, mange, rit, cause, pleure et prie sous les ombrages de ces magnifiques promenades, pleines de tombeaux et de mausolées, d'où l'œil aperçoit la Campanie, le Vésuve, la mer et toutes les splendeurs du site napolitain. »

Il y a peu de palais à Naples ; mais ceux qu'on y voit sont fort beaux et appartiennent presque tous au domaine de la Couronne. On doit mettre en première ligne le *Palazzo Reale* dont la magnificence est vraiment royale. Il possède un escalier de marbre blanc qui, pour sa largeur et le grandiose majestueux de sa forme, est peut-être tout ce qu'il y a de plus beau en ce genre, après l'escalier de Caserte. Outre les salles d'apparat, on y voit des bronzes antiques et des peintures pleines d'intérêt. Les terrasses, du côté de la mer, sont métamorphosées en jardins suspendus, où les orangers et les citronniers forment de longs berceaux d'une fraîcheur admirable. Entouré, à droite, par le théâtre *San-Carlo,* à gauche, par l'arsenal militaire, et, en arrière, par l'arsenal d'artillerie, le Palazzo Reale développe sa façade du côté de la place de San-Francesco di Paola, sur une longueur de 320 palmes, et présente un aspect des plus imposants.

Nous avons également visité le palais de *Capodimonte,* ancienne villa des rois de Naples, qui est située aux portes de la ville, sur une colline, d'où l'on jouit d'une vue très-étendue. Ce palais est une sorte de petit Versailles, et pour ses galeries de tableaux modernes, et pour son parc délicieux dont les arbres taillés forment des allées droites et des voûtes de verdure d'un effet bizarre, mais agréable.

Outre Portici et plusieurs autres résidences royales, les Bourbons de Naples possédaient encore le magnifique palais de Caserte, situé à huit lieues de leur capitale et qui ne le cède en rien aux autres habitations princières du royaume des Deux-Siciles. Il est bâti en travertin, de forme quadrangulaire, et les quatre corps de logis correspondent avec les quatre points cardinaux. La façade principale ne compte pas moins de 240 fenêtres. Chacune des grandes cours intérieures forme un palais carré. La façade du sud présente trois magnifiqnes portails, correspondant aux trois autres de la façade opposée. Le portail du milieu introduit sous un portique que soutiennent 64 colonnes de marbre, et qui offre, au centre, une belle perspective sur les quatre cours. Le grand escalier est un beau morceau d'architecture; et la chapelle est riche en dorures et en marbres. Les jardins, ornés de statues et de cascades, sont à l'avenant d'un pareil palais qu'on regretterait même, en habitant celui de Versailles. Et pourtant, ceux qui naguères en étaient les maîtres sont aujourd'hui bien misérablement logés, à Rome, dans le sombre et modeste palais Farnèse, qui n'a même pas, comme celui du prince de Monaco, l'inoffensif honneur d'avoir deux guérites *vides* à sa porte! Et maintenant, rois, comprenez; retenez bien cette terrible leçon, vous qui jugez la terre!...

Pauvre roi de Naples, si jeune et si digne d'intérêt, nous l'avons rencontré plusieurs fois, dans les rues de Rome, avec sa belle et courageuse épouse! Nous plaignions déjà de tout cœur son triste exil, et sa royale infortune avait toutes nos sympathies; mais, hélas! nous étions loin de connaître toute l'étendue de son malheur, car nous n'avions pas encore vu Naples, et nous ignorions par conséquent la beauté du royaume et la richesse des palais qu'il avait perdus!...

Le musée *Borbonico* est une autre sorte de palais dont il me faut bien dire quelques mots. C'est un superbe et vaste monument où les derniers Bourbons de Naples ont fait réunir toutes les collections, disséminées dans les résidences royales. Ce musée, qui peut rivaliser avec ceux du Vatican et du Capitole, se compose, presque entièrement, des épaves de l'antiquité romaine; c'est le dépôt général de tout ce qui a été trouvé à Capoue, à Pompéï, à Herculanum, à Pœstum, à Pouzzoles et à Stabies; on y a joint la collection Farnèse, que le roi de Naples possédait à Rome, ainsi qu'une galerie de tableaux et une bibliothèque de 200,000 volumes.

Il y a, au musée Borbonico, les plus belles collections d'antiques qui se puissent trouver. On y compte plus de 1,600 *peintures murales;* un grand nombre de *mosaïques;* environ 1,500 *sculptures en marbre;* 115 *statues en bronze;* 13,000 *petits meubles, ustensiles, instruments aratoires, armures* et autres objets *de même métal;* une quantité prodigieuse de *terres cuites, amphores, vases* de toutes formes, *statuettes*, etc.; 3,000 *papyrus;* 50,000 *médailles d'or et d'argent;* plus de 2,000 *gemmes* ou *pierres précieuses;* enfin, beaucoup de *monuments de l'art au moyen-âge*, et une galerie de 900 tableaux entre lesquels on remarque *la Danaé* du Titien; une *sainte Famille* de Raphaël; l'*Ange gardien* du Dominiquin et le *Cupidon* de Schidone.

Tel est le sommaire rapide de ce beau chapitre qu'on peut intituler *le musée de Naples;* c'est, du reste, tout ce qu'il y a de plus curieux à voir dans la capitale des Deux-Siciles, sous le rapport de l'art antique et moderne. Les autres curiosités de Naples ne sont pas sorties de la main des hommes; car, c'est Dieu qui a fait son golfe, parsemé d'îles charmantes, et les montagnes fertiles qui lui font une si magnifique ceinture de verdure et de fruits.

Que dirai-je de son fameux et terrible volcan? Peut-on quitter Naples, sans dire un mot du Vésuve? Non, assurément; car cela serait mal reconnaître le plaisir que sa vue m'a procuré, pendant trois semaines.

Le Vésuve, dont le cône isolé et fumant forme le point de vue le plus intéressant et le plus étendu de la contrée, a une hauteur de 1,200 mètres environ. Bien qu'il soit un des volcans les moins élevés, c'est le plus célèbre de tous et celui qui a été le mieux étudié. Les anciens le croyaient éteint, depuis des siècles, quand arriva subitement l'épouvantable éruption de 79, qui fit tant de ravages dans la Campanie. Son sommet se divise aujourd'hui en deux parties : le cône volcanique, ou *Vésuve* proprement dit, et la *Somma*, qui forme au pied du cône une ceinture semi-circulaire, au nord et à l'est. Entre la Somma et le Vésuve existe une vallée de 500 mètres de large, nommée *l'Atrio-del-Cavallo*.

Comme j'avais déjà fait l'ascension d'un volcan en Amérique, et que je ne me souciais pas trop de gravir des pentes de cendre, présentant une inclinaison de 50 degrés, escalade excessivement fatigante, parce que la cendre cède, à chaque instant, sous les pas, je laissai à mon jeune et infatigable compagnon le plaisir de grimper au sommet du Vésuve, avec un de ses amis. Il s'en tira à merveille et sut s'arranger de manière à se trouver sur le cône, au coucher du soleil, afin d'y jouir du splendide spectacle du golfe et du vaste horizon, étincelant des dernières clartés du jour. D'après tous les détails qu'il me donna, je regrettai presque de n'avoir pas fait cette ascension; car j'aurais entendu mugir le Vésuve; j'aurais vu son cratère lancer, de cinq minutes en cinq minutes, des colonnes de flammes dans les airs et vomir, comme un canon chargé à mitraille, des milliers de petites pierres ponces, rougies par le feu et semblables aux brillantes étincelles d'une gerbe de *girandola*. Mais pourtant, je l'avoue à ma honte, je n'osai pas trop gourmander ma paresse, en songeant à la peine qu'il m'eût fallu endurer, pour jouir d'un plaisir aussi fugitif et admirer de près une gloire si pleine de fumée.

Je me dédommageai, le lendemain, en allant visiter une des trois grandes victimes de ce *beau* Vésuve, je veux dire en allant à Herculanum, qui est situé maintenant sous Portici et sous Résina. Quand on a vu Pompéï, vraiment tout le reste, en fait de ruines, est bien peu de chose!

Herculanum était une ville très-ancienne, puisque les Etrusques s'en rendirent maîtres, 600 ans avant J.-C., en chassant les Osques qui la possédaient, depuis sa fondation. Vers l'an 420, les Samnites s'emparèrent, à leur tour, d'Herculanum, qui, plus tard, devint colonie romaine et l'une des villes les plus florissantes de la Campanie. Les grands de Rome y avaient des villas; et c'était un centre beaucoup plus artistique que Pompéï, si l'on en juge par la multitude de statues et d'objets d'art qu'on y a trouvés. Cette ville fut engloutie, le même jour que Stabies et Pompéï, sous des masses de cendres embrasées qui, mêlées aux torrents d'eau chaude lancés par le volcan, pénétrèrent dans l'intérieur des édifices, à l'état de limon, et formèrent un tuf d'une telle dureté, qu'on l'a pris longtemps pour de la lave. Les éruptions postérieures accumulèrent sur Herculanum une masse de laves, qui a maintenant une épaisseur de 21 à 34 mètres. L'exhumation de cette villle est donc devenue presque impossible; aussi n'en a-t-on découvert qu'une très-petite partie. Les premières fouilles furent faites, en 1711, par Emmanuel de Lorraine; le roi Charles III les continua, en 1738; et depuis ce temps, on les a interrompues et reprises plusieurs fois.

La visite d'Herculanum est bien vite faite. Il n'y a qu'un *théâtre*, une *basilique* et *deux* maisons à voir. Le théâtre, à moitié déterré, n'offre qu'un médiocre intérêt. On y a trouvé de belles statues de marbre et de bronze doré, parmi lesquelles quatre statues équestres. La *basilique*, longue de 228 palmes et large de 132, avec un portique de 42 colonnes, a fourni au musée de Naples les deux statues équestres des Balbus, père et fils. C'est dans la *villa d'Aristide* qu'on a recueilli les précieux papyrus, dont nous avons parlé plus haut, et une foule de statues et de bustes en bronze, tels que le *Faune ivre*, les *six danseuses*, le *Faune dormant*, le *Mercure*, l'*Aristide*, l'*Homère*, et la *Minerve étrusque*. Enfin la *maison d'Argus* a donné un grand nombre d'objets curieux, entre autres des comestibles. Voilà tout l'Herculanum, visible jusqu'à présent. Le reste de cette ville sera-t-il jamais exhumé?

Si le peu qu'on en voit ne mérite guères qu'on se dérange tout exprès, du moins la route qui y conduit est-elle des plus curieuses à parcourir. On roule, pendant une heure, sur une large chaussée, bordée de maisons et de petites villas. De Naples à Portici, c'est le faubourg d'une grande ville. On ne rencontre que des cabarets et des boutiques d'assez triste apparence. Les fabricants de macaroni font sécher leurs longues pâtes à l'aide de bâtons, rangés le plus maladroitement possible sur des tréteaux qui occupent une partie de la rue. Autour de ces pâtes, peu appétissantes et pourtant destinées à la nourriture de tant de monde, grouillent des enfants, des poules, des chiens, des moutons et surtout des cochons, attachés par le milieu du ventre, au moyen d'une corde dont l'extrémité est retenue par un pieu. Celui qui n'a pas été de Naples à Portici ne peut pas s'imaginer la quantité prodigieuse de gros et de petits pourceaux noirs, qui sont ainsi échelonnés le long de la route. On dirait vraiment que ce faubourg a un culte tout particulier pour les cochons et que ces animaux sont les *dieux lares* du pays.

Au milieu de tout cela circulent les *corricoli*, allant à Torre del Greco ou revenant de Résina. Peut-être ne savez-vous pas ce que c'est qu'un *corricolo*? Imaginez-vous une espèce de tilbury, fort mal suspendu et perché sur une longue charrette; au lieu de trois personnes qui pourraient convenablement y tenir, placez dessus une quinzaine d'individus, qui sur les brancards, qui sur les bancs, qui dans le filet, qui assis sur les genoux des autres, qui debout derrière la voiture, se tenant accrochés au dossier, et vous aurez une idée du corricolo. De plus, cette sorte de véhicule, traîné par une haridelle efflanquée, mal peignée, mal enharnachée, dont le galop mal assuré fait craindre, à chaque instant, pour les voyageurs qui l'encombrent, court avec une vitesse surprenante, en soulevant autour de lui des tourbillons de poussière. Les personnes qui se servent de ce singulier omnibus forment souvent un groupe des plus grotesques; tantôt c'est un soldat près d'un moine; tantôt c'est une vieille femme endormie, qui repose sa tête sur l'épaule d'un jeune abbé, lisant son bréviaire et dont le large chapeau lève vers le ciel une corne menaçante; ici, c'est un invalide qui fume tranquillement sa pipe, près d'une nourrice qui allaite son enfant; là, c'est un pêcheur, avec son bonnet de laine rouge et ses manches de chemise à moitié retroussées, qui se tient debout près d'un gros paysan, coiffé d'un chapeau pointu; des voyageurs fatigués, leur sac sur le dos; des gamins en guenilles, enfin des gens de toute sorte participent à ce pêle-mêle étrange, qui ne se rencontre que dans les corricoli napolitains. Mais quittons cette route poudreuse, bruyante, pleine d'agitation et de voitures, pour aller visiter l'île de Capri, qui s'étend mollement sur les flots, à l'entrée du golfe.

En nous rendant sur le quai de *Santa-Lucia*, afin de prendre la mer, notre intention était de nous embarquer pour les îles de Procida et d'Ischia, où, chaque jour, un petit bateau à vapeur transporte un assez grand nombre de passagers qu'il ramène, le soir, à Naples. Malheureusement notre canotier se trompa de navire et nous fit aborder celui qui était en partance pour Capri. Force nous fut donc de rester sur ce bâtiment, dont on levait déjà l'ancre, et d'aller rendre visite au rocher de Tibère, au lieu de faire un pèlerinage à cette charmante et verte Ischia, que Lamartine a si poétiquement chantée dans son délicieux roman de *Graziella*. La traversée dura trois heures et fut des plus fatigantes, attendu que notre bateau ne marchait pas, soit qu'on voulut faire une économie de charbon, soit qu'on voulut laisser aux passagers le temps de bien examiner les beautés du golfe et la surface moirée de la mer. Mais, ce qu'il y a de sûr, c'est que nous étions dans un véritable *sabot*. *Trois heures* pour faire *cinq lieues*, évidemment ce n'est pas marcher à toute vapeur !

Quiconque va à Capri doit nécessairement visiter la *Grotte d'Azur*; car elle est marquée sur le programme, et le bateau vous y mène directement. Cette grotte, que tous les *Guides* appellent (je ne sais pourquoi) *la féerie du royaume de Naples*, est située dans la paroi à pic qui regarde le fond du golfe. Dès que nous fûmes arrivés en face de cette *merveille*, notre navire s'arrêta et une foule de petits canots accoururent pour prendre les passagers, désireux de voir *la Grotte d'Azur*. Je suivis l'exemple du *servile pecus*; et, monté sur une coquille de noix, flottant sur une mer d'un bleu clair et transparent, comme l'azur du ciel, dont les abîmes sans fond se réflétaient parfaitement dans les profondeurs infinies des eaux, je parvins, non sans crainte, jusqu'à l'étroite ouverture de cette grotte qu'il me fallait voir. Là, je dus me baisser au fond du canot, pour franchir une espèce de couloir qui m'introduisit dans une caverne spacieuse, port caché dans l'intérieur du rocher et dont la longueur est 196 palmes sur une largeur de 104. La profondeur de l'eau est de 80 palmes. Les eaux de cet antre marin sont un peu plus azurées que celles qui baignent les rochers extérieurs de l'île: mais la lumière dont elles sont pénétrées, et qui arrive en un seul jet par l'étroite ouverture du souterrain, produit un effet d'optique, semblable à celui qui se passe dans *la chambre obscure*, et se réfléchit en teintes célestes sur certaines parois de la grotte, plus saillantes que les autres. Voilà tout le merveilleux, toute la féerie de la fameuse *Grotta Azzurra*; et, si vous y ajoutez le spectacle du gamin qui, en s'y baignant pour 50 centimes, vous montre un corps *blanc* et une tête *noire*, vous aurez vu tout ce qu'on peut voir de phénoménal dans la susdite grotte.

C'est assez sur ce sujet. Revenons à bord et tâchons d'arriver à Capri; car il est midi et demi, et nous n'avons pas encore déjeûné.

Capri, anciennement *Caprée*, est une île presque entièrement entourée de rochers à pic. Elle n'offre que deux endroits où les barques puissent aborder, et ne compte pas plus de 3,500 habitants. L'Empereur Auguste qui l'avait acquise des Napolitains, en échange d'Ischia, se plut à y séjourner dans sa vieillesse, et il y bâtit des palais, qui, agrandis par Tibère, devinrent le repaire de sa tyrannie, de ses cruautés et de ses effroyables débauches. La sinistre mémoire du monstre couronné, qui y bravait l'indignation du monde entier, plane encore sur cette île maudite et se lie fatalement à son nom. Il ne reste plus rien du palais de Tibère; car il fut rasé par ordre du sénat, après la mort de cet infâme tyran.

En mettant le pied sur le rivage de Capri, nous fûmes assaillis par une multitude de mendiants de toute sorte, qui voulaient des *baïoques*, les uns, pour avoir tenu l'amarre de la barque pendant que nous abordions; les autres, pour avoir mis un banc boiteux sur les cailloux, afin que nous n'ayions pas les pieds mouillés en sortant du bateau.

Mais, sans prêter l'oreille à toutes leurs réclames importunes, nous nous mîmes en devoir de grimper la rampe tortueuse et rapide qui mène à la ville. Le soleil frappait d'aplomb ses rayons ardents sur nos têtes, et nous avions pour vingt-cinq minutes de marche, avant d'atteindre les portes de la cité où nous devions nous reposer. Nous étions environ à mi-chemin, quand un homme vint nous engager à entrer dans une auberge voisine et où rien ne nous manquerait. Cette osteria était, je l'avoue, très-coquettement assise sur un rocher qui dominait la plage et offrait un point de vue charmant; mais elle avait eu l'ambition de faire peindre sur ses murs jaunes une enseigne qui me fit frémir (sous le rapport de l'orthographe, bien entendu!). On y lisait ces deux mots français : *Nouvelle hotel.* Evidemment l'adjectif ne s'accordait pas avec le substantif qu'il voulait qualifier, et il y avait tout à craindre que la cuisine de cet *hôtel* ne s'accordât pas non plus avec notre estomac. Pourtant, nous cédâmes aux instances de l'hôtelier, et nous entrâmes chez lui. Je ne sais pourquoi, hélas! je n'y suis pas resté! Mais *le mieux* est toujours l'ennemi *du bien.* Après avoir fait l'inspection du local, je crus m'apercevoir que cela sentait beaucoup l'auberge de bas étage, et je pensai que la ville, tant petite qu'elle pût être, nous fournirait toujours quelque chose de plus propre. J'entraînai donc mon compagnon, et nous continuâmes à gravir le rude sentier de Capri, un vrai sentier de chèvres. A peine avions-nous fait quelques pas, qu'un autre importun vint nous proposer l'*hôtel de France.* Le nom était bien tentant pour des cœurs français, et il y avait tout lieu de croire que là, nous entendrions parler notre langue et que nous pourrions faire un bon repas, d'après les règles de notre cuisine nationale.

Nous parvînmes enfin, tout couverts de sueur, aux portes de la ville. Que dis-je? Capri n'est pas une ville, c'est une ombre de ville, un mauvais petit bourg, avec des portes et un fragment de mur d'enceinte. Monaco est mille fois plus grand et plus beau que cela. Où est donc l'hôtel de France? Je ne vois que de misérables taudis. Ah! ça, nous a-t-on trompés? Je commence à le croire. De ruelle en ruelle, nous arrivâmes pourtant devant un bouge, au-dessus de la porte duquel je pus lire à ma grande confusion : *Otel de Frans*. C'était là !... Comment faire? Il n'y avait pas moyen de reculer; car nous n'avions que deux heures à passer à Capri; d'ailleurs, nous avions faim; il fallait donc s'exécuter le plus gracieusement possible. Le dîner fut à l'avenant de l'enseigne, c'est-à-dire détestable. Je crus, un instant, pouvoir me rejeter sur le vin du pays, qui a une certaine réputation de bonté; mais celui qu'on nous servit n'était pas potable. Comme je m'en plaignais à l'aubergiste, il me répondit très-naïvement que le bon vin de Capri ne se faisait qu'à Naples. Vers la fin de notre chétif repas, nous vîmes subitement apparaître un abbé passablement débraillé, qui s'assit brusquement à notre table et devant lequel on servit de suite un immense plat de macaroni, qu'il se mit à manger avec une voracité surprenante, s'aidant, pour cela, beaucoup plus de ses doigts que de sa fourchette. Cet abbé, qui pouvait avoir trente ans, était maigre à faire peur; il avait la peau très-basanée et des yeux noirs très-largement ouverts. Il me fit l'effet du spectre de la faim, dévorant ce que le hasard venait de lui faire tomber entre les mains. Quand il eut vidé son plat, ce qui fut l'affaire d'un instant, je lui adressai la parole, et il me répondit en assez bon français. M'ayant dit qu'il appartenait au clergé de Naples, je lui demandai combien ce clergé pouvait compter de membres.

— Pour la ville, seulement, me répondit-il, nous sommes environ *six mille cinq cents*, et encore ce ne serait pas assez, si tous les Napolitains voulaient remplir leurs devoirs de chrétiens.

Je trouve pourtant ce chiffre bien respectable pour une seule ville, qui compte déjà 237 églises, 57 chapelles et 76 couvents. Certes, si les habitants de Naples ne remplissent pas leurs devoirs religieux, ce n'est pas faute d'avoir des églises et des prêtres à leur disposition.

Il était temps de partir. Nous payâmes l'aubergiste, et nous reprîmes le chemin du bord de la mer. Comme je suis loin d'avoir les pieds aussi légers que ceux d'Achille, j'eus le malheur de glisser, en descendant un escalier de pierre qui longeait le mur d'une ruelle, et je fis une chute qui m'écorcha la main gauche. Il me fallut donc aller à la recherche d'un pharmacien pour me procurer un peu de taffetas d'Angleterre, afin d'en couvrir ma blessure. Mais où trouver une pharmacie à Capri? Un enfant nous indiqua une petite boutique fermée; c'était le sanctuaire de l'Esculape de l'endroit, qui cumulait les fonctions de médecin, d'apothicaire et de barbier. Nous l'envoyâmes chercher; mais, à sa place, vint une jeune fille, aux pieds nus et aux cheveux en désordre, qui me donna une espèce d'emplâtre que j'appliquai provisoirement sur l'endroit où je m'étais blessé; et, après avoir payé 50 centimes pour cet onguent douteux, je revins, clopin-clopant, jusqu'à notre bateau à vapeur, qui ne tarda pas à se remettre en route pour Naples, en touchant à Sorrente. L'aller avait été de trois heures, le retour fut de quatre heures. Il y avait un progrès sensible dans la lenteur de notre *sabot*, et c'était bien le cas de lui appliquer ce fameux proverbe italien :

Chi va piano va sano, è chi va sano va lontano !

Me voilà arrivé à la fin de mon séjour à Naples. Je le quitterai sans avoir pu rencontrer un seul *lazzarone*. Il paraît que ce type n'existe plus que dans les romans. Mais en revanche, les *facchini*, ou porte-faix, les pêcheurs, les vendeurs ambulants, pullulent sur le port et dans les principales rues de Naples. Ceux-là sont, en général, laborieux, et tâchent de gagner leur vie honnêtement. Je ne dirai pas la même chose des mendiants, qui vous poursuivent et vous obsèdent pour avoir quelque menue monnaie, qui alimentera leur paresse. La mendicité est la plaie de toute l'Italie, et il est à regretter que le gouvernement ne déploie pas plus d'énergie pour la cicatriser et la faire disparaître.

Une autre chose qui met journellement la patience de l'étranger à une rude épreuve, c'est l'assiduité opiniâtre d'offres de services dont on n'a que faire. A peine paraît-il dans la rue, qu'une nuée d'officieux viennent l'importuner : l'un veut lui vendre quelque babiole, l'autre veut cirer ses bottes, tous veulent lui indiquer son chemin, le conduire aux monuments publics; les cochers de calèches ou de citadines se dirigent directement sur lui, le serrent contre la muraille, pour mieux lui faire sentir l'inconvénient d'aller à pied; enfin, partout il trouve un zèle de domesticité qui le fatigue et le dégoûte. Heureux encore quand on ne cherche pas à le voler trop effrontément, soit dans les achats qu'il fait pour se débarrasser des importuns, soit en mettant la main dans ses poches!

A l'exception des rues de *Tolède*, de *Chiaïa* et de plusieurs autres, qui sont très-larges et très-propres, Naples n'offre pas de belles voies à la circulation. Ses rues sont presque toutes montueuses, étroites et malpropres. Les habitants font sécher leur linge aux fenêtres des maisons, et se tiennent le plus souvent, pour travailler, sur le seuil de leur porte; ce qui cause parfois de grands encombrements. Du reste, ce peuple est actif, laborieux, babillard et joyeux; on dirait que la beauté du climat qu'il habite influe sur son caractère et qu'il partage la joie que son soleil inspire à tous ceux qu'il réchauffe. Je lui reprocherai seulement ses habits déguenillés et ses cuisines en plein vent, qui ne témoignent ni de sa propreté, ni de la délicatesse de son goût.

Quant à la bourgeoisie et à la haute société, je ne puis les juger, n'ayant fait que les apercevoir de loin.

Mon voyage en Italie m'a prouvé que la langue française se parlait à peu près partout dans la péninsule. Le peuple même la comprend souvent et la parle au besoin, tant bien que mal. Ainsi, en visitant le Palazzo Reale de Naples, je pus causer en français avec le gardien. Il ne lui arriva qu'une seule fois de prendre un mot pour un autre. Comme je m'extasiais devant la richesse du mobilier. — « Tout cela vient des Bourbons, me dit-il; Victor-Emmanuel n'a apporté ici que ses *armoires.* » Il voulait dire : ses armoiries. J'ai bien entendu de hauts personnages faire d'autres fautes de langage, en parlant le français. Témoin ce consul du Brésil, qui disait : « Mon pays est une grande *potence.* » Assurément il voulait dire *puissance*, en latin *potentia.* Un malin lui répondit finement : — « Gare à ses *attachés !* » C'était le même diplomate qui disait dans un salon : — « Mes parents n'avaient point d'enfants ; ma mère fit un *vot*, et me voilà ! » Le *vot* était un vœu *(votum)*.

Je m'arrête ici. Il est temps de faire mes adieux à l'Italie. J'aurais voulu visiter la Sicile, voir Palerme, Messine, Catane, Syracuse et l'Etna; mais ce beau pays est désolé par le brigandage, et il serait imprudent de s'y aventurer. Le sud même de l'Italie, la Calabre et la Pouille ne sont pas sûres. Nous faisons donc preuve de sagesse, en ne nous exposant pas à tomber de Charybde en Scylla !

CHAPITRE X

Sommaire : A bord du *Quirinal*. — Dernier coup d'œil sur Naples et son golfe. — Le mal de mer. — Les deux époux hollandais. — Anecdote sur Christophe Colomb. — L'ambassadeur de Russie et l'abbé Glair. — L'homme au casque. — Le port de Civita-Vecchia. — Un jour de grosse mer. — Les îles d'Hyères. — Débarquement à Marseille. — Grenoble. — La Grande-Chartreuse.

Le samedi soir, 14 mai, nous nous sommes embarqués sur le *Quirinal*, paquebot des Messageries impériales, qui était en partance pour Marseille. Il était environ cinq heures, quand la vapeur commença à faire marcher notre navire. Le pont était couvert de passagers qui, comme nous, prenaient le chemin de la France et faisaient leurs adieux à l'Italie, en jetant un long et dernier coup d'œil sur cette belle ville de Naples et sur les ravissants contours de son golfe, qui fuyaient déjà derrière nous. C'est toujours au moment suprême du départ que le cœur est le plus ému. Je me souvenais alors de toutes les merveilles que j'avais vues et admirées en Italie. Je revoyais, en esprit, Milan, Venise, Florence et Rome, *Rome*, cette tête digne d'être portée par d'aussi glorieuses épaules! Mais «que de charmes dans cette seule côte de la Campanie, que nous apercevions encore, dans ce chef-d'œuvre où évidemment la nature s'est plu à accumuler ses magnificences! Comment ne pas regretter ce beau climat si favorable à la vie, ces campagnes fécondes, ces côteaux si bien exposés, ces bois pleins d'ombre, cette vigoureuse végétation des forêts, toutes ces brises parfumées qui descendent des montagnes, cette fertilité en grain, en vin, en huile, ces troupeaux revêtus de laines fines, ces taureaux au cou puissant, ces lacs, cette abondance de fleuves et de sources qui l'arrosent tout entière, ces mers, ces ports, cette terre ouvrant partout son sein au commerce, et s'avançant elle-même au milieu des flots, empressée d'aider les mortels? (1) » A côté de tout cela, que de souvenirs historiques s'attachent aux ruines d'Herculanum et de Pompéï! Que d'émotions l'on éprouve, que de doux rêves l'on fait, en parcourant les bords délicieux de ce golfe, depuis le Pausilippe jusqu'à Sorrente! C'était tout un monde de merveilles que je quittais; aussi, quand mes yeux ne virent plus cette terre, que son climat et les grands hommes qui l'ont jadis habitée ont rendue si fameuse, mon cœur éprouva-t-il un serrement douloureux, pareil à celui qu'on éprouve en quittant un vieil et fidèle ami!

Nous avons déjà dépassé les îles de Capri, de Procida et d'Ischia; le jour baisse à l'horizon et nous allons commencer notre première nuit sur mer! Le pont du navire est encombré de monde; tous veulent jouir de la fraîcheur d'une magnifique soirée, avant de descendre dans ces affreuses et étroites cabines où l'on étouffe, entassés l'un sur l'autre. En effet, le ciel est beau et splendidement étoilé; mais la brise qui devrait parvenir jusqu'à nos poumons, pure et fraîche, ne nous arrive qu'avec ces chaudes et suffoquantes odeurs de la machine dont les tuyaux vomissent sans cesse une fumée noire et épaisse, qui se déroule au-dessus de nos têtes, comme les anneaux gigantesques de serpents monstrueux, ou plutôt, comme des lambeaux de sombres nuages que le vent emporte avec rapidité, pour les disperser dans l'espace. La position n'est donc pas tenable sur l'*arrière* du navire; aussi, le quittant d'un pas fort peu marin, je me rends sur l'*avant*, en chancelant comme un homme ivre, dans l'espoir de trouver-là, moins

(1) *Pline l'Ancien*, liv. II, 6.

de fumée et surtout moins d'odeurs nauséabondes. Hélas! c'est partout la même atmosphère écœurante; partout les mêmes secousses; partout le même balancement et le même bruit! De plus, l'encombrement est porté, là, à son comble. C'est quelque chose qui ressemble aux embarras de Paris, moins les voitures. Mais il y a des chevaux, des volailles, des multitudes de cages, pleines d'oiseaux, des colis de toute espèce; et, au milieu de tout cela, sont assis ou couchés une trentaine de soldats, des matelots, des hommes, des femmes, des enfants. Les uns rient, les autres se plaignent. Il y a là, véritablement, une gaîté factice à côté d'une souffrance réelle; car le cœur est mal à son aise sur ce *pont* qui, pour la solidité et la fermeté, est bien loin de ressembler *au plancher des vaches*. Le marin seul a l'air d'y être heureux, malgré les dangers qu'il y court et les peines qu'il s'y donne; mais ce bonheur-là est relatif, pour ne pas dire imaginaire; et je crois que, le cas échéant, il échangerait bien volontiers sa demeure mobile et flottante contre un domicile beaucoup plus fixe et surtout moins exposé aux tempêtes!

Quant à moi, j'avais déjà assez du navire, quelques heures après y être monté. Mon cœur se barbouillait, malgré moi. Le traître conspirait sourdement, avec le balancement du navire et l'odeur détestable de la machine, contre mon appétit, ma gaîté et mon repos. Je voyais bien où il en voulait venir. Mais je sus me raidir contre cette adversité d'un nouveau genre; et, fuyant la contagion du mauvais exemple, je me hâtai de descendre dans ma cabine, où, tant bien que mal, je parvins à m'endormir dans cette espèce de *cercueil*, ou, si vous l'aimez mieux, dans ce *tiroir de commode* (très-incommode) que l'on appelle un *lit de bord*. Si le sommeil, comme le dit si poétiquement Virgile, est le *frère de la mort* (*consanguineus lethi sopor*), on peut ajouter que, sur mer, il en est encore *le voisin*; car il n'y a là qu'une planche qui sépare l'homme de son tombeau. Que cette planche vienne à se retourner ou à se briser contre un écueil, et voilà celui qui dormait, ou qui veillait dessus, précipité dans le gouffre sur lequel il flottait si témérairement! Saint Paul, un philosophe un peu plus fort que Virgile, avait donc raison de dire, en pareille occasion : *Ego et mors uno gradu dividimur!* (Moi et la mort, nous ne sommes séparés que par une planche!)

Grâce à Dieu, la planche qui nous portait ne sombra point, comme celle qui s'appelait *l'Atlas ;* et, le lendemain matin, je me levai bien vite pour aller respirer, sur le pont, un air plus pur et plus frais que celui de notre cabine!

Peu à peu, les passagers imitèrent mon exemple, et je vis successivement paraître les compagnons éphémères et inconnus de mon voyage à travers les flots. Parmi toutes ces figures étrangères, j'en vis plusieurs que j'avais déjà rencontrées à Rome ou à Naples. Entre autres, je reconnus deux bons époux hollandais, qui avaient visité avec nous Capri et la Grotte d'Azur. Ils se tenaient affectueusement par le bras, s'asseyaient sur le même banc et se consolaient mutuellement dans leurs souffrances. A l'exception de l'âge, qui, certes, n'était pas aussi avancé, il y avait en eux quelque chose de Philémon et de Baucis. Le mari était le plus malade des deux; il regrettait amèrement d'avoir eu la sotte idée de monter sur un navire, et voulait descendre à Civita-Vecchia, pour continuer son voyage par terre; mais sa femme lui conseillait de n'en rien faire et s'efforçait de calmer ses frayeurs, en lui disant que la mer allait devenir calme comme un lac; que son vertige et ses douleurs d'estomac allaient cesser; enfin que, dans deux jours, ils seraient à Marseille, tandis que, par la voie de terre, il leur faudrait plus de huit jours pour atteindre cette ville. Je vins au secours de cette excellente femme, et, joignant mes conseils aux siens, je fus assez heureux pour convaincre son mari, qui se décida enfin à rester sur *le Quirinal.* A bord, une connaissance est bien vite faite; on se presse, on se coudoie, on mange à la même table, on est sur la même planche, sur le même abîme, on partage les mêmes dangers. Comment ne pas se remarquer, s'observer et se connaître dans un pareil voisinage? Pourtant la connaissance n'impose pas l'intimité. Il y a des personnes qui se laissent voir, sans ouvrir la bouche, et que l'on étudie, sans les importuner. Celles-là enveloppent leur dignité personnelle du manteau du silence, et elles ont sans doute raison !

Nous avions, sur le *Quirinal*, plusieurs gens de distinction, appartenant un peu à toutes les nations du monde. Je me rappelle toute une famille, d'origine danoise, qui revenait de Calcutta. Le chef de cette famille causait beaucoup avec le capitaine de notre navire, et lui contait une foule d'histoires. Quelques-unes parvinrent jusqu'à mes oreilles. La plus curieuse avait rapport à Christophe Colomb. Ce Danois, qui parlait fort bien le français, prétendait que la découverte de l'Amérique n'était pas l'œuvre merveilleuse du fameux Génois, si indignement supplanté par Améric Vespuce. Il assurait que le premier qui a découvert les Indes-Occidentales était un pêcheur, ou plutôt un aventurier des côtes du Danemark, qu'une tempête avait poussé jusqu'au-delà de l'Océan Atlantique, et auquel le hasard avait révélé l'existence du Nouveau-Monde. Cet homme, revenu dans son pays, avait raconté à qui avait voulu l'entendre tout ce qu'il avait vu au-delà de cette mer immense, traversée d'une si étrange façon. Il était resté longtemps parmi les Indiens qui lui avaient donné beaucoup d'or et d'objets à leur usage, tels que des coiffures de plumes, des pagnes, tressées avec des fils d'écorce, des arcs, des flèches, etc. Il montrait ces objets, et il en était fier. Ses parents, ses amis, qui l'avaient cru mort, n'en pouvaient croire leurs yeux. Un moine danois, émerveillé de tous ces récits, fit venir dans sa cellule ce hardi navigateur qui revenait d'un autre monde, et consigna dans un manuscrit latin l'exacte relation de ses aventures. Or, ceci se passait vers le Xe ou XIe siècle. D'une manière ou d'une autre, le manuscrit en question finit par arriver jusqu'en Espagne, où Christophe Colomb le lut avec avidité, l'annota même de sa main (ainsi qu'on peut s'en convaincre par l'écriture qui s'y trouve en marge), et sut en tirer un bon parti. Dès lors, il ne pensa plus qu'à suivre les traces de cet aventurier danois et à s'emparer du Nouveau-Monde qu'il avait découvert, sans avoir su le conserver. Pour lui, il se sentait assez fort en navigation pour traverser l'Océan et ressaisir une proie, si maladroitement échappée des mains de son obscur prédécesseur. Il combina donc sa fameuse expédition d'outre-mer, et se mit à *prophétiser*, en toute assurance, qu'il allait bientôt doter l'Espagne d'une terre nouvelle, d'un vaste empire qui surpasserait, en étendue et en richesse, tout ce que l'on connaissait alors. On sait comment Ferdinand et Isabelle ouvrirent leur cœur à ce séduisant espoir, et comment Christophe Colomb les mit en possession de cette terre promise, malgré les difficultés de toute sorte qu'il eut à vaincre, et surtout malgré le péril extrême que lui fit courir la mutinerie de son équipage désespéré. Quoiqu'il en soit, nous n'en devons pas moins l'Amérique à la sagacité et au courage de Christophe Colomb; puisque, sans lui, le manuscrit du moine danois eût couru grand risque de rester enseveli dans la poussière d'une bibliothèque, ou bien de ne pas trouver un seul lecteur qui eût ajouté foi aux récits fabuleux qu'il semblait contenir. Je donne cette petite anecdote, sous toutes réserves; mais elle m'a paru assez curieuse pour être consignée dans ces souvenirs de voyage.

L'ambassadeur de Russie à Rome, M. de Mayendorf, était également à bord, avec un jeune Anglais, qui avait été vainqueur aux courses de *Prata di Roma* (Ne pas confondre avec celles du *Corso*). Le diplomate, qui paraissait n'être pas très à son aise sur un navire, occupait son temps, en causant avec le *sportman*, ou *gentleman-rider*, si vous l'aimez mieux; mais le pauvre Anglais, sans doute, se trouvant moins bien sur le paquebot que sur le dos de son cheval, bâillait souvent, et, après quelques tours de pont, finissait par s'asseoir, que dis-je? par s'étendre tout du long sur un banc, où il ne tardait pas à s'endormir. L'ambassadeur russe, alors, en était réduit à poursuivre silencieusement sa promenade, ou à s'asseoir aussi dans un coin pour rêver à la mobilité des choses humaines et surtout à celle des navires... d'Etat. Je le vis, une fois, accoster fort gentiment un abbé français, qui se trouvait assis près de lui, et dont les cheveux blancs, autant que le ruban rouge attaché à sa boutonnière, attestaient la sagesse et le mérite. C'était, en effet, le Nestor de la Sorbonne, le vénérable et savant abbé Glair. Ils ne se connaissaient ni l'un ni l'autre, comme je pus m'en convaincre par leur conversation, qui roula sur l'Ecriture-Sainte et sur le dogme catholique. Je vis que l'abbé Glair croyait avoir affaire avec un protestant et qu'il était loin de soupçonner le *grec orthodoxe*, ou, autrement dit, le *schismatique*. On en arriva au Pape. Le diplomate se plaignit de la sévérité de Pie IX, qui l'avait personnellement menacé de la damnation éternelle, s'il persévérait dans sa croyance. Le théologien parut surpris de l'assertion de son interlocuteur; il essaya de justifier, ou plutôt d'expliquer la prétendue menace du Pontife romain, en l'appliquant seulement aux chrétiens qui sont de mauvaise foi. La discussion dura bien deux heures. Quand elle fut terminée, je m'approchai de l'abbé Glair, et je lui dis :

— Savez-vous avec qui vous venez de rompre si vaillamment une lance?

— Pas le moins du monde.

— Eh bien ! ce monsieur est tout simplemement l'ambassadeur de Russie près du Saint-Siége.

— Ah! si je l'avais su, quel bel argument *ad hominem* j'aurais pu faire! Je comprends maintenant que le Pape menace de la mort éternelle tous les bourreaux de la Pologne!

Un avocat de Bayonne, dont j'ignore complétement le nom, mais qui me sembla être un bon catholique, vint alors saluer l'abbé Glair et le féliciter sur ses ouvrages. On parla de ce malheureux Renan, qui avait voulu professer l'hébreu, sans le connaître, et dont le livre blasphématoire n'avait même pas le mérite de lui appartenir, puisqu'il n'a fait qu'y répéter les rêveries et les impiétés de certains philosophes allemands.

— Quant à M. Renan, soupira le bon abbé, j'ignore ce qu'il a voulu faire-là. Une spéculation d'argent, peut-être, ou de renommée; je ne sais lequel des deux; mais, à coup sûr, ce n'est pas une spéculation de science hébraïque; car il m'a avoué lui-même, qu'il ne savait d'hébreu que ce qu'il en a appris dans ma grammaire et dans mon dictionnaire!

La science linguistique de M. Renan est donc égale à son savoir philosophique, c'est-à-dire, qu'il n'est pas plus fort dans l'une que dans l'autre. Mais aussi, il a le mérite d'enseigner ce qu'il ne sait pas, et j'avoue que c'est un fameux tour de force!

On retrouve des originaux partout, aussi bien sur terre que sur mer; témoin un long et maigre monsieur qui revenait des Indes et qui portait fièrement sur sa tête un casque de sapeur-pompier. Il faisait les délices du bord; chacun souriait, en le voyant passer, grave et sérieux comme un Caton, et l'on se demandait tout-bas, si Mangin, le célèbre marchand de crayons, n'était pas ressuscité.

Un ordre de M. de Sartiges, ambassadeur de France à Rome, nous retint dans le port de Civita-Vecchia, une grande partie de la journée du dimanche; il nous fallut y attendre des dépêches en retard. Rien n'est fatigant comme de rester dans un port, sans pouvoir descendre à terre; néanmoins tout le monde dût en passer par-là. Aussi fut-ce avec joie que chacun vit lever l'ancre, qui, depuis plus de six heures, retenait notre navire au même endroit. Dans les eaux de Civita-Vecchia, nous étions encore en Italie, nous étions même dans les Etats Romains, à quelques heures seulement de la ville éternelle; nous aurions pu, avec un télescope, apercevoir le dôme de Saint-Pierre; nous entendions le sifflet des locomotives, partant pour Rome ou en revenant; mais, une fois sortis du port, au dessus duquel flottaient la bannière pontificale et le drapeau français, tout fut terminé pour nous avec l'Italie. Nous ne tardâmes pas même à en perdre de vue les côtes; et la nuit nous déroba bientôt les magnificences de la mer que les rayons du soleil couchant avaient entièrement parsemée d'or et de diamants. Nous ne vîmes rien de la Corse ni de la Sardaigne, car nous passâmes devant, durant notre sommeil.

Le lendemain, vers les sept heures du matin, il s'éleva

un vent violent et la mer commença à s'agiter d'une façon très-peu agréable pour nous. Les flots prirent des proportions assez gigantesques pour ressembler à des montagnes. Notre navire se mit à danser d'une singulière manière, sautant d'une vague sur une autre, avec des mouvements de va-et-vient, qui fatiguaient les yeux et soulevaient le cœur. Personne n'avait envie de rire, si ce n'est les matelots, à qui il faut la présence de la mort pour pâlir un peu. Le pauvre Hollandais qui, d'après tout ce que nous lui avions dit, avait compté sur un temps calme, était très-effrayé; mais il n'osait nous faire des reproches. Du reste, le mal de mer l'avait tellement affaissé sur lui-même qu'il pouvait à peine parler. Quand nous descendîmes pour déjeûner, nous trouvâmes les tables revêtues d'un appareil de cordes et de tringles en bois, pour retenir les verres, les bouteilles et toute la vaisselle à leur place. C'était la camisole de force qu'on met à la table, durant les fureurs de la tempête. J'avoue que cette vue m'ôta un peu l'appétit, à cause des appréhensions sinistres qu'elle ne manqua pas de me donner. Heureusement mes craintes ne se justifièrent pas. Vers le milieu du jour, la mer se calma un peu, et, la vapeur aidant, nous parvînmes bientôt à sortir des parages que le vent avait bouleversés. Le soir fut même assez beau; nous traversâmes le petit archipel des îles d'Hyères, dont la verdure et les charmants contours nous rappelèrent, tout à la fois, et l'Italie que nous avions quittée et la France que nous allions revoir.

Le dernier repas à bord fut beaucoup plus gai que le premier; car, dans quelques heures, nous devions être en vue de Marseille, où nous arrivâmes, en effet, à onze heures du soir. Notre débarquement se fit à la lueur des fanaux et à celle du gaz qui éclaire le port de *la Joliette*. J'étais enchanté d'en avoir fini avec *le Quirinal* et de pouvoir marcher, tout à mon aise, sur le sol bien-aimé de la patrie. La douane fut assez aimable pour remettre au lendemain la visite des bagages; de sorte que nous pûmes aller dormir tranquillement dans un bon lit, que ne devaient point bercer les flots!

Nous ne fîmes, pour ainsi dire, que traverser Marseille; car, une fois rentrés en possession de nos bagages, nous prîmes le chemin de fer qui nous conduisit jusqu'à Valence, la ville où mourut Pie VI, cet auguste prisonnier de la République Française, ce martyr des fureurs révolutionnaires, dont nous avions admiré le tombeau dans la *Confession* de Saint-Pierre de Rome. Là, nous changeâmes de wagon, et notre nouveau train prit la bifurcation de Grenoble. Jamais convoi, pas même celui de Marlborough, ne marcha avec une pareille lenteur. Un fiacre, je crois, eût été plus vite. On perdait un temps considérable à toutes les stations, et nous arrivâmes à Grenoble, deux heures plus tard que l'heure fixée par *l'Indicateur des Chemins de fer*.

Grenoble est une jolie petite ville, bien proprette, assise sur les bords de l'Isère et entourée de hautes montagnes, qui la dominent de toutes parts. Elle existait déjà, du temps des Romains, comme le prouve son nom de *Gratianopolis*, ville de Gratien Ses évêques ont joué un grand rôle au moyen-âge, et on les retrouve dans tous les conciles de cette époque. Grenoble a de beaux quais, quelques édifices assez remarquables et des rues très-animées pour une ville de province, enfouie et, pour ainsi dire, perdue au milieu des montagnes. Néanmoins, ce n'est pas l'agréable et pittoresque position de cette ville qui y attire les étrangers; on ne va pas à Grenoble pour voir le chef-lieu du département de l'Isère; on y va parce que c'est le chemin de la Grande-Chartreuse. Les Grenoblois le savent parfaitement, et ils ont le bon esprit de ne pas s'en fâcher.

Le lendemain de notre arrivée, nous jetâmes donc un coup d'œil sur la ville, et, y laissant nos bagages, nous montâmes dans une voiture de louage qui nous mena à la Grande-Chartreuse. La route, qui se fait en plaine, est belle, facile et surtout bien ombragée. On longe de superbes prairies, de vastes champs de blé, des vignes bien cultivées; on roule entre des haies vives, dont la verdure et les fleurs charment les yeux; on rencontre une foule de petits ruisseaux, dont l'eau transparente et rapide traverse la route, en murmurant sur un lit de cailloux; ici, ce sont de beaux arbres, bien alignés, dont les branches touffues vous protégent contre les ardeurs du soleil; là, ce sont de frais jardins, entourés de petits murs par-dessus lesquels débordent des torrents de roses, de jasmins et de chèvrefeuilles. Partout les oiseaux gazouillent; partout le grillon se fait entendre; partout le papillon vole de fleur en fleur.

A droite, vous avez les montagnes; à gauche, la fertile vallée au milieu de laquelle serpente l'Isère. Vous arrivez, comme cela, jusqu'à Voreppe. Alors on commence à monter. La pente est douce et n'offre aucun danger. Elle conduit, par une multitude de gracieux contours, au sommet du premier plateau. Là, vous roulez comme en plaine, et une heure suffit pour atteindre le village de Saint-Laurent-du-Pont. Il faut alors changer de voiture et prendre un véhicule de montagne, ou bien enfourcher le dos d'un mulet. On vous impose un guide ou un voiturin, selon votre bon plaisir; et les prix de l'ascension sont fixés par un tarif spécial.

L'entrée de la gorge est d'un aspect des plus grandioses et des plus imposants. C'est bien là une des portes du royaume de la Solitude et du Silence! Les vains bruits du monde n'arrivent point jusqu'à ce désert. On n'y entend que les soupirs du vent dans le feuillage, et que le sourd murmure du torrent qui roule ses ondes écumantes et verdâtres au fond du précipice. Ce torrent, qui serpente capricieusement entre les rochers de l'abîme, se nomme le *Guyer-Mort!* Les oiseaux eux-mêmes semblent fuir ces lieux où le soleil ne pénètre jamais, quoique la végétation y soit abondante. En effet, il y a là des forêts de sapins et de bouleaux qui, des deux côtés de la gorge, s'élèvent en amphithéâtre, depuis le pied de la montagne jusqu'à son sommet. Nous suivîmes, durant plus de deux heures, le chemin taillé dans les rochers qui dominent et souvent surplombent l'abîme, admirant sans cesse de nouveaux tableaux, de frais et superbes changements de décors, sur ce gigantesque théâtre d'une nature vierge et austère. Vers le milieu de la route, nous traversâmes le Guyer-Mort, sur le pont de Saint-Bruno, construction moderne d'une grande hardiesse; et nous rencontrâmes, un peu plus loin, le rocher pyramidal de la porte de *l'Œillette*, sorte d'aiguille à pic dont la base repose au fond de la gorge et dont le sommet s'élève à une hauteur prodigieuse, coupant l'abîme en deux. C'était là que commençait, autrefois, la clôture des religieux; maintenant elle est beaucoup plus rapprochée du monastère, jusqu'à la porte duquel les femmes peuvent s'avancer aujourd'hui.

Notre voiture traversa trois tunnels, avant d'arriver à la Grande-Chartreuse, que nous découvrîmes enfin dans un vallon, formé par l'écartement de plusieurs pics, dont le *Grand-Som* est le plus élevé. Le printemps était monté jusque-là, et la verdure des prés était d'une fraîcheur admirable. Nous mîmes pied à terre devant un vaste portail, et nous sonnâmes pour demander l'hospitalité. Un frère, vêtu de blanc, vint nous ouvrir et nous conduisit en silence auprès du père hôtelier qui nous reçut charitablement dans le monastère, au nom de toute la communauté invisible, et nous donna deux cellules très-convenables, ouvrant sur la grande salle, dite *de l'Italie.*

Les bâtiments de cette Chartreuse, qui est la maison-mère de tout l'ordre, sont très-vastes et très-nombreux; mais ils n'offrent rien de bien remarquable, sous le rapport de l'architecture, et, à l'exception du cloître qui est d'un beau style gothique, je puis dire qu'ils sont même fort médiocres. Ce n'est pas à comparer, le moins du monde, avec les Chartreuses de Naples et de Pavie. Ces dernières sont de véritables palais; elles ont de l'air et du soleil; mais ici, rien de tout cela, c'est l'ombre et l'humidité éternelles d'un immense tombeau! Aussi n'est-ce pas le monastère qu'il faut venir voir, mais bien le chemin pittoresque qui y conduit, et l'admirable position dans laquelle il est situé.

Les Chartreux, fondés par saint Bruno, dans ce même endroit, suivent une règle très-austère. Ils ont appliqué, à la vertu, le système cellulaire que nos lois modernes appliquent au crime. Ce sont des reclus volontaires, qui prient et font pénitence pour ceux qui ne prient pas et qui cherchent le bonheur dans la satisfaction des sens. Ils ne mangent jamais d'aliments gras; ils gardent un silence perpétuel, couchent sur la dure et se lèvent, à minuit, pour chanter l'office divin. Chaque moine a son habitation entièrement séparée de celle des autres. Elle se compose de trois petites pièces : un promenoir, un cabinet de travail et une chambre à coucher; de plus, ils ont un atelier et un jardinet. La porte de chaque habitation ouvre sur un cloître immense, dans le préau duquel se trouve le cimetière des religieux. Ils sont entièrement vêtus de laine blanche; leur costume consiste en une robe, que rattache sur eux une espèce de courroie, et en un large scapulaire avec son capuchon, toujours soigneusement abaissé sur leur front, quand ils sortent pour aller au chœur. Une fois la semaine, et pendant une heure, ils peuvent se promener ensemble dans la partie du désert qui est autour de leur monastère. Ils vont même souvent jusqu'à la chapelle de Saint-Bruno, située dans l'endroit le plus sauvage de cette profonde et poétique solitude. Là, les yeux de ces anges terrestres peuvent enfin se lever *physiquement* vers le ciel qu'ils ne cessent de voir *moralement*, quand ils sont humblement fixés sur la terre; là, ces muets de la pénitence peuvent délier leur langue et parler, un instant, des choses de Dieu; car celles du monde ne les regardent plus, ils ne les connaissent pas, ils les ont complétement oubliées ! Cette ignorance, ou cet oubli, assure la paix de leur cœur, et suffirait, au besoin, pour les rendre parfaitement heureux, si l'ardent désir du ciel ne dévorait leur âme, au point de la faire soupirer, sans cesse, après les joies et les voluptés du Seigneur!

En tout cas, ces hommes étranges sont assurément de grands philosophes, puisqu'ils ont su trouver la paix et le bonheur, dans le mépris des choses de la terre et dans la contemplation des beautés merveilleuses d'un monde invisible, où l'âme seule peut entrer; puisqu'ils nous ont laissé les misères du temps, et qu'ils se sont emparés d'avance des joies de l'éternité!

Le Père hôtelier, qui *doit* causer avec les étrangers, nous fit servir un dîner maigre, sinon excellent, du moins fort convenable. Il fut rempli d'égards et de politesse pour nous, et je puis dire qu'il s'acquitta parfaitement des devoirs qu'impose l'hospitalité la plus cordiale. Il nous offrit de cette fameuse liqueur que font, non pas les moines, mais les serviteurs du couvent, et qui est si connue sous le nom *de Grande-Chartreuse*. Nous en bûmes un petit verre, avec d'autant plus de plaisir, que nous étions dans l'endroit où elle se fabrique. L'hôtelier nous raconta alors avec quelle avidité certains visiteurs se jetaient dessus. Il nous parla même d'un Anglais dont l'excentricité, par trop britannique, alla jusqu'à reprocher amèrement au bon Père de lui avoir servi une tanche, au lieu d'une truite qu'il désirait; disant qu'il était venu à la Grande-Chartreuse, tout exprès pour manger de la *truite* et non de la *tanche*, et que, s'il avait pu croire qu'on l'eût trompé ainsi, il ne se serait certainement pas donné la peine de faire une pareille ascension. Cet Anglais-là valait bien celui qui, en sortant de l'hospice du Grand-Saint-Bernard, écrivait sur ses tablettes : « *J'ai vu, au Saint-Bernard, de beaux chiens et de gros chanoines.* »

Le jour même de notre arrivée, un événement singulier, presque un drame, s'était passé à la porte du monastère. Un homme s'y était pendu, à la branche d'un arbre qui en ombrage le seuil. Heureusement qu'il fut aperçu par un des serviteurs de la maison, au moment où il se débattait dans les douleurs de la strangulation. Ce serviteur accourut, soutint le pendu par les pieds et se mit en devoir d'appeler au secours. On l'entendit et l'on vint couper la corde, assez à temps pour empêcher l'accomplissement d'un suicide, si étrange dans un semblable lieu. L'infortuné, qu'on venait ainsi de décrocher de la potence qu'il s'était choisie, fut charitablement porté au couvent, où tous les soins possibles lui furent prodigués pour le rappeler à la santé du corps et à celle de l'âme. Il reprit bientôt connaissance, et, dès qu'il put parler, il avoua que c'était la misère qui l'avait poussé à cet acte de désespoir.

Il devait une somme de 80 francs qu'il ne pouvait payer, et on l'avait menacé de saisir ses meubles; alors, il était monté à la Grande-Chartreuse, pour demander qu'on lui fournît cette somme; et, comme l'aumône qu'il avait reçue du frère portier était loin d'égaler le chiffre de sa dette, il s'était laissé aller à la sombre idée du suicide, et ayant tout-à-fait perdu la tête, il s'était pendu. Le Père hôtelier le sermona un peu fortement, et lui promit, néanmoins, que la communauté lui viendrait en aide, s'il prenait, toutefois, la résolution de renoncer au suicide, ou bien si, s'obstinant dans son mauvais dessein, il s'engageait, au moins, à aller se pendre ailleurs. On conçoit que le malheureux promit tout ce qu'on voulut, tant il était effrayé d'avoir vu la mort de si près. Cette histoire nous fut racontée par l'hôtelier lui-même, et il en était encore tout bouleversé. Nous avions ce pendu, décroché, dans un corridor, assez éloigné du nôtre; mais j'avoue que ce voisinage m'épouvantait un peu pour la nuit. Du reste, cette nuit-là devait nous amener une aventure extraordinaire, dont nous nous souviendrons toute notre vie.

Mon compagnon et moi, nous avions témoigné le désir d'assister à l'office que les Chartreux chantent, à minuit, dans l'église de leur monastère, et le Père hôtelier nous avait dit qu'il nous ferait éveiller un quart d'heure avant le commencement des *Matines*. Sur ce, le jeune comte se coucha, tout habillé, sur le lit de sa cellule dont il laissa la porte ouverte; et moi je restai dans la grande salle, assis devant une large cheminée, où pétillait la flamme d'un bon feu; car il faisait froid. J'attendis, là, l'heure indiquée pour l'office de la nuit, tisonnant le feu, prêtant l'oreille aux gémissements du vent dans les corridors, et rêvant au bonheur de ceux qui se sont enfuis si loin des hommes. Quand l'horloge du couvent eût frappé la demie de onze heures, la cloche de l'église se fit entendre et jeta, lentement, ses sons pieux et sonores au milieu du double silence de la nuit et de la solitude. Bientôt un moine blanc, la tête encapuchonnée et tenant une petite lanterne à la main, entra dans la salle pour nous réveiller et nous donner de la lumière. Mais, ne m'étant pas couché et ayant gardé ma bougie allumée, je le remerciai de sa complaisance; et il se retira, sans prononcer une seule parole. Je réveillai mon compagnon, qui se leva aussitôt et ne tarda pas à me suivre. On nous avait indiqué une tribune, au-premier étage et donnant sur l'église. Nous nous y rendîmes, en montant un grand escalier de pierre et en suivant plusieurs corridors. Une fois dans le lieu saint, nous posâmes notre bougie sur un banc et nous assistâmes à l'imposant spectacle de l'entrée des moines dans le chœur. L'office alors commença. Les chants de ces hommes, morts au monde, étaient graves, lents et mélancoliques. Il y avait, dans leur voix, plus de tristesse que de douceur; c'était le soupir du captif, l'accent plaintif de l'exilé!

Au bout d'une demi-heure, nous songeâmes à nous retirer, car nos yeux étaient appesantis par le sommeil; et, du reste, nous en avions vu assez pour nous faire une idée de ce genre d'office. Nous reprîmes donc notre bougie, et nous redescendîmes jusqu'à la porte de cette grande salle de *l'Italie* sur laquelle ouvraient nos cellules. Mais quelle ne fut point notre surprise, notre stupéfaction, quand nous nous aperçûmes que la porte, que nous croyions seulement fermée au loquet, l'était encore en dedans, par un mécanisme qui nous était inconnu, et que, malgré nos efforts réitérés, il nous était impossible de l'ouvrir, sans clef! Or, nous n'en avions point! Comment faire? Tous les religieux étaient au chœur, où nous ne pouvions les aller trouver, les grilles de leurs cloîtres étant solidement verrouillées; tous les serviteurs du couvent étaient couchés, nous ne savions où; et, à l'exception du pendu, nous étions les seuls étrangers qui, cette nuit-là, fussent dans le monastère! Pourtant, nous ne pouvions pas, sans danger de mourir de froid, passer le reste de notre nuit sur les marches glacées d'un escalier, ou sur les dalles d'un corridor ouvert à tous les vents. Nous tînmes conseil, et nous décidâmes de remonter à la tribune du second étage, dans l'espoir de pouvoir y rencontrer quelque frère lai qui vînt ouvrir notre porte.

Hélas! notre espoir fut cruellement déçu! Cette tribune était vide, comme la première; et, bientôt, pour comble de malheur, le chant des moines cessa; puis nous les vîmes disparaître du chœur, l'un après l'autre, comme une longue file de fantômes. Tout était rentré dans le silence; tout était rentré dans les ténèbres, hormis l'endroit où rayonnait la lampe du sanctuaire!

Il fallait pourtant prendre un parti quelconque. Nous nous mîmes à la recherche des cellules des frères lais ou des domestiques, et nous nous enfonçâmes dans des corridors, dans des galeries, dans des cloîtres et des escaliers que nous ne connaissions pas. C'était un véritable labyrinthe, où nous finîmes par nous perdre. Nous ne voyions rien que nos ombres sur la muraille, rien que les pâles rayons de la lune, à travers les fenêtres qui donnaient sur les cours ou sur les jardins; nous n'entendions rien que le bruit de nos pas sur les dalles sonores, rien que le vent qui gémissait comme des tuyaux d'orgue, dans tous les coins de l'immense monastère! Toutes les portes des cellules, que nous présumions être habitées et auxquelles nous frappions, restaient fermées. Le désert s'était fait dans le désert lui-même. Toute cette vaste partie du couvent était vide, nous n'en pouvions plus douter. Si ce n'eût été le froid qui se faisait déjà vivement sentir, nous eussions facilement fait notre deuil d'une nuit passée à errer dans les corridors de la Grande-Chartreuse; cela eût même été très-poétique, surtout si nous avions pu pénétrer dans le cloître gothique des moines et dans leur cimetière. Mais il s'agissait de bien autre chose que de faire de la poésie nocturne; il fallait se chauffer, et surtout retrouver son chemin! A force de marches et de contre-marches, nous parvînmes enfin à rencontrer la porte qui donnait sur la cour d'entrée. Nous eûmes l'heureuse idée de la traverser, pour aller réveiller le frère portier. Mais voilà qu'à peine arrivés au milieu de la cour, le vent éteint notre bougie. En ce moment, la lune était cachée par un nuage, et nous nous trouvâmes dans l'obscurité la plus complète. Nous essayâmes de rallumer notre flambeau, au moyen d'une allumette chimique; impossible! Il faisait trop de vent. Alors, nous marchâmes, au hasard, devant nous, et nous atteignîmes un des murs du portail. En tâtonnant, je mis la main sur une corde qui pendait; je n'eus pas le temps de songer à *celle du pendu*, car je m'aperçus, de suite, que cette bienheureuse corde communiquait avec la clochette d'entrée. Je me mis donc en devoir de la tirer, bel et bien, au risque de réveiller tout le couvent.

Le frère portier, étonné de ce carillon insolite, mit le nez à une petite lucarne pour reconnaître l'auteur d'un pareil tapage. Nous nous hâtâmes de le rassurer, en lui contant notre mésaventure; car il avait cru, un instant, que c'était le pendu de la veille, qui était venu se rependre à la corde de sa cloche. Le bon frère, qui n'avait probablement pas d'allumettes chimiques, ou qui croyait peut-être encore à une vision nocturne, à une illusion diabolique, à une attaque du malin esprit, mit un temps infini à allumer sa lanterne et à venir auprès de nous. Enfin il parut! Nous le suivîmes, pas à pas, jusqu'à la porte de la salle de *l'Italie*. Il essaya de l'ouvrir avec son trousseau de clefs; mais pas une ne pouvait entrer dans la serrure. C'était vraiment jouer de malheur. Il y avait sans doute, là-dessous, quelque sortilége, et je fus sur le point d'être pris d'un fou-rire. Le portier, désappointé, ralluma notre bougie, et, nous laissant là, devant cette porte obstinée, s'en fut chercher le domestique, chargé du soin de cette salle. Il revint, au bout d'une dizaine de minutes, avec du renfort, et la vraie clef tourna parfaitement dans la serrure. La porte s'ouvrit. Nous rentrâmes avec joie dans *l'Italie;* nous fîmes un bon feu, et, quand nous nous fûmes bien réchauffés, nous allâmes demander au sommeil l'oubli de toutes nos mésaventures nocturnes.

Le lendemain, le Père hôtelier nous expliqua par quel mécanisme la porte de la salle s'était ainsi fermée derrière nous. On avait négligé de nous indiquer la manière de faire jouer un crochet, qui nous eût permis d'ouvrir notre porte à l'aide seul du loquet. C'était là l'origine de tout le mal, *hinc mali labes!* D'ailleurs, il paraît que nous n'étions pas les seuls auxquels une semblable chose fût arrivée. Le bon moine nous dit qu'un général français, qui était venu visiter la Grande-Chartreuse, s'était trouvé, une nuit, exactement dans le même cas que nous. Seulement il avait été plus avisé, ou plutôt mieux servi par les circonstances. Après avoir erré, pendant plus d'une demi-heure, dans tous les corridors de la maison, sans pouvoir retrouver sa chambre, il avait eu la bonne idée de tenir, à très-haute voix et à lui tout seul, le dialogue suivant, en ayant soin de changer le ton de sa voix :

— « Eh bien ! général, à quoi pensez-vous donc de troubler ainsi le repos des gens ! Il y a bientôt une heure que vous parcourez tous les corridors, comme un pauvre égaré ! »

— « Parbleu ! mon ami, vous avez bien raison ; je me suis bêtement perdu dans cette immense caserne ; et, j'ai beau pousser des reconnaissances dans tous les coins et recoins, il m'est impossible de m'y retrouver. Je crois que, si l'on ne vient pas à mon secours, je vais rester en plan, toute la nuit, sur ce maudit carreau !... »

Heureusement, pour ce général, que l'évêque de Grenoble était alors au monastère, et qu'ayant assisté à l'office de la nuit, il avait été accompagné jusqu'à son appartement par le Révérend Père Prieur, qui se trouvait encore avec lui. Le prélat entendit le dialogue que nous venons de rapporter, et, devinant de suite l'embarras du général, il se hâta d'accourir à son secours, avec le Père Prieur, et de le reconduire à sa chambre.

Un autre visiteur avait été moins heureux ; il était resté, toute la nuit, à errer dans le couvent ; et ce ne fut que le matin qu'il put retrouver sa cellule, où il rentra à moitié mort de froid. Après tous ces récits, nous fûmes presque enchantés d'en avoir été quittes à si bon marché.

Nous visitâmes, dans la matinée, la partie réservée aux moines, et nous pûmes, seulement alors, nous faire une idée exacte de l'étendue de ce célèbre monastère, qui est plus grand que tout un village, tant on y a aggloméré de bâtiments les uns auprès des autres. Tout cela est vaste, mais sans harmonie, sans aucune beauté architecturale. En effet, il est permis d'être difficile, quand on a vu la Chartreuse de Naples, ou celle de Pavie !

Il est temps de quitter la solitude de Saint-Bruno et de reprendre le chemin de Grenoble ; car nous devons, demain, être à Chambéry.

CHAPITRE XI

SOMMAIRE : Chambéry. — Le lac du Bourget. — Haute-Combe. — Aix-les-Bains. — Genève. — Excursion au château de Divonne. — Les deux noyés. — Coppet. — Rolle. — Lausanne. — Vevey. — Chillon. — Saint-Maurice. — Sion. — Les bains de Loëche.

Le chemin de fer nous a amenés à Chambéry, en quelques heures. L'ancienne capitale de la Savoie est située dans une plaine riante et fertile, entre de hautes montagnes. Deux rivières l'arrosent : l'Albane et l'Alysse. Elle a une cathédrale du XIVe et du XVe siècle, une bibliothèque de 13,000 volumes, et un jardin botanique très-joli et très-bien planté. Son vieux château, où résidèrent les princes de Savoie, jusqu'à la translation de leur gouvernement à Turin, fut bâti par le duc Thomas Ier, dans le XIIIe siècle. Nous sommes descendus à *l'hôtel de France*, qui est un des meilleurs de l'endroit et où nous sommes parfaitement bien.

Cette ville, aujourd'hui française, paraît avoir d'excellents habitants. J'aime beaucoup leur figure honnête et affable. Ils sont moins *savoyards* que je le pensais. Nous avons parcouru Chambéry, un jour de marché, et nous y avons rencontré encore bien des costumes d'autrefois, surtout parmi les gens de la montagne. Les femmes mettent toute leur coquetterie dans la largeur de leur croix d'or et dans la blancheur de leur bonnet. Le fléau de la crinoline n'a pas encore ravagé ce pays-là. Heureux pays !

La place *Saint-Léger*, la rue de *Boigne* et le *Cours*, qui est planté de beaux tilleuls; voilà les endroits où la fashion savoisienne aime à se promener. Le seul monument moderne que j'aie remarqué, à Chambéry, c'est la fontaine des Éléphants, qui se trouve sur le Cours, en face la rue de Boigne. Cette fontaine, très-bizarre en son genre et assez mal dessinée, surtout en ce qui regarde la partie postérieure des éléphants, est un cadeau du feu comte de Boigne à sa ville natale, qu'il a également enrichie de la rue à arcades qui porte son nom. Ce monsieur de Boigne avait été général des armées de Typo-Saïd, prince indien, qui fut volé, trahi, vendu et livré aux Anglais, par ceux auxquels il avait confié la garde de sa personne et la défense de ses États. Le nom des traîtres ne doit être bien connu que du gouvernement anglais; car personne n'aime à se vanter d'avoir donné le baiser de Judas. Toujours est-il qu'après la *prise* de Typo-Saïd, son armée fut licenciée, et que, ne voulant pas vendre son épée aux Anglais, le général comte de Boigne revint en Europe, avec quelques *petites économies* qu'il employa, du reste, en bonnes œuvres, témoins la fontaine et la rue dont nous venons de parler, ainsi qu'un très-grand nombre de legs pieux, faits aux pauvres, aux églises et aux hôpitaux. — Que la terre lui soit légère!

Peu curieux de faire un pèlerinage aux *Charmettes*, cette maison de campagne que le séjour de J.-J. Rousseau et de madame de Warens a rendue si célèbre, nous avons préféré faire une excursion au lac du Bourget et visiter la petite ville d'Aix-les-Bains, où le chemin de fer nous conduisit, en moins d'une demi-heure. Aix jouit d'un climat très-doux, et elle est d'autant plus fréquentée, dans la belle saison, qu'elle possède d'abondantes eaux thermales. Il y a une source sulfureuse et une source d'alun. Ces eaux, qui étaient très-estimées des Allobroges et des Romains, sont aujourd'hui réunies dans des bassins magnifiques, et l'établissement, où les malades viennent se baigner, est un des plus beaux et des mieux conditionnés qu'il y ait en Europe. Nous l'avons visité avec beaucoup d'intérêt, surtout à cause de tous ces thermes en ruines que nous venions de voir, en Italie, et qui montrent jusqu'à quel point les Romains d'autrefois poussaient le luxe et la volupté du bain.

Une longue et large avenue de platanes nous mena, en trois quarts d'heure, d'Aix au bord du lac du Bourget. Nous le traversâmes, dans sa plus grande étendue, sur un petit bateau que nous prîmes au port de *Puer*. Ce jour-là, le vent était contraire, et, malheureusement pour moi, le lac était fort agité. Cette traversée, qui dura près de deux heures, ne me fit aucun plaisir, bien loin de là; car, dans ma frayeur, je maudis même les flots qu'avait si bien chantés M. de Lamartine. Le fait est que ce lac, si beau, si transparent, si calme, en temps ordinaire, devient une véritable mer en furie, quand le vent agite la profondeur de ses eaux.

L'abbaye de *Haute-Combe* était le but de notre navigation. Nous ne visitâmes que son église, qui est le *Saint-Denis* de la Savoie. C'est là, en effet, que sont enterrés tous les princes savoisiens, depuis Amédée III, qui fonda cette abbaye, en 1125, jusqu'à Charles-Félix, qui vint y terminer pieusement ses jours, en 1831. Victor-Emmanuel, en cédant la Savoie à la France, a, tout à la fois, abandonné et le berceau de sa famille et les tombeaux de ses ancêtres. Il est vrai qu'il s'est réservé Haute-Combe, comme une propriété privée; mais, néanmoins, les ossements de ses pères ne reposent plus sur la terre de la patrie; ils se trouvent exilés dans leurs sépulcres! M. de Châteaubriand raconte, dans ses *Natchez*, que certaines tribus de sauvages, qui habitent les forêts de l'Amérique, poussent la piété filiale jusqu'à emporter, avec elles, les ossements de leurs pères, dans toutes leurs émigrations à travers les déserts du Nouveau-Monde. Les princes civilisés devraient au moins en faire autant, quand ils changent de royaume!

Nous revînmes à Aix, avec le vent d'arrière. Nos rameurs, pour ne pas se fatiguer, et aussi pour aller plus vite, abandonnèrent leurs avirons et déployèrent une voile qui me causa toutes les peurs du monde, tant le vent la secouait fort, au risque de faire chavirer notre bateau. J'avoue que cette seconde traversée me fut beaucoup plus désagréable que la première, et que j'étais plus mort que vif, quand nous arrivâmes à terre. Le chemin de fer nous ramena à Chambéry que nous quittâmes, le lendemain, pour nous rendre à Genève.

Nous voici en Suisse, dont Genève est la *clef*, de ce côté-là ! Nous respirons un air libre, un air républicain, un air qui sent le *Ranz des Vaches!* Mais j'aime encore mieux l'air pur et frais de ce beau lac Léman, sur le bord duquel s'est assise la vieille cité genevoise, qui tend, chaque jour, à se rajeunir, et qui est si fière de pouvoir traduire à rebours l'antique légende de ses armes, son fameux : *Post tenebras lux*, dont les lettres dorées entourent si gentiment *sa clef* héraldique ! Ah ! monseigneur saint Pierre, si vous aviez pu deviner ce que devait, plus tard, devenir la clef, mise par vous aux armes du Chapitre de votre église, vous l'auriez peut-être gardée en vos mains; car ce drôle de Calvin l'a faussée, en voulant en faire la clef de sa *cuisine!* Lecteur, ne vous étonnez pas du mot que je viens de prononcer, car il est plus *propre* que vous ne pensez. Ecoutez-moi, avec un peu de patience. Connaissez-vous l'anagramme? Oui, sans doute. C'est la transposition des lettres d'un mot pour en former un autre. Eh bien! prenez deux fois le mot : CALVIN, arrangez-en les lettres d'une certaine façon, et vous aurez toute cette phrase latine : CVLINA IN LACV, *La cuisine sur les bords du lac!* N'avais-je pas raison de dire que Calvin avait fait de la clef de saint Pierre la clef de sa propre cuisine? Ne me taquinez pas sur le mot *propre;* mettez-en un autre à sa place, si vous voulez; par exemple, un adjectif qui soit tout le contraire de celui-là.

Aujourd'hui, dimanche, c'est la fête du *tir cantonal;* Genève est pavoisée de la cave au grenier. Il y a, à toutes les fenêtres, des drapeaux, moitié jaune et moitié rouge. Le pavillon fédéral montre partout sa croix blanche sur un fond de gueules, il flotte au-dessus de tous les édifices publics, en compagnie d'une foule d'oriflammes de toutes les couleurs. Décidément le Genevois a un goût très-prononcé pour les drapeaux; c'est un joujou qui l'amuse fort! Nous sommes allés à la messe dans la nouvelle église catholique, bâtie par les soins de cet aimable et savant abbé Mermillod, curé de Genève, et auquel le pape Pie IX vient de conférer la dignité épiscopale. Cette église, due à l'aumône des fidèles de la Suisse et de la France, est une miniature de notre Sainte-Clotilde, de Paris. L'ornementation intérieure n'est pas encore terminée; on attend, sans doute, pour cela, des fonds qui arriveront avec le temps. Il y a, à Genève, environ 17,000 catholiques; c'est la moitié de la population de la ville, qui s'intitule orgueilleusement : *la Rome protestante!* Le fait est que, si le chiffre que nous venons de citer continue à s'élever dans des proportions semblables, Genève pourrait bien, un jour, donner un autre sens à son : *Post tenebras lux!* et rendre à sa première destination cette magnifique église de Saint-Pierre, qui paraît avoir si grande honte d'être devenue un temple protestant!

Le Genevois est vantard et beau parleur. Il se croit le premier citoyen du monde, le *civis romanus* des temps modernes. Il s'agite énormément, dans sa petite république, et fait des tempêtes dans un verre d'eau. Il déteste la France, dont il emprunte la langue et les usages; il la hait, parce qu'il la craint; elle est là, tout autour de lui, et elle le serre de trop près; d'ailleurs, il sait que, si la fantaisie lui en prenait, elle pourrait l'avaler d'une seule bouchée. Tout cela suffit bien pour motiver sa crainte et alimenter sa haine. Mais, comme l'aigle n'a pas l'habitude de s'amuser à gober des mouches, le Français rit de cette peur, de cette colère de roquet, et il se contente de dire, en haussant les épaules : « *Genevois, quand je te vois, rien de beau JE NE VOIS!* »

Les hôtels de Genève sont des hôtels de luxe par excellence, et c'est la bourse des pauvres voyageurs qui paie ce luxe-là. Ils savent vous écorcher le plus adroitement du monde, ces *bons* Genevois! Du reste, toute la Suisse commence à se mettre sur ce pied-là; on dirait que ces montagnards *écossés* tâchent de rattraper le temps perdu, en vendant très-cher, aujourd'hui, l'hospitalité qu'ils donnaient, autrefois. *Post tenebras lux,* nous sommes dans le siècle des lumières et du progrès.

Pendant que nous étions à Genève, nous voulûmes voir le château de Divonne, et nous prîmes une voiture de louage qui nous y conduisit, en moins d'une heure et demie. La route est fort belle; on suit les bords du lac, jusqu'à Coppet; puis, appuyant sur la gauche, on entre sur le territoire français, où se trouve Divonne. Le château n'a rien de bien remarquable, si ce n'est sa position. Il appartient au comte de Divonne. C'est dans ce château que l'évêque actuel de Lausanne et Genève, Monseigneur Marilley, passa les longues années de son exil. Trois heures nous suffirent pour faire cette petite excursion.

En rentrant à Genève, nous trouvâmes un grand rassemblement de peuple sur les quais. Une foule d'hommes, de femmes et d'enfants se pressaient le long des parapets, au-dessus desquels se penchaient toutes les têtes pour mieux regarder dans les eaux du lac, ou plutôt dans celles du Rhône; car c'était à l'endroit même où ce fleuve commence à sortir du Léman. Nous demandâmes de quoi il s'agissait, et l'on nous répondit que c'étaient des bateliers qui cherchaient les corps de deux personnes noyées. Nous eûmes la curiosité de nous mêler à cette foule, et nous apprîmes qu'une heure auparavant, une barque avait chaviré, près de l'île de J.-J. Rousseau; que quatre personnes se trouvaient dans cette barque; que deux d'entre elles s'étaient sauvées à la nage, mais que les deux autres avaient péri. On était occupé à chercher leurs corps. Ce qu'il y avait de plus triste, c'est que nul moyen de sauvetage n'avait été organisé. La police était au tir cantonal, et le peuple était trop bien endimanché pour s'exposer à mouiller ses habits! *Chacun pour soi, Dieu pour tous!* A Paris, personne ne tombe dans la Seine, sans qu'une vingtaine de canotiers ou de nageurs intrépides ne se lancent aussitôt à l'eau, pour porter secours au malheureux qui se noie; mais, à Genève, c'est tout différent; on se contente de regarder! Une barque seule était employée à la recherche des cadavres qui furent trouvés, en notre présence. Ils se tenaient fortement entrelacés dans les bras l'un de l'autre; c'étaient un jeune homme et une jeune femme, probablement deux époux!

Quelques mois auparavant, un semblable accident était arrivé, et le sauvetage n'avait pas été plus actif. D'où vient cette coupable indifférence, dans une ville entourée d'eau, presque de tous côtés, et qui offre, chaque jour, tant de dangers à ses propres habitants? Pourquoi n'y a-t-il pas une police qui veille à l'état des barques et à leur location? Pourquoi n'organise-t-on pas mieux le sauvetage? Il me semble que ces fiers républicains devraient beaucoup plus s'occuper de la police de leur ville que de la politique de leur Etat microscopique. Ce serait du moins plus utile, pour eux d'abord, et ensuite pour les étrangers qui les visitent.

Nous avons quitté Genève et ses drapeaux. Le chemin de fer nous emporte vers le Valais, en côtoyant ce beau lac du Léman, qui est bien l'une des plus grandes merveilles de la Suisse. C'est à peine si nous avons le temps de compter les stations. Pourtant voici Coppet, dont le château a été longtemps le séjour de Madame de Staël, la fille du trop fameux Necker. Elle est enterrée dans le parc, ainsi que son père. Cette femme bizarre, à l'esprit guindé, au cœur artificiel; ce *bas-bleu* du premier Empire, qui s'imaginait être un grand génie pour avoir écrit sa *Corine;* cette virago prétentieuse, qui affichait partout sa sensiblerie, avait eu la sotte idée de mettre le corps de son *illustre* père dans un cercueil de cristal, rempli d'esprit de vin, afin de l'avoir sans cesse sous les yeux et de pouvoir le montrer aux autres. Ce seul trait de sa vie ne suffit-il pas pour la faire apprécier à sa juste valeur!

Voilà Rolle, avec sa charmante petite île, où fut inhumé le général Laharpe, en 1838. J'avais autrefois un ami qui habitait cette ville, si agréablement située. C'était un homme fort respectable et d'un très-grand sens. Il avait été sous-précepteur des enfants du roi Charles-Albert, et je me rappelle qu'avant la mort de ce monarque, il me dit, un jour : « Il est fâcheux que le duc de Gênes ne soit pas l'aîné; car, s'il montait sur le trône, à la place de son frère, il saurait beaucoup mieux que lui faire le bonheur de ses peuples, parce qu'il n'a pas autant d'ambition et qu'il a plus de jugement. » Le duc de Gênes est mort, et son frère Victor-Emmanuel a prouvé ce qu'il savait faire.

Nous sommes à Lausanne; mais nous restons dans la gare. Pourtant cette ville mériterait d'être visitée. J'ai vu, autrefois, sa cathédrale, qui est du XIIIe siècle et qui, comme celle de Genève, a été dépouillée de ses autels et de ses saintes images, pour devenir un temple protestant. Le cœur saigne, en voyant ces spoliations et ces métamorphoses sacriléges! Lausanne a aussi son église catholique; du reste, toutes les localités un peu importantes de la Suisse luthérienne ou calviniste ont également la leur.

Nous traversons Vevey, la perle du lac, la plus fraîche et la plus coquette de toutes les villes, assises sur les bords du Léman; on voudrait vivre-là, avec tout son cœur, et l'on serait heureux d'y vieillir en paix, même d'y mourir, au besoin! Nous brûlons Clarens, Vernex, Montreux; et, contournant l'extrémité du lac, nous passons à côté du *château de Chillon*, où fut emprisonné, au XVIe siècle, et par ordre du duc de Savoie, l'infortuné Bonnivard. La peinture et la poésie ont célébré, à l'envi, cette petite forteresse dont le pied baigne dans les eaux du lac et dont la situation est vraiment ravissante. Villeneuve, Aigle et Bex fuient derrière nous; encore quelques minutes, et nous entrerons dans le canton du Valais. J'aperçois déjà le pont de Saint-Maurice, vieille et solide construction des Romains, qui enjambe hardiment le Rhône et le force à passer sous une seule arche. Quant au chemin de fer, il a dû se creuser un tunnel dans le rocher, pour arriver jusqu'à la ville. Ici, nous sommes en pays catholique. Saint-Maurice n'a guères que 1,250 habitants; mais c'est l'*Agaune* d'autrefois, c'est l'antique cité qui eut l'honneur de donner un tombeau aux nombreux martyrs de la légion thébéenne, que l'empereur Maximien fit décimer dans le voisinage de cette ville, appelée alors *Tarnade*; car le nom d'Agaune (*Agaunum* ou *Combat*), lui vient des martyrs thébéens. Le champ où ils furent égorgés se trouve sur les bords du Rhône, à un kilomètre de la ville. Une chapelle s'élève en cet endroit, et l'on y conserve la pierre sur laquelle saint Maurice s'agenouilla, pour recevoir le coup d'épée qui lui trancha la tête.

Le corps de ce grand chef de toute une légion de martyrs repose dans la *chapelle du Trésor* de l'église abbatiale de Saint-Maurice. Il est renfermé dans une châsse d'argent, ornée de pierreries, qui, dit-on, serait l'œuvre du fameux orfèvre, saint Eloi. Cette châsse est hermétiquement close; trois serrures en augmentent la sûreté, et par conséquent il faut trois clefs pour l'ouvrir. La première de ces clefs est entre les mains du roi Victor-Emmanuel, ci-devant duc de Savoie et Grand-Maître de l'ordre militaire des Saints Maurice et Lazare; le nonce du Pape, en Suisse, garde la deuxième, et l'abbé de Saint-Maurice, qui a le titre d'évêque de Bethléem, possède la troisième. Voilà donc une châsse parfaitement bien fermée et de la sûreté de laquelle répondent d'assez hauts personnages. Puisque nous sommes sur le *trésor* de Saint-Maurice, j'ajouterai de suite qu'il possède aussi les corps de saint Victor, de saint Exupère, de saint Candide et de tous les autres compagnons de saint Maurice. L'empereur Charlemagne avait une grande affection pour l'abbaye d'Agaune; il y vint plusieurs fois et lui fit de nombreux présents, entre autres : une table d'or et deux vases de porphyre oriental qui lui avaient été donnés par Haroun-al-Raschid, calife de Bagdad. Sigismond, roi de la Bourgogne transjurane, y vint faire pénitence du meurtre de son fils; tous les ducs de Savoie la visitèrent; et, l'un d'eux, qui eut la triste fantaisie de quitter *Ripaille* pour se couronner de la tiare, l'anti-pape Félix V, lui fit cadeau de sa crosse et de tous ses ornements pontificaux. On trouve parfois de singuliers rapprochements dans l'histoire. Nous venons de voir un duc de Savoie qui avait la manie de vouloir se mettre à la place du pape, un pape d'Avignon, encore, un pape français, rien que cela, s'il vous plaît! Mais, je me rappelle avoir lu, dans mon enfance, quelque chose de plus fort encore. C'était dans un livre, traduit de l'allemand, et intitulé : *Histoire de la douloureuse Passion de Notre-Seigneur Jésus-Christ.* Il y était dit que les soldats romains, faisant, à Jérusalem, le service du Prétoire, sous Ponce-Pilate, et, par conséquent, formant cette *cohorte* dont parle l'Evangile, étaient tous originaires *du pied des monts, qui séparent la Gaule de l'Italie, mais du côté regardant la Péninsule,* c'est-à-dire du *Piémont!* Or, je lisais cela sous le règne de Louis-Philippe; il est donc évident que l'auteur ne pouvait faire aucune allusion aux affaires de notre politique actuelle, et qu'il ne songeait pas à dire mal des rois du Piémont, qui, d'ailleurs, étaient alors les amis dévoués du Saint-Siége.

Mais revenons à Saint-Maurice, ou plutôt quittons-le, pour nous rendre de suite à Sion, en nous contentant de saluer, seulement au passage, et la *Dent du Midi*, dont les escarpements se dressent à notre droite; et l'endroit où fut *Epône,* cette ville illustrée par plusieurs conciles et qui fut engloutie, ou plutôt écrasée, en un instant, par la chûte d'une partie de la montagne; et la magnifique cascade de *Pissevache,* qui tombe du haut d'un immense rocher à pic et roule jusqu'au fond d'un abîme, en longs torrents d'écume; et la petite ville de Martigny, l'*Octodurum* des Romains; et enfin, ce Rhône impétueux qui mugit et bouillonne sur son lit de rochers, comme s'il avait hâte d'arriver à ce beau lac du Léman, dans les eaux transparentes duquel il va déverser ses flots jaunâtres et turbulents.

Sion et ses deux charmantes collines nous apparaissent au milieu de la vallée; nous allons entrer dans la capitale du canton le plus pittoresque de toute la Suisse. Il y a vingt ans, cette ville ne comptait guères que 1,200 âmes; aujourd'hui elle en a plus de 4,000. Elle est la seule ville au monde qui partage, avec Jérusalem, le glorieux privilége de porter le beau nom de *Sion,* cette cité de David, cette montagne sainte, comblée de toutes les bénédictions du ciel! Le *pourquoi?* je l'ignore complétement; car les vieux manuscrits latins la désignent sous le nom de *Sedunum*, qui ne se rapproche nullement de celui de *Sion*. Quoiqu'il en soit, ses habitants sont fiers du nom de leur ville, puisqu'ils ont gravé en lettres d'or, au dessus de la porte du palais de justice, ce texte des livres saints : « *Dilexit Dominus portas Sion super omnia tabernacula Jacob.* » (Le Seigneur a aimé Sion beaucoup plus que toutes les autres villes de Jacob.) Sion a un évêque dont les prédécesseurs furent, pendant longtemps, les plus puissants et les plus riches seigneurs de la Suisse. Ils frappaient monnaie à leur effigie, tenant la crosse d'une main et l'épée de l'autre. Le fameux cardinal Schinner était évêque de Sion.

J'avais, à Sion, d'anciennes connaissances et quelques bons amis. Nous descendîmes chez l'excellente et respectable madame Muston, la même que Topffer a immortalisée dans son *Voyage en zig-zag autour du Montblanc*, et nous y fûmes reçus à bras ouverts. On nous logea dans un charmant petit appartement dont les fenêtres donnaient sur le jardin, et nous fûmes-là aussi heureux que des bouvreuils dont le nid est caché sous des roses. C'était la bonne et vieille hospitalité d'autrefois, que nous recevions dans cette délicieuse retraite, dont l'amitié nous avait ouvert les portes à deux battants. Nous en profitâmes, d'abord, pour nous reposer un peu; puis, pour y organiser les excursions que nous désirions faire dans les montagnes du voisinage.

Deux jours après notre arrivée, nous prîmes des mulets et des guides pour aller voir les *pyramides* et les glaciers de Zermatt. C'est un grand et splendide spectacle que celui dont on jouit, à chaque instant, en suivant les sentiers, étroits et tortueux, qui grimpent, en serpentant, sur les flancs escarpés de ces Alpes-Pœninnes, les plus gigantesques montagnes de l'Europe! Que de magnifiques et ravissants points de vue l'on découvre de tous les côtés! On pénètre dans les mystères de la nature; on voit de près ses trésors de neige et de glace; on se sent grandir de cœur et d'âme, en s'élevant au dessus des vallées de larmes où vivent et s'agitent les hommes! Les *pyramides*, dont nous parlons ici, n'ont pas coûté autant de sueurs ni de gémissements que celles de l'Egypte; car elles ne sont pas faites de la main d'un peuple captif; les mortels ne sont pour rien dans les œuvres de la création. C'est le doigt de Dieu qui a passé-là! Figurez-vous une dizaine de cônes aigus, formés d'une substance semblable à de la pouzzolane et dans laquelle se trouvent, par-ci par-là, des blocs de rochers, absolument comme des raisins de Corinthe dans un *baba*, et vous aurez une idée des pyramides de Zermatt. Quant aux glaciers, ils présentent l'aspect d'une mer qui aurait gelé, tout-à-coup, au moment où ses flots auraient été soulevés par la tempête. C'est d'un grandiose et d'une magnificence dont rien n'approche, surtout quand le soleil fait miroiter toutes les surfaces de ces vagues de cristal, qui montent à des hauteurs prodigieuses.

Des glaciers nous descendîmes aux *Mayens*, en passant par Vex. On appelle *Mayens* des chalets, disséminés sur les flancs verdoyants et fertiles d'une superbe montagne qui s'étend en éventail sur la rive gauche du Rhône, juste en face de Sion. C'est là que l'aristocratie sédunoise, qui est fort nombreuse pour une si petite ville, va passer les mois les plus chauds de l'année. Il y a là des chalets fort propres et fort jolis, où l'on mène une assez joyeuse vie. Des bois de mélèzes ombragent ces paisibles et charmantes habitations, devant lesquelles se déroulent ordinairement des pelouses délicieuses. La vue y est étendue, l'air frais et pur, enfin, c'est l'endroit le plus ravissant que l'on puisse trouver dans tout le canton, pour y passer agréablement le temps de la villégiature. Cicéron n'était pas mieux à Tusculum.

Une autre excursion que nous fîmes, et qui nous donna une juste idée de la grandeur gigantesque et de la beauté sublime des Alpes, c'est notre visite aux bains de *Loëche*. Nous remontâmes la vallée du Rhône, tantôt à droite, tantôt à gauche du fleuve, rencontrant partout des sites, des échappées admirables. Nous traversâmes la petite ville de

Sierres, et nous atteignîmes, au bout de deux heures, *Loëche-la-Ville*, où nous commençâmes véritablement l'ascension de la montagne. La route est carrossable jusqu'aux *bains*, qui sont très-élevés dans la montagne; mais aussi quelle route dangereuse et bordée de précipices effrayants! On monte, pendant près de trois heures, toujours en contournant des rochers et en longeant des abîmes. On traverse des ponts d'une hardiesse étonnante, des ponts qui donnent le vertige, rien qu'à les voir de loin! Enfin, l'on arrive dans un vallon, arrosé par plusieurs torrents et environné d'immenses rochers, dont le pied seul est boisé. Leur cîme chauve, ou couverte de neige, s'élève majestueusement dans les airs et domine de toutes parts le vallon qui, vu d'en haut, ressemble assez à une large citerne dont le fond serait tapissé de verdure. Les bains de Loëche sont là, dans le creux de ce vallon, presque circulaire. Une dizaine d'hôtels, assez confortables, entourent l'établissement principal; car il y en a plusieurs, offerts au besoin et au choix des baigneurs étrangers. Nous logeâmes à l'hôtel de France; et, le lendemain matin, nous prîmes avec plaisir un bain, qui fut d'autant plus agréable qu'il nous délassa des fatigues de la veille. Nous vîmes ensuite les glaciers et le col de la Gemmi, où, l'an dernier, pérît si fatalement, victime du vertige, cette jeune et intéressante comtesse de X...; puis, revenus à notre hôtel, nous fîmes atteler et nous redescendîmes à Sion, en ne cessant d'admirer les étranges beautés qui, à chaque instant, se présentaient à nous sous un nouvel aspect.

Comment ne pas dire un mot de *Valère* et de *Tourbillon*, ces deux mamelons isolés qui dominent Sion et lui donnent de loin un air si pittoresque! Nous les avons escaladés et visités dans tous leurs détails. Valère est couronné par une vieille église du VIIIe ou IXe siècle, qui occupe tout son sommet et qui est très-curieuse à voir. Tourbillon, lui, porte un magnifique diadème de ruines; il est ceint d'une muraille crénelée et flanquée de plusieurs tours rondes. Du milieu de ces murs féodaux s'élève les nobles et solides débris du château des anciens évêques et comtes du Valais.

C'est là qu'habitèrent les Schinner, les Tavelli, les Supersaxo et tant d'autres! Du faîte de ces ruines, on découvre toute la longue vallée du Rhône et l'on jouit d'un panorama superbe. Entre les deux collines dont nous parlons, se trouve un tout petit vallon qui cache une humble chapelle, dédiée à *tous les Saints*. Elle est construite en pierres dures et très-grossières; sa porte est cintrée et fort étroite; ses fenêtres ont à peine deux pieds de haut sur un demi-pied de large. C'est la première église qui ait été bâtie en Valais, et c'est même le premier temple chrétien qui ait été élevé en Suisse!

Pendant notre séjour à Sion, nous fûmes témoins d'un vaste incendie qui dévora tout un village voisin. Vingt-six maisons devinrent la proie des flammes, en moins de trois heures! C'était un dimanche soir; des enfants, laissés dans le village, y mirent le feu avec des allumettes chimiques, tandis que les habitants étaient à l'office des vêpres; et, comme les secours arrivèrent trop tard, tout fut brûlé! Le lundi matin, nous allâmes visiter le théâtre de l'incendie et porter quelques secours, quelques consolations aux pauvres gens qui en avaient été les victimes. Le désastre était navrant; il ne restait plus debout que des pans de muraille, à moitié calcinés; les poutres flambaient encore, au milieu des décombres, d'où s'élevaient des colonnes d'une fumée qui prenait à la gorge et vous suffoquait, quand on osait s'en approcher un peu trop. Ce village détruit, qui se nommait *Chandolin*, me rappela l'aspect désolé de Pompéï; c'était, en petit, l'image de la grande ruine qu'avait faite le Vésuve, dans les champs de la Campanie, dix-huit siècles auparavant.

Après être resté, neuf jours, sous le toit hospitalier de la bonne et bienveillante madame Muston, nous songeâmes à continuer notre voyage en Suisse et à dire adieu au Valais. L'accueil tout cordial que nous y avions reçu; les vieux souvenirs de jeunesse qui me rattachaient à ce beau pays, où la mort, hélas! (comme partout ailleurs) avait fauché, pendant mon absence, plusieurs existences qui m'étaient chères; les spectacles grandioses que la nature venait de mettre sous nos yeux et que nous ne devions peut-être plus revoir ; le calme dont nous avions joui dans la fraîche et délicieuse villa de madame Muston ; tout cela me gonflait le cœur, au moment du départ ; et, si un œil scrutateur m'eût bien regardé alors, il eût aperçu une larme germer sous mes paupières, puis tomber silencieuse et brûlante le long de mes joues !

CHAPITRE XII

SOMMAIRE : Retour à Lausanne. — L'hôtel de Beau-Rivage. — Fribourg. — Mon compagnon de voyage y tombe malade. — La tour de Saint-Nicolas. — Les orgues. — Les ponts. — Berne et ses ours. — Le lac de Bienne. — Neufchâtel. — Pontarlier. — Dijon. — Fontainebleau. — Arrivée à Paris.

Nous quittâmes donc le Valais avec regret; mais, au lieu d'en sortir par le Simplon, ce qui nous eût ramené en Italie, en nous faisant voir Brigg et tout le *Haut-Valais*, nous fûmes obligés de reprendre tout bonnement le chemin de fer, de redescendre jusqu'à Saint-Maurice, et, de là, regagner Lausanne par la même route que nous avions suivie, dix jours auparavant. Il y a des choses qui gagnent à être vues deux fois, comme il y en a qu'on aime à recommencer, témoin ce vieux proverbe latin : « *Bis repetita placent.* » Or, le *Bas-Valais* et tous les pays de montagnes font partie des choses qui gagnent à être vues, non-seulement deux fois, mais encore beaucoup de fois; car, ils changent et varient d'aspect selon la manière dont on les regarde et, aussi, selon le point d'où on les voit. Nous avions vu, en entrant dans le Valais, le versant occidental de la *dent de Morcle;* nous avions admiré les rayons du soleil couchant sur le pic et les crêtes neigeuses de la *dent du Midi;* nous devions donc changer de décors et varier l'aspect de cet imposant spectacle, en contemplant ces mêmes montagnes du côté tout-à-fait opposé, c'est-à-dire en voyant leur versant oriental. Nous refaisions le même chemin, il est vrai ; mais nous ne revoyions pas les mêmes choses sous le même aspect.

En repassant devant Martigny, nous eûmes presque la velléité de nous y arrêter, pour faire l'ascension du *Saint-Bernard*. Cette excursion faisait d'abord partie de notre programme ; mais mon jeune compagnon, qui se sentait déjà un peu fatigué, m'avait engagé à la rayer, même avant notre départ de Sion ; de sorte que notre velléité actuelle ne pouvait se traduire que par un regret stérile, et partant inutile. Le convoi heureusement ne tarda pas à se remettre en route ; et, quatre heures après, nous étions à Lausanne, où nous devions nous arrêter un peu, pour tromper les ennuis du voyage et en diminuer les fatigues.

Ayant donc consigné nos bagages à la gare du chemin de fer, que nous devions reprendre le lendemain, nous nous mîmes à la recherche d'un bon hôtel, pour y passer la nuit. On nous indiqua l'hôtel de *Beau-Rivage*. L'omnibus, qui y conduit ordinairement les voyageurs, attendait un autre train et ne devait partir qu'au bout d'une heure. Il en était dix du soir, et nous n'en pouvions plus de besoin. Un fiacre se trouvait là ; nous abordâmes le cocher qui eût l'audace de nous demander *dix francs*, pour nous conduire à l'hôtel de Beau-Rivage. S'il eût fait jour, et, surtout, si nous avions connu la ville de Lausanne, il nous eût été très-facile de trouver de suite un hôtel propre et convenable ; mais nous étions complétement étrangers à cette localité ; nous croyions naïvement que l'hôtel qu'on nous avait indiqué était le seul bon, et qu'après avoir fait quelques pas dans la ville, nous y serions bien vite arrivés ; d'autant plus qu'un gamin, qui était là, nous proposait de nous accompagner, pour nous montrer le chemin et porter nos sacs de nuit. Nous acceptâmes les offres obligeantes de ce petit Suisse, dont nous ne voyions pas même la figure. Il prit nos sacs et le voilà parti. Nous le suivions, à quelques pas de distance, ayant bien soin de ne pas le perdre de vue, au détour d'une rue ou d'une maison quelconque. Ah ! bien oui ! il ne s'agissait pas de rues ni de maisons, dans le lieu où nous étions ! Je croyais être entré à Lausanne, et je lui tournais le dos. L'enfant marchait toujours devant nous, sans rien dire, et il suivait une ligne droite, qui se dessinait à peine dans l'obscurité. Voyant qu'il n'aboutissait pas, je lui demandai s'il nous fallait encore beaucoup de temps pour arriver.

— Un quart d'heure, vingt minutes, me répondit-il avec insouciance. Nous n'y serons pas avant.

— Mais cet hôtel de Beau-Rivage n'est donc pas à Lausanne même?

— Non, Monsieur, c'est à Ouchy!

Cette réponse me rendit de fort mauvaise humeur. Mon compagnon n'en pouvait plus; il souffrait d'un violent mal de tête, et, certes, il se serait bien passé de faire cette course au clocher, surtout à une pareille heure. Enfin, il n'y avait plus à reculer. Nous continuâmes notre excursion nocturne, et nous arrivâmes à Ouchy, sur les onze heures moins le quart.

L'hôtel de Beau-Rivage est un palais, de forme carrée, avec des escaliers et des galeries intérieures d'une grande magnificence. Pourtant, je n'ai pu m'empêcher de remarquer, avec un certain étonnement, que les colonnes de son portique ont de superbes chapiteaux, mais qu'elles manquent de soubassement; de sorte qu'elles ont l'air de n'être pas entièrement sorties de terre. Ce défaut d'architecture saute de suite aux yeux et est fort ridicule; néanmoins, il est largement racheté par la beauté de tout le reste. La situation de cette hôtellerie princière, sur les bords du Léman, lui permet bien de prendre le titre de *Beau-Rivage;* car la vue dont on y jouit est vraiment admirable. Nous ne passâmes-là qu'une nuit et un peu de la matinée du lendemain, tant nous avions hâte de gagner Fribourg. L'omnibus, cette fois, fut à notre disposition et nous en profitâmes pour retourner à la gare de Lausanne, d'où nous ne tardâmes pas à partir pour un pays moins beau, mais aussi moins cher.

La partie de la Suisse que nous traversâmes, pour aller de Lausanne à Fribourg, est moins majestueuse que le Valais et les bords du Léman. C'est une ondulation continuelle de petites collines, couvertes d'arbres et de moissons. Au milieu de tous ces mouvements de terrain, on aperçoit une foule de villages et de chalets; c'est très-gentil, très-accidenté, très-beau, comme paysage; mais cela ne vaut pas les vallées et les gorges que l'on rencontre dans les Alpes Pœninnes. Nous sommes dans la Suisse des côteaux et des prairies, et non plus dans celle des montagnes et des glaciers!

Nous entrons à Fribourg; j'aperçois la tour de Saint-Nicolas. Où irons-nous loger, dans cette ville qui nous est encore inconnue? Cette fois-ci, je ne veux plus de *beaux rivages*. Prenons un hôtel plus modeste, par exemple, celui *des Merciers*. Nous le prîmes, et *bien nous en prit;* car nous y restâmes quatorze jours, à ce bon hôtel des Merciers! J'avoue, de suite, qu'il y eut force majeure dans un si long séjour, fait dans une aussi médiocre hôtellerie. Mais mon pauvre compagnon, qui déjà était fort souffrant, fut pris de la fièvre, le soir même de notre arrivée; et, s'étant mis au lit, il fut obligé de le garder pendant toute une semaine. Je devins naturellement son infirmier et je m'installai près de lui, autant pour faire exécuter ponctuellement les ordonnances du médecin, que pour tenir compagnie à ce cher malade, dont la société m'avait été si agréable tout le temps du voyage. La fièvre ayant cédé, le médecin combattit vigoureusement la jaunisse, qui s'était déclarée; et mon cher comte en fut quitte à meilleur marché que j'aurais osé l'espérer. Il est vrai qu'il eût les yeux et la peau jaunes comme un citron; mais, après tout, cette couleur, peu agréable pour un jeune homme de son âge, n'était que provisoire; et il valait beaucoup mieux être jaune, pendant quelque temps, que de faire une grave maladie dont les suites auraient pu être funestes.

Notre chambre, à l'hôtel des Merciers, avait quatre fenêtres et trois portes. Elle était au second étage et donnait sur un des angles de la grande place. Nous voyions très-bien l'église de *Notre-Dame*, la promenade et le vieux *tilleul de Morat*, dont le tronc a été évidé par les siècles et dont les grosses branches sont soutenues par quatre coonnes qui servent de béquilles à cet illustre invalide planté là, le jour même de la défaite de Charles-le-Téméraire, par un soldat revenant du champ de bataille. Devant nous se trouvait la statue du Père Girard, ce bon cordelier dont les radicaux ont voulu faire un *moine patriote,* mais qui, dans le fond, n'était qu'un excellent religieux et un parfait grammairien. A notre droite, nous apercevions la flèche du couvent où vécut et mourut cet homme, si simple et si modeste, qu'il ne se doutait même pas de l'étendue de sa science et qu'il restait stupéfait des honneurs qui venaient le chercher jusqu'au fond de sa cellule. Il paraît qu'il n'en était pas tout-à-fait de même de ses confrères ; car, si l'on en croit un dicton, devenu très-populaire, il y avait chez eux plus de tendance pour la table que pour l'étude. « Il y a trois choses à Fribourg qui ne s'arrêtent jamais, prétend ce dicton, à savoir : *l'eau de la Sarine, la langue des femmes* et *la broche des cordeliers.* » Je crois qu'il y a là-dessous plus de malice que de vérité. J'en atteste les Fribourgeoises et les cordeliers eux-mêmes ! — En avançant un peu la tête en dehors de la fenêtre, du côté de la rue, nous entrevoyions le portail et la tour de Saint-Nicolas, beaux morceaux d'architecture gothique, qui me rappelaient le portail de Saint-Méry et la tour de Saint-Jacques, à Paris. Ajoutez à cela les passants sur la place et dans la rue, les enfants jouant sur les trottoirs ou sous les arbres de la promenade ; les femmes venant puiser de l'eau ou laver du linge à la fontaine de *Samson;* les chevaux qu'on amenait à un abreuvoir public, situé sous une de nos fenêtres ; quelques troupeaux de vaches, traversant la ville, avec de grosses sonnettes au cou, pour se rendre sans doute dans les montagnes; des charriots, des omnibus, des voitures de toutes sortes, enfin tout ce qu'on peut voir par une fenêtre d'auberge, dans une ville de province, et vous aurez une idée des naïves et innocentes distractions que nous eûmes à Fribourg, pendant quatorze jours consécutifs.

Je serais ingrat envers les cloches de toutes les églises, et surtout envers celles de Saint-Nicolas, si je ne disais pas que leurs carillons joyeux, ou leurs graves et solennelles sonneries, sont venus, bien des fois, me réjouir ou me faire rêver. Le son des cloches m'électrise ; j'aime à entendre cette voix sonore et majestueuse de l'airain, qui sait pleurer aux jours de deuil et chanter aux jours de fête. J'aime le bourdon des cathédrales, qui mugit dans sa haute tour; j'aime l'humble cloche de village dont les tintements pieux et argentins m'arrivent du fond d'un vallon ou du flanc d'un côteau ; j'aime même la clochette des troupeaux dans les bois ! M. de Châteaubriand prétendait que le plus beau de tous les concerts qu'une oreille humaine pût entendre, ne se composait que de trois instruments : le *canon*, la *cloche* et l'*orgue*. Je suis entièrement de son avis. Sur ces trois instruments, Fribourg en possède deux; car la sonnerie de sa cathédrale est à l'avenant de ses orgues qui, chacun le sait, ont la réputation d'être les plus belles du monde. Quant au canon, il lui serait peut-être un peu plus difficile de se le procurer, puisque l'artillerie fédérale est à *Thoun*, et, qu'en temps de paix, les cantons suisses n'ont pas l'usage de brûler beaucoup de poudre... à canon. En revanche, on leur laisse le droit de faire de la musique militaire, et j'affirme qu'ils usent et abusent de ce droit ; car, du matin au soir, nous entendions corner à nos oreilles tous les instruments à vent du canton, avec accompagnement de tambour. Je crois que ces braves gens aiment à faire plus de bruit que de besogne, puisqu'ils n'ont que six semaines pour apprendre à faire l'exercice, et que, sur ces six semaines, ils savent trouver le moyen de faire tant de tapage musical ! J'aurais préféré entendre, de temps à autre, quelques-uns de leurs chants nationaux, par exemple : *Le Ranz des Vaches;* mais je n'ai pas eu ce plaisir une seule fois. Il est vrai que ce chant-là est un chant de montagne et qu'il produit plus d'effet dans les bois que dans les rues d'une ville ; d'ailleurs, c'est vieux comme Guillaume Tell, et l'on serait tenté de croire que les *bergères de Colombette* ont aujourd'hui des vaches qui sentent le rance !

Nous étions donc bien tranquilles dans notre grande chambre de l'hôtel des Merciers, quand, un beau matin la monotonie de notre paix fut subitement troublée par un double accident, qui se passa dans une chambre tout-à-fait voisine de la nôtre, puisque le mur en était mitoyen. Nous étions au n° 31, et ce que je vais raconter avait pour théâtre le n° 30. — Il était arrivé, la veille, sur les huit heures du soir, à l'hôtel des Merciers, un homme d'une soixantaine d'années, qui était accompagné d'un domestique. On avait logé ce monsieur près de nous, sans se douter du dérangement de sa raison; car, alors, il paraissait calme et tout aussi sage qu'un autre voyageur. Mais l'hôtelier avait compté sans la folie de son hôte. Tout alla assez bien, jusqu'au lendemain matin, où le fou commença à faire tellement des siennes, qu'on fut obligé d'envoyer de suite à Berne son domestique, pour mander à la famille de ce monsieur ce qui se passait, et la prier de venir au plus vite le chercher. Durant ce temps-là, au lieu de se calmer, la folie de cet infortuné atteignit le paroxisme de la fureur. Il se mit à casser tous les meubles de sa chambre, à déchirer ses vêtements et à les jeter dans le corridor, vis-à-vis notre porte; il vociférait, en allemand, des imprécations qu'heureusement nous ne comprenions pas; il parlait, il riait, il pleurait, tout à la fois; enfin il se livrait à tous les excès de la démence. Ce vacarme nous gênait beaucoup, attendu que nous étions aux premières loges pour bien l'entendre, et que le cher malade dont j'étais l'infirmier, avait précisément, ce jour-là, besoin de calme et de repos. De temps en temps, j'ouvrais la porte de notre chambre, qui donnait sur le corridor, pour savoir où en était la chose et ce qu'on allait faire de ce fou. Le docteur Schaler, celui-là même dont le jeune comte recevait de si bons soins, avait essayé de pénétrer dans la chambre du fou; mais il en avait été si mal accueilli, qu'il crut plus prudent de lui faire mettre la camisole de force, avant de lui administrer quelques calmants. On prévint le *préfet* de Fribourg de la nécessité où l'on se trouvait de mettre la main sur un citoyen, privé de sa raison et capable de faire du mal aux autres. Le préfet, accompagné de deux gendarmes, vint lui-même autoriser par sa présence cet acte qui, en tout autre cas, eût été attentatoire à la liberté et à l'inviolabilité d'un républicain; le concierge de l'hôpital apporta la camisole de force, et, à un moment donné, une douzaine de vigoureux gaillards, recrutés dans le voisinage, enfoncèrent la porte du fou (qui, jusqu'alors, avait vaillamment soutenu le siége), se ruèrent sur lui, le terrassèrent, le tinrent, qui par les pieds, qui par le corps, qui par les mains, qui par la tête, tandis que le docteur lui faisait respirer du chloroforme, pour l'endormir. Une fois le sommeil arrivé, on se hâta d'emprisonner les bras et les mains du pauvre fou dans la redoutable et sinistre camisole, que l'on sangla fortement derrière son dos; puis on le revêtit d'un pantalon, et on lia ses pieds avec des cordes, pour l'empêcher de se débattre à son réveil. Quand tout fut terminé, une vingtaine de bras enlevèrent cette espèce de cadavre, qui ronflait comme un sabot, et allèrent le déposer dans une voiture fermée, dont les chevaux prirent aussitôt le chemin de l'hospice des aliénés. Cet homme, que je vis terrasser et revêtir de la camisole, était presque un vieillard; il avait le front chauve et la barbe grise; mais ses membres étaient vigoureusement taillés, et, la folie décuplant sa force, je conçois qu'il eût été impossible de le dompter, sans employer les moyens dont nous venons de parler. On nous dit que ce malheureux était un architecte de beaucoup de talents, qui occupait une position très-honorable à Berne; il paraît qu'il avait essuyé tout dernièrement de grands chagrins, et que c'était à cela qu'on attribuait la cause de sa folie.

Nous avions, à l'hôtel des Merciers, une servante qui, quelques mois auparavant, avait été domestique, à Berne, chez ce même architecte. Malgré sa folie, il l'avait reconnue et il la laissait pénétrer seule dans sa chambre. La pauvre fille fut tellement saisie, en voyant terrasser et bâillonner son ancien maître, qu'elle fut prise d'un tremblement nerveux qui amena une crise terrible. Elle tomba en catalepsie, et fut, près d'une semaine, comme une morte, dans son lit, sans parler, sans remuer, sans donner le moindre signe de vie. J'eus la curiosité d'aller la voir, et je trouvai que deux choses seules la distinguaient du cadavre : la chaleur vitale et la souplesse des membres. Voilà donc un fou qui a fait bien du tapage et bien des malheurs autour de lui. Le chiffre des dégâts matériels s'éleva à *trois cents* francs; mais les ravages causés dans la santé de la cataleptique, jusqu'où iront-ils?

Cependant mon compagnon commençait à entrer en convalescence. Le docteur ordonna des promenades en voiture, et nous pûmes enfin voir les curiosités de Fribourg. Nous visitâmes les deux ponts suspendus, qui traversent des abîmes; le double et beau pont de pierre de la Glane, qui ressemble à deux aqueducs romains, superposés; le magnifique viaduc du Grandfey, construction gigantesque où le fer remplace la pierre et qui est un véritable chef-d'œuvre, sorti des ateliers du Creusot; la fraîche et pittoresque vallée où serpentent si capricieusement les eaux vertes de la Sarine; puis la délicieuse promenade du *Palatinat*; puis tout ce qu'il y a de beau à voir dans la ville.

Nous réservâmes la visite de Saint-Nicolas et l'harmonieux concert de ses orgues pour la veille de notre départ. C'est le soir, à la chûte du jour, que nous entrâmes dans l'antique et vaste cathédrale. L'obscurité commençait à envahir l'édifice sacré; mais l'œil pouvait se jouer encore avec les vives couleurs des vitraux de l'abside sur lesquels venaient lentement s'éteindre les dernières clartés du jour. L'âme se recueillait d'elle-même devant le sanctuaire dont la lampe brillait déjà comme une étoile, tombée du ciel dans l'ombre silencieuse du lieu saint; et l'heure était des plus propices pour écouter pieusement les mélodies célestes que l'orgue allait nous faire entendre. En effet, il ne tarda pas à éclater, d'abord avec toute la puissance de ses mille tuyaux; puis il adoucit ses voix, chanta à la façon des anges et soupira tout ce qu'on peut concevoir de plus suave et de plus ravissant dans la musique humaine. On prie, malgré soi; on pénètre, en esprit, dans le monde angélique, quand on entend de si belles choses.

Il ne nous restait plus qu'à remercier notre médecin, à faire nos malles et à partir. Tout cela ne fut pas long, tant nous désirions quitter cet hôtel des Merciers, où la maladie nous avait emprisonnés si traîtreusement!

De Fribourg à Berne, la route n'offre rien de bien curieux, et nous la fîmes en moins d'une heure. Berne est une ville très-animée, très-commerçante et qui a conservé un grand cachet d'originalité. Toutes ses rues sont larges et ornées de fontaines, qui se trouvent placées juste au milieu de la chaussée. Les piétons circulent sous des arcades, de chaque côté de la rue, et ont le double avantage de n'avoir jamais besoin ni de parapluie ni d'ombrelle. J'ai remarqué qu'il y avait à Berne un nombre prodigieux de marchands de tabac et surtout de cigares; on ne peut pas faire deux ou trois pas sans en rencontrer; et cette denrée, qui coûte si cher en France, est ici d'un bon marché surprenant, quoique d'une qualité souvent supérieure à celle que nous fournit la régie. Cela tient à l'exemption de l'impôt et à la grande facilité de l'importation.

On ne peut voir Berne, sans faire une visite à ses ours. Chacun sait que l'ours a l'honneur de figurer sur les armes de la ville de Berne, qui sont ainsi des armes parlantes, ou plutôt *grognantes*, puisque le nom de *Berne*, en allemand, signifie *ours*. Nous avons donc été voir ces nobles et lourdes bêtes, qui sont renfermées dans une fosse circulaire. Il y en a quatre, deux mâles et deux femelles, de grosseur ordinaire, et une demi-douzaine d'oursons. Le plus beau de tous, le père et le chef de toute cette famille, celui enfin qui est le moins mal léché, c'est *Monny*. Celui-là monte à l'arbre; s'assied sur son derrière; salue la foule avec ses pattes de devant; reçoit dans sa gueule les morceaux de pain qu'on lui jette; marche droit comme un homme; se roule sur le dos et fait mille gentillesses pareilles. C'est l'*ours Martin* des Bernois, et ils en sont fiers à juste titre. En effet, cet animal n'est pas méchant, mais il se défend quand on l'attaque. N'est-ce pas naturel?

L'année dernière, il s'est permis de mettre en pièces un étourdi d'Anglais, qui avait eu la maladresse de se laisser tomber dans sa fosse, et l'outrecuidance de lui donner des coups de parapluie. Il était onze heures du soir; Monny a trouvé la visite faite à une heure par trop indue, et l'emploi du riflard britannique lui a semblé d'une insolence extrême; j'avoue qu'il aurait dû repousser, avec plus de modération, cette attaque nocturne; mais, l'occasion, l'herbe tendre et, peut-être aussi, quelque diable le poussant, il a, malheureusement, déchiré à belles dents son agresseur téméraire, qui avait agi sous l'influence des fumées du vin. D'ailleurs tous les ours en eussent fait autant, à la place de Monny; aussi les Bernois ont-ils continué à l'estimer et à lui faire bon visage!

Les monuments de Berne sont peu nombreux; nous avons vu deux ou trois tours carrées, assez anciennes, qui servent de beffrois et dont les larges cadrans sont décorés de figurines peintes. Ces espèces d'automates frappent les heures et sont d'un effet assez grotesque. Le palais fédéral est un bâtiment tout neuf, qui n'a guères d'autre mérite que celui de sa position admirable. Les temples protestants sont d'un aspect triste et sévère; ils sont aussi nus au dehors qu'au dedans. La cathédrale seule (une ancienne église catholique) est digne d'être visitée. Son portail est plus ouvragé que celui de Saint-Nicolas de Fribourg, et les hautes fenêtres de son abside ont des vitraux de couleurs qui peuvent rivaliser avec ceux de l'abbaye d'Haute-Rive, aujourd'hui transportés dans la cathédrale fribourgeoise. Une des fenêtres dont nous parlons a été détruite par la grêle, en 1794, et elle n'est pas encore restaurée. Il faut avouer que les Bernois ne se pressent pas beaucoup pour la réparation et l'entretien du plus bel édifice de leur ville! J'ai éprouvé un pénible sentiment de tristesse, en parcourant les vastes nefs de ce superbe temple qui n'a plus de croix, ni d'autels. On sent vraiment que Dieu n'est plus là. Puisse-t-il y revenir, un jour!

A côté de la cathédrale est une plate-forme, plantée de marronniers et environnée d'une balustrade de pierre;

c'est une promenade publique très-fréquentée et d'où l'on jouit d'une vue ravissante sur la vallée de l'Aar.

Nous sommes montés, en voiture, sur un côteau qui domine toute la ville, et du haut duquel l'œil embrasse un large et splendide horizon. De là, on découvre tout l'Oberland et la longue chaîne des Alpes-Bernoises, qui ne sont, en réalité, que le versant septentrional de ces gigantesques montagnes, dont nous avions admiré le versant méridional, quand nous étions en Valais. J'ai donc salué, de loin, les sommets neigeux de la Gemmi, de la Yungfrau et de tous ces pics fameux, qui forment de si belles dentelures blanches sur l'azur du ciel ; et je me suis estimé heureux d'avoir pu ainsi trouver l'occasion de leur dire un dernier adieu.

Les catholiques de Berne ont imité ceux de Genève ; et, quoique beaucoup moins nombreux, ils ont bâti une église qui, cependant, ne le cède en rien à celle des Genevois. Si les protestants leur avaient laissé cette belle cathédrale que je viens d'admirer, je suis bien sûr qu'ils n'auraient pas attendu, eux, soixante-et-onze ans, pour restaurer la fenêtre endommagée par la grêle de 1794 !

La santé de mon compagnon ne nous permettant pas de nous avancer davantage dans l'intérieur de la Suisse, il nous faut renoncer à Interlaken, à Zurich, à Lucerne, et à tout ce que nous avions espéré voir. Reprenons donc le chemin de la France, et voyageons maintenant avec la rapidité de l'oiseau qui retourne à son nid.

Le chemin de fer abrège considérablement les distances. Il y a une heure que nous quittions Berne, et nous voilà déjà sur les bords du lac de Bienne. Nous allons bientôt apercevoir la jolie petite île de *Saint-Pierre*, qui est enchâssée dans le cristal du lac, comme une émeraude dans un cercle de diamants. C'est là que, par une belle nuit, le Genevois Jean-Jacques Rousseau vînt chercher un refuge contre la colère des gens de Neufchâtel dont il avait insulté le ministre favori, le pasteur bien-aimé, dans un pamphlet de l'époque.

Voici, à peu près, en quels termes, il raconte lui-même cette mauvaise plaisanterie, qui faillit lui coûter la vie :

« C'était un jour qu'on appelle un *dimanche;* je sortis de chez moi pour me promener dans les rues d'une ville qu'on appelle *Neufchâtel;* je rencontrai dans les rues de cette ville une foule de gens, à figures austères et renfrognées, qu'on appelle des *calvinistes;* ces gens se dirigeaient gravement vers un édifice qu'on appelle un *temple;* la fantaisie me prit de les suivre, et j'y entrai avec eux. Dans ce temple, il y avait une tribune qu'on appelle une *chaire;* un homme, vêtu d'une grande robe noire et qu'on appelle un *ministre,* monta bientôt dans cette chaire ; il ouvrit un gros livre qu'on appelle la *Bible,* et se mit à lire, d'une voix solennelle, le texte suivant :

« Que celui d'entre vous qui se sent honteux de ses péchés se couvre la tête. »

« Et aussitôt le ministre prit son chapeau et l'enfonça jusqu'à ses oreilles. »

Il n'en fallait pas tant pour piquer au vif les Neufchâtelois. On s'arma de bâtons et on courut sus au philosophe de Genève, qui fut obligé de se cacher dans une cave, en attendant le moment favorable de se réfugier dans l'île de Saint-Pierre, qui appartient aux Bernois.

Neufchâtel est peu de chose, comme ville, et je ne conçois pas comment les rois de Prusse ont pu tenir tant à sa possession. Il est vrai qu'elle est assise sur le bord d'un lac superbe ; mais il y a tant de villes, en Suisse, qui baignent leur pied dans les eaux d'un lac ! La véritable raison était plutôt son voisinage de la France ; car la principauté de la ville entraînait nécessairement celle de tout le canton, qui est limitrophe de nos frontières. Maintenant, réparation d'honneur au bon goût des rois de Prusse, puisqu'ils n'y voyaient pas que du bleu !

Nous avons eu le temps de visiter la vieille collégiale de *Notre-Dame,* perchée sur un rocher, près du château des Princes, où demeuraient autrefois les *gouverneurs* royaux, et où siége aujourd'hui le *gouvernement* républicain. Il va sans dire que la collégiale n'a plus de chanoines, depuis que Calvin, le ci-devant chanoine de Soissons, a fait accepter sa réforme à toute cette partie de la Suisse. Notre-Dame de Neufchâtel est donc devenue aussi un temple protestant. Elle renferme les tombeaux des anciens comtes qui possédèrent Neufchâtel, avant que la Prusse s'en fût emparée. Ces tombeaux, du XIIIe siècle, sont ornés des statues des comtes et des comtesses qui y ont été ensevelis, et ils sont très-curieux à voir. Dans le même temple a été enterré le célèbre Guillaume Farel, que les Neufchâtelois, bien inspirés, ont choisi pour leur *saint patron.* Grand bien leur fasse! Le bonhomme qui nous montrait tout cela, pour la bagatelle d'un franc, nous fit remarquer, par dessus le marché, un écho très-net et très-fidèle, qui se trouve logé dans les voussures du portail ogival du château. Cet écho répète tout ce qui se dit à voix basse, et joue le rôle du cornet acoustique.

Quant à la ville, elle est presque toute bâtie en pierre jaune, et toutes ses maisons ont l'air d'avoir la jaunisse. Malgré les bords riants de son lac, cette ville est fort triste; du reste, j'ai remarqué que toutes les villes protestantes n'avaient rien de très-gai; et je crois, comme J.-J. Rousseau, que les calvinistes de Neufchâtel ont une figure encore plus renfrognée que les autres.

Allons, quittons la Suisse et partons pour la France, où la vapeur va nous conduire en quelques heures!

Nous gravissons une montagne, en restant tranquillement assis dans notre wagon; nous longeons des précipices au fond desquels bouillonnent des torrents; nous franchissons des ponts; nous traversons des tunnels, et, sans presque nous en apercevoir, nous arrivons au sommet du col élevé, qui sert de chemin entre cette partie de la Suisse et la France. Nous avons dépassé le val Travers; encore quelques tours de roues, et nous entrerons sur le territoire français.

L'extrême frontière est au village des Verrières. Ce village se divise en deux : il y a les *Verrières suisses* et les *Verrières françaises.* D'un côté, la Croix fédérale; de l'autre, l'Aigle impériale! Nous voilà enfin sur le sol de la patrie! J'aurais les yeux fermés que je devinerais la France aux battements précipités de mon cœur!

La douane est à Pontarlier; nous nous y arrêterons, une demi-journée, seulement le temps de nous reposer un peu et de voir la ville.

Pontarlier est une très-petite ville, qui n'a d'autre importance que celle de sa position. Du reste, pas de commerce et très-peu d'habitants. Il n'y a qu'une seule rue qui soit digne de porter ce nom; elle est droite, spacieuse et à larges trottoirs. A l'une de ses extrémités s'élève un arc de triomphe, avec cette inscription saugrenue :

EMPIRE FRANÇAIS;
SOUMISSION AUX LOIS.

Le Doubs passe-là, mais à l'état de ruisseau; très-souvent même son lit est complétement à sec. Somme toute, c'est une ville où il doit pleuvoir de l'ennui à verse. Pourtant c'est une sous-préfecture. Richelieu, évêque de Luçon, disait que son évêché était le plus crotté de France et de Navarre. Grand Dieu! Que doit donc dire le sous-préfet de Pontarlier!!!...

Nous avons repris le chemin de fer, à six heures du soir, et nous sommes arrivés à Dijon, sur les onze heures. L'hôtel, où nous sommes descendus, s'appelle l'*hôtel de la Cloche*. C'est une excellente auberge du bon vieux temps, très-propre, très-confortable et où l'on est très-bien. Nous consacrâmes la matinée du lendemain à visiter la ville. A cet effet, nous prîmes une voiture qui nous déposa successivement devant l'Hôtel-de-Ville, où se trouvent les restes du palais des ducs de Bourgogne; devant les églises de *Saint-Michel*, de *Notre-Dame* et de *Saint-Bénigne*, qui n'ont rien de remarquable, si ce n'est leur architecture gothique; encore est-elle affreusement mutilée en beaucoup d'endroits, tant à l'extérieur qu'à l'intérieur; enfin, devant les *Chartreux*, dont le monastère est converti aujourd'hui en hospice d'aliénés, et où nous avons vu le *Puits de Moïse*. Ce puits est un grand bassin carré, environné de hauts murs et du fond duquel s'élève un pilier assez large, pour porter à son sommet six statues de grandeur naturelle, avec leurs niches, ou plutôt avec leurs attributs symboliques. A la tête des personnages, représentés sur ce pilier, se trouve Moïse, tenant les Tables de la Loi; et c'est à cause de cela qu'on a donné le nom de *puits de Moïse,* à cette citerne bizarre dont la profondeur est seulement de quelques mètres. Le principal mérite de ce monument du moyen-âge est dans la beauté des statues et dans le fini, la perfection des détails. Outre Moïse, il y a David, Isaïe, Jérémie, Daniel et Zacharie; tous ces personnages ont été peints, autrefois, mais avec des couleurs excessivement belles et très-délicatement posées, si l'on en juge par ce qui en reste à présent.

Dijon n'était qu'une halte pour nous; notre intention, en y venant, n'était pas de visiter cette ville, mais bien seulement de la traverser; aussi n'y fîmes-nous pas un long séjour! A une heure de l'après-midi, nous remontâmes en wagon, pour reprendre la route de Paris.

On trouvera peut-être surprenant que, revenant d'un si long voyage, nous ayions songé à faire une pause à Fontainebleau, qui est si près de Paris et que tout le monde connaît. Pourtant nous nous y arrêtâmes, pour y passer la nuit, et visiter le château.

Nous avions vu les palais pontificaux à Rome et le château des Papes à Avignon; nous avions vu Valence, où Pie VI était mort; Venise, où son successeur, Pie VII, avait été élu; il me semblait tout naturel de terminer ce pèlerinage des gloires et des humiliations de la Papauté, par la visite de Fontainebleau où l'élu de Venise avait été abreuvé du vinaigre de l'exil et du fiel de la captivité. C'était le complément nécessaire de notre voyage, fait au point de vue historique et chrétien; puisque dans le douloureux pontificat de Pie VII, la chapelle de Fontainebleau est le pendant de l'église de San-Giorgio-Maggiore!

Inutile de parler ici des magnificences extérieures et intérieures du château de Fontainebleau; car tant de générations de rois et de têtes couronnées ont passé par là, qu'il n'y a rien de surprenant d'y rencontrer tant de richesses artistiques et, surtout, tant de souvenirs historiques. Je laisse donc l'*étang des carpes* aux enfants et aux badauds, comme j'ai laissé la *moutarde de Dijon* aux gourmands ; et, cette fois, je file directement sur Paris, sans plus détourner la tête, ni à droite, ni à gauche, dans la crainte de m'attirer une punition semblable à celle de la femme de Loth.

Nous voici arrivés ! Salut, ville immense, la plus belle, la plus policée, la plus active et la plus intelligente de tout l'univers ; salut, Paris ! Nous voici de retour dans ton sein maternel, et nous y revenons avec la même joie que l'abeille, chargée de miel, qui revient à sa ruche. Nous avons butiné chez les peuples voisins ; mais à peine avons-nous pu y prendre, en cinq mois, ce que nous aurions pris, en cinq jours, chez toi ; car tu possèdes, en abondance, tout ce que les autres villes n'ont qu'en petite quantité ! Tes palais, tes édifices publics, tes rues, tes boulevards, tes jardins, tes promenades, ton fleuve, couvert de ponts ; tout cela ne se trouve point ailleurs, réuni de la même façon. Les musées de l'Italie sont beaux ; ils renferment de grandes richesses en peinture, en sculpture et en céramique ; c'est vrai ! Mais, ton *Louvre*, à lui seul, les vaut tous. Il est la collection la plus complète de tous les objets d'art, de tous les chefs-d'œuvre du génie humain ! Aussi serait-il inutile d'aller chercher, hors de tes murs, quelque chose de plus beau et de plus parfait que les superbes collections de tout genre qu'ils renferment, si, toutefois, les voyages n'avaient le précieux avantage de mûrir l'esprit de l'homme et de charmer sa vue, en lui montrant d'autres terres et d'autres cieux !

CHAPITRE XIII

SOMMAIRE : Bordeaux. — Une petite anecdote sur l'ancienne orthographe de ce nom. — Les momies de la tour de Saint-Michel. — Artagnan. — Séjour au vieux *caster*. — Souvenir des Mousquetaires. — Tarbes. — L'incendie imaginaire. — Pau et ses Anglais. — Bayonne. — Les frontières d'Espagne. — Irun. — Miranda. — Burgos. — La *fonda del Norte*. — La cathédrale. — La place *de la Constitution* et les guenilles espagnoles.

Après nous être reposés, quelques semaines, à Paris, nous prîmes le chemin de l'Anjou, afin d'y passer le temps de la villégiature dans la belle et délicieuse terre des Hayes, que le marquis de Montesquiou possède entre Saumur et Beaugé. Ce fut là, au milieu de la riante solitude des prairies et des bois, que se décida notre voyage d'Espagne dont j'entreprends maintenant la relation.

Nous quittâmes, de nouveau, Paris, le 22 février 1866, et le chemin de fer nous conduisit rapidement jusqu'à Bordeaux. C'est à peine si nous eûmes le temps d'entrevoir les grandes gares, qui se trouvaient sur notre route. Nous pûmes toutefois dîner à la hâte au buffet d'Angoulême et nous arrivâmes à Bordeaux, sur les dix heures et demie du soir. Un omnibus nous mena à l'*Hôtel de France*, où l'on nous donna l'appartement le plus froid du monde. Nous eûmes beau faire allumer du feu, il nous était impossible de nous réchauffer ; un vent glacial soufflait de tous les coins de la grande pièce où nous étions ; et, quoiqu'il tombât de la neige, l'atmosphère du dehors m'avait paru moins froide que celle de cet intérieur, où je grelottais de tous mes membres et où je ne pus fermer l'œil de toute la nuit, bien que j'eusse pris la précaution de faire bassiner mon lit. Le lendemain, en me levant, j'avais encore plus froid que la veille, et je fus sur le point de croire qu'au lieu d'être à Bordeaux je me trouvais à Moscou. Décidément, le midi de la France me semblait devoir être, cette année-là, moins chaud que le nord, et j'appréhendais déjà instinctivement la neige que nous devions trouver au-delà des Pyrénées. Pour voir où en était la température extérieure, je courus à une fenêtre; je soulevai le rideau d'étoffe amaranthe dont les plis retombaient jusqu'à terre, et je vis, à mon grand étonnement, que cette fenêtre était ouverte! Il en était de même de l'autre; car la négligence du domestique, qui nous avait installés dans ce gîte de passage, avait oublié de les fermer. Telle était la cause de tous mes frissons nocturnes et de mon insomnie. Certes, il n'en fallait pas tant, sinon pour me geler la figure, du moins pour me donner le germe d'un de ces rhumes interminables, qui mettent une seconde à venir et des mois à s'en aller! Aussi, à partir de ce moment-là, j'ai pris la louable habitude de ne jamais me coucher dans une chambre d'hôtel ou d'auberge, sans avoir préalablement examiné si les fenêtres étaient bien fermées, et si les vitres y étaient au grand complet. En voyage, encore plus que partout ailleurs, la prudence est la mère de la sûreté!

Bordeaux est une grande et belle ville, dont les rues sont larges et bien percées. Son aspect a quelque chose de la solitude et de la majesté de Versailles, tant à cause du petit nombre des habitants, qui semblent avoir bien de la peine à remplir leur ville, qu'à cause de la grandeur imposante de ses édifices publics et de ses maisons particulières. Le théâtre, par ses proportions gigantesques et la place dégagée qu'il occupe au centre de la ville, fait rêver aux temples de la Grèce antique. Le beau pont de pierre, qui traverse la Gironde, dont le lit large et profond est encombré, en cet endroit, de vaisseaux de toutes les nations; le superbe quai, qui longe le fleuve et sur lequel s'agite, en tous sens, cette multitude active et bruyante qu'on appelle *le monde du commerce*; les fameux quinconces, qui viennent aboutir au port et dont les allées spacieuses conviennent si bien à la foule d'une grande ville; en un mot, les squares, les places et les églises, tout cela donne à Bordeaux un air grandiose et imposant qui sied très-bien à l'ancienne capitale des Aquitaines, nommée *Burdigalia*, par les Romains, et que nous avons longtemps appelée *Bourdeaux*.

A propos de cette vieille manière d'orthographier le chef-lieu du département de la Gironde, je me rappelle une petite anecdote que voici :

C'était dans une maison d'éducation. — Il y a de cela plus de vingt-cinq ans. — Un élève faisait à haute voix la lecture, au réfectoire, pendant le dîner. Le livre qu'il avait entre les mains avait été imprimé à l'époque où l'on mettait des *o* pour des *a*, et où l'on écrivait *françois* pour *français*. L'auteur, qui se piquait de purisme, avait conservé aux noms de villes et de pays leur orthographe primitive, de sorte qu'en parlant de Bordeaux, il disait *Bourdeaux*, et le lecteur, un peu naïf, disait tout comme l'auteur, ce qui parfois excitait l'hilarité de l'auditoire, toujours disposé à rire, en semblable circonstance. Le professeur, qui présidait au repas, ayant remarqué que le lecteur venait de dire *Bourdeaux*, l'interrompit et s'écria :

— On ne dit pas *Bourdeaux*, mais bien Bordeaux!

— Monsieur, il y a une note, au bas de la page, observa l'élève. Faut-il la lire?

— Lisez votre note, répondit gravement le maître.

Alors l'élève, haussant la voix, lut ce qui suit :

— « Prononcez *Bourdeaux* et non pas *Bordeaux*, comme le prétendent certains ignorants. »

Qu'on juge de l'immense éclat de rire, qui s'éleva de tous les coins du réfectoire.

Le professeur se tira d'affaire, en déclarant que l'auteur de la note n'était qu'une ganache et le lecteur un imbécile. Ce dernier eut *cent vers à copier*, pour lui apprendre à ne pas lire, une autrefois, des notes aussi absurdes.

Nous avons visité la cathédrale et plusieurs autres

églises; mais nous n'avons pu voir les momies de la tour Saint-Michel, qui était alors en réparation.

Théophile Gautier, dans *son Voyage d'Espagne,* parle du caveau de la tour de Saint-Michel, qui a la propriété de momifier les corps.

Voici ce qu'il en dit :

« Le dernier étage de la tour est occupé par le gardien et sa famille qui font leur cuisine à l'entrée du caveau, et vivent là dans la familiarité la plus intime avec leurs affreux voisins ; l'homme prit une lanterne et nous descendîmes par un escalier en spirale, aux marches usées, dans la salle funèbre. Les morts, au nombre de quarante environ, sont rangés debout autour du caveau et adossés contre la muraille; cette attitude perpendiculaire, qui contraste avec l'horizontalité habituelle des cadavres, leur donne une apparence de vie fantasmatique très-effrayante, surtout à la lumière jaune et tremblante de la lanterne qui oscille dans la main du guide et déplace les ombres d'un instant à l'autre...

« Ce sont des figures contournées, grimaçantes, des crânes à demi-pelés, des flancs entr'ouverts, qui laissent voir, à travers le grillage des côtes, des poumons desséchés et flétris comme des éponges; ici la chair s'est réduite en poudre et l'os perce; là, n'étant plus soutenue par les fibres du tissu cellulaire, la peau parcheminée flotte autour du squelette comme un second suaire; aucune de ces têtes n'a le calme impassible que la mort imprime comme un cachet suprême à tous ceux qu'elle touche; les bouches bâillent affreusement, comme si elles étaient contractées par l'incommensurable ennui de l'éternité, ou ricanent de ce rire sardoniqne du néant qui se moque de la vie ; les mâchoires sont disloquées, les muscles du cou gonflés; les poings se crispent furieusement; les épines dorsales se cambrent avec des torsions désespérées. On dirait qu'ils sont irrités d'avoir été tirés de leurs tombes et troublés dans leur sommeil par la curiosité profane.

« Le gardien nous montra un général tué en duel; la blessure, large bouche aux lèvres bleues, qui rit à son côté, se distingue parfaitement; un portefaix qui expira subitement en levant un poids énorme, une négresse qui n'est pas beaucoup plus noire que les blanches placées près d'elle, une femme qui a encore toutes ses dents et la langue presque fraîche, puis une famille empoisonnée par des champignons, et, pour suprême horreur, un petit garçon, qui, selon toute apparence, doit avoir été enterré vivant. (1) »

Je n'ai pas trop regretté de n'avoir point vu un pareil spectacle; car j'ai visité autrefois le cimetière du Grand-Saint-Bernard, qui ne le cède en rien au caveau de la tour Saint-Michel. Sur la montagne couverte de glaces et de neiges éternelles, c'est l'intensité du froid qui momifie les cadavres. On les voit, rangés debout, dans une chambre funéraire; le soleil vient parfois éclairer leur sombre demeure, mais il leur prête sa lumière sans leur communiquer le moindre rayon de sa chaleur. On peut donc examiner au grand jour le travail lent et pénible de la mort sur ces cadavres glacés, qui résonnent sous la main comme des statues de faïence, mutilées et tronquées par une chûte; et, en effet, tous ceux qui dorment là, ne sont-ils pas les tristes victimes d'une épouvantable chûte? N'ont-ils pas, presque tous, été engloutis, vivants, par l'avalanche?

J'ai vu, parmi ces morts, une mère qui presse encore sur son sein l'enfant qu'elle tenait dans ses bras, au moment où elle fut surprise et ensevelie par la tempête de neige; ses vêtements en lambeaux se drapent autour de sa taille et cherchent à couvrir le mieux qu'ils peuvent le pauvre petit nourrisson qu'elle allaitait; on dirait que la mère et l'enfant sommeillent et qu'ils vont bientôt se réveiller!

Chaque cadavre, dans ce charnier qui domine les nuages, rappelle une émouvante et douloureuse histoire; et si, comme les momies de Bordeaux, aucun de ces morts sublimes n'exhale une odeur fade et poussiéreuse, c'est

(1) Théophile Gautier, *Voyage en Espagne*, page 11.

qu'ils ne sont jamais descendus dans une tombe et qu'ils ne touchent plus à la terre que par les pieds !

Au lieu d'aller directement de Bordeaux à Bayonne, nous bifurquâmes à Morcenx, afin de pouvoir nous arrêter à Vic-Bigorre ; et, de là, nous rendre à Artagnan, où nous devions passer quelques jours.

Le lecteur nous demandera peut-être ce que nous avions à faire à Artagnan, pour nous détourner ainsi de notre route. Nous lui répondrons d'avance et tout simplement que, sans être de fanatiques admirateurs des *Trois Mousquetaires* d'Alexandre Dumas, nous tenions beaucoup à visiter le vieux château d'Artagnan, qui, depuis bien des siècles, appartient à la famille de Montesquiou, dont mon jeune compagnon de voyage est un des principaux rejetons. C'était une sorte de pèlerinage que le comte de Montesquiou-Fesenzac-Artagnan faisait au berceau de sa branche.

Monsieur d'Artagnan dit, à la première page de ses Mémoires :

« Quand je dirois que je suis né gentilhomme, de bonne « maison, je n'en tirerois, ce me semble, que peu d'avan- « tage, puisque la naissance est un pur effet du hazar, ou, « pour mieux dire, de la Providence divine... D'ailleurs, « quoique le nom D'ARTAGNAN fut déjà connu quand je « vins au monde et que je n'ai servi qu'à en relever l'éclat, « parce que la fortune m'en a voulu en quelque façon, il « y a toujours bien à dire qu'il le fût à l'égard des *Châtil-* « *lons* sur Marne, des *Montmorency* et de quantité d'autres « Maisons qui brillent parmi la Noblesse de France. S'il « appartient à quelqu'un de se vanter, quoique ce ne doive « être qu'à Dieu, c'est tout au plus à des personnes qui « sortent d'un sang aussi illustre que celui-là. Quoiqu'il « en soit, ayant été élevé assez pauvrement, parce que « mon père et ma mère n'étaient pas riches, je ne songeai « qu'à m'en aller chercher fortune, du moment que j'eus « atteint l'âge de quinze ans (1). »

(1) *Mémoires de M. d'Artagnan*, Amsterdam, chez Pierre Rougé, 1704.

Le célèbre capitaine-lieutenant de la première compagnie des Mousquetaires du Roi s'appelait *Joseph de Montesquiou*, comte d'Artagnan, seigneur de Gensac et autres lieux. Il était fils d'Arnaud de Montesquiou, seigneur d'Artagnan et de Anne de Lambès de Marambat. L'origine de sa race remontait à Garcie-Sanche, dit *le Courbé*, duc de Gascogne, dont il était le vingt-septième descendant ; et il comptait parmi ses ancêtres les comtes de Fezensac et ceux d'Armagnac. Il avait cinq frères et trois sœurs, ce qui explique la pauvreté de sa famille et le besoin qu'il éprouvait d'aller chercher fortune ailleurs.

« Mes parents étaient si pauvres, dit-il, qu'ils ne me « purent donner qu'un bidet de vingt-deux francs, avec « dix écus dans ma poche, pour faire mon voyage. Mais « s'ils ne me donnèrent guères d'argent, ils me donnèrent « en récompense quantité de bons avis (1). »

Chacun sait comment il en profita. En lisant autrefois *les Mousquetaires* de M. Dumas, j'avais cru que *Porthos*, *Athos*, *Aramis* et autres personnages de ce roman étaient imaginaires ; mais il n'en est rien. Ces braves gens-là ont existé ; M. d'Artagnan en parle beaucoup dans ses *Mémoires* qui, certes, sont plus intéressants à lire que ceux de Saint-Simon, et qui mériteraient encore les honneurs d'une réimpression, quoique le roi des romanciers modernes les ait exploités d'une si large façon.

Nous descendîmes donc à la station de Vic-Bigorre, d'où une voiture nous conduisit à Artagnan, qui n'en est éloigné que de trois kilomètres. Notre modeste véhicule n'eût pas grand'peine à atteindre l'antique demeure des sires d'Artagnan, car il était traîné par deux bons chevaux et, de plus, la route était droite et parfaitement unie. Nous entrâmes, en décrivant une courbe savante, dans la cour du château dont les portes étaient ouvertes à deux battants, et nous vînmes descendre devant un vestibule qui, malheureusement pour nous, se trouvait alors fermé. Le régisseur était absent et il nous fallut l'attendre dehors,

(1) *Mémoires de M. d'Artagnan*, tome I, page 4.

pendant plus de deux heures, parce qu'il avait emporté les clefs du logis et que sa servante l'avait suivi au marché de Vic-Bigorre. Le jardinier et sa femme vinrent nous offrir leurs complimens respectueux et leurs services empressés, à défaut *du vin de l'arrivée*. Ils nous dirent que l'on ne nous attendait que pour le lendemain, sans quoi M. Sarthou et sa servante se seraient trouvés-là pour nous recevoir. Nous profitâmes du foyer de ces bonnes gens pour nous chauffer un peu les pieds, et ensuite nous visitâmes l'extérieur du château et les jardins qui l'environnent.

Assis sur le bord de l'un des bras de l'Adour, le *castec* d'Artagnan est plutôt une ruine qu'un château féodal. Il se ressent de la pauvreté de M. d'Artagnan, le père ; et, en le voyant, on comprend que le bon gentilhomme n'aie pu donner à son fils aîné que dix écus, avec un bidet de vingt-deux francs et quantité d'excellents conseils. Sa forme n'est pas régulière ; il se compose d'une large tour carrée, faisant saillie sur la cour, et sur le faîte peu élevé de laquelle grince une girouette aux armes des Montesquiou-Fezensac-Artagnan, *deux tourteaux de gueules sur un champ d'or ;* puis de deux corps de logis, formant un angle droit, et n'ayant qu'un seul étage habitable, au-dessus du rez-de-chaussée. Le côté qui regarde l'Adour est surmonté d'un paratonnerre ; l'autre est orné d'une galerie, ressemblant aux balcons d'Espagne.

A le voir ainsi du dehors, ce petit château présente un aspect assez misérable et ne répond nullement à l'idée grandiose qu'on avait pu s'en faire, en y accolant le nom si fameux d'Artagnan ; mais quand on visite l'intérieur, on est surpris d'y rencontrer tant de logement et d'aussi vastes chambres.

Enfin le père Sarthou arriva du marché. C'est un petit homme d'une figure haute en couleur et d'une vivacité toute méridionale. Il a l'intelligence de sa position, et c'est la *crême* des régisseurs. Il nous reçut avec tout l'empressement possible, se confondant en excuses de n'avoir pas su plus tôt notre arrivée. Il nous installa dans l'étage supérieur, qui est encore meublé, pour ainsi dire, comme au temps d'Artagnan, et nous fit tous les honneurs du château.

Quand nous eûmes un peu tout vu, le brave homme attela de nouveau son bidet à la carriole qui l'avait conduit au marché, et nous fit monter dedans pour commencer la visite de nos terres, pendant que la servante préparerait le dîner. Cette visite dura près de trois heures, et encore nous ne vîmes que très-peu de chose de la seigneurie de Gensac, qui était principalement la *nôtre*. Le reste de la visite fut remis au lendemain, car la nuit était venue et il nous fallait dîner. Nous rentrâmes donc au château où nous trouvâmes un repas assez maigre, celui d'un jour d'abstinence. Il se composait d'une soupe aux choux mitonnée, d'un plat de haricots et d'un autre de morue à l'huile, le tout arrosé d'un vin blanc qui tournait singulièrement au vinaigre. Heureusement que le café était bon et l'eau-de-vie excellente.

Après avoir fumé un cigare au coin du feu et bavardé un peu avec le père Sartbou, qui était d'une humeur charmante, nous remontâmes dans nos appartements. Nous occupions chacun une grande chambre qu'un étroit corridor faisait communiquer entre elles, de sorte qu'en laissant les portes ouvertes nous pouvions causer de nos lits. On avait allumé un bon feu dans les cheminées pour réchauffer un peu ces vastes pièces, inhabitées depuis si longtemps et dont les vieux meubles craquaient d'une façon étrange dans le silence de la nuit. J'étais tout surpris de me trouver dans un lit d'une largeur extraordinaire et qui datait au moins du règne de Louis XIV. Les courtines de soie verte, vivement éclairées par les flammes du foyer, dessinaient leurs ombres tremblantes sur les murs de l'alcôve et me faisaient rêver à tous ceux dont elles avaient autrefois protégé le sommeil. M. d'Artagnan père et sa nombreuse famille me revenaient à la mémoire ; je voyais son bidet de vingt-deux francs et j'entendais les bons conseils qu'il donnait à son fils Joseph, partant pour Paris, à l'âge de quinze ans. Je songeais qu'un arrière-petit-fils de ce bon gentilhomme était venu avec moi demander l'hospitalité à l'ombre de son noble, mais pauvre trisaïeul, qui serait heureux de le congédier, sans lui glisser *dix écus* dans sa poche. Enfin je me perdais au milieu des nombreuses aventures du célèbre mousquetaire ; je courais après Athos, Porthos et Aramis, quand les bruits sourds du torrent, coulant sous mes fenêtres, et les gémissements du vent dans les escaliers et les corridors du château, achevèrent de m'endormir.

Le lendemain, qui était un dimanche, nous allâmes à l'église du village, où nous entendîmes une grand'messe, parfaitement bien chantée par une dizaine de jeunes gens de l'endroit. Quelle énorme différence entre les voix fraîches et sonores des montagnards du midi de la France, et les voix nasillardes et cassées de nos paysans du centre, appelés aux honneurs du lutrin !

L'église d'Artagnan est très-ancienne, mais elle n'offre rien de remarquable que sa propreté. Près du banc seigneurial, qui a été conservé, se trouve une colonne de marbre noir, supportant une urne qui renferme le cœur de Charles-Eugène de Montesquiou-Fezensac, grand'père de mon compagnon ; et, dans le sanctuaire, on voit une pierre tombale qui recouvre les restes de Claude de Tersac, seconde femme de Paulon de Montesquiou, seigneur d'Artagnan.

Comme, en revenant d'Espagne, nous devions repasser par Artagnan et y faire un bien plus long séjour, nous prîmes congé du père Sarthou, qui avait pourtant amélioré sa cuisine et nous promettait monts et merveilles pour nous faire rester plus longtemps chez lui, qui, disait-il, était *chez nous*.

En quittant Artagnan, le ciel, qui jusqu'alors avait été couvert de nuages, s'éclaircit tout-à-coup, et les rayons du soleil, en le dorant, nous firent paraître le vieux château moins triste. La plaine de Vic-Bigorre déroula devant nous ses vastes prairies, entrecoupées de nombreux ruisseaux ; et nous aperçûmes à l'horizon, se détachant admirablement sur l'azur du ciel, la gigantesque chaîne des Pyrénées, dont les sommets étaient revêtus d'une neige éblouissaute. C'était un spectacle admirable et le plus imposant qu'on puisse voir!

En une demi-heure, la vapeur nous transporta de Vic-Bigorre à Tarbes, où nous descendîmes à l'*hôtel de la Paix*. Un jour nous suffit amplement pour voir toutes les beautés de Tarbes, qui sont en très-petit nombre.

Quelques églises, entre autres, celles des *Carmes*, le *Jardin Massey*, le haras, voilà tout. La cathédrale est petite et fort laide; je ne connais que celle de Perpignan pour lui être inférieure. Les gens de Tarbes sont très-fiers de leur *Jardin Massey*, c'est pour eux une huitième merveille du monde; ils ne voient rien au-dessus de cela; ils ne parlent que de cela. Le père Sarthou nous en avait cassé la tête, et il ne concevait pas que des gens vînssent exprès du fond de l'Amérique pour voir le château d'Artagnan, tandis qu'il y avait, à Tarbes, un *Jardin Massey* qu'aucun étranger n'allait voir. Nous allâmes donc au *Jardin Massey*, qui n'a vraiment de beau que sa position élevée, d'où l'on peut jouir d'un magnifique coup d'œil; car, pour la culture et l'entretien du jardin, nous avons des squares à Paris qui valent à eux seuls trente *jardins Massey*.

Nous eûmes, à Tarbes, une aventure de nuit assez désagréable. Fatigués de nos courses à travers la ville, nous nous étions couchés d'assez bonne heure, et nous nous livrions, en toute sécurité, aux douceurs d'un profond sommeil, quand, tout-à-coup, nous fûmes réveillés, en sursaut, par une foule de gens qui s'en vinrent frapper à notre porte, en criant :

— Ouvrez! ouvrez! Le feu est chez vous!

Je me levai tout effrayé, et j'ouvris à la hâte.

— Le feu est ici, monsieur, le feu est ici! Vous brûlez! dit le maître de l'hôtel.

— Comment, je brûle! Et où cela, s'il vous plaît! Il me semble, au contraire, que je gèle, dans le léger costume où je suis et ayant les pieds nus sur le carreau.

— Monsieur, je vous dis que le feu est ici, reprit l'hôtelier; il est dans votre cheminée. Les flammes sortent par le tuyau; on les voit du dehors.

— Mais, il y a deux heures que notre feu est éteint, et notre foyer est froid comme un marbre...

— Cela ne fait rien. Je vous dis que le feu est ici, dans votre cheminée!

Alors notre chambre fut envahie par une dizaine d'individus, hommes et femmes, qui, les uns après les autres, se mirent ventre à terre pour regarder dans notre cheminée, où il n'y avait pas plus de feu que dans ma main.

— C'est singulier! dit le maître de l'établissement; on ne voit rien, on n'entend rien! Alors ce n'est donc pas dans cette cheminée-là! Allons voir ailleurs; montons au second!

Et il quitta notre chambre, avec toute son escouade de marmitons et de servantes. Quant à moi, je refermai la porte et je me recouchai, laissant toutefois ma bougie allumée, en cas d'une nouvelle alerte. On fut près d'un bon quart d'heure à courir de côté et d'autre dans toute la maison; j'entendais les pas précipités et les voix confuses des chercheurs de feu, et j'avoue que je n'étais pas trop rassuré. Pourtant le sommeil allait me reprendre, quand on frappa de nouveau à notre porte. Cette fois, c'étaient des pompiers.

— Messieurs, nous dit l'un d'eux, le feu ne peut être que chez vous, car nous avons exploré tout l'hôtel, sans rencontrer une seule étincelle. On a vu sortir des flammes de votre cheminée; ainsi *le théâtre de l'incendie* doit être ici...

Je crus que ces bonnes gens étaient fous, ou que je le devenais moi-même. Je les laissai chercher tant qu'ils voulurent, dans la cheminée, derrière les meubles, sous les lits, enfin partout. Lassés de ne rien trouver, ils s'en allèrent comme ils étaient venus, et nous restâmes tranquillement sur *le théâtre* d'un incendie qui n'avait jamais existé, et qui me semblait fort être une mystification, non pas à notre adresse, puisqu'on ne nous connaissait pas, mais bien à celle de notre hôte. Nous pensâmes que peut-être, dans un pays où les cheminées sont si rares, la vue de quelques étincelles, sortant d'un tuyau de cuisine, avait pu frapper l'imagination d'un passant et lui faire croire que c'étaient des flammes. Quoiqu'il en soit, cette fausse alerte, qui ne nous empêcha pas de continuer paisiblement notre sommeil, m'a paru assez singulière pour être consignée dans des souvenirs de voyage.

Nous fîmes la route de Tarbes à Pau, grimpés sur l'impériale d'une diligence. Pau est une ville assez gentille, que les Anglais ont entièrement accaparée; monsieur le marquis de Boissy y se fait mal à son aise, car il n'y pourrait pas faire un seul pas, sans se trouver nez à nez avec un des enfants de la perfide Albion. Qui peut attirer ainsi les plus grands ennemis de la France dans une ville qui renferme le berceau d'Henri IV? On me répondra : Les Turcs sont bien maîtres de Bethléem, qui est le berceau de Jésus-Christ, pourquoi les Anglais ne pourraient-ils pas venir dépenser leur argent à Pau, dont ils n'ont que la jouissance, sans en avoir la propriété? Et puis la bonté du climat, jointe à sa beauté, font de la capitale du Béarn un des endroits les plus délicieux et les plus favorables à la santé qui se puissent rencontrer dans toute la France.

Voilà, sans doute, pourquoi les Anglais abondent plus à Pau qu'ailleurs. Du reste, Pau n'est pas la seule ville préférée de nos voisins d'Outre-Manche, puisqu'on les retrouve partout, répandus sur la surface du globe, où ils promènent sans gène leur orgueil national et leur originalité.

On dirait que ce peuple fait tout au rebours des autres nations, qui aiment le sol de la patrie et s'attachent au pays qui les a vus naître. L'Anglais est travaillé du spleen, mais il ignore la nostalgie. C'est l'antipode du Suisse, qui se laisse mourir de chagrin, quand il est loin de ses montagnes. A lui, il faut du mouvement, des voyages; il semble né avec une malle et un sac de nuit. Les brouillards de la Tamise l'étouffent; il veut plus de soleil, plus d'air et plus d'espace que cela. Sa terre natale lui est indifférente, pour ne pas dire insupportable; il ne l'aime pas pour ellemême, parce qu'il y est né, mais à cause du gouvernement qui y siége et qui fait sa gloire à ses propres yeux, encore plus qu'à ceux des peuples chez lesquels il va étaler sa vanité et son égoïsme.

A côté de tout cela, il y a encore un autre motif qui pousse l'Anglais hors de chez lui, c'est l'économie domestique. La vie de grand seigneur est excessivement chère en Angleterre, le confortable y coûte énormément plus qu'en France et ailleurs; tout ce qui n'est pas duc et pair, tous ceux qui ne sont pas à la tête d'une immense fortune, ne pouvant pas briller chez eux ni tenir le haut du pavé, s'en consolent facilement en passant le détroit, au-delà duquel ils trouvent, à peu de frais, une existence pleine de luxe et de confort, et de plus un soleil qui les réchauffe et qui les fortifie.

Voilà, pourquoi, de tout temps, les Anglais ont aimé la France et détesté ceux qui la possèdent. Quant à nous, nous détestons cordialement l'Angleterre et ses habitants, c'est-à-dire son gouvernement!

Nous ne restâmes que deux jours à Pau, juste le temps nécessaire pour visiter les curiosités de la ville et des environs; mais nous n'eûmes pas la bonne chance de pouvoir jouir de la douceur du climat si renommé de ce beau pays, car nous n'y rencontrâmes qu'un vent froid et des plus désagréables.

De Pau, le chemin de fer nous transporta à Bayonne, ville fortifiée et pourtant d'un aspect très-pacifique. Nous y avons admiré plusieurs belles églises gothiques et notamment la cathédrale dont l'extérieur surtout est d'un grand style et produit beaucoup d'effet. L'Adour que nous avions laissé à Artagnan, à l'état de torrent, nous l'avons retrouvé ici à l'état de fleuve; un de ses bras parcourt la ville, et on le traverse sur plusieurs ponts dont l'un était encore en construction. Les rues de Bayonne sont, en général, étroites, tortueuses et montantes. On y voit déjà circuler quelques mantilles et quelques chapeaux basques; les boutiques et les enseignes ont un air étrange; mais si ce n'est plus la France, ce n'est pas encore l'Espagne.

Nous eûmes l'ambition de descendre à l'*hôtel des Am-*

bassadeurs, situé près du pourtour de la cathédrale et en face de l'évêché. Nous voyions de nos fenêtres un petit monument, élevé à la mémoire de deux ou trois *héros de juillet,* enfants de Bayonne, tués à Paris, sur la place du Carrousel ; il y avait sur l'une des faces de ce monument l'inscription suivante : *Les révolutions justes sont le châtiment des mauvais rois!* Vraiment, ce n'était pas mal dit pour les Bayonnais de 1830, et la municipalité de Pontoise n'eût pas mieux trouvé !

J'ai dit que nous avions eu l'ambition de descendre à l'hôtel des Ambassadeurs ; hélas! cette ambition fut cruellement punie ! Une société philharmonique avait loué un appartement qui n'était séparé du nôtre que par un mur mitoyen, de sorte que, de huit heures du soir à minuit, il nous fallut subir la torture d'une musique infernale, capable de nous déchirer le tympan et de nous rendre sourds à tout jamais. Nous garderons longtemps souvenir des artistes bayonnais et de l'hôtel des Ambassadeurs !

Nous voulions voir Biarritz, mais les heures de départ pour ce charmant port de mer ne nous convenant pas, nous dûmes y renoncer. Du reste, à la saison où nous étions, Biarritz devait être bien triste, tout y étant fermé et désert ; nous ne regrettons donc pas beaucoup cette visite manquée.

Enfin, nous quittons Bayonne, et, cette fois, nous ne descendrons de wagon que sur la terre d'Espagne ; car nous avons pris nos billets pour Burgos !

La Bidassoa sépare la France de l'Espagne et nous traversons ce fleuve à Irun, non loin de la petite île des *Faisans* où fut, par procuration, célébré le mariage de Louis XIV.

Avec les chemins de fer, il n'y a plus moyen de rien voir, tant ils dévorent l'espace avec rapidité. Ainsi de Irun, ce premier village espagnol, qui nous eût donné un avant-goût de la patrie de Michel Cervantes, nous ne pûmes rien voir que la douane, où il nous fallut stationner plus d'une heure, non seulement pour la visite des bagages, mais encore pour attendre un autre train.

Ce fut là que j'aperçus le premier prêtre et le premier militaire espagnols, coiffés chacun d'un genre de chapeau bien différent : l'un portait le *sombrero* aux larges bords relevés et d'une longueur démesurée, le vrai chapeau de don Basile, dans *le Barbier de Séville;* l'autre le petit *shako*, écrasé par derrière et remontant en arête sur le devant. Ces deux espèces de coiffures m'ont paru bien disgracieuses et bien originales. Mais nous n'étions plus en France, et il fallait que nos yeux s'accoutumassent à des costumes nouveaux. Plût à Dieu que nous en eussions rencontrés de véritablement espagnols, durant notre voyage dans la Péninsule! Malheureusement les modes françaises ont pénétré partout, et les frontières d'Espagne ont complétement disparu devant la bizarrerie de nos vêtements et l'extravagance de la crinoline!

Pendant tout le parcours d'Irun à Burgos, je n'ai rien pu remarquer du beau pays que je traversais, sinon d'admirables vallons dans le fond desquels coulaient de rapides ruisseaux. De temps en temps, nous apercevions un joli village au milieu de riches cultures; puis des masses de rochers, taillés à pic et entre lesquels roulaient nos wagons; puis des précipices d'une profondeur vertigineuse. Tout cela passait des deux côtés de notre voiture avec une rapidité qui faisait mal aux yeux. Les tunnels, se présentant tout-à-coup, nous engouffraient dans leurs ténèbres épaisses, au moment où nous nous y attendions le moins, et les sifflements aigus de la locomotive, qu'on eut dit épouvantée, nous déchiraient les oreilles, en ébranlant les voûtes du souterrain. Mais on sortait aussi subitement des ombres que l'on y était entré, et alors la trop vive clarté du jour nous forçait à fermer un instant les yeux. Cette route pittoresque nous conduisit jusqu'à Miranda, où nous dûmes subir une seconde visite de la douane et où l'on nous accorda quelques minutes pour dîner. Hélas! c'est au buffet de Miranda que nous devions faire, pour la première fois, connaissance avec la cuisine espagnole! Je trouvai tout si détestable, voire même le vin, que je ne mangeai que des *cheveux d'ange* et que je ne bus que de l'eau.

Je me hâte de dire que les Espagnols appellent *cheveux d'ange* une espèce de confiture faite avec des tranches de cédrat, taillées aussi menues qu'un fil. Le nom est assez bizarre, mais la chose est bonne. Quant au vin, il a un goût de cuir qui lui vient des outres, ou peaux de bouc, dans lesquelles on le conserve. Je ne puis le comparer, pour l'amertume, qu'au vin de quinquina. Il serait délicieux, s'il était mis en tonneau, comme nos vins de France ; mais les Espagnols le préfèrent comme cela ; ils aiment que leur vin aie du *bouquin*, comme nous aimons que les nôtres aient du *bouquet*. C'est une affaire de goût ; or, du goût et des couleurs, il n'y a point à disputer.

Il était tout-à-fait nuit quand nous remontâmes en wagon, et nous n'arrivâmes à Burgos que sur les onze heures du soir. Il tombait alors de la neige à gros flocons, et un vent glacial nous coupait la figure ; de plus, j'avais les pieds tellement froids que je ne me les sentais plus et que je pouvais à peine me tenir debout. Décidément cette Espagne, *au ciel bleu*, chantée par tous les faiseurs de romances, me faisait singulièrement l'effet de ressembler à la Russie, ou tout au moins à notre Auvergne neigeuse. Croyez-en donc les poètes qui vous disent effrontément :

C'est l'Espagne qui nous donne
Ce *bon vin*, ces belles fleurs ;
C'est pour elle que rayonne
Un soleil *plùs chaud* qu'ailleurs !...

Ah ! bien oui ! il est *bon* le vin, il est *chaud* le soleil de par ici ! me disais-je tout bas, en attendant qu'on voulut bien nous délivrer nos bagages, opération qui se fait excessivement peu vite en Espagne. Et moi, qui croyais trouver la chaleur dans le pays des oranges, je n'y trouve que les bises du nord et les neiges de la Sibérie ! Pourvu que je ne sois pas ainsi volé sur toute la ligne ! Enfin nous verrons ce que nous réserve l'Andalousie !

Un mauvais omnibus, sale et tout délabré, nous conduisit à la *fonda del Norte*, autrement dit à *l'hôtel du Nord*. Quel hôtel, grand Dieu ! Une gargotte de premier ordre !

L'entrée en était dégoûtante, malgré les ombres de la nuit qui savent cacher tant de choses. Tout le monde dormait dans la fonda, même le portier que notre cocher réveilla. On nous fit monter un escalier assez étroit et d'une malpropreté évidente, qui conduisait à un petit appartement que l'on nous donna. Les portes en fermaient très-mal et il y avait un carreau de cassé à l'une des fenêtres. La maîtresse du logis, grosse femme déjà sur l'âge, arriva, toute débraillée, dans son costume de nuit, et suivie de deux maritornes, mal peignées. Elle ne comprenait pas un seul mot de français, et nous, nous ne savions pas un seul mot d'espagnol. Avec cela le moyen de s'entendre ! Mais comme on ne vient dans une auberge que pour manger, boire et dormir, on peut à la grande rigueur se faire comprendre par signes. C'est ce que nous fîmes, malgré les phrases que nous avions préparées dans le *Manual de la Conversacion*, petit livre jaune, acheté à Bayonne, et qui n'a servi qu'à nous embarrasser. Comme nous tenions, avant tout, à coucher dans des draps bien blancs, nous nous mîmes à découvrir les lits et à faire l'inspection de ce qui s'y trouvait.

— *No blanco*, dis-je en montrant les draps de nos lits et en interrogeant du regard l'hôtesse et ses servantes.

— *Si, si, senores, blanco, blanco!* s'écrièrent ensemble les trois femmes. *Muy blanco, muy buenos.*

Et, comme nous avions l'air de douter, elles firent des serments qui me rassurèrent sur leur véracité. D'ailleurs, pour appuyer plus efficacement ses signes, l'hôtesse nous présenta une carte sur laquelle je lus, en français, la réclame suivante :

« Jean Mazanedo et Martina, sa femme, ont l'honneur d'offrir leur nouvel établissement au public. Nourriture excellente, exactitude dans le service ; le confortable et la propreté des appartements élégamment meublés, les mets choisis et les soins apportés à leur confection, la belle situation de l'hôtel, au centre de la ville, le rendent digne de sa nombreuse clientèle et le placent au niveau des plus renommés de l'Espagne. »

C'était faire sonner bien haut sa clochette, et assurément

cette pompeuse réclame devait contenir plus d'un mensonge. Quoiqu'il en soit, nous acceptâmes les draps pour *très-blancs* et nous fîmes comprendre que nous serions bien aises qu'on nous les bassinât, tant pour en ôter l'humidité que pour nous réchauffer un peu ; car le vent qui venait par le carreau brisé me gelait jusqu'à la moëlle des os, en me rappelant notre première nuit de voyage, passée dans une chambre dont les fenêtres étaient ouvertes. Cette fois, j'eus le bon esprit de boucher ce trou-là avec une serviette que j'assujettis, en fermant par dessus les volets intérieurs, de sorte que le vent et l'air glacé du dehors ne purent nous incommoder durant notre sommeil. Nous fûmes bien étonnés d'entendre s'élever dans le silence de la nuit la voix perçante et monotone du *sereno*, annonçant les heures et l'état de la température. C'est un usage très-ancien qui n'existe plus guère qu'en Espagne et dans certaines villes des Pays-Bas.

Le soleil était déjà bien haut sur l'horizon, quand nous commençâmes nos courses à travers la ville. Il faisait un froid de loup et le pavé des rues était couvert d'une boue de neige à moitié fondue. Nous courûmes tout d'abord à la cathédrale qui est tout ce qu'il y a de plus beau à Burgos. Mais aussi que c'est beau ! que c'est beau !... Des milliers de points d'exclamation ne rendraient pas l'immense étonnement et la vive admiration où me jeta la première vue de ce superbe monument. C'est un vrai poème de pierres, une féerie architecturale, tout ce qu'on peut rêver de plus magnifique en sculpture gothique ; en un mot, c'est une véritable guipure à l'extérieur comme à l'intérieur. Cette merveille du XIIIe siècle est malheureusement masquée par de vilains édifices. Mais, vue de loin, elle s'élève dans toute sa splendeur, dominant la ville et le pays. Lorsque les yeux s'égarent dans cet amas de clochers à formes coniques, à flèches dentelées, parmi ces faisceaux de piliers grêles, montant comme des roseaux le long des tourelles pyramidales, qui s'élancent des angles de la tour octogone du dôme ; à la vue de cette riche architecture, où la grâce et la légèreté sont unies à la solidité, on ne peut s'empêcher d'éprouver un profond sentiment d'enthousiasme, de joie et d'ineffable plaisir; on est dans le ravissement!

L'intérieur, je l'ai dit, répond à la magnificence de l'extérieur. Il est orné de tableaux, de statues, de pendentifs, de bas-reliefs, d'encadrements, qui reçoivent, par les vitraux coloriés des hautes fenêtres en ogives, des torrents de lumière dont les rayons décomposés produisent un effet magique. Philippe II disait de la cathédrale de Burgos, que c'était plutôt *l'œuvre des Anges que le travail des hommes;* et vraiment on serait tenté de dire comme lui, en voyant toutes les richesses merveilleuses que renferme cette magnifique église, l'une des plus belles du monde. Un Anglais, qui la visitait avec nous, disait fort sérieusement :

« Les trois plus belles églises gothiques qu'il y ait dans toute la chrétienté, sont celles de Bruges, de Bourges et de Burgos; et toutes trois ont des noms commençant par un B et finissant par un S. »

Je crois que cet Anglais-là pourrait bien avoir raison, sans pour cela faire tort aux cathédrales de Tolède, de Séville, de Strasbourg, de Chartres et de Paris, qui sont aussi des chefs-d'œuvre de style gothique.

Après la cathédrale, il n'y a pas grand'chose à voir à Burgos. Nous avons parcouru la ville en tous les sens et nous n'y avons rien rencontré de bien intéressant. C'est à Burgos que nous avons vu la première *place de la Constitution*; il y en a dans toutes les villes, bourgs et villages de l'Espagne, et c'est ordinairement la principale place de l'endroit qui porte ce nom patriotique et ronflant; car les municipalités sont fières d'afficher partout ce fameux mot *Constitution* qui, en réalité, n'est pour eux *qu'une poignée de plâtre sur du granit*, selon la spirituelle expression de Théophile Gautier.

Nous nous sommes longtemps promenés sous les arcades qui environnent cette place, alors encombrée par une foule de petits marchands, et nous avons admiré, tout à notre aise, la sublimité du haillon dans lequel se drapent les paysans de la vieille Castille. Cette glorieuse guenille, pour la couleur et la substance, ressemble parfaitement à de grands morceaux d'amadou, déchiquetés par le bord; tout cela est si râpé, si sec, si inflammable, qu'on ne conçoit pas qu'ils osent fumer sans crainte d'y mettre le feu. De loin, je prenais ces manteaux pour des frocs de capucins; mais j'oubliais que la catholique Espagne, depuis sa révolution, ne possédait plus de couvents, et que nous devions la parcourir, sans rencontrer un seul moine! L'Espagne *sans moines*..... c'est presque Rome sans le Pape! Je trouve que cette suppression a complétement défiguré l'Espagne, et lui a fait perdre un de ces cachets les plus remarquables pour un touriste.

Nous comptions partir le même soir pour Madrid, mais nous comptions sans la neige qui, ayant arrêté la marche des trains, nous força de demeurer un jour de plus à Burgos. Nous profitâmes de ce contre-temps pour visiter une seconde fois la cathédrale, qui nous émerveilla autant que la veille; mais, hors de là, le séjour de Burgos nous parut d'autant plus insupportable que le froid, le vent et une pluie mêlée de neige nous contraignaient de rester à notre *fonda*, que je trouvais encore plus sale que la veille. La plupart des chambres n'ayant point de cheminée, nous étions obligés de venir nous chauffer dans la salle à manger, où Jean Manzanedo, qui avait une vraie figure de boule-dogue mécontent, entretenait un petit feu, large comme la main, avec quelques misérables et chétifs morceaux de bois mouillés. Pour donner une idée de ce feu, qu'il me suffise de dire que les pincettes, destinées à en rapprocher les tisons, avaient la forme et la grandeur d'un fer à friser. Sa femme Martina avait été prise d'un rhumatisme, le jour même de notre arrivée, de sorte que nous ne la revîmes plus; mais sa fille, qui n'écorchait pas trop mal le français, la remplaçait dans *le service*, aidée de Julia et de Balbina, les deux maritornes. C'était le père qui choisissait *les mets délicats*, annoncés dans son programme, et qui était responsable *des soins apportés à leur confection*. Quel service et quelle cuisine! Il fallait demander vingt fois une chose pour l'obtenir, et l'odeur seule de l'huile chaude, servant de base à la préparation de ces *mets choisis*, nous soulevait le cœur. Enfin, le chemin de fer eut le bon esprit de se remettre à fonctionner, et nous quittâmes Burgos, en n'y regrettant que sa cathédrale dont je garderai toujours un délicieux souvenir.

CHAPITRE XIV

SOMMAIRE : L'Escurial et son Panthéon. — Le désert jusqu'à Madrid. — La capitale de toutes les Espagnes. — La *Puerta del Sol.* — La poste aux lettres. — Le palais de la Reine. — Les promenades publiques. — Le Musée. — Tolède et sa cathédrale. — Le cicerone antiquaire. — Voyage de Tolède à Cordoue. — La Carolina. — Baylen. — Andujar.

A la gare de Bayonne, nous étions montés en wagon avec un monsieur d'Orthez, qui se rendait à Valence, pour visiter une orangerie qu'il possédait dans les environs de cette ville. Nous l'avions quitté à Burgos et il avait continué sa route vers Madrid. C'était un brave homme qui causait fort bien et dont la compagnie était assez agréable. Il fut remplacé à Burgos même par un monsieur et une dame belges, qui voyageaient *pour leur santé,* bien qu'ils fussent industriels, faisant le commerce du verre, un commerce assurément bien fragile.

Ils étaient descendus avec nous à la *Fonda del Norte,* et nous repartions ensemble pour Madrid, avec le dessein de nous arrêter quelques heures seulement à l'Escurial, afin de visiter le palais de Philippe II. Quoique nous voyagions alors de nuit, le ciel était si clair et si étoilé que nous pûmes jouir, presque pendant toute la route, d'un superbe effet de lune au milieu des montagnes couvertes de neige. Nous arrivâmes à l'Escurial, avec les premiers rayons de l'aurore. De la gare de la station au palais, il y a bien deux kilomètres. Nous fîmes ce chemin à pied et en pataugeant dans une neige à demi-fondue dont la terre était couverte.

Bâti par Philippe II, en souvenir de la prise de Saint-Quentin et pour l'accomplissement d'un vœu fait à saint Laurent dont l'église avait été canonnée pendant le siége, l'Escurial s'élève tristement au milieu d'une campagne aride et désolée ; car, à plus de six lieues à la ronde, l'œil ne rencontre partout que de gros rochers à moitié sortis de terre, se pressant les uns contre les autres comme d'immenses champignons de granit. Pas un arbre, pas une maison ; mais de grandes pentes qui s'enveloppent les unes dans les autres, des ravins desséchés, et, çà et là, une échappée de montagnes bleues dans le lointain ! L'édifice a la forme du gril sur lequel saint Laurent souffrit le martyre. Il occupe un parallélogramme régulier ; le manche est figuré par l'habitation royale, et les pieds sont représentés par les quatre tours des angles. Ce *Léviathan de l'architecture,* dit M. Théophile Gautier, *est le plus grand tas de granit qui existe sur la terre après les pyramides d'Egypte.*

Lorsque nous nous présentâmes devant l'une des nombreuses portes du palais, pour demander à son gardien la permission de le visiter, nous ne trouvâmes personne à qui pouvoir parler; tout était grandement ouvert, tout était vide, tout était silencieux comme la solitude des tombeaux ! Nous nous enfonçâmes au hasard sous les vastes galeries du gigantesque palais, espérant rencontrer quelqu'un qui pût diriger nos pas à travers cet immense labyrinthe; mais nous ne voyions pas âme qui vive et il nous semblait être dans un de ces châteaux enchantés dont parle Perrault dans ses contes de fées; aussi, de crainte de nous perdre, il nous fallut retourner sur nos pas, ce qui encore n'était pas chose très-facile. Heureusement que nous finîmes par apercevoir au bout d'une galerie quelques femmes en mantille, qui paraissaient se rendre à l'église; nous hâtâmes le pas pour les suivre, et nous parvînmes ainsi jusqu'à la porte du temple, qui est beaucoup plus vaste que le Panthéon de Paris. L'intérieur en est triste et nu ; d'énormes pilastres de granit montent jusqu'aux voûtes, qui sont peintes à fresques et surmontées d'une coupole ressemblant assez au dôme du Val-de-Grâce;

le rétable est doré et sculpté, avec de fort belles peintures, et de chaque côté sont agenouillées des statues de bronze, représentant Charles-Quint, Philippe II et plusieurs princesses de la famille royale.

Quand nous entrâmes dans l'église, les chanoines chantaient une grand'messe de *requiem* pour le repos de l'âme des rois d'Espagne, inhumés dans les caveaux de l'Escurial. La sonorité des voûtes donnait aux chants religieux une gravité extraordinaire qui les rendait encore plus solennels. Je fus surpris de la grande quantité de prêtres qui peuvent, à la fois, dire la messe dans cette vaste église; car, pendant quelques minutes que nous restâmes agenouillés devant le maître-autel, nous vîmes plus de vingt prêtres, vêtus de chasubles rouges et portant le calice, qui s'en retournaient à la sacristie. Ils sortaient des chapelles latérales où ils avaient célébré les saints mystères, et il y avait une multitude infinie de ces chapelles, puisque j'en ai remarqué plusieurs qui étaient pratiquées dans l'épaisseur d'un même pilier.

A la sacristie qui est une superbe salle, large et spacieuse, au fond de laquelle on voit un autel, orné de beaux marbres et de bronze doré, je trouvai une espèce de bedeau, qui voulut bien nous servir de cicerone. Il nous montra d'abord des vêtements d'église, en fine tapisserie, d'une grande richesse de couleurs et de dessins; puis des reliquaires; puis des calices, des croix et des chandeliers de vermeil de toute beauté. Le reste du trésor a été pris par le gouvernement, qui n'a laissé à l'Escurial, comme à toutes les autres églises d'Espagne, que le strict nécessaire pour la célébration décente du service divin. Les chapitres et les fabriques ne sont plus que les usufruitiers des objets que l'on a bien voulu laisser aux églises; on a dressé des inventaires de tous les ornements et de tous les vases sacrés; et c'est l'Etat qui en est le seul propriétaire. La visite de la sacristie terminée, notre guide alluma plusieurs flambeaux, et en offrit un à chacun de nous, pour y voir clair dans notre descente au caveau royal, appelé, par une incroyable flatterie, le *Panthéon*.

Une belle grille de bronze défend l'entrée de l'escalier, qui est de granit et de marbre de couleur. Les marches en sont très-glissantes, et le gardien nous dit que, quelques jours auparavant, un Anglais avait fait un faux pas et s'y était cassé la jambe. Le caveau est entièrement revêtu de jaspe et de porphyre. On a pratiqué dans les murailles des niches avec des cippes de forme antique, destinées à contenir le corps des rois et des reines qui ont laissé succession. Toutes ces cippes ne sont pas encore occupées, et il est bien à craindre que plusieurs d'entre elles ne le soient jamais, tant la monarchie espagnole paraît peu solide sur sa base constitutionnelle. Ce caveau funéraire est situé précisément sous le maître-autel, de manière que le prêtre, en disant la messe, a les pieds sur la pierre qui forme la clef de voûte.

Du Panthéon, nous sommes montés au chœur, qui occupe une vaste tribune de pierre, au fond de l'église et en face de l'autel. Les stalles qui l'entourent n'ont pour toute décoration que de simples moulures, mais elles ont cela de remarquable que l'une d'elles a servi, pendant quatorze ans, de trône au sombre Philippe II ; c'est la stalle qui occupe l'angle du côté gauche; une porte, pratiquée dans l'épaisseur de la boiserie, la fait communiquer avec l'intérieur du palais. Ce chœur, qui à lui seul est une église immense, possède des lustres de cristal d'un merveilleux travail et que mon verrier ne pouvait se lasser d'admirer, tandis que, de mon côté, je restais en admiration devant les magnifiques antiphonaires, déposés au pied d'un lutrin colossal. *Trahit sua quemque voluptas!*

Enfin nous vîmes le grand escalier dont la voûte est peinte par Lucas Giordano, et qui est vraiment digne, par ses larges proportions, du palais gigantesque où il a été placé.

Je n'en puis dire davantage sur l'Escurial ; car l'heure de retourner à la station nous pressait tellement, qu'il nous fallut partir du palais de Philippe II, avant de l'avoir entièrement visité.

De l'Escurial à Madrid, c'est encore l'aridité et la désolation du désert. La route que nous avons parcourue offre bien quelque chose de pittoresque, tant qu'elle traverse des montagnes; mais dès qu'elle est en plaine, elle ne laisse voir qu'un affreux pays, où l'œil ne rencontre que des pierres et en si grand nombre, qu'elles rendent toute végétation impossible. Nous avons fait au moins vingt-cinq lieues, sans trouver un seul village ; car les stations ne se composent que de la maison du chef de gare et d'une petite buvette. On est sur le point d'entrer à Madrid, que rien n'indique encore l'approche d'une grande ville, et le premier édifice qu'on aperçoit en descendant de wagon, c'est le palais de la reine.

La capitale de l'Espagne est assise sur un côteau dont le sommet présente néanmoins un grand nombre de rues droites, larges et planes, dans lesquelles piétons et voitures peuvent circuler à leur aise. Les pluies, qui alors ne cessaient de tomber, nous l'ont fait trouver fort sale et assez triste. Elle a pourtant quelques beaux quartiers, où les les magasins de luxe se rencontrent à chaque pas ; le commerce de la bijouterie surtout y semble très-animé. J'ai remarqué que les Espagnols aimaient beaucoup les montres et les grosses chaînes d'or ; il y en a qui portent des bagues à tous les doigts et qui ont deux montres et deux chaînes au même gilet. Cette passion pour les bijoux explique facilement le grand nombre d'orfèvres que l'on rencontre, non-seulement à Madrid, mais encore dans toutes les villes d'Espagne. Du reste, les bijoutiers ont de terribles concurrents dans les tailleurs, les chapeliers et les cordonniers qui, dans toute la péninsule hispanique, sont l'âme du commerce. L'Espagnol adore le *lucir*, il aime à briller; il lui faut, avant tout, de beaux habits (le reste n'est pour lui que de l'accessoire) ; par conséquent les hommes qui chaussent, ceux qui coiffent et ceux qui taillent le drap sont à peu près sûrs de faire fortune dans un pays où l'habit fait tout, même *le moine!* Si j'avais l'esprit du bon écuyer de Don Quichotte et son à-propos pour citer des proverbes, je dirais de l'Espagnol moderne : *Habit de velours, ventre de son...*

Nous sommes logés à l'*hôtel de Paris*, sur la célèbre *Puerta del Sol*, qui est loin de mériter sa réputation, car elle n'est ni belle ni large. C'est une place irrégulière, formant presqu'une demi-lune, dans le genre de la place Beauveau, mais beaucoup plus spacieuse ; plusieurs grandes rues viennent y aboutir et en font un point central, une sorte de *forum* où les oisifs viennent se promener, pour savoir des nouvelles ou pour en débiter ; c'est là que se traitent, en plein vent, les affaires politiques et les affaires de bourse ; en un mot, c'est le rendez-vous, ou plutôt le passage obligé de la fashion madrilène.

La poste aux lettres se trouve dans le voisinage de la Puerta del Sol. C'est un édifice sale et mesquin, inabordable pour une femme qui porte une robe tant soit peu traînante ; en un mot, un édifice indigne non-seulement d'une capitale, mais encore d'une petite ville de province. Il vous faut monter un escalier des plus étroits et des plus obscurs pour arriver à la chambre de *la lista*, pancarte souvent illisible où sont inscrits les noms de tous ceux qui ont des lettres à réclamer ; une fois là, vous vous trouvez en présence de tant de paperasses et tellement coudoyé par la foule que vous ne savez plus trop de quel côté diriger vos recherches pour mettre la main sur la bonne liste, celle du dernier courrier ; et quand bien même vous l'avez trouvée, souvent vous n'en êtes pas plus avancé, parce que le guichet est fermé et qu'on ne distribue les lettres qu'à certaines heures, presque toujours inconnues des étrangers. En général, bien que tous les bureaux de poste ne soient pas aussi dégoûtants que celui de Madrid, on peut dire que le service postal se fait très-mal en Espagne et qu'on y apporte une lenteur désespérante, surtout dans la distribution des lettres.

Cette mesquinerie des édifices publics se rencontre trop souvent à Madrid. Ainsi, pas une belle église à visiter, pas une seule ! Un palais du corps législatif dont la façade ressemble à un petit oratoire protestant ; un amphithéâtre en *bois !* un cirque de planches, comme ceux qu'on voit dans les foires ! Et pourtant les toréadors fonctionnent tous les dimanches, en présence de la cour et de la ville; il y a des milliers d'hommes, de femmes et d'enfants, de tous les rangs de la société, qui viennent s'asseoir sur ces planches à moitié vermoulues!... Il y a, dans tout cela, une absence de goût et une insouciance impardonnables, auxquelles le gouvernement devrait se hâter de remédier, s'il a quelque souci de la dignité et de la décence des édifices de sa capitale. Ah! c'est à Madrid qu'un Français a mille fois raison de regretter la beauté et la propreté de Paris.

Il y a, néanmoins, à Madrid, quelques palais qui font exception, et notamment celui de la reine. Ce dernier, vu de l'arrivée du chemin de fer du Nord, avec ses contreforts, ses terrasses et ses jardins en pente, est d'un aspect très-imposant, et ses masses blanches se détachent sur l'azur du ciel de la façon la plus pittoresque. Il a été construit par Charles III, sur les ruines de l'ancien château des rois de Castille, et forme un carré de 132 mètres de côté. A l'intérieur, est une grande cour, entourée d'un portique sous les arceaux duquel on remarque les statues de Trajan, d'Adrien, de Théodose et d'Honorius, empereurs romains, nés en Espagne. Au-dessus de ce portique règnent deux galeries, l'une vitrée, au premier étage, et l'autre découverte et garnie d'une balustrade de pierre. Mais l'une des plus belles parties du palais est, sans contredit, l'escalier dont les marches, d'une seule pièce, sont de marbre noir et blanc. A partir du premier palier, qui est orné de deux lions de marbre blanc, il se divise en deux branches parallèles, conduisant à la salle des gardes. On rapporte que Napoléon, montant cet escalier, dit, en posant la main sur un des lions : « *Je la tiens enfin, cette Espagne si désirée!* » et que, se tournant ensuite vers son frère Joseph, il ajouta : « *Mon frère, vous serez mieux logé que moi.* » La *Salle des Ambassadeurs* est la plus grande et la plus belle des *trente* salles qui occupent le premier étage; c'est là que se trouve le trône, gardé par quatre lions de bronze doré et par les statues de la Prudence et de la Justice. Le reste du palais n'offre plus rien de bien remarquable, si ce n'est la superbe collection de tapisseries flamandes dont on décore, aux grands jours de fête, les galeries du premier étage sur la cour.

Nous avons visité les *caballerizas*, immense bâtiment, situé près du palais et qui renferme la sellerie, les remises et les écuries royales. Il y a là des richesses immenses dont on ne peut se faire une idée, quand on n'a pas vu cette multitude de harnais, couverts d'or et d'argent, ces merveilleuses voitures de gala, et cette quantité de chevaux de luxe dont l'entretien et la garde exigent le service de cinq cents personnes, et dont le budget annuel s'élève à *deux millions huit cent cinquante mille réaux !*

J'avais beaucoup entendu parler du *Buen-Retiro*, ce jardin, planté par Philippe IV et qui fait encore aujourd'hui les délices et l'orgueil des Madrilènes ; mais j'avoue que je l'ai trouvé bien au-dessous de sa renommée. C'est grand, mais sale, mal entretenu, sans autre verdure que celle du buis et des cyprès, en un mot, sans autres fleurs que celles qui y poussent au hasard, parmi les orties et les ronces. On pourrait faire paître un millier de vaches dans le Buen-Retiro sans qu'il en résultât le moindre dommage pour les quelques rosiers qui seuls embaument ce royal jardin. La chose la plus remarquable de cet immense terrain en friche est une large avenue, bordée de haies et plantée de tilleuls, qui conduit à un étang. Ces haies, formées de petits cyprès coupés par la moitié, sont ornées, de distance en distance, de laides statues colossales des rois d'Espagne. Quant à l'étang, sur lequel nagent deux ou trois cygnes et une douzaine de canards, il est entouré d'allées très-fréquentées par les promeneurs, qui aiment à jeter du pain aux canards et aux poissons rouges. Il y a, dans les environs, une ménagerie, presque inhabitée, que nous ne pûmes visiter, faute d'une permission, ce qui nous priva du plaisir de voir quelles grimaces faisaient les singes en Espagne. En compensation de tous les agréments qui lui manquent, le Buen-Retiro possède plusieurs points de vue admirables, où l'on s'arrête malgré soi pour contempler la belle vallée du Manzanarès, ce pauvre filet d'eau qui a inspiré tant de plaisanteries qu'on ne le nomme plus sans sourire.

Du Buen Retiro passons au *Prado*, qui est un large boulevard, entourant une partie de la ville, depuis l'ancien couvent d'Atocha jusqu'à la Puerta de Recoletos. Il a une lieue de long et est orné de plusieurs belles fontaines, entre autres celles *de Neptune, d'Apollon* et *de Cybèle.* C'est la promenade la plus agréable et la plus fréquentée de tout Madrid. Nous l'avons vue dans une mauvaise saison, néanmoins les promeneurs y étaient nombreux. C'est là que l'on rencontre les mantilles et les cigarettes, les *fosforos* et l'*agua,* en plus grande quantité que partout ailleurs. Les *fosforos* sont des allumettes en cire dont les Espagnols font un très-grand usage pour leurs cigarettes. Ils ont besoin de feu presque aussi souvent qu'ils ont besoin d'eau, ce qui explique cette multitude de petits marchands qui offrent, sans cesse, aux passants leurs boîtes de fosforos et leur grand verre d'eau fraîche, pour un *cuarto.*

Quand on connaît le bois de Boulogne et les Champs-Elysées, on trouve bien mesquin le Buen Retiro et bien ordinaire le Prado. Mais ce que Madrid peut vraiment montrer avec orgueil, c'est son Musée de peintures, qui est le plus riche de toute l'Europe. Ce n'est pas à dire pour cela que l'Espagne soit le pays où les beaux-arts soient le mieux cultivés et le plus en honneur ; non, car l'Espagnol, s'il l'a été jadis, est bien loin maintenant d'être artiste comme l'Italien et surtout comme le Français. Il n'y a qu'un seul musée, ou plutôt une seule collection de beaux tableaux, en Espagne, tandis qu'en Italie, en France et en Allemagne on en trouve dans tous les plus grands centres de population. Notre Musée du Louvre, au point de vue historique et chronologique, est bien supérieur à celui de Madrid, quoiqu'il ne possède pas une aussi grande réunion de chefs-d'œuvre.

C'est à Charles-Quint et à Philippe II que Madrid doit toutes ces dépouilles opîmes de l'Italie, de la Flandre et de l'Allemagne, qui font aujourd'hui la gloire de son Musée. Leurs successeurs conservèrent et augmentèrent de si grandes richesses artistiques. Voilà comment Madrid possède tant de tableaux précieux.

Il faudrait des mois et des années pour étudier et voir en détail les *deux mille* toiles inscrites sur le livret; aussi est-on forcé de passer rapidement devant la plus grande partie de tous ces chefs-d'œuvre.

L'école espagnole, comme on le pense bien, est là dignement représentée. Ribera, Velasquez, Murillo et Goya en font les principaux honneurs. Velasquez, l'ami de Philippe IV, a 64 toiles au Musée de Madrid, dont 33 sont admirables. Je ne puis citer que son *Christ en croix,* sa *Reddition de Breda,* son *Portrait de Philippe IV*, sa *Réunion de buveurs,* ses *Forges de Vulcain* et ses *Filandières ;* car je ne veux pas abuser de la patience de mes lecteurs, en leur citant une foule de titres qui ne disent rien, quand on n'a pas vu les tableaux qu'ils désignent. Murillo fut beaucoup plus fécond que Velasquez, puisqu'on retrouve ses œuvres un peu partout. En Espagne, il est peu de cathédrales, peu de grandes familles qui ne possèdent quelques toiles de ce maître, et presque toutes les capitales de l'Europe se vantent d'avoir acheté à grand prix quelque Vierge du peintre de Séville. Le Musée de Madrid a 46 tableaux de Murillo, parmi lesquels la *Sainte Famille au petit chien*, l'*Adoration des Bergers, Rebecca donnant à boire à Eliézer*, les *Extases de saint Bernard* et les *Deux enfants à la coquille* m'ont le plus frappé.

L'école italienne offre, *pour Venise*, 43 Titien, 25 Paul Veronèse, 43 Tintoret, des Giorgione, des Sébastien del Piombo, etc.; *pour Florence,* 7 André del Sarto, 2 Léonard de Vinci, 1 Michel-Ange, etc.; *pour Rome,* 10 Raphaël, dont 3 portraits et 7 tableaux; *pour Parme,* 1 Corrège et 1 Lanfranc; *pour Bologne*, des Annibal Carrache, des Guido Reni, des Dominiquin, des Le Guerchin, etc.; *pour Naples,* des Salvator Rosa, des Luca Giordano, des Antonio Ricci, etc.

L'école allemande a 9 tableaux d'Albert Dürer, 1 Martin Schœn et 1 Raphaël Mengs.

L'école hollandaise a 1 Rembrandt et 2 Philippe Wouwermann.

L'école flamande possède 62 Rubens, un grand nombre de Van Dyck, 8 Jordaens, 54 Breughel et 53 Téniers.

Quant à l'école française, elle n'est représentée que par plusieurs Nicolas Poussin et par une douzaine de Claude Lorrain dont les deux plus beaux sont un *Effet de soleil levant*, et un *Effet de soleil couchant*; le Louvre n'a rien à comparer à cela.

C'est assez sur Madrid dont je ne regrette que le Musée. La continuation du mauvais temps, qui entretenait la boue des rues, contribua sans doute beaucoup à nous faire prendre en grippe cette ville, déjà peu curieuse par elle-même; car il n'y a rien de tel que la pluie, pour rendre affreuse la plus belle ville du monde.

L'*hôtel de Paris*, où nous logions, à Madrid, est loin de ressembler aux anciennes fondas espagnoles; on y a adopté le même confortable que dans les meilleurs hôtels de France et d'Angleterre. A l'exception du vin, qui continuait à sentir *le bouc*, la table d'hôte était excellente, et nous dînions là, tous les jours, en compagnie d'une foule de voyageurs de toutes les nations de l'Europe, et voire même de l'Amérique, car il s'y trouvait aussi des Brésiliens et bon nombre de Yankees.

Notre verrier belge, nous ayant quitté à Madrid, un Anglais ne tarda pas à prendre sa place. Cette nouvelle connaissance se fit à table et dura beaucoup plus longtemps que toutes les autres. Cet aimable gentleman parlait très-bien le français pour un habitant des bords de la Tamise, et il voyageait avec sa femme, tout comme notre verrier belge. L'adresse d'une de leurs malles m'apprit qu'ils s'appelaient *Corbet*; je ne sais quel titre accompagnait ce nom-là. Le monsieur était grand amateur de la chasse au renard, et pas trop original pour un Anglais; du reste, il avait de très-bonnes façons, et, n'était son léger accent britannique, on eût pu le prendre pour un Français. Madame Corbet était petite, vive, pétulante, ne pouvant rester en place, causant de tout avec aplomb et traitant, parfois, certains sujets avec esprit. Elle avait beaucoup voyagé; elle savait l'Italie et la Grèce au bout de son doigt; elle avait grimpé, toute seule, au sommet de la plus haute des pyramides d'Egypte ; elle adorait la poésie, la musique, la peinture et le cheval ; elle aimait, d'ailleurs, comme toutes les filles d'Eve, elle aimait, dis-je, à parler beaucoup et avec une volubilité des plus surprenantes. Quant aux frivolités de la toilette, elle ne semblait pas y tenir énormément, quoiqu'elle fut toujours très-convenablement mise et parée de bijoux ; il est vrai que ses bijoux ne variaient pas plus que sa coiffure, qui consistait en une résille à grains de corail, pour le dîner, et en un petit chapeau à plumes, pour la journée. Pourtant elle eut la fantaisie d'acheter deux mantilles espagnoles, pour ressembler aux dames de Madrid, mais elle les portait si gauchement, qu'elle me faisait l'effet du geai de la fable qui se parait des plumes du paon.

Du reste, toutes les Anglaises, qui viennent en Espagne, ont cette manie-là. J'en ai vu une, à Séville, qui, pour mieux montrer sa mantille, allait s'asseoir sur le pavé de la cathédrale avec les autres femmes de la ville, durant les longues cérémonies de la Semaine-Sainte !

Pour en revenir à madame Corbet, elle portait, pendu à son cou, un large médaillon, représentant un portrait photographié, qui ne la quittait jamais et qui produisait un singulier effet. Elle avait l'esprit très-observateur et beaucoup d'enjouement dans la conversation. Malheur à ceux et surtout à celles qui n'avaient pas la chance de lui plaire, car elle ne les épargnait pas dans ses remarques satiriques. Nous avions eu le bonheur de lui être agréables, de sorte que nous n'avions rien à craindre de ce côté-là. Nous nous retrouvâmes à Séville et à Cadix. Dans cette dernière ville, elle mit tout en jeu pour nous décider à nous adjoindre à elle et à son mari, afin de gagner Gibraltar à cheval, en faisant l'ascension de la montagne qui sépare la colonie anglaise du reste de l'Espagne ; mais, outre que ce chemin était très-périlleux, je n'étais pas assez bon cavalier pour chevaucher ainsi, pendant plusieurs jours, et nous la laissâmes partir seule, avec son mari et un guide. J'aime à croire qu'ils firent bon voyage ;

car, depuis cette époque, nous n'en avons plus entendu parler.

Dans le chemin de fer de Madrid à Tolède, nous nous trouvâmes avec le même Anglais que nous avions rencontré à Burgos, et qui nous avait fait remarquer que les trois plus belles cathédrales gothiques de toute la chrétienté étaient celles de Bruges, de Bourges et de Burgos, toutes les trois ayant un nom qui commençait par un B et finissait par un S.

Cet Anglais était un ecclésiastique, attaché au clergé catholique de Londres, et qui profitait de quelques semaines de vacances pour visiter l'Espagne. Il était très-aimable et avait des manières fort distinguées. Comme la soutane n'est pas facile à porter dans les voyages de long cours, il n'avait conservé du costume clérical que le petit collet romain, qui va si bien avec des vêtements noirs. Nous eûmes bientôt lié avec lui une plus intime connaissance qu'à Burgos, et nous descendîmes ensemble à Tolède dans le même *hôtel*. Comment puis-je donner ce nom à l'affreuse et dégoûtante *Fonda del Lino*, où nous conduisit l'omnibus du chemin de fer!

L'auberge de Jean Manzanedo, à Burgos, nous paraissait infiniment moins sale, à présent que nous pouvions la comparer à une autre qui était encore pire. Nous tombâmes-là, en pleine cuisine espagnole, et il nous fut impossible de manger autre chose que du pain sec, tant ce qui nous fut servi était peu appétissant. Mais nous étions à Tolède, et il fallait y rester au moins le temps nécessaire pour voir la ville! Cette fois, nous prîmes un guide, afin d'aller plus vite et de ne rien oublier dans notre rapide visite.

Pourtant, il faudrait bien des jours pour apprendre à connaître parfaitement Tolède, qui est un dédale inouï de ruelles escarpées et montueuses, tournant, serpentant et s'entrelaçant de telle sorte qu'il est impossible de s'y diriger tout seul, une première fois. Tolède est la plus étrange confusion de maisons entassées, accumulées sur sept collines aussi petites que celles de Rome, et groupées dans un espace réduit; on ne peut s'imaginer ce curieux amalgame de granit et de briques, de charpente et de fer, si on ne l'a pas vu. Il y a là des bâtisses, du temps des Goths, des Juifs et des Maures, qui ont conservé, sous une épaisse couche de chaux, des arcs, des voûtes, des ogives, des fenêtres et des colonnettes, trésors inappréciés de ceux qui les possèdent, car ils n'en prennent pas grand soin. On voit au-dessus de certaines portes des écussons armoriés et des devises; on aperçoit aux fenêtres des balcons en vieux fer tourmenté, et, à toutes les maisons, d'antiques portes massives, bardées de bandes de métal, garnies de marteaux historiés, et ferrées de clous dont les têtes ciselées sont grosses comme des œufs.

« Tout cela, dit M. Théophile Gautier, tient à la fois du couvent, de la prison, de la forteresse, et aussi un peu du harem, car les Maures ont passé par-là. »

J'avoue que je me sentais transporté de joie, en me voyant dans une ville qui ne ressemblait pas aux autres, et dont chaque maison rappelait tant de vieux souvenirs. J'aurais voulu arracher quelques-unes de ces briques mauresques, si bien vernissées, quelques-uns de ces marteaux et de ces clous de porte, si bien ouvragés, afin de me les approprier et de les rapporter en France, comme un échantillon des richesses artistiques de Tolède; mais le vol est défendu encore plus aux antiquaires qu'aux autres, sans quoi il ne resterait pas grand'chose des monuments qu'ils auraient visités.

Notre guide nous fit d'abord voir quelques maisons particulières, qui nous donnèrent une idée assez exacte des habitations des anciens Maures. Ces maisons, comme celles de Pompéï, ont toutes une petite cour intérieure, appelée *patio*, qui, recouverte en été d'une large toile, sert, tout à la fois, de salon, de salle à manger et souvent même de dortoir pour la famille. Il y a là de l'eau courante et des fleurs; c'est un oasis délicieux au milieu de l'insupportable chaleur du jour, et un refuge contre les souffles embrasés des nuits d'orage.

La cathédrale de Tolède peut hardiment soutenir la

comparaison avec celle de Burgos, quoiqu'elle soit moins belle à l'extérieur, qui est pourtant d'une grande majesté. Elle a huit portes, ornées de toutes les richesses de l'art et de statuettes délicatement modelées; celle *des Lions*, surtout, est admirable et d'un très-grand effet. Ce qui m'a paru le plus remarquable, dans l'intérieur de cet immense vaisseau, dont les cinq grandes nefs sont séparées par 88 piliers, formés chacun de 16 colonnes élancées, ce sont les 750 fenêtres qui l'éclairent et qui toutes, sans en excepter une seule, offrent à la vue charmée des vitraux de couleur, représentant des scènes de la Bible. Je n'ai pas compté ces fenêtres (la chose m'eût été trop difficile), mais tout en me confiant à la véracité de notre guide qui nous accusait ce chiffre-là, j'ai cru devoir consulter *l'Itinéraire d'Espagne*, par Germond de Lavigne, et il a achevé de dissiper mon doute, en me donnant exactement le même nombre de fenêtres, c'est-à-dire 750! Que le lecteur juge du bel effet que produisent ces millions de rubis, de saphirs, d'émeraudes, de topazes et de diamants, enchâssés dans les délicates nervures de la pierre, affectant les différentes formes de la rosace et de l'ogive; qu'il songe à tout ce que ces vitraux doivent répandre de rayons doux et merveilleux dans les grandes et mystérieuses ombres du saint lieu, et il devinera aisément que la prière, ici, peut monter au ciel sur les ailes du ravissement et de l'extase!

Le chœur est environné de trois rangs de stalles en bois magnifiquement sculpté, avec des bas-reliefs historiques d'un dessin et d'un fini parfaits. Le maître-autel, ou *capilla mayor*, possède un rétable en bois de mélèze, qui est partagé en cinq étages, remplis d'une multitude de statues et d'ornements du plus riche travail. Des deux côtés de l'autel sont placées des tombes royales, étagées les unes au-dessus des autres, et, malheureusement noyées dans tous ces flots de dorures éblouissantes qui inondent le sanctuaire. La grille, surmontée d'un Christ colossal, qui ferme la *capilla mayor*, a neuf mètres de haut sur douze mètres de large; c'est un chef-d'œuvre, comme toutes les autres grilles de cette gigantesque cathédrale.

Je ne dirai rien des chapelles latérales, ni de la sacristie, ni du trésor, ni de la salle capitulaire, ni du cloître; tout cela mériterait une foule de détails, qui ne peuvent entrer dans ces notes de voyage. Je rappellerai seulement ici qu'on célèbre l'office divin en deux rites différents, dans la cathédrale de Tolède : le rite latin et le rite mozarabe. La chapelle consacrée à ce dernier rite n'a rien de bien remarquable, si ce n'est des fresques gothiques représentant des combats entre les Tolédans et les Maures.

Après la visite de la cathédrale, qui dura plus de deux heures et où nous revînmes une seconde fois, nous allâmes voir l'église de Saint-Jean-des-Rois, au pourtour extérieur de laquelle sont suspendues, comme de glorieux trophées, les nombreuses chaînes des captifs chrétiens, délivrés à Malaga et à Almeria, lorsque les derniers Maures furent expulsés du sol de l'Espagne. Cette église ne produit pas grand effet, quand on la voit en sortant de la cathédrale; le seul souvenir qu'elle m'ait laissé, c'est celui d'un gros rhume, attrappé sur le seuil de sa porte, en attendant son vieux sacristain qui, occupé à prendre son repas, tarda plus d'une demi-heure à venir nous ouvrir. Il faisait alors un vent glacial sur cette colline qui domine toute la vallée du Tage, et la neige commençait à tomber à gros flocons; rien n'était donc plus facile que de s'enrhumer pour un bon mois, comme je l'ai fait, en stationnant ainsi, à ciel découvert, devant le portail d'une église. Néanmoins, la mauvaise humeur, causée par le froid et par une si longue attente, ne m'empêcha pas d'admirer la splendeur architecturale du chevet de Saint-Jean-des-Rois et surtout la beauté de son cloître qui présente l'un des plus riches spécimens de l'art gothique. Malheureusement, une des galeries de ce cloître est complétement en ruines!

Sur notre chemin, en retournant à notre fonda et presque dans le voisinage de Saint-Jean-des-Rois, nous rencontrâmes deux anciennes synagogues, où notre guide nous fit entrer. La première, *Santa-Maria la Blanca*, n'a rien au dehors qui la distingue des chétives constructions dont elle est environnée. On y arrive, en traversant un jardin potager, fort mal cultivé et où les poules grattent et picorent en toute liberté. Une femme, couverte de haillons, nous ouvrit une petite porte délabrée que je pris, tout d'abord, pour la porte d'une étable; j'ignorais où elle voulait nous conduire. Mais à peine eûmes-nous descendu quelques degrés, que nous nous trouvâmes dans un temple superbe, à cinq nefs, formées chacune par une double rangée de sept gros piliers octogones, portant des arcs mauresques d'une courbe élégante et hardie. Des ornements variés, des arabesques, de gracieuses rosaces accompagnent ces arcs dont la blancheur contraste singulièrement avec l'aspect misérable et sombre d'une toiture en bois qui descend de la nef centrale vers les deux extrémités latérales, et imprime à tout l'édifice un cachet de tristesse et de ruine. Je fus étrangement surpris de ce mélange de magnificence et de nudité; et je regrettai l'abandon où se trouve un monument dont nous ferions, en France, un si bon usage; car cette synagogue, transformée autrefois en église, n'est plus aujourd'hui qu'un magasin d'effets militaires, complétement abandonné. — La seconde synagogue, *Notre-Dame del Tansito,* est un vieux temple, construit en briques d'une dureté inouïe, et dont les charpentes de la couverture sont en cèdre du Liban. Celui-là au moins n'est pas abandonné, et sert encore au culte catholique.

Il nous restait à voir l'Alcazar, où nous nous rendîmes, visitant, par-ci par-là, quelques débris d'anciens palais des rois goths et quelques couvents, convertis en établissements publics. L'Alcazar de Tolède forme un vaste quadrilatère dont chaque façade est d'une époque et d'un style différent. Celle du sud est la plus régulière et la plus majestueuse. Aux quatre angles s'élèvent des tours carrées qui dominent toute la ville. La cour intérieure est formée par trente-deux belles arcades en galerie, et au fond s'élève l'escalier, qui est une œuvre des plus remarquables en ce ce genre. Mais l'Alcazar, plusieurs fois incendié, n'offre plus aujourd'hui que des murailles indestructibles; c'est une ruine gigantesque à la restauration de laquelle suffiraient à peine trois millions et demi de réaux. *Sic transit gloria mundi !*

Notre guide était un vieux soldat carliste, qui avait habité la France, durant quelques années, à l'époque où don Carlos était à Bourges, et qui savait tout juste assez de français pour servir de truchement aux étrangers, venus comme nous des bords de la Seine sur ceux du Tage. Ce brave homme avait à la tête et aux bras de larges et profondes cicatrices, qui attestaient de terribles blessures, reçues autrefois sur le champ de bataille. Je le mis sur le chapitre de la guerre contre les *Cristinos*, et, une fois parti, il nous en débita de toutes les couleurs, faisant de temps à autre quelques violentes sorties contre l'état de choses actuel. La trahison du Père Cyrille le révoltait, à l'égal de celle de Marotto, et, en voyant cet ancien confesseur du pauvre don Carlos, devenu tour à tour archevêque de Burgos et cardinal de Tolède, il ne pouvait s'empêcher d'invectiver contre le clergé, tout comme s'il eût été un rédacteur du *Siècle*. J'avais beau lui dire que le crime de l'un n'est pas le crime de tous, et que les fautes sont personnelles, il n'en voulait pas démordre, et jurait de maudire, jusqu'à la fin de ses jours, l'ambition qui avait perdu la cause de la légitimité en Espagne.

Tout en causant de la sorte, cet homme nous ramena jusqu'au seuil de notre fonda, en face de laquelle il demeurait, et nous engagea à monter chez lui pour voir des lames de Tolède qu'il était chargé de vendre aux étrangers. Nous nous rendîmes à son invitation, et nous trouvâmes que sa chambre tenait un peu de la boutique du marchand de bric-à-brac. En effet, il vendait des antiquités locales, des faïences mauresques, des serrures, des marteaux et des gros clous de portes cochères, qu'il se procurait je ne sais trop comment, mais, sans doute, avec beaucoup de peine; car il les faisait payer fort cher. Il nous dit qu'il recevait des commandes de France, et à l'appui de son assertion, il nous montra une lettre d'un savant paléographe de l'Ecole des Chartes, à Paris, lequel savant était grand amateur d'antiquités et lui demandait un envoi de clous de Tolède, pris aux plus belles portes de la ville. Ce genre de commerce m'a expliqué pourquoi les portes de l'église de Saint-Jean-des-Rois ont perdu une si grande quantité de leurs clous. Ce que je trouvai de plus singulier dans tout cela, c'est que le susdit savant était l'un de mes bons amis d'autrefois que j'avais un peu perdu de vue, et que les clous de Tolède venaient ainsi me remettre en mémoire. Hélas! que de cœurs auraient besoin d'être attachés l'un à l'autre par de gros clous, pour ne jamais se séparer!

De Tolède à Cordoue, le chemin se fit avec lenteur et difficulté; ce fut une véritable odyssée. D'abord, il nous fallut remonter, du côté de Madrid, jusqu'à Castillego, pour reprendre la ligne de l'Andalousie. Nous attendîmes, durant plus de trois heures, dans une petite gare, mal éclairée et surtout mal chauffée, le passage du train qui devait nous mener à *Venta de Cardenas*. Ce train passa sur les minuit; et, une heure après, il s'arrêtait à la bifurcation de la gare de l'*Alcazar de Saint-Jean*, où il nous fallut attendre assez longtemps l'arrivée du convoi de Valence.

Cette fois, la salle d'attente était une grande et large buvette qui fut, en un instant, remplie de voyageurs de toutes classes; de sorte que nous eûmes bien de la peine à trouver une place pour nous asseoir, non pas auprès du feu (les Anglais l'avaient accaparé), mais bien près d'une porte que nous supposions devoir être celle de la sortie pour monter en wagon. Quand on voyage sur le chemin de fer, on est très-aise de pouvoir occuper l'un des coins de son compartiment, surtout pendant la nuit. Cet amour du coin est quelquefois poussé, je ne dirai pas jusqu'à l'impolitesse, mais jusqu'à la *férocité*. Ainsi, cette nuit-là même, à Castillego, nous avions failli être victime de l'amour effréné du coin; car, à la porte de tous les compartiments où nous voulions monter, une voix nous disait fort maussadement : *Il n'y a plus de places; tout est pris!* Nous étions donc très-embarrassés, ne sachant où nous caser, ni à qui réclamer aide et protection, puisque les employés du chemin de fer étaient invisibles; et pourtant le train allait partir sans nous, si nous ne montions pas quelque part; la vapeur sifflait déjà! Poussés par la crainte de rester à Castillego, nous nous précipitâmes dans le premier wagon venu. C'était un Anglais, à barbe rousse, qui en gardait l'entrée; mais j'en étais arrivé à ce point d'irritation et de désespoir qui vous ferait affronter les trois gueules du plus redoutable de tous les cerbères. Nous escaladâmes une pile de sacs de nuit que la prudente *Barbe-Rousse* avait entassés devant la porte du wagon, et nous fîmes irruption dans la place qui se trouva prise ainsi d'assaut. Qu'on juge de notre étonnement et de notre joie, en voyant qu'il n'y avait que *trois* voyageurs dans ce compartiment dont on nous refusait si durement l'entrée, au risque de nous faire manquer notre voyage! Cela peut et doit s'appeler de *l'égoïsme à froid*, ou, si vous l'aimez mieux, de la *férocité*. Nous avions déjà rencontré à Pau et à Madrid cet Anglais-là, et nous l'avions surnommé *Barba Rossa*. Il voyageait pour son plaisir et prenait ses aises partout, sans s'occuper des autres, et souvent même à leur préjudice. Combien de *Barba Rossa* ne rencontre-t-on pas, a chaque instant, sur le chemin de la vie!...

Nous eûmes *notre coin*, depuis l'Alcazar jusqu'à Venta de Cardenas, où nous arrivâmes au petit jour. Là, cessait la voie ferrée que nous ne devions retrouver qu'au-delà de Bailen. Une huitaine de grosses et lourdes diligences, attelées chacune de dix à douze mules, nous attendaient dans la cour de la gare, où l'on enfonçait jusqu'à la cheville du pied dans une boue noire et épaisse. Il faisait froid, et toutes les fatigues de la nuit n'avaient pas peu contribué à nous briser. Malgré cela, il fallut nous contenter d'un peu de chocolat noir, servi dans une tasse, grande comme un dé à coudre, et que nous arrosâmes d'un bon verre d'eau, selon l'usage du pays. Ce maigre déjeûner était à peine terminé que l'on nous fit grimper sur l'impériale d'une diligence qui, après bien des hésitations, se mit à rouler sur une route mal entretenue et pleine de trous, chancelant de côté et d'autre, comme un homme ivre. Nous étions quatre sur la banquette, et serrés, comme des harengs dans une caque. J'avais des peurs bleues à chaque cahot, tant je craignais de verser. Mon compagnon se moquait de ma frayeur et prétendait, le cas échéant, que nous étions trop bien *callés* pour nous faire beaucoup de mal dans une chute. Mais la vue des précipices que nous longions, en contournant le flanc des montagnes, était bien loin de me rassurer. Il y avait là un torrent qui roulait sur un lit de rochers, à des profondeurs vertigineuses, et qui aurait bien pu nous noyer, à défaut de bris de côtes, si notre véhicule fût tombé dans l'abîme. Nous allions, parfois, si près du bord, que j'en avais la chair de poule. Ce n'était pas néanmoins les conducteurs qui nous manquaient; nous en avions à pied, à cheval et sur le siége de devant. Tout cela courait, trottait, fouettait, jurait, criait à qui mieux mieux. C'était un vacarme qui n'en finissait pas, à la montée d'une côte, quand les bêtes fatiguées ne voulaient plus tirer avec la même ardeur. Nous traversâmes ainsi plusieurs défilés, dans lesquels la nature semble avoir accumulé, au-dessus des gouffres les plus sombres, ses rochers les plus hardiment posés, et nous arrivâmes à *Santa Elena*, le premier bourg de l'Andalousie et notre premier relais. A *las Navas de Tolosa*, nous aperçûmes les premiers aloès, qui développent sur le bord du chemin leurs grandes feuilles épaisses, d'un vert bleuâtre et farineux. Encore quelques tours de roues, et nous verrons un ciel plein de lumière, une terre riche, une végétation belle et active, nous serons à *la Carolina*, le pays des oliviers.

Fondée par Charles III, la Carolina est une petite ville charmante. L'entrée en est régulière et monumentale; car, à droite et à gauche, s'élèvent deux jolis clochers, presque dans le genre des pagodes chinoises. La rue principale est tirée au cordeau : les maisons sont toutes pareilles, de même hauteur et coupées par des rues à angle droit. Au centre de la ville est une place octogone, entourée de deux étages de galeries. Enfin, au sortir de la ville, on rencontre une fontaine, surmontée d'une pyramide et entourée de bancs de pierre.

De la Carolina à Bailen, le pays est superbe, bien cultivé et d'une fraîcheur délicieuse. Il y a des champs de blé, des prairies et des arbres tout le long de la route. Quelle énorme différence d'avec la vieille et la nouvelle Castille ! Là-bas, c'est la tristesse du désert, la campagne est sans arbres; ici, c'est la joie de l'oasis, on ne marche que sur des tapis de verdure; il y a des arbres partout! A propos d'arbres, on m'a assuré que les paysans castillans n'en plantaient pas, par la raison *toute naturelle que les arbres attirent les oiseaux, et que les oiseaux mangent le grain.* Voilà un raisonnement d'autant plus digne de Sancho Pança que le grain y est fort rare.

Bailen est admirablement bien situé, sur un terrain en pente, entouré de collines soigneusement cultivées; mais qu'il est affreusement mal pavé! Je ne crois pas qu'il y ait rien de pire au monde que les pavés de Bailen. Que c'est donc mal entretenu, grand Dieu! A chaque tour de roue, on rencontre un trou d'une profondeur à briser les ressorts de la meilleure voiture. Je ne comprends pas comment nous avons pu traverser Bailen, sans nous rompre le cou. C'est un vrai miracle de la Providence divine qui veillait sur nous, et je l'en remercie de tout mon cœur. Du reste, cette ville a donné son nom à trois batailles sanglantes qui ont, chaque fois, à des époques bien éloignées, décidé du sort de l'Espagne. C'est là, en effet, que Publius-Scipion, 226 ans avant Jésus-Christ, avec 48,000 hommes, battit 74,000 Carthaginois, commandés par Asdrubal; c'est là que, en 1212, l'armée chrétienne des rois Alphonse VIII de Castille, don Pedro d'Aragon et don Sanche de Navarre, mirent en complète déroute les bandes musulmanes de Mohamed el Nassr; enfin, c'est là que, 596 ans après la défaite de Mohamed, le même mois et à peu près le même jour, eut lieu ce combat néfaste pour nos armes, et qui se termina par la fatale capitulation de Bailen. Pour une ville si célèbre dans l'histoire, Bailen devrait bien avoir de meilleurs pavés!

A quelques lieues de Bailen, nous retrouvâmes le chemin de fer. Toutes les diligences arrivèrent à la gare, à peu de distance les unes des autres. Celles qui venaient de Grenade, pour la ligne de Cadix, avaient déjà déchargé leurs bagages sur lesquels on jeta pêle-mêle tous les nôtres, ce qui fit un encombrement des plus fâcheux; car chacun voulant reconnaître et reprendre ses effets pour les faire enregistrer, il en résulta une bousculade et un tumulte affreux; il fallut plus de deux heures pour remettre en ordre et inscrire tant de colis. Pendant ce temps-là, il tomba une neige très-épaisse, accompagnée d'éclairs et de si violents coups de tonnerre que les vitres de la gare en tremblaient. Je n'ai jamais vu, de ma vie, un temps pareil! Ce long retard, causé par l'enregistrement des bagages, nous permit de prendre un peu de nourriture au buffet de la gare. La faim me rendant moins difficile, je mangeai un peu plus qu'à Tolède, quoique ce fut encore du bout des dents; mais enfin mon estomac en prit assez pour ne plus souffrir les tiraillements qui le torturaient, depuis notre départ de Venta de Cardenas.

Une fois remontés en wagon, nous ne prêtâmes qu'une attention médiocre aux beautés de la route, car nous roulions beaucoup plus vite qu'en diligence et nous avions à peine le temps de fixer les objets. Je me rappelle néanmoins d'avoir vu, de loin, la ville d'Andujar, pendant que nous stationnions à la gare de ce nom; elle ne m'a pas paru être bien remarquable, tant par son peu de grandeur que par le petit nombre de ses monuments, dont le faîte s'élevait au-dessus des maisons de la ville. Nous côtoyâmes longtemps les bords du Guadalquivir. Les eaux jaunes et limoneuses de ce fleuve coulent assez majestueusement au fond d'un lit fort large, quoique très-encaissé, en certains endroits. Soit que les travaux de la voie ferrée aient été mal exécutés, soit que le fleuve ait trop rongé sa rive et compromis par un creusement souterrain la solidité de la chaussée, tout ce que je sais, c'est qu'arrivés à un détour de la voie, entre le Guadalquivir et le pied d'une montagne, on nous fit tous descendre de wagon, de peur qu'il ne survînt quelque éboulement dont nous aurions pu être les victimes. En général, les chemins de fer de l'Espagne offrent peu de sécurité aux voyageurs, parce qu'on a apporté, d'un côté, trop de parcimonie, et, de l'autre, trop de négligence dans leur construction. Si les trains marchaient aussi vite qu'en Angleterre et dans le nord de la France, il y aurait des déraillements et des accidents nombreux à déplorer tous les jours. En ce cas seul, nous devons nous féliciter de la louable et prudente lenteur des Espagnols!

La nuit nous empêcha d'entrevoir la magnifique végétation qui étale le luxe de ses orangers et de ses palmiers dans la délicieuse et fertile vallée de Cordoue; car il était près de neuf heures, quand nous atteignimes cette ville, notre première halte dans l'Andalousie.

CHAPITRE XV

Sommaire : Cordoue. — Sa cathédrale. — La cour des Orangers. — Promenades à travers la ville. — Séville. — *Casa de Huespedes.* — La cathédrale. — L'Alcazar. — Les *Delicias.* — La fabrique des tabacs. — La Semaine-Sainte. — La *calle de las Sierpès.* — Combats de taureaux. — Jerez. — Cadix.

Une des émotions les plus douces que j'aie éprouvées, dans tout mon voyage d'Espagne, est bien assurément celle que produisit sur moi la première vue de Cordoue. Cette ville me parut propre, gentille, fraîche et coquette au possible, avec ses maisons blanches, aux balcons chargés de fleurs printanières, et aux portes seulement grillées, pour mieux laisser voir la délicieuse verdure et la charmante fontaine du *patio*, ou jardinet intérieur, qui se retrouve dans la cour de toutes les habitations de l'Andalousie. Il y a ici des rues tortueuses, comme à Tolède, mais elles sont plus larges et mieux pavées, et l'on s'y promène plus volontiers ; car elles ont plus de soleil et tout autant de silence, puisque, à l'exception des principales artères, elles sont également inaccessibles aux voitures. Cordoue a un cachet tout particulier, qui sent beaucoup plus l'arabe que l'espagnol ; on est là comme dans un vestibule de l'Orient ! Assurément les gens de commerce et ceux qui ne voyagent que pour trouver des distractions, ou des plaisirs bruyants, ne verront, dans la moderne Cordoue, rien qui puisse les captiver. Pour eux, ce sera une ville morte, un amas informe d'habitations, coupées par des ruelles misérables et des carrefours irréguliers ; ils n'y verront que des ruines où croissent la mousse, la giroflée et la mauve ; que des monastères inhabités, des temples déserts, des palais vides, des rues sans becs de gaz, des magasins où l'on ne vend pas et des ateliers où l'on ne travaille pas ; mais ils ne remarqueront point ces portails élégants du style de la Renaissance, ces gracieuses croisées arabes, ces hautes galeries d'arcades aériennes, en un mot, tous les riches souvenirs des siècles passés, que Cordoue a entassés dans ses murs, et qui en font un véritable et somptueux musée d'antiquités ! Tout cela, toute cette poésie de la ville mauresque reste au visiteur qui aime les beaux-arts et qui se plaît à songer aux gloires du passé ! Pour lui, Cordoue est le noble berceau de Lucain, des Sénèques, d'Averroès, de saint Euloge, du grand capitaine Gonzalve, de Moralès et de tant d'hommes illustres ; c'est l'ancienne capitale d'Abd-er-Rahmman ; c'est une ville qui porte encore avec dignité les lambeaux de la toge romaine, du manteau musulman et de la cotte de mailles espagnole. Elle vit, avec ses vieux écussons, jusqu'à ce qu'ils tombent en poussière ; elle garde ses pierres latines, ses reliques arabes, ses édifices à ogives ; elle fait comme le gentilhomme pauvre, qui supporte la faim sans rien demander à personne !

Nous étions descendus à l'*hôtel Suisse*, beaucoup mieux tenu, beaucoup plus propre, sous tous les rapports, que la *fonda del Lino* à Tolède ; aussi l'appétit me revint-il tout-à-coup, dès que je fus assis à une table d'hôte honnêtement servie et ne sentant pas trop la cuisine à l'huile. Il est vrai que j'étais passablement affamé, après une diète forcée qui avait, pour ainsi dire, duré depuis Madrid jusqu'à Cordoue. On nous logea dans une annexe de l'hôtel, où nous aurions été parfaitement bien, si nous eussions pu y faire du feu, car il faisait froid et il tombait de l'eau ; mais il n'y avait pas de cheminée, puisque nous étions dans l'Andalousie, un pays qui doit nécessairement être chaud, quand même ! Il faut avouer que nous n'avions pas une chance très-favorable par rapport au beau temps. Notre guide de Tolède nous avait dit, en nous voyant grelotter devant le portail de Saint-Jean-des-Rois : *Une fois que vous serez à Cordoue, vous étoufferez de chaleur.* Et voilà que nous y avions aussi grand froid qu'à Tolède ! Voilà qu'il y tombait de l'eau et qu'il y faisait un vent glacial, tout comme à Madrid ! Nous fûmes obligés de demander un *brasero* pour nous réchauffer un peu le bout des pieds et pour nous dégourdir les doigts. Ce mauvais temps dura quelques jours, et, malheureusement, nous le retrouvâmes à Séville, où, pendant deux semaines, nous ne pûmes mettre les pieds dehors, sans être abrités par un large parapluie. Nous eûmes pourtant quelques éclaircies, dont nous profitions à la hâte pour nous promener à travers la ville.

Dès le lendemain de notre arrivée à Cordoue, nous courûmes à la cathédrale, qui occupe un des premiers rangs parmi les monuments religieux de l'Espagne. C'est une ancienne mosquée, bâtie par les Arabes. Abd-er-Rahmman, qui la commença, avait voulu qu'elle l'emportât en grandeur et en magnificence sur toutes les autres ; aussi cet édifice est-il un quadrilatère immense, de 620 pieds de long sur 440 de large. Les murs ont 35 pieds de hauteur, sur une épaisseur de 18 à leur base ; ils sont soutenus par une quarantaine de piliers qui les aident à supporter l'énorme charge de la toiture. Ces piliers, comme les murs, sont couronnés de créneaux triangulaires, dentelés d'une forme très-gracieuse. Dans les espaces qui s'étendent d'un pilier à l'autre, sont percées dix-neuf portes, ayant 6 pieds d'ouverture et 12 pieds de hauteur. De chaque côté de ces portes sont des fenêtres, à double arc et surmontées d'une ouverture carrée, que ferme une claire-voie taillée dans le marbre et formant les dessins les plus capricieux. L'intérieur de la mosquée offre à l'œil étonné *dix-neuf* nefs ou allées, dans le sens du nord au sud, et *trente-six* autres, beaucoup plus étroites, dans le sens opposé.

« Il vous semble plutôt marcher dans une forêt plafon-
« née que dans un édifice ; de quelque côté que vous vous
« tourniez, votre œil s'égare à travers des allées de co-
« lonnes qui se croisent et s'allongent à perte de vue,

« comme une végétation de marbre spontanément jaillie « du sol ; le mystérieux demi-jour qui règne dans cette « futaie ajoute encore à l'illusion. Les colonnes, toutes « d'un seul morceau et de 1 pied 1/2 de diamètre, n'ont « guères plus de 10 à 12 pieds jusqu'au chapiteau, d'un « corinthien arabe, plein de force et d'élégance, qui rap- « pelle plutôt le palmier d'Afrique que l'acanthe de Grèce. « Elles sont de marbres rares, de porphyre, de jaspe, de « brèche verte et violette et autres matières précieuses ; il « y en a même quelques-unes d'antiques et qui pro- « viennent, à ce qu'on prétend, des ruines de l'ancien « temple de Janus (1). »

Sur ces mille colonnes fluettes s'appuient deux étages d'arcs en pierre, superposés. Les douelles de ces arcs sont peintes alternativement en blanc et en rouge. La hauteur totale des nefs atteint environ 30 pieds; elles se terminent en voûtes et en demi-coupoles qui ont remplacé les anciens plafonds arabes, avec leurs caissons, leurs losanges et toutes leurs magnificences orientales. Les dix-neuf nefs, murées aujourd'hui à leur extrémité nord, ouvraient toutes sur une vaste cour, plantée d'orangers et comprise alors dans l'enceinte générale de l'édifice. De ce frais et beau patio, qui existe encore, les promeneurs pouvaient jouir du surprenant spectacle d'un *quinconce* de colonnes, dont le chiffre s'élevait à près d'un millier ; mais, dans cette forêt de marbre, l'église moderne a fait une trouée et a abattu soixante-trois colonnes, pour élever à leur place un chœur et un sanctuaire qui, quoique très-beaux dans leur genre, n'en sont pas moins des plantes parasites et des *verrues architecturales*. Il aurait fallu laisser la mosquée telle qu'elle était et bâtir une cathédrale ailleurs; car on trouve partout de belles églises, mais il n'existe nulle part dans le monde une mosquée comme celle de Cordoue.

L'*Alminar*, ancien minaret, bâti par Abd-er-Rahmman III, ne fut pas respecté davantage. On le démolit pour le remplacer par une tour carrée de style gréco-romain,

(1) Théophile Gautier *(Voyage en Espagne)*.

et qui a 93 mètres de hauteur. Elle est distribuée en cinq étages, diminuant successivement de largeur, et surmontée d'une statue dorée qui représente l'archange Raphaël, tenant une bannière. Les cloches, au nombre de douze, sont suspendues dans les ouvertures du troisième étage, et l'horloge occupe le quatrième.

Il faudrait bien du temps, pour examiner en détail tous les trésors d'architecture qui sont renfermés dans la cathédrale de Cordoue, et encore je doute qu'on en puisse venir à bout. J'y suis retourné plusieurs fois, et, toujours, j'en suis sorti plein de la même admiration et transporté du même enthousiasme. Il y a de ces choses merveilleuses qu'on ne peut se lasser de voir, tant elles sont ravissantes, et la cathédrale de Cordoue est de ce nombre!

Un des endroits les plus délicieux que j'aie vus dans toute l'Espagne, c'est-à-dire, un de ceux qui m'ont le plus enchanté, et cela, sans doute, parce que c'était la première fois que j'en voyais de semblables, c'est bien assurément la *cour des orangers*, sur laquelle ouvraient jadis les dix-neuf nefs de la mosquée. Elle est entourée d'un vaste cloître dont la galerie du nord présente, à son milieu, l'immense socle de jaspe bleu où l'on a assis la tour de l'horloge. Ce frais *patio* est orné de superbes fontaines de marbre, dont l'eau s'élance vers le ciel en gerbes liquides et retombe, en pluie de diamants, dans de grands bassins de porphyre. On peut promener-là sa rêverie solitaire à l'ombre des orangers, qui forment un bosquet des plus touffus et dont les fruits jaunes ressortent admirablement sur le vert brillant des feuilles. On retrouve-là les brises embaumées des fleurs, jointes aux parfums de l'encens et de la cire vierge, qui s'échappent du temple par la porte entr'ouverte et qui font, par leur mystérieux mélange, rêver tout à la fois de la terre et du ciel! C'est un vestibule du paradis!

Cordoue est environné de murailles, flanquées de tours, et a des portes assez remarquables, notamment celle de *Séville* et celle du *Pont*. Cette dernière conduit au vieux pont de pierre, jeté sur le Guadalquivir par Octave-Auguste, et qui fut reconstruit par les Arabes. Il se compose de seize arches et a, en guise de tête, une forteresse entourée d'un mur crénelé, qui s'élève à l'extrémité opposée à la ville. Le quai est planté d'arbres et offre aux promeneurs des bancs de pierre, qui s'appuient contre les parapets du fleuve, et sur lesquels nous nous sommes assis, plusieurs fois, pour rêver à la France, en regardant voler les hirondelles. Il y a, en dehors des murs, au-delà de la porte de *Séville*, un superbe *paseo* d'où l'on jouit du beau spectacle de la Sierra-Morena ; c'est là que se donne rendez-vous, à l'heure de la promenade, tout le monde élégant de Cordoue.

Les traditions populaires disent que cette ville, aujourd'hui de quarante mille habitants, comptait, du temps des Maures, deux cent mille maisons, quatre-vingt mille palais, sept cents mosquées avec leurs minarets, neuf cents bains, une foule de marchés, de bazars, d'ateliers, de fabriques, d'hôtelleries, et avait douze mille villages pour faubourgs. Il y a là évidemment beaucoup d'exagération; mais Cordoue a eu un glorieux passé que nul ne peut nier et qu'atteste encore la magnificence de ses ruines.

Quand nous eûmes visité les églises et les anciens couvents, dont la plupart ont conservé un grand nombre de curiosités artistiques ; quand nous eûmes bien parcouru la ville dans tous les sens, et admiré tout ce qu'il y avait de beau à voir, nous songeâmes à poursuivre notre voyage, et, disant adieu à l'antique capitale des Maures d'Espagne qui fut aussi le berceau du grand capitaine Gonzalve de Cordoue, nous reprîmes, avec une certaine tristesse, le chemin de fer qui devait nous conduire à Séville.

« Quien no ha visto a Sevilla
« No ha visto a maravilla. »

« Celui qui n'a pas vu Séville n'a pas vu une merveille. » Ce dicton populaire me semble bien exagéré ; car, malgré la beauté de sa situation et d'un assez grand nombre de ses édifices, Séville est loin d'être une merveille. La capitale de l'Andalousie a conservé une partie de son caractère ancien ; elle a, comme Cordoue, des rues étroites et tortueuses, mais moins propres, parce qu'elles sont plus accessibles aux voitures et beaucoup plus commerçantes. Les maisons, à deux et trois étages, sont, pour la plupart, d'un bel aspect et ont des *miradores*, ou balcons vitrés en saillie sur la rue. Le caractère le plus intéressant de Séville et celui qui rappelle le mieux le type arabe, c'est l'existence presque générale du *patio*. Ces cours intérieures sont séparées de la rue par des vestibules dallés en marbre blanc et noir, et fermées par des grilles en fer ordinairement d'un assez beau travail. Tout autour du patio règne une galerie formée par des colonnes grêles, d'où s'élance l'arc à plein cintre ou l'arc mauresque, et qui soutient à l'étage supérieur une autre galerie, vitrée et servant de corridor à l'habitation. « Le patio est dallé, garni de fleurs dans des vases de Triana. C'est l'habitation d'été des Sévillans ; on y descend les meubles préférés, on le décore avec recherche et avec élégance ; une toile tendue au-dessus de la galerie supérieure l'abrite des rayons du soleil et surtout des vives réverbérations d'un ciel éclatant. La fraîcheur y est entretenue par des fontaines d'eau vive, par des courants d'air habilement établis, mais qui ne sont pas pour peu de chose dans la fréquence des affections de la poitrine auxquelles sont sujets les habitants de Séville. Des lampes ou des lanternes élégantes y sont allumées le soir (1). » Il y a des maisons particulières à Séville qui sont de véritables palais et qui ont coûté des sommes fabuleuses à leurs propriétaires ; celles-là ont des *patios* magnifiques, plantés de myrtes, d'orangers, de citronniers, de jasmins, de lauriers et de toute sorte d'arbustes d'un vert admirable. Ce sont des habitations délicieuses où l'on peut goûter, au milieu de la ville, la paix, la fraîcheur et tous les parfums de la campagne.

Si nous avions été assez heureux pour habiter une de

(1) Germond de Lavigne (*Itinéraire d'Espagne*, p. 528).

ces maisons-là, notre séjour à Séville eût été bien plus agréable. Mais notre mauvaise chance nous poursuivait avec la pluie. Il n'y avait pas de place dans l'*hôtel de Paris*, où nous voulions descendre, et toutes les autres *fondas* étaient déjà remplies d'étrangers, à cause de l'approche des fêtes de Pâques, qui attirent beaucoup de monde à Séville. Il nous fallut donc, de suite, nous mettre à la recherche d'un de ces logements, qu'on nomme, en Espagne, *casa de Huespedes* ou *de Pupilos*, et que tous les guides recommandent aux voyageurs qui veulent faire un long séjour en Andalousie. On est convenablement logé et nourri là, disent-ils, pour vingt à vingt-cinq réaux par jour, c'est-à-dire pour cinq à six francs. Ce mode d'installation, qui vous introduit dans une famille de la localité, convient assurément aux touristes dont le but est d'étudier les usages et les mœurs espagnols, tout en se familiarisant avec la langue du pays; mais il faut, pour l'adopter entièrement, aimer beaucoup la cuisine à l'huile; ce qui, je l'avoue, n'était pas mon fort. Aussi, Pierre et moi étions-nous bien décidés à ne prendre qu'un simple logement dans la *casa de Huespedes* et de nous arranger, pour la nourriture, avec un petit restaurant français que nous avions providentiellement découvert dans la *calle de Tetuan*.

Nous visitâmes un certain nombre de maisons, avant de trouver quelque chose de convenable. Une enseigne, placée au-dessus de la porte, ou bien un morceau de papier blanc, attaché à la grille du balcon, nous indiquait les maisons où nous pouvions louer une chambre garnie; mais, quand l'extérieur nous déplaisait, ou que l'entrée était trop sale, nous passions outre, sans même songer à entrer. Enfin, à force de chercher, et aidés d'un brave homme, nommé *Marcellin*, nous mîmes la main sur un petit appartement, situé au second étage d'une maison de la place *San-Francisco* ou de la *Constitucion*. Il y avait deux chambres et un balcon, donnant sur la place, tout près du vieil Hôtel-de-Ville et en face de la fontaine de marbre blanc, que l'on considère comme la meilleure de toute la ville, et où, du matin au soir, les *Aguadores* venaient puiser de l'eau avec de longs syphons de fer-blanc, destinés à remplir les petits tonneaux dont ils chargeaient leurs ânes. Marcellin, qui nous servait de truchement, fit comprendre à la dame *Dolores Mellat*, propriétaire de la casa, que nous voulions seulement louer son appartement, sans prendre chez elle notre nourriture, et le marché fut conclu à trente piastres par mois. Ce Marcellin était un Français, établi à Séville, depuis quelques années, et tenait le restaurant de la rue de Tetuan, dont j'ai parlé plus haut. L'enseigne, en langue française, qui le désigne aux passants, nous y avait fait entrer; et ce digne homme avait eu la complaisance de nous accompagner dans la recherche d'un logement à travers la ville. Nous choisîmes donc son établissement pour prendre nos repas et nous y fûmes très-bien servis, pendant les trois semaines que nous restâmes à Séville.

Une chose qui m'intrigua beaucoup, les premiers jours, et qui mit ma sagacité complétement en défaut, c'est un monogramme, composé des deux syllabes *NO* et *DO*, avec l'image d'un écheveau de fil, placée entre ces deux syllabes et ressemblant beaucoup à un 8. Ce signe est répété partout; on l'aperçoit sur tous les monuments, dans les reliefs de la pierre, dans les dessins des grilles de fer, sur les marteaux des portes, sur les baraques de bois des limonadiers en plein vent, sur les bancs et les chaises des jardins publics, et même jusque sur les vases d'argile les plus grossiers. J'avais essayé de traduire cela par *Nostra Domina, Notre-Dame*, qui était sans doute la patronne de Séville; mais le 8 m'embarrassait fort. Je voyais bien que c'était une devise, mais je ne pouvais venir à bout de la déchiffrer. Voilà pourtant ce que cela voulait dire : *No m'ha dejado*. Elle ne m'a pas abandonné. *Madeja* signifie *écheveau;* en mettant donc la figure d'un écheveau entre *No* et *Do*, on a le glorieux rébus dont Séville a fait sa devise et qui rappelle sa fidélité envers le roi Alphonse-le-Sage, que toutes ses villes avaient abandonné, une à une, pour suivre don Sanche dans sa révolte contre son père.

La grande merveille de Séville, c'est sa cathédrale, avec son beau transept et sa haute tour, la fameuse *Giralda* dont tous les Sévillans sont si fiers. Cette tour, qui date de l'an 1000, est toute en brique et construite avec une telle régularité que les arêtes en sont encore aussi vives qu'au premier jour. On y monte par une rampe en pentes douces, qui forme vingt-huit paliers et s'élève en spirale, sur une largeur capable de donner passage à deux cavaliers marchant de front. De la plate-forme où conduit cette rampe la vue s'étend sur un admirable panorama. Le jour où j'y suis monté, le Guadalquivir était sorti de son lit et couvrait au loin la campagne qui ressemblait à une vaste mer, semée d'îles de tous côtés. C'était un grandiose et magnifique spectacle. Au-dessus de cette plate-forme, où s'arrête l'œuvre des Arabes, on a élevé un élégant beffroi qui est couronné par une statue colossale, en bronze, représentant la Foi, avec le labarum à la main. Cette statue est installée de manière à pouvoir tourner sur elle-même au moindre vent; elle sert de girouette; c'est la *Giralda* proprement dite, et c'est elle qui a donné son nom à tout le monument.

De toutes les ascensions de tours que j'ai faites en Italie et en Espagne, celle de la Giralda a été la plus facile et la plus agréable, quoique, pour me donner un peu d'exercice, je l'aie exécutée au pas de course, grâce aux espiègleries de mon compagnon, qui ne me donnaient pas le loisir de reprendre haleine. Du reste, il y avait alors sur la rampe et la plate-forme de la Giralda plus d'une centaine de personnes de tout âge, de tout sexe et de toute condition que la curiosité de voir l'inondation du Guadalquivir y avait attirées. On montait, on descendait; c'était un va-et-vient continuel, une interminable procession. Je me rappelle qu'à Rome la foule des étrangers inonde aussi les escaliers et la plate-forme de Saint-Pierre; mais tous ne peuvent parvenir jusqu'à la boule, dont l'entrée est si étroite que, voulant y suivre mon compagnon, je ne pus jamais qu'y introduire la tête, l'orifice s'opposant à laisser passer le reste de mon corps.

Du haut de la Giralda on domine toute la cathédrale, et l'on peut se rendre compte de l'étendue de cet immense monument, qui forme un vaste quadrilatère, hérissé de tourelles, de clochetons et de chapiteaux. Mais l'intérieur du colossal édifice est d'un aspect encore plus saisissant et plus majestueux, avec ses cinq nefs d'une élévation si prodigieuse et d'une largeur si grande que chacune d'elles pourrait contenir une cathédrale. « *Notre-Dame de Paris,* dit Théophile Gautier, *se promènerait, la tête haute, dans la nef du milieu, qui est d'une élévation épouvantable.* » Je crois qu'il n'exagère pas beaucoup : car, après Saint-Pierre de Rome, aucune église au monde n'a des proportions aussi vastes et aussi imposantes. Dans ce temple, qui semble construit pour des géants; au pied de ces piliers d'une grosseur énorme et sans pareille, l'homme se trouve si petit, qu'il n'a que faire de redresser sa taille; il comprend toute son infimité devant la majesté de ce redoutable sanctuaire, et, s'il n'y fléchit pas de suite le genou, du moins y prend-il une attitude respectueuse et soumise.

Il me faut renoncer à la pensée même de décrire, l'une après l'autre, les richesses de cette cathédrale; car ce serait vouloir entreprendre une chose impossible. Je dirai seulement que le rétable du maître-autel, de style gothique et tout entier en bois de mélèze, est le plus grand que l'on connaisse et aussi l'œuvre la plus délicate et la plus finement achevée; que les grilles du sanctuaire et du chœur sont en fer doré et d'un beau travail; que les stalles et le lutrin sont des chefs-d'œuvre de boiserie sculptée à jour; que les orgues, dont les buffets sont placés, l'un à droite et l'autre à gauche du chœur, allongent horizontalement leurs gros tuyaux, semblables à des canons de siége; et enfin qu'autour de l'église, il y a trente-sept chapelles, qui toutes renferment de merveilleuses richesses, malheureusement, pour la plupart, trop enfouies dans l'ombre épaisse des bas-côtés. Pourtant nous eûmes le bonheur d'en voir de près quelques-unes. Voici de quelle façon :

Comme tous les tableaux et les autels sont voilés, pendant la Semaine-Sainte, nous avions remis, au mardi de Pâques, la visite détaillée et sérieuse de la cathédrale. Ce jour-là, un personnage de distinction la visitait en même temps que nous, et toutes les portes, toutes les grilles s'ouvraient avec empressement devant lui. Je pensai que nous ferions bien de laisser-là le sacristain, qui nous accompagnait, et de nous adjoindre à la suite de ce personnage, quoiqu'il nous fut complétement inconnu. C'était, du reste, ce qu'il y avait de mieux à faire; car, sans cela, nous n'aurions jamais vu éclairée dans tout son jour la magnifique toile de Murillo, qui se trouve dans la chapelle du *baptistère*, ce *Saint Antoine de Padoue*, le plus beau chef-d'œuvre du peintre de Séville. Pour permettre au noble visiteur de mieux admirer ce tableau, où la magie de la peinture a été poussée si loin, on ouvrit l'une des grandes portes de la cathédrale, ce qui inonda subitement de clarté l'autel et l'image du saint, représenté à genoux, au milieu de sa cellule, et la tête baignée des effluves rayonnantes de l'extase.

Trois chanoines, en habit de chœur, et deux messieurs, en habit de ville, faisaient cortége au personnage en question. C'était un petit homme, maigre, pâle, d'une figure assez laide, à la taille un peu déviée, au front coiffé d'un faux toupet et aux doigts chargés de bagues. Il avait la vue basse et se servait d'un pince-nez ; dans les endroits sombres, un des chanoines approchait un flambeau de la peinture ou de l'objet que l'on voulait voir, et donnait toutes les explications désirables au monsieur inconnu, qui recevait cela avec la même indifférence qu'un général ou un préfet, visitant un musée de province, apporte aux savants dires de son conservateur. Quoiqu'il en soit, nous profitâmes des priviléges qui paraissaient être attachés aux pas de ce personnage, dont nous finîmes par savoir le nom, quelques instants après l'avoir quitté. C'était tout simplement... Devinez-qui? — Le duc de Montpensier? — Non, il est mieux que cela... C'était l'infant don Sébastien, l'oncle de la reine Isabelle et le frère de don Carlos! Cette révélation inattendue m'expliqua de suite la présence des trois chanoines et leur empressement autour du prince.

Je n'eus qu'un regret, celui de n'avoir pas su plutôt le nom de cet infant que nous avions suivi avec si peu de cérémonie. Il est vrai qu'en Espagne les princes ne font guères de façons, surtout à Séville, où ils ne sont pas très-aimés ; je ne sais pourquoi!

De la cathédrale à l'*Alcazar*, il n'y a qu'un pas. Cet Alcazar était la demeure des anciens rois arabes; il a été parfaitement bien restauré, et il offre aujourd'hui des magnificences architecturales qui se rencontrent à peine à l'Alhambra de Grenade; car je doute que la fameuse *cour des Lions* l'emporte, en beauté, sur le splendide *patio de las Doncellas*. Un voyageur, qui arrivait de Grenade, nous engageait beaucoup à ne pas nous faire trop d'illusions sur l'Alhambra, surtout après avoir vu l'Alcazar de Séville; et il avait raison, puisque, après avoir vu les deux, nous avons pu comparer. Tous ces monuments mauresques sont admirablement beaux de formes et de détails; mais la gravure et la photographie leur donnent des proportions imposantes et les font paraître bien plus grands qu'ils ne le sont en réalité; de sorte que, vus de près, au lieu de vous ravir par leur ensemble, ils ne vous font presque aucun effet.

Il y a, à Séville, quelques beaux palais particuliers, tels que la *casa del Pilatos*, qui appartient au duc de Medina-Cœli, et le *palais de San Telmo*, qui est habité par le duc de Montpensier. Ce dernier édifice, situé sur les bords du Guadalquivir, possède de magnifiques jardins, ornés des plantes les plus rares et des arbres les plus beaux de l'Andalousie. Il étend l'une des parties de son parc sur le bord de cette longue avenue, qui ressemble à un de nos anciens boulevards extérieurs, et dont les Sévillans ont fait leur *bois de Boulogne*, car c'est le seul endroit où ils se plaisent à étaler le maigre luxe de leurs chevaux et de leurs équipages. Quant aux piétons, leur promenade favorite est comprise entre le palais de San-Telmo, la porte de Jerez et la Tour de l'Or. C'est très-peu de chose comme jardin, quoiqu'il y ait là des arbres d'essences variées, des platanes, des acacias, des cyprès, des fontaines et même une manière de lac, ou pour mieux dire un *bassin*, avec *une île* au milieu; mais tout cela est chétif, rabougri et mal entretenu. Le monde élégant de Séville appelle ce lieu *Delicias de Cristina*. Serait-ce une ironie?

Près du palais de San-Telmo, qui, disons-le en passant, est le plus fleurdelisé de toute l'Espagne, se trouve la *fabrique de tabac*, où l'on confectionne de très-mauvais cigares avec le tabac des îles Philippines que le gouvernement s'obstine à vouloir écouler quand même. Le personnel de l'établissement s'élève à 4,600 individus, parmi lesquels on compte environ 4,000 femmes; ce qui, je vous assure, cher lecteur, fait un étrange vacarme de langues dans les ateliers où se roulent les cigares et les cigarettes. Nous avons retrouvé un tapage à peu près semblable, en visitant la *Cartuga*, où l'on a établi, depuis le départ des moines, une fabrique de faïence; mais il y a là moins de femmes que d'hommes, par conséquent le babillage y est moins bruyant.

Du faubourg de *Triana*, où se trouve la Cartuga, passons au musée de Séville, qui est aussi triste et aussi désolé que les *Delicias de Cristina*. Ce musée occupe quelques salles de l'ancien couvent de *la Merced*, mais la plus grande partie des tableaux n'est pas mise en place. Il y a là un assez bon nombre de toiles d'Esteban Murillo; elles sont presque toutes accrochées, sans cadres et sans ordre, aux parois sombres et humides d'un salon mal éclairé. Il est vrai que c'est du provisoire, mais en Espagne le provisoire dure malheureusement de longues années. Parmi toutes ces admirables peintures, provenant de la spoliation des couvents, se trouve le *Saint-Thomas de Villeneuve donnant l'aumône aux pauvres*, que Murillo considérait comme son chef-d'œuvre. A l'hospice de *la Caritad*, nous avons admiré deux autres tableaux du même maître: *Moïse frappant le rocher* et *la Multiplication des pains*. La maison où habita, dit-on, l'illustre peintre de Séville, est située dans la calle *de Lope de Rueda* et renferme une précieuse collection que nous avons visitée, et qui appartient au neveu du chanoine don Lopez Cepero, dont les soins intelligents et actifs étaient parvenus à la réunir dans ce local historique.

Notre vie, à Séville, se passait à visiter tout ce qu'il y a de curieux dans la capitale de l'Andalousie; aussi étions-nous toujours en courses, malgré le mauvais temps et nos déceptions. A la date du lundi, 19 mars 1866, mon compagnon écrivait à son père les lignes suivantes que je transcris ici :

« Nous sommes à Séville, depuis six jours. Le temps est « épouvantable, il ne cesse de pleuvoir. Le Guadalquivir « est sorti de son lit et a inondé la partie basse de la ville, « de sorte que nous sommes au milieu des eaux de la pluie « et de celles du fleuve; ce qui, avec les neiges dont les « montagnes environnantes sont encore couvertes, fait de « l'Andalousie, où nous espérions trouver la chaleur, un « pays froid et humide... Nous n'avons rencontré ici au- « cune de ces choses qui font l'admiration de M. Delierre, « à savoir : les castagnettes, les mandolines, les gitanas et « les mulets ornés de grelots et de panaches rouges. Tout « cela n'existe plus que dans l'imagination des peintres « français; mais ce qu'il y a de réel ici, c'est une grande « saleté dans les rues et beaucoup d'insectes dans les ap- « partements. Quant aux musées de Séville, ils ne sont « pas grands; celui de peinture possède une vingtaine de « toiles de Murillo, volées aux couvents supprimés et réu- « nies dans une salle délabrée. Nous espérons que les « fêtes de Pâques, qu'on dit être fort belles à Séville, nous « dédommageront un peu de tant de déceptions... »

Je partageais entièrement l'opinion de Pierre sur l'énorme longueur du chapitre des déceptions en Espagne. Madrid n'a plus de costume national; Tolède est sans *lames*, Cordoue sans *cuirs*, Séville sans *mandoline*, Jerez sans *vin* potable, Grenade sans *gitanas*, l'Andalousie sans *mulets à panache;* enfin l'Espagne est sans *châteaux*, sans *moines*, et même on chercherait bien longtemps avant d'y pouvoir trouver un seul *bâton de cire!*

Après la pluie froide, dont nous nous étions plaints si amèrement, vint tout à coup une chaleur tropicale. Le soleil se mit à briller dans un ciel sans nuages et à darder ses rayons brûlants sur la ville, qui alors devint une véritable étuve. Nous ne savions plus où nous mettre pour trouver un peu d'ombre, quand nous étions dans les rues, dont la boue s'était promptement changée en poussière. Les Sévillans étaient enchantés du retour de la chaleur; le thermomètre marquait une trentaine de degrés, mais cela ne les empêchait pas de garder leur gros manteau de drap. Ils trouvaient ce temps-là très-convenable pour leurs processions de la Semaine-Sainte, qui commencèrent le Dimanche des Rameaux et durèrent jusqu'au Vendredi-Saint.

Nous étions placés à merveille pour voir ces processions, car notre balcon donnait sur la place *San-Francisco*, qu'elles devaient toutes traverser pour se rendre à la cathédrale. Nous en comptâmes *six* dont *trois* eurent lieu le Jeudi-Saint. Elles ne ressemblent en rien à nos processions de France. Le clergé n'y paraît presque pas; ce sont les confréries des divers corps d'états qui en font tous les honneurs et tous les frais. Il y a naturellement, là, des rivalités et des jalousies qui, pour être innocentes dans leur but, n'en sont pas moins vives dans leurs effets. C'est à qui aura le plus de cierges et la madone la mieux habillée; on veut briller et surpasser les autres à tout prix; c'est une sainte émulation! De cette façon, une Notre-Dame-des-Sept-Douleurs est parvenue à avoir un manteau de 80,000 réaux, qui doit figurer à l'exposition de 1867. Du reste, il ne paraît pas, à cette procession, une seule madone, un seul christ, un seul saint qui ne soit vêtu d'une robe et d'un manteau de velours, couverts de broderies d'or, d'un travail très-fin. Malheureusement, le mauvais goût surpasse encore toutes ces richesses; car les statues ainsi habillées, sont des mannequins en bois, généralement mal faits. Chaque procession se compose de trois corps d'états ou confréries, et chaque confrérie a trois énormes brancards sur lesquels on porte les images saintes, dont plusieurs forment des groupes, représentant des scènes de la Passion de Notre-Seigneur.

Tout cela est entouré de milliers de bougies et produit, le soir, un très-bel effet. Quant aux confrères, vêtus de robes de différentes couleurs et coiffés d'un affreux bonnet pointu, semblable à celui des astrologues du moyen-âge, ils sont beaucoup plus laids que les *pénitents d'Italie*, ce qui n'est pas peu dire ; car ceux-ci épouvantent avec leur capuchon rabattu sur la figure et percé de deux trous, à l'endroit des yeux ; tandis que ceux-là font rire avec leur chapeau absurde et qui sent le carnaval le plus grotesque ; or, dans une cérémonie religieuse, je trouve que le ridicule tue le respect, tandis que l'épouvante ne lui touche pas le moins du monde.

Les Sévillans sont très-avides de ces processions, qui semblent les amuser beaucoup, car ils y assistent comme à un spectacle profane, causant, riant, fumant la cigarette, et se contentant seulement de se découvrir au passage d'une image sainte. Les belles Andalouses surtout viennent étaler, là, les charmes de leur ravissante mantille qu'elles savent si bien arranger sur leurs cheveux. Elles sont assises alors sur des chaises, tandis qu'à l'église il leur faut s'accroupir sur leurs talons ; mais l'éventail, ici comme là, ne cesse de manœuvrer entre leurs doigts avec une agilité surprenante, qui n'est surpassée que par celle avec laquelle elles se font une multitude de petits signes de croix sur le front, les yeux, le nez, la bouche et le cœur, exercice de piété qu'elles terminent en baisant le pouce qui a si rapidement travaillé.

Deux choses m'ont ému profondément dans les cérémonies de la Semaine-Sainte, passée à Séville. La première, c'est la procession nocturne du Jeudi-Saint, qui, débouchant de la calle de *las Sierpès*, passa sous notre balcon, vers l'heure de minuit. La place de *la Constitucion* était presque déserte ; deux longues files de flambeaux s'avançaient lentement dans les ténèbres, et une quantité d'autres lumières vacillaient comme des étoiles, autour de la *Vierge très-douloureuse*, portée sur un brancard, surmonté d'un dais magnifique ; derrière, on entendait une musique douce et plaintive, qui convenait parfaitement à la cérémonie et vous attristait malgré vous; tout cela était vraiment beau et empreint d'un grand cachet religieux! La seconde chose dont je veux parler, c'est le chant du *Gloria in excelsis*, à la messe du Samedi-Saint. Au moment où le prêtre entonna l'hymne des Anges, les orgues firent retentir les mille trompettes éclatantes et les sons les plus puissants de leurs innombrables tuyaux; une salve d'artillerie ébranla les voûtes de la vieille cathédrale, et toutes les cloches de l'église unirent leurs voix sonores et argentines aux grandes voix d'airain de tous les bourdons de la Giralda. Rien n'est beau comme ce trio majestueux et solennel de l'orgue, des cloches et du canon, chantant à la fois le cantique d'action de grâces! — Je ne parle point des offices de la Semaine-Sainte ni de ceux du jour de Pâques; car ils sont à peu près les mêmes dans toutes les cathédrales du monde; seulement, je dirai que Séville a son *Miserere* en grand orchestre, à la suite du chant des *Ténèbres*, et que, ces soirs-là, la célèbre calle de *las Sierpès* est abandonnée pour la cathédrale, où tout le monde élégant se rend en foule.

Qu'est-ce donc que cette calle de *las Sierpès?* Oh! bien peu de chose! Figurez-vous une rue plus étroite que la rue du *Four-Saint-Germain*, puisque les voitures n'y passent pas; une rue pavée en pierres de taille et bordée de riches magasins, éclairés au gaz; une rue tellement remplie de promeneurs, le soir, qu'on a beaucoup de peine à s'y frayer un passage; une rue où toutes les classes de la société se coudoient et se confondent; où le pauvre marche impunément sur le pied du riche, et où le riche heurte involontairement le bras du pauvre; une rue pleine de poussière et de fumée de tabac; une rue où les femmes les plus distinguées viennent faire déchirer les bords de leurs robes traînantes et où leurs enfants, parfois, courent risque d'être étouffés par la foule; enfin une rue à la mode, où tous les aveugles, qui vendent des journaux et des billets de loterie, viennent crier à tue-tête leurs marchandises, en compagnie de beaucoup d'autres petits industriels qui vous offrent l'*agua* et le *fuego;* figurez-vous tout cela, et vous aurez une idée assez exacte de la fameuse calle de *los Sierpès*, où l'impitoyable coutume veut que l'on se promène jusqu'à la veille de la *Fête-Dieu!* A cette époque seulement, toute la fashion, j'aurais dû dire toute la population, se permet d'aller prendre le frais sous les beaux orangers de la *Place-Neuve*, et d'y rester une partie de la nuit.

Comment quitter Séville, sans parler des combats de taureaux? Il est vrai que c'est un sujet qui a déjà été traité tant de fois, que l'on n'ose pas trop l'aborder. Pourtant, je raconterai en peu de mots ce que j'ai vu.

La *plaza de Toros* de Séville est un vaste amphithéâtre qui m'a rappelé celui de Vérone, pour la forme et la grandeur; on y voit les taureaux les plus sauvages et les toréadors les plus célèbres. Les premiers sont amenés-là, du fond de leurs savanes, par des bœufs dressés à cela et qui portent une clochette au cou; ils arrivent pendant la nuit qui précède le combat. Les seconds viennent de Madrid ou d'ailleurs, lorsqu'ils ne sont pas de Séville; nous avions, ce jour-là, l'illustre *Cucharès* et son fils, avec quantité d'autres dont j'ai oublié les noms. Quand l'heure du spectacle fut arrivée, les toréadors firent leur entrée solennelle dans l'arène; on leur jeta la clef du *toril*, et le premier taureau fut lâché. La surprise qu'éprouve cet animal, en se voyant entouré de la foule immense, qui garnit tous les gradins du vaste amphithéâtre et dont les cris l'étonnent autant que la vue, fait bientôt place à la fureur, surtout quand il voit le *picador* s'avancer vers lui et qu'il sent le fer de sa lance lui déchirer la peau. Alors il donne de violents coups de cornes au pauvre cheval *borgne* qui porte son ennemi. L'homme tombe et le cheval est éventré; le sang coule, les entrailles sortent toutes fumantes du corps de la bête, qui a encore la force de se tenir debout et sur le dos de laquelle on aide bientôt le picador à remonter; car il faut que ce malheureux cheval, auquel on a bandé un œil, *combatte* jusqu'à la mort. Il est là pour amuser le peuple et il lui doit jusqu'à la dernière goutte de son sang! Pendant ce temps-là, les *chulos* amusent le taureau et détournent son attention, en lui présentant des étoffes rouges et de diverses couleurs, dans les plis flottants desquels il essaie vainement d'enfoncer ses cornes. Mais voici un autre picador. Même histoire que pour le premier, avec cette différence pourtant que le cheval ne se relève pas. Un autre vient prendre sa place, et la boucherie continue sur le même pied. Il y a parfois des incidents. Le taureau saute par-dessus la barrière et vient déranger les *affectionados*, qui sont à la *tauromachie* ce que les *turfistes* sont au *sport*. Nous en avons vu un qui a sauté avec une lance de picador, à moitié enfoncée dans la peau du dos et qu'on a eu beaucoup de peine à lui retirer. Lorsqu'on juge qu'il y a assez de chevaux tués, on sonne la retraite des picadors; et les *banderillos* arrivent, avec leurs flèches acérées et ornées de banderolles de couleur, qu'ils enfoncent très-adroitement et avec beaucoup de grâce dans le cou du taureau. Celui-ci ne paraît pas très-heureux ni très-satisfait de recevoir une pareille décoration; car il secoue très-violemment la tête, il mugit, il creuse le sable avec ses pieds et flaire le sol avec une inquiétude mêlée de fureur. Après les banderillos vient enfin *la spada*. L'homme qui doit tuer, est, comme tous les acteurs de ce grand spectacle, vêtu du brillant costume andaloux, que portent seuls, aujourd'hui, les toréadors. Il cache sa vaillante épée dans les plis d'un voile de pourpre avec lequel il excite le taureau, jusqu'à ce qu'il lui ait fait prendre la pause convenable au coup qu'il médite. Tous les yeux de la multitude sont tournés vers lui; on suit chacun de ses mouvements; on attend avec une impatience fébrile le dénouement de cet étrange combat. Voilà que le toréador a levé le bras, le fer a brillé au-dessus de la tête du taureau et l'épée s'est enfoncée dans le cou de l'animal, qui tombe pour ne plus se relever, *procumbit humi bos!* La victime est sacrifiée, et la foule acclame le vainqueur. Alors des mules, avec un harnais andaloux, accourent dans l'arène et entraînent au plus vite hors de l'amphithéâtre les cadavres de ce taureau et de ces chevaux, qui y étaient entrés plein de vie, une demi-heure auparavant!

Nous avons vu se répéter, six fois de suite, le même genre de combat, avec quelque variété dans les incidents, et nous avons compté *dix-huit* chevaux éventrés! Ce que je viens de dire est une faible esquisse de cette tauromachie espagnole, pour laquelle tant de monde se passionne, et qui, au résumé, n'est qu'une *grande scène d'abattoir!*

Maintenant que nous avons vu, tout à notre aise, un des plus beaux combats de taureaux qui se puissent voir en Espagne, disons adieu à Séville, et prenons la route de *Jerez-de-la-Fontera*, où nous ne resterons qu'un jour, le temps seulement de saluer M. Domecq et de jeter un coup d'œil sur la ville.

Jerez est une jolie ville de 35,000 habitants; les maisons, généralement bien bâties, y sont surtout remarquables par une excessive propreté et le bon goût de leur installation; mais le pavé de ses rues est on ne peut plus détestable, il rappelle celui de Bailen.

J'avais une lettre de recommandation pour M. Pierre Domecq, qui nous reçut avec beaucoup d'affabilité et se fit un plaisir de nous montrer les immenses caves où il conserve, pour les exigences du commerce, environ 15,000 pipes de vin de toute qualité; il en est dont le contenu a plus de cent années de date. Ces caves sont de vastes celliers qui ressemblent à des magasins d'entrepôt et qui affectent des formes si grandioses qu'on pourrait dire aux habitants de Jerez : *Vous avez des caves qui ressemblent à des églises et des églises qui ressemblent à des caves!* En effet, les églises de Jerez ne sont pas très-belles, quoique la collégiale mérite d'être visitée, tant à cause de sa position qu'à cause de son architecture. C'est à Jerez que, pour la première fois, nous avons vu une promenade plantée de palmiers.

En quittant Séville, j'étais assez souffrant, de sorte que le voyage et les courses à travers la ville si mal pavée de Jerez me fatiguèrent tellement que je fus obligé, en rentrant à l'hôtel, de me mettre au lit et d'appeler un médecin ; car je crus à une attaque de choléra. Pourtant il n'en fut rien, et tout cela disparut, sans même que je me fusse donné la peine de boire la potion ordonnée par mon docteur *Sangrado*, qui me fit l'effet de n'être pas plus savant en latin qu'en médecine. J'oubliais de dire que, ne sachant pas assez l'espagnol, nous avions écorché ensemble la langue de Cicéron.

Le lendemain, nous étions à Cadix. Cette ville est charmante et très-bien bâtie; assise à l'extrémité d'une presqu'île, l'Océan la baigne, pour ainsi dire, de tous les côtés, et l'on y respire un air d'autant plus frais et plus pur que les brises de mer n'y sont jamais empestées par le fumier des rues qui sont, ici, d'une propreté remarquable. Néanmoins on y rencontre peut-être encore plus d'aveugles que dans tout le reste de l'Espagne; ils marchent, ici, par troupes, et se livrent, pour la plupart, au métier de crieur de journaux ou à celui de marchand d'allumettes. A quoi peut donc tenir cette désolante cécité, qui se retrouve si fréquemment dans toute la péninsule hispanique? Je l'attribue d'abord à l'éclatante blancheur des maisons, qui sont presque toutes passées au lait de chaux et qui éblouissent les yeux, quand le soleil vient frapper dessus; ensuite, je crois que la sérénité de ces belles nuits d'Espagne que l'on passe, en grande partie, dehors, entre pour beaucoup dans la cause de ces nombreuses et tristes cécités; car la fraîcheur du soir, en tombant trop longtemps sur les yeux, finit par engourdir et paralyser le nerf optique, paralysie qui n'est autre chose que la fatale et terrible *goutte sereine* dont personne n'a jamais pu guérir, et qui, tout en vous laissant l'œil vif et clair, vous prive entièrement de la vue!

Il y a, ici, de jolis squares et de belles terrasses, plantées d'arbres, où les *gaditans* peuvent se promener à l'ombre, tout en jouissant du magnifique spectacle de la mer. Cadix est une ville où je me plairais beaucoup si je devais y habiter; il est malheureusement à regretter que des chemins de fer ou des routes carrossables ne la relient pas à Gibraltar, à Malaga et autres villes du midi de l'Espagne. Cette absence de voies de terre en fait une sorte d'impasse, d'où l'on ne peut sortir sans prendre la mer ou sans retourner sur ses pas jusqu'à Cordoue; ce que nous fûmes obligés de faire pour atteindre la bifurcation de Malaga.

En visitant la cathédrale de Cadix, qui rappelle assez notre *Saint-Sulpice* de Paris, je rencontrai M. et Mme Corbet qui voulurent nous entraîner avec eux jusqu'à Gibraltar. Le moyen de transport devait être, pour chacun de nous, le dos d'un cheval; mais j'étais trop mauvais cavalier pour accepter une semblable proposition. D'un autre côté, la mer était trop agitée pour nous tenter sérieusement. Nous renonçâmes donc à Gibraltar; et, reprenant tout simplement le chemin de fer jusqu'à Cordoue, nous nous dirigeâmes, de là, sur Malaga, où nous descendîmes à l'*hôtel d'Oriente* sur l'Alameda.

Avant-hier nous étions sur les bords de l'Océan, et aujourd'hui nous voilà sur les rivages de la Méditerranée. Quelle énorme distance franchie en si peu de temps, malgré l'angle aigu qu'il nous a fallu décrire sur la carte, avant d'arriver à Malaga !

CHAPITRE XVI

SOMMAIRE : Malaga. — La diligence de Malaga à Grenade. — L'Alhambra. — La cathédrale de Grenade. — San-Cristobal. — Jaën. — Le pays de Don Quichotte. — Valence et ses orangers. — Les *torillos*. — La Miguelete. — Le Grao. — Tarragone. — Barcelone. — La cathédrale. — La Rambla. — Le port. — Le mont Joui. — Gerone.

Chef-lieu d'une province civile, d'un commandement maritime, et siége d'un évêché, Malaga est une ville importante. Son noyau forme à peu près une figure elliptique et renferme environ 7,000 maisons commodes et assez bien bâties, où loge une population généralement aisée, active et commerçante, dont le chiffre s'élève à 80,000 habitants. Les rues sont, pour la plupart, tortueuses et étroites, selon le système des Arabes; quelques-unes néanmoins répondent, par leur largeur et par leur alignement, au goût et au progrès modernes. La propreté des rues et des maisons est moins grande, ici, qu'à Séville et à Cadix. D'ailleurs, le balai est une chose si rare en Espagne, qu'il n'est pas surprenant de ne le point rencontrer à Malaga! Il y a pourtant certains quartiers de la ville qui en auraient grand besoin! Mais on est amplement dédommagé de cette saleté nationale par la beauté du climat, et le délicieux parfum des orangers en fleurs parvient aisément à vous faire oublier les âcres odeurs du poisson salé et de l'huile chaude. Comme cette ville est bien assise là, au fond de sa baie semi-circulaire, la tête appuyée sur les rochers du Gibralfaro et les deux pieds dans l'écume blanche des flots! Quelle richesse de paysage et de végétation autour d'elle! Quand l'air est pur et le ciel transparent, elle peut apercevoir les côtes d'Afrique, à l'horizon lointain. Le palmiste croît sur ses montagnes et le palmier balance ses grands éventails de verdure au milieu de ses plaines. La fertilité de son territoire est telle, qu'on y cultive la canne à sucre, le coton, l'indigo, le cacao, le tabac, la banane, le cèdre et la plupart des arbres et des plantes de l'Amérique et de l'Orient! Elle a un vin, justement célèbre, qui ne le cède en rien aux vins doux les plus fameux; enfin, elle exporte une partie considérable de ses raisins et de ses figues, après les avoir fait sécher au soleil. Voilà, certes, une fortune territoriale bien établie; ce qui, joint à d'autres avantages physiques, fait de Malaga une des villes les plus importantes de l'Espagne! Malgré tout cela; malgré sa belle cathédrale, qui appartient au style de la Renaissance; malgré sa superbe promenade, plantée de deux rangées d'arbres et ornée de statues, de bancs de marbre et de candélabres à gaz; enfin, malgré ses squarés, ses fontaines et ses quais, il manque encore quelque chose à Malaga, pour marcher de pair avec les autres villes! Que lui manque-t-il donc?... *Des boîtes aux lettres!* Pourtant, il y en a quelques-unes, placées chez les marchands de tabac; mais elles ont une forme si étrange, qu'il est impossible à un étranger de les reconnaître pour ce qu'elles sont, et, par le fait même, elles lui deviennent inutiles. Ayant une lettre à mettre à la poste, je cherchais partout un *buzon*, semblable à ceux de Séville, et je n'en trouvais point, quoique j'eusse fouillé, du regard, tous les coins et recoins d'un *estanco nazionale*, qu'on m'avait indiqué comme ayant l'avantage de posséder une boîte aux lettres. J'entre enfin dans la boutique, ma lettre à la main, et je demande où est le buzon. — Là, monsieur! me répond la marchande, en me montrant du doigt une vieille bonne femme, assise sur un bahut. Je regarde la vieille, tout étonné et ne comprenant absolument rien à ce nouveau genre de plaisanterie; mais celle-ci se lève lentement et me laisse voir une ouverture pratiquée dans le couvercle du bahut : c'était l'orifice postal, la bouche officielle, destinée à avaler les lettres que les citoyens voudraient lui confier; en un mot, ce n'était pas la *boîte*, mais bien le *coffre* aux lettres! N'y a-t-il pas vraiment, là, une amélioration à faire, un peu plus de décence à apporter dans le mobilier administratif des postes de Malaga?

Après être restés deux jours à l'*hôtel d'Orient*, où le vin qu'on nous donna aux repas était beaucoup plus potable que la piquette amère et boucanée qu'on nous avait servie à la fonda de Jerez, nous prîmes la diligence qui devait, en treize heures, nous transporter à Grenade. Cette diligence était un affreux et sale véhicule, une vieille guimbarde dont les coussins, d'une dureté sans égale, semblaient avoir été rembourrés avec des noyaux de pêche, et qui était tellement disloquée, qu'à peine parvenue au sommet de la côte où se trouve *la fuente de la Reina*, il lui fallut s'arrêter tout court, malgré les neuf ou dix mulets qui la traînaient. Une roue avait quitté son essieu, et, un peu plus, nous versions sur les bords d'un précipice; peut-être même eussions-nous roulés dedans si les cris de mon compagnon, qui s'était aperçu du danger, n'eussent averti le postillon à temps. Nous descendîmes tous de voiture, et nous restâmes plus d'une heure sur la route à attendre que notre conducteur et ses gens eussent remis en place la roue qui s'était échappée. Cet accident de voyage leur paraissait si naturel, si ordinaire, qu'ils ne s'en émurent pas le moins du monde. Ils commencèrent par allumer leur cigarette, puis ils dételèrent les mulets, soulevèrent la diligence avec un cric, et se mirent lentement à l'œuvre réparatrice. Pendant ce temps-là, nous déjeûnâmes, assis sur l'herbe poudreuse du chemin; car, étant partis, à cinq heures du matin, et prévoyant la longueur du voyage, nous avions eu, contre notre coutume, le bon esprit d'emporter avec nous des provisions de bouche. Des hauteurs où nous étions, l'on découvrait parfaitement bien la ville de Malaga, avec sa cathédrale dont la tour élancée ressemblait à un mât de vaisseau; nous apercevions le port, la jetée et la courbe charmante du rivage sur lequel venaient moutonner les flots. La Méditerranée brillait, comme un immense miroir qui réfléchit les rayons du soleil; c'était un spectacle éblouissant de lumière et d'azur. Vues de ce point culminant, les montagnes, en s'abaissant vers la mer, prenaient la forme de mamelons à côtes, sur chaque sommet desquels on distinguait la cabane du vigneron, chargé de la culture des vignes, dont tous ces mamelons sont tapissés. Nous eûmes le loisir de contempler tout cela, bien à notre aise, durant la réparation du malheur arrivé à notre diligence; et, quand notre roue eût été remise, tant bien que mal, nous remontâmes dans le pauvre véhicule qui reprit, clopin-clopant, sa route vers Grenade. Le pays que nous traversions était une suite interminable de gorges, de montagnes, dont nous contournions sans cesse les flancs rocheux; ayant, d'un côté, des blocs de granit suspendus au-dessus de nos têtes, et, de l'autre, des abîmes béants sous nos pieds. Le mauvais état de notre voiture, bourrée de voyageurs et surchargée de bagages, ne laissait pas que d'augmenter la frayeur dont me glaçait l'idée seule d'un nouvel accident, arrivant tout-à-coup sur le bord de ces précipices sans fin. Je trouvais cette route pittoresque, mais très-dangereuse, surtout avec une diligence aussi détraquée que la nôtre. Le fait est que mes craintes n'étaient pas mal fondées, puisque à l'entrée d'une petite ville, nommée *Loja*, notre roue quitta de nouveau son essieu. Le frottement avait tellement échauffé les étoupes mouillées qui avaient servi à maintenir cette roue en place, que le feu s'était mis au chanvre et l'avait entièrement consumé, de sorte que la roue, n'ayant plus rien pour la retenir, s'était déplacée. Il nous fallut rester là, au milieu de la rue, un temps considérable, jusqu'à ce que les charrons eussent remis notre malheureuse voiture en état de marcher. Au-delà de *Santa-Fe*, nous trouvâmes rompu le pont qui traverse le *Genil*. Il faisait nuit, et nous n'avions d'autre lumière que celle de la lanterne, accrochée à l'impériale de notre diligence. On nous fit mettre pied à terre. Les mulets s'engagèrent dans un gué, connu du postillon; et nous, marchant au hasard, pour ne pas dire à tâtons, nous passâmes sur quelques planches mal jointes, cet impétueux torrent qui mugissait et écumait, à faire peur, sur son lit de cailloux! Il y eut un voyageur qui tomba dans l'eau et faillit se noyer. Bref, tous ces accidents de voyage allongèrent de sept heures environ notre supplice de guimbarde, et nous n'arrivâmes à Grenade qu'après minuit. La ville était noire, déserte, silencieuse, endormie; quelques becs de gaz, allumés par-ci par-là, en dissipaient un peu les ombres et laissaient entrevoir les grandes masses brunes des édifices devant lesquels nous passions. Quoi! nous étions à Grenade! Nous avions enfin atteint cette ville fameuse, après laquelle nous courions depuis si longtemps! Il n'en fallait pas davantage pour me rendre aussi heureux qu'un des enfants d'Israël après le passage de la mer Rouge!

L'heure avancée de la nuit nous força, en descendant de la diligence, d'aller coucher au premier hôtel venu. On nous conduisit à celui de l'Alameda, qui était le plus voisin; mais nous trouvâmes-là de si vilaines figures que, le lendemain, nous fîmes porter nos bagages à dos d'âne jusqu'à l'hôtel de Ortiz, situé au fond des jardins de l'Alhambra. C'était un peu éloigné du centre de la ville, mais quelle agréable position! Quelle belle et fraîche futaie il nous fallait traverser, pour rentrer à notre hôtel ou pour en sortir! Quel air pur nous respirions-là! Et puis, nous étions sous les murs mêmes de cet illustre Alhambra, de ce merveilleux palais arabe qui fait la gloire de Grenade et qu'on vient visiter de tous les coins de l'univers! C'était beaucoup plus qu'il n'en fallait pour nous faire apprécier l'heureux choix de notre hôtel et nous le montrer sous les couleurs les plus séduisantes. D'ailleurs, il était déjà rempli d'Américains, d'Anglais, d'Allemands et de Français; et peu s'en était fallu que nous ne pussions y trouver de place.

Comment parler de l'Alhambra, après tout ce que Chateaubriand et tant d'autres écrivains en ont dit? Tout le monde, en effet, connaît la *cour des Myrtes*, avec son long réservoir, pavé en marbre; la *cour des Lions*, avec ses galeries et ses portiques, dont les innombrables colonnes de marbre blanc supportent des arcs d'une élégance extrême et d'une coupe toute particulière; la salle des *Deux-Sœurs*, dont la voûte, arrondie comme une moitié d'orange, est un miracle de travail et de patience; la salle des *Abencérages*, avec son bassin de marbre où tombèrent les têtes des trente-six Abencérages, attirés dans un piége par les Zegries; la salle *du Tribunal*, avec ses peintures arabes, les seules qui soient parvenues jusqu'à nous; enfin la salle *des Ambassadeurs*, qui est la plus belle de tout l'Alhambra! Je me permettrai seulement de dire que j'ai trouvé ce palais au-dessous de sa réputation; il n'y a pas là de proportions grandioses et encore moins gigantesques; c'est petit, peu élevé et écrasé par d'affreux toits en tuiles, que l'on a déjà commencé à remplacer par des briques vernissées qui, pour être plus propres que les tuiles, n'en sont pas, pour cela, plus élégantes. Et puis, ce qui contribue encore à diminuer le charme de l'Alhambra, c'est que, à l'exception des colonnes de marbre qui forment les galeries, tout le reste du palais est en stuc; par conséquent, toutes ces délicates et gracieuses sculptures que l'on admire tant, ne sont, à proprement parler, que des moulages, et perdent ainsi le grand mérite d'avoir été fouillées dans la pierre, comme les sculptures gothiques de nos cathédrales. Néanmoins, quand tout cela était doré et revêtu de couleurs éclatantes, pareilles à celles que l'on voit aujourd'hui dans les salles des *Bains royaux*, l'effet devait en être féerique. J'ai visité, plusieurs fois, l'Alhambra et je l'ai trouvé infiniment beau de détails; mais son ensemble m'a paru mesquin, il ne m'en a pas imposé le moins du monde, car il tient plus du joyau précieux, du pavillon oriental, que du palais d'un grand roi. Il est vrai que nous ne le voyons pas, comme il était autrefois, avec ses galeries aériennes et tous les autres bâtiments qui en dépendaient et que Charles-Quint fit détruire, pour élever à leur place son Alcazar, autre genre de ruines d'une grandeur et d'une magnificence étonnantes; mais on ne peut juger que ce que l'on voit; et l'Alhambra, tel qu'il est aujourd'hui, n'a pas produit sur moi l'effet auquel je m'étais attendu! Néanmoins, son enceinte muraillée, ses tours, ses portes, ses jardins, sa position élevée, dominant presque toute la ville, tout cela a un grand air de féodalité, qui rappelle le moyen-âge et fait très-bien dans le tableau de Grenade!

De l'Alhambra, je suis descendu dans la ville, qui est une des plus curieuses de toute l'Espagne, autant par les souvenirs historiques qui s'y rattachent que par la bizarre architecture de ses nombreux édifices publics. Les rues en sont étroites et tortueuses, comme dans toutes les villes d'origine mauresque; la plupart néanmoins sont accessibles aux voitures. Il y a d'assez belles places et de superbes promenades, plantées d'arbres, surtout celle qu'on appelle *le Salon* et qui se trouve sur les bords du Genil. Je voulais voir la cathédrale, vaste monument du XVIe siècle, d'une architecture capricieuse et bâtarde, qui n'offre rien de bien rèmarquable, si ce n'est la coupole du sanctuaire, œuvre des plus somptueuses en ce genre. Mais il y a là, tout à côté et annexée à la cathédrale elle-même, une construction grandiose et d'un très-beau style, c'est la *chapelle royale,* où l'on conserve les dépouilles mortelles de Ferdinand et d'Isabelle-la-Catholique.

L'intérieur de cette chapelle est riche, mais honteusement blanchi à la chaux. Une grille d'une grande beauté ferme le chœur, au milieu duquel se trouvent les deux superbes mausolées élevés par Charles-Quint à la gloire de ses aïeux. L'un, en marbre de Carrare, renferme les restes de Ferdinand et d'Isabelle; l'autre, en marbre de Macael, contient ceux de Jeanne-la-Folle et de Philippe Ier, son mari. Les statues royales, couchées sur leur sarcophage réciproque, sont d'une admirable exécution. Nous étions occupés à examiner tous les riches détails de ce magnfique tombeau, quand un des gardiens vint nous prévenir de nous hâter si nous voulions voir les reliques du *Trésor*, avant qu'il fût refermé; car on l'avait ouvert pour en montrer le contenu à une compagnie d'étrangers de distinction, et il ne tenait qu'à nous de profiter de cette heureuse circonstance. L'homme, qui nous donnait cet avis obligeant, tenait à la main une épée nue qu'il remit entre les miennes, en me disant :

— Tenez, monsieur, voici l'épée d'Isabelle-la-Catholique; c'est la même qu'elle portait au siége de Grenade. La lame est de Tolède et la poignée d'or massif.

Je soupesai avec respect cette noble et royale épée, et je la passai à mon compagnon. Elle avait déjà été entre les mains de tous les visiteurs, hommes et femmes, qui l'avaient admirée, chacun à sa manière, les uns louant son acier et les autres son or ciselé. Après l'épée, on fit circuler la couronne de vermeil que portait à la guerre la vaillante épouse de Ferdinand. Un des guides la posa fort galamment sur la tête d'une petite dame américaine qui était là, et qui n'était autre que la femme de l'honorable M. Filmore, ex-président de la République des Etats-Unis. Cette dame, dont le mari avait gouverné un pays vingt fois plus grand que l'Espagne, était enchantée d'essayer le diadème d'Isabelle-*la-Catholique* et de voir qu'il pouvait ceindre une tête *protestante*. Elle voulut ensuite le placer sur le front de M. Filmore, mais celui-ci eut assez de délicatesse naturelle, de tact et de sentiment des convenances, pour ne pas jouer ainsi avec la couronne d'une reine, en face même de son tombeau ! Sur le refus de l'ex-président, un affreux mulâtre, qui lui servait de domestique, s'empara du diadème d'Isabelle et le mit sans scrupule sur ses cheveux crépus ; ce qui lui donna l'air grotesque d'un singe couronné. J'étais indigné d'une semblable profanation et j'aurais volontiers fustigé ce maraud cuivré, si nous eussions été ailleurs que dans une église ! A la couronne succéda le sceptre. Malheureusement, cet emblème du pouvoir royal était *dévissé* et en plusieurs morceaux ! Le gardien en chef, vieil homme sourd, qui tripotait, avec un sans-gêne incroyable, tous ces glorieux débris d'un sceptre, jadis si redoutable, ne put jamais venir à bout d'en réunir les différentes parties ; car tout cela était usé et disloqué, à force d'avoir été manié par les visiteurs. Il fallut donc renoncer à ce sceptre brisé et se rejeter sur le manteau royal qui, livré aux mains des assistants, fut tourné et retourné de tous les bouts et dans tous les sens. Je vis le moment où l'abominable mulâtre allait s'en affubler, si le missel de la reine et d'autres bijoux précieux n'étaient venus détourner son attention. Le vieux sourd tirait toutes ces richesses de deux grands coffres de fer, placés au fond d'un caveau que l'on avait creusé dans l'épaisseur d'un pilier et qui se fermait par une porte chargée de serrures, de verroux et de cadenas. Il avait l'air d'un Juif brocanteur qui exhume des richesses artistiques dont il est fier, mais qu'il ne peut pas vendre parce qu'elles ne lui appartiennent pas, motif plus que suffisant pour le rendre peu soigneux. Lorsque, à l'aide de son fils, il eut tout remis en place et refermé son trésor, il nous fit descendre, par un escalier de quelques marches, dans un autre petit caveau, pratiqué au-dessous des deux mausolées et renfermant plusieurs cercueils de plomb, consolidés par des bandes de fer et distingués seulement par des initiales couronnées. C'était là tout ce qui restait de ces rois catholiques qui avaient affranchi l'Espagne du joug musulman... Quelques poignées de poussière dans quelques coffres de plomb!!!!....

Dans le voisinage de la cathédrale se trouve l'archevêché; c'est un palais dont l'extérieur n'a rien de bien remarquable et auquel je n'aurais pas prêté la moindre attention, si je ne m'étais pas souvenu de ce bon archevêque de Grenade dont Gil Blas corrigeait les savantes homélies, et qui récompensa si mal la franchise par trop naïve de son secrétaire.

Quant aux rues de Grenade, dont M. Théophile Gautier, d'après Victor Hugo, fait une description si séduisante, je les ai trouvées assez laides et peu différentes des rues de Malaga, quoiqu'elles soient beaucoup plus montueuses. Le *Zacatin*, qui conduit de la *Bibarrambla* à la *plaza Nueva*, est assurément la rue la plus vieille et la plus caractéristique de Grenade, c'est d'ailleurs la plus populeuse et la plus commerçante ; eh bien! le Zacatin n'a rien de fort extraordinaire, si ce n'est la saleté. Mais, ni là, ni nulle part, je n'ai vu toutes ces belles choses dont parle l'auteur du

Voyage en Espagne : point de maisons peintes des plus riches couleurs; très-peu de balcons, ornés de stores, de pots de fleurs et d'arbustes, mais bien de larges nattes de sparterie, accrochées aux fenêtres, en guise de tente; point d'ânes, qui vont et viennent, chargés de plumets et de houppes de laine; point de voitures *plus belles qu'à Madrid;* point de guitare, bourdonnant au fond des cours intérieures; enfin point de gaîté plus vive ni plus bruyante qu'à Séville et dans tout le reste de l'Andalousie. Le vêtement des *gitanas* n'est qu'une robe fripée, qui vient sans doute du Temple, car elle a une coupe tout-à-fait parisienne; leurs chants ne sont que des brâillements monotones, accompagnés du bruit cadencé des castagnettes ou du tambour de basque; et leur danse est un sautillement continuel, qui n'a rien de plus merveilleux que la *Bourrée* d'Auvergne. Probablement qu'il n'en était pas de même, il y a trente ans; mais, depuis ce temps-là, tout a bien changé, dans un pays comme l'Espagne, où il y a des révolutions, tous les quinze jours!

Il y a cependant deux choses que Grenade gardera toujours, c'est son admirable position sur trois collines; c'est la poésie de son glorieux passé!

Montons à *San-Cristobal*, une vieille église, située au sommet de l'*Albaycin;* l'accès en est très-pénible, mais nous en serons dédommagés par une vue magnifique. D'abord je ferai observer que les Espagnols ont une grande dévotion pour *san Cristobal,* ou saint Christophe, puisque l'image colossale de ce bienheureux se retrouve peinte à fresque dans toutes les cathédrales de la Péninsule hispanique, et qu'on lui a dédié de nombreuses églises dans tout le reste du royaume. Ce saint a-t-il été un géant, ou bien a-t-on fait de sa haute taille un emblême de la force morale que tout chrétien doit avoir pour porter Dieu dans son cœur? Je n'en sais rien; je me contente de constater un fait, et voilà tout! Revenons à notre église de San-Cristobal et arrêtons-nous, un instant, sur la plate-forme qui l'environne. Quel beau panorama! Devant nous, les versants septentrionaux de la Sierra-Nevada; la colline d'où Boabdil, vaincu et fugitif, jeta un dernier regard sur sa chère Grenade, et qu'on appelle pour cela : *Le dernier soupir du Maure.* Vue de cet endroit, avec ses édifices et ses maisons échelonnés et groupés sur les pentes des trois collines, qui se développent en amphithéâtre, elle ressemble à une grenade dont les quartiers sont ouverts. C'est là l'origine de son nom et de ses armes. Au bout de la plaine de *la Vega*, nous apercevons les *tours vermeilles*, qui sont presque rouges et que l'on prétend être d'origine romaine; puis, à notre gauche, se dresse l'Alhambra, avec ses tours carrées, reliées entre elles par de hautes murailles et d'immenses substructions; un peu plus loin, l'on voit le *Généralife*, qui était la maison de plaisance des rois maures, et dont le seul mérite, aujourd'hui, consiste dans la beauté de ses jardins et l'abondance de ses eaux. Sous nos pieds, tout autour de nous, est l'Albaycin, qui est séparé des deux autres monticules par un ravin énorme, au fond duquel roule le *Darro*. Ce torrent, que l'on dit charrier *de l'or*, va se jeter dans le Genil, qui charrie *de l'argent*; et la réunion de ces deux *riches* cours d'eau se fait à peu de distance de la promenade qu'on appelle *le Salon*. Si vous reportez vos regards vers la droite, vous apercevez la *plaza del Triumfo* et celle *des Toros*; puis au-dessus des maisons, les tours, les clochers, les coupoles des églises et des couvents; tout cela se découpe admirablement bien sur le bleu du ciel et offre un coup d'œil des plus ravissants.

Grenade est la patrie de saint Jean-de-Dieu, un des grands bienfaiteurs de l'humanité souffrante et le premier fondateur des hôpitaux! Notre saint Vincent-de-Paul n'a fait que marcher sur ses traces, ce qui n'est pas peu dire à la louange de l'humble et héroïque Grenadin. Ce saint repose dans l'église de l'Hospice royal, non loin de celle de *San-Geronimo*, où repose également Gonzalve de Cordoue; ce sont deux guerriers, deux grands capitaines, dormant, pour ainsi dire, l'un près de l'autre. Il y a cette différence entre eux que l'un combattait avec la croix et l'autre avec l'épée; mais tous les deux ont travaillé à la gloire de leur pays et ont laissé un nom qui ne périra jamais!

Je pourrais dire encore beaucoup de choses sur Grenade, si je n'étais pas forcé de réduire à quelques pages le récit de mes impressions sur chacune des villes où nous avons séjourné. Disons donc adieu à l'Alhambra et à l'antique cité mauresque, que je suis très-content d'avoir vue, malgré les déceptions que j'y ai éprouvées; et remontons en diligence pour aller prendre le chemin de fer à Venta de Cardenas, en passant par Jaën.

C'est sur l'impériale de la *Victoria*, cette fois, que nous nous sommes installés. Le véhicule est solide et bien conditionné; il n'y a presque rien à craindre. Les mules et les conducteurs sont très-pacifiques. De midi à six heures du soir, nous traversons un pays charmant et très-accidenté; nous roulons dans des gorges de montagnes, en suivant le cours d'un torrent qui a les proportions d'une belle rivière. Je me souviens d'avoir franchi un défilé, qui se terminait par deux pyramides de rochers, tellement bien plantées des deux côtés du torrent, qu'on aurait juré qu'elles étaient l'œuvre des hommes, tandis que la nature seule les avait taillées et placées là.

Il faisait nuit quand nous entrâmes à Jaën, ville d'origine mauresque, qui présente assez d'intérêt au touriste, mais à la visite de laquelle nous avions, à mon grand regret, été obligés de renoncer, à cause de la grande difficulté de pouvoir en sortir, quand nous l'aurions voulu. Je ne dirai donc rien de Jaen; et, après avoir passé sur notre impériale une nuit froide et désagréable, j'arriverai tout poudreux à la gare de Venta de Cardenas, où je monterai de suite en wagon pour l'Alcazar de San-Juan.

Le chemin de fer nous fit traverser dans toute sa longueur l'immense plaine de la Manche; c'est la désolation et l'image effrayante du désert. Partout on ne voit que des pierres; on dirait que l'Océan a envoyé-là tous ses galets, ou que le ciel y a fait pleuvoir des grêles de cailloux, pendant des siècles. Les horizons y sont sans bornes. La vue s'étend de tous côtés aussi loin que si l'on était en pleine mer. Du reste, pas d'arbres, pas d'eau douce, et beaucoup de nappes d'eau salée.

Du *Val de Penas* à l'Alcazar de San-Juan, c'est à peine si l'on rencontre quelques oasis dans ce désert étrange, qui s'ouvre presque aux portes de Madrid et dans lequel on fait plus de cinq lieues, sans apercevoir un seul habitant. Ce serait assurément la plus dédaignée des provinces d'Espagne, si Michel Cervantes ne l'avait rendue célèbre, en la choisissant pour le théâtre de son immortel roman.

L'Alcazar, où nous nous sommes arrêtés, est une des villes espagnoles qui prétendent avoir donné le jour à l'auteur du *Don Quichotte*. C'est, du reste, une ville fort ancienne, dont les rues extrêmement larges ne sont pas pavées. Il y a une église assez triste et plusieurs couvents déserts. On sent que l'on est encore dans la Manche, quoique la stérilité aie déjà cessé et que l'on aperçoive, çà et là, quelques bouquets d'arbres. A quelques lieues de l'Alcazar on rencontre un pauvre petit village, sale et bâti en terre sèche; c'est *le Toboso*, le pays de la fameuse *Dulcinée*, cette incomparable dame des pensées du *chevalier de la Triste-Figure*.

Une demi-journée nous suffit amplement pour voir toutes les curiosités de l'Alcazar. Nous prîmes, le lendemain matin, le chemin de fer de Valence, et nous parcourûmes encore la Manche, dans une autre direction. Notre premier dessein avait été de gagner le royaume de Valence, en traversant celui de Murcie; mais à Grenade on nous avait épouvantés, en nous disant que les routes n'étaient pas sûres, malgré les gendarmes qui y sont échelonnés de distance en distance, et nous nous étions décidés à remonter jusqu'à l'Alcazar de San-Juan, pour y prendre la bifurcation de Valence. Les stations les plus importantes de ce long trajet, celles du moins dont je me souviens le mieux, sont : *Albacete*, chef-lieu de la province de ce nom et petite ville de 13,000 âmes où l'industrie coutelière est poussée aussi loin qu'à Châtellerault; *Chinchilla*, ville pauvre et misérable dont une partie des habitants se sont creusé un logement dans le tuf; *Almansa*, célèbre par la victoire que Philippe V y remporta sur les Autrichiens, en 1707; et enfin *Jativa,* jolie petite ville qui appartient au royaume de Valence et qui est adossée à une ligne de hautes montagnes, en vue d'une vaste plaine unie, magnifiquement cultivée et divisée en une foule de jardins d'orangers et de grenadiers. Nous étions sortis de la province poudreuse et desséchée d'Albacete, en franchissant un long tunnel qui nous avait introduits subitement dans les fertiles et riches campagnes du royaume de Valence. De tous côtés, et comme par enchantement, s'étendaient de belles cultures, des rizières dont les irrigations étaient admirablement conduites, et des champs d'oliviers alignés au cordeau. C'était l'abondance, la joie et la vie qui succédaient tout-à-coup à la misère, à la tristesse et à la mort!

De Jativa à Valence, le chemin de fer pénétre au milieu des plantations et semble être une allée de cet admirable jardin. Les stations sont beaucoup plus rapprochées les unes des autres; on aperçoit, à chaque instant, des villages, des fermes et de nombreux cours d'eau; tout cela est d'une propreté et d'une fraîcheur admirables; tout cela se cache à demi sous des palmiers rêveurs, des orangers luxuriants, des grenadiers à fleurs éclatantes, des mûriers aux feuilles d'un vert tendre et brillant, et derrière des haies de cannes à sucre, de nopals et d'aloès; tout cela est éclairé par un beau soleil, rafraîchi par les brises de la mer, et embaumé par les fleurs du printemps. En un mot, c'est une image du paradis sur la terre, pour les infortunés qui sortent de l'affreux pays de la Manche!

Nous voici à Valence! C'est une ville grande et belle qui ne ressemble plus aux villes de l'Andalousie. Il y a ici plus de propreté et de confortable; les maisons sont beaucoup plus hautes et mieux bâties; les rues sont plus larges et mieux percées, bien qu'il y en ait encore, comme dans toutes les anciennes villes, quelques-unes de tortueuses, d'étroites, de sombres et de non pavées. Mais tout cela tend à disparaître de jour en jour, car Valence travaille activement à sa rénovation et à son embellissement. Je ne ferai point l'énumération de ses places, de ses promenades et de ses édifices publics ; je parlerai tout simplement de ce qui m'a le plus frappé dans cette ville, beaucoup plus connue en France par ses oranges que par ses monuments. J'avoue que les oranges de Valence sont bien dignes de leur grande réputation, et qu'elles sont, à mon goût, les meilleures de toutes celles qui se mangent en Espagne. Mais une autre chose que j'envie à Valence, ce sont ses belles faïences, ses superbes carreaux vernissés dont elle orne, en forme de tapisseries, les parois de ses édifices, et dont elle se sert, encore plus souvent, pour couvrir le plancher de ses chambres. Cela est charmant et d'une propreté qui fait plaisir à voir, surtout quand on vient, comme nous, de faire le tour de l'Espagne!

La cathédrale de Valence, qui, je ne sais pourquoi, s'appelle *el Sol* (le Soleil) bien qu'elle ne soit pas une huitième merveille du monde, est flanquée d'une grande tour octogone que termine une plate-forme, entourée d'un balcon de pierre et au milieu de laquelle s'élève un petit campanile pour la cloche de l'horloge. Cette tour se nomme *el Miguelete*, parce qu'elle fut bénite le jour de Saint-Michel, en 1521. Nous nous sommes avisés de monter là, un beau matin, pour découvrir le magnifique panorama que le voisinage de la mer nous faisait soupçonner, et nous fûmes enchantés de notre ascension ; car Valence étala devant nous toutes les merveilleuses beautés de sa riche campagne et de ses édifices, dont les toits, recouverts de tuiles vernies, resplendissaient aux rayons du soleil, comme une mer de feu. Si nous passons de la terrasse du Miguelete à la *salle Capitulaire*, nous éprouverons le même effet que produit le passage subit du jour le plus vif à la nuit la plus sombre. Cette salle, construite en 1358, est en pierres noirâtres et à peine éclairée par d'étroites fenêtres en ogive. Elle renferme de belles sculptures qu'on ne voit pas plus que les portraits des archevêques de Valence, rangés tout autour de la salle, tant l'obscurité y est profonde. — L'intérieur de la cathédrale forme trois nefs voûtées, soutenues par des piliers carrés. Au transept s'élance une coupole octogone, percée de hautes et larges fenêtres gothiques, dont les vitraux, au lieu d'être restaurés, ont été sottement barbouillés au lait de chaux. Le maître-autel et le chœur sont richement ornés, sans avoir, néanmoins, rien qui se puisse comparer à ceux de la cathédrale de Séville.

Parmi les autres églises de Valence, je ne citerai que : *San-Andrès*, dont l'entrée principale est un chef-d'œuvre d'architecture de la Renaissance; *Santa-Catalina*, qui est une ancienne mosquée; *Santos-Juanes*, où se trouvent de beaux marbres de Gênes et des fresques de Palomino; et l'église du collége *del Patriarca*, où l'office canonial se chante gravement et lentement, d'après les règles du *Metronome*.

Le *Musée provincial* occupe un ancien couvent, dans le préau duquel j'ai remarqué quatre grands palmiers de la plus belle venue. Les tableaux, accrochés dans les galeries du cloître, sont, pour la plupart, d'un mérite assez médiocre; il y en a pourtant quelques-uns qui sont dignes de fixer l'attention, et entre autres, une toile de Francisco Ribalta, *la mort de saint François de Paule*, dont l'effet est saisissant. Il y a là, aussi, un *saint Vincent Ferrer* du même peintre. Ce saint, né à Valence, en est devenu le patron; et, tous les ans, on y célèbre sa fête, avec une affluence considérable de peuple et une pompe qui a conservé un caractère local tout particulier. Tous les jours, nous passions devant la maison natale de ce saint, pour nous rendre aux promenades de *la Glorieta* et de l'*Alameda*, qui sont les deux plus fréquentées de toute la ville et qui ne sont pas très-éloignées l'une de l'autre.

Le *Jardin botanique* est situé hors de la ville; c'est un des plus agréables, des plus frais et des mieux entretenus que j'aie visités en Espagne. On y cultive des plantes de tous les pays. et j'y ai vu un rosier, entièrement couvert de fleurs, qui, à lui seul, tapissait toute la façade et le toit d'un bâtiment; c'était vraiment phénoménal!

Valence est à peu de distance de la mer; on pourrait facilement faire à pied le trajet qui conduit au *Grao;* mais il y a un petit chemin de fer, partant toutes les heures, et un nombre considérable de voitures publiques à votre disposition, pour vous rendre au port. Nous y avons été en *tartane*, sorte de véhicule à deux roues, qui, n'ayant pas de ressorts, ressemble beaucoup à la charrette et secoue horriblement les infortunés étrangers que la curiosité a poussés dedans. Nous avions été séduits par l'originalité et la propreté de cette voiture couverte, menée par un cocher assis sur le brancard ; mais une fois sur la route du Grao, nous commencions à en avoir assez ; aussi la quittâmes-nous avec plaisir, malgré la mauvaise querelle que nous chercha notre cocher, en voulant nous faire payer le double du prix convenu. Les cochers de Valence ne le cèdent en rien aux cochers de Naples ; et il ne faut pas se laisser effrayer par leurs cris et leurs injures, si l'on veut se tirer de leurs mains, la bourse saine et sauve. Nous jetâmes un coup-d'œil sur le port, qui n'est pas très-animé, et le chemin de fer nous ramena à Valence, très-peu satisfaits de notre excursion.

Le cirque de Valence est le plus beau cirque d'Espagne ; il est construit tout en pierre et en brique et peut contenir un très-grand nombre de spectateurs. Nous y avons vu un combat de *novillos*, ou de jeunes taureaux. Ce spectacle a commencé par une comédie et il a fini par une tragédie épouvantable. En effet, les *picadors*, habillés en polichinelles, étaient montés sur des ânes, et ils n'avaient rien à craindre du taureau dont les cornes étaient emmaillottées dans des étuis de caoutchouc. Pourtant leurs malheureuses montures recevaient, parfois, d'assez rudes coups de l'ennemi redoutable qu'elles voulaient fuir et vers lequel, néanmoins, on s'obstinait à les pousser. La frayeur de ces pauvres ânes et surtout les coups qu'ils recevaient amusaient grandement le public, qui éclatait en rires frénétiques à chacune des chûtes d'un aliboron. Les *banderillos*, travestis en sauvages indiens, se mettaient, ensuite, à genoux devant le taureau et lui lançaient des flèches qui manquaient rarement leur but. C'était très-adroit et très-hardi de leur part. Lorsque la course était terminée, un bœuf venait chercher l'animal et le reconduisait au *toril*, où il en était quitte pour quelques légères blessures. Jusqu'ici, le jeu était assez innocent; mais voici le drame qui commence. Un taureau, que le programme du spectacle a condamné à mort, entre dans l'arène, où il soutient, comme les autres, le choc des picadors et des banderillos. Après le combat, une douzaine d'hommes se jettent sur la victime, la terrassent et la maintiennent dans une immobilité complète, tandis qu'on lui attache solidement sur le dos une sorte de selle d'artifices, à laquelle on met le feu, en la lâchant. Cette pauvre bête se relève, toute effrayée, à l'explosion du premier pétard, qui est bientôt suivi d'une vingtaine d'autres. Elle est là, beuglant, se débattant, au milieu de cette fumée de la poudre qui la suffoque et de ces pétards dont l'éclat la brûle et l'épouvante. Cet horrible supplice dure quelques minutes, qui, pour moi, sont des siècles; car je ne conçois pas qu'une barbarie pareille soit nécessaire pour amuser un peuple. Enfin, voilà le *bouquet!* Une fusée fulminante prend feu, éclate avec un bruit formidable, et foudroie subitement le taureau, déjà à moitié brûlé vif!... Appelez cela du nom qu'il vous plaira de lui donner; moi, je soutiens que c'est une cruauté de cannibales!

Une des émotions les plus désagréables que l'on puisse éprouver en voyage est bien assurément celle qu'on ressent, en voyant partir, sans vous, le train dans lequel vous espériez monter. C'est ce qui nous est arrivé au moment où nous voulions quitter Valence; car, en entrant dans la gare avec nos bagages, nous entendîmes siffler la locomotive; le convoi se mettait en marche pour Tarragone; nous étions en retard de *cinq minutes;* il n'était plus temps!... Il nous fallut déposer là nos colis et attendre, pendant toute une demi-journée, le départ d'un autre train. Je ne connais rien de plus long qu'une pareille attente. Il était six heures du matin; Valence dormait encore; rien n'était ouvert, pas même les portes de notre hôtel, qui s'étaient refermées, dès que nous en avions eu franchi le seuil! Nous battîmes alors le pavé de la ville dans tous les sens, et nous assistâmes de force au réveil des bons Valenciens, qui se décidèrent enfin à ouvrir leurs magasins, sur les sept heures et demie, un peu après le lever du soleil. Ce fâcheux contre-temps nous permit de revoir une foule de choses, et nous en tirâmes le meilleur parti possible.

On ne manque pas, ordinairement, deux fois de suite, le chemin de fer ; aussi fûmes-nous d'une exactitude des plus remarquables pour ce départ-là !

De Valence à Tarragone, la ligne n'est pas directe ; la vapeur s'arrête à *Oropesa*, où la diligence vous prend, pour vous transporter jusqu'à *Perello,* station où l'on retrouve la voie ferrée, dont le manque de fonds a fait suspendre les travaux. La route, qui tantôt côtoie les bords de la mer et tantôt s'enfonce dans les terres, est vraiment d'un pittoresque admirable. Nous traversâmes l'Ebre sur un pont de bateaux, pour entrer à *Tortosa*, petite ville, aux rues *tortueuses*, que nous n'avons fait qu'entrevoir à la lueur incertaine de quelques réverbères.

Que les Romains avaient bon goût, en choisissant Tarragone pour le centre de leur puissance en Espagne ! Jamais ville ne fut mieux située pour commander la mer. Elle a été aussi la résidence des consuls, des préteurs, des Scipions, d'Octave-Auguste et d'Adrien. Elle a eu tous les priviléges de Rome, un amphithéâtre, un cirque, des palais, des temples et une enceinte immense, renfermant plus d'un million d'habitants. De tout cela, il ne reste plus rien, aujourd'hui, que des ruines, enfouies, pour la plupart, sous des constructions modernes. Le chiffre de sa population a baissé jusqu'à 13,000 ; et la vie semble avoir quitté cette antique cité romaine, réduite à la solitude, au silence et à l'oubli. On pourrait lui appliquer ces deux mots que Michel-Ange a écrits sous le portrait d'une vieille femme : *Col tempo ! avec le temps!* Elle a aussi vieilli, elle ! Son visage s'est ridé et couvert de verrues ; sa beauté s'est en allée avec sa puissance ; tout est parti, *col tempo!* Pourtant, elle possède encore un merveilleux édifice, qui ne lui vient pas des Romains. Elle peut montrer avec orgueil, aux rares étrangers qui la visitent, une cathédrale plus belle que celle de Valence. Bâti sur le point le plus élevé de la ville, ce monument présente une superbe façade de style gothique, avec un vaste portail, formé de plusieurs arcs ogivaux et orné d'un grand nombre de statues. Une immense rosace circulaire se développe au-dessus du portail. L'intérieur du temple est d'un aspect majestueux et d'une grande sobriété d'ornements. On dirait que c'est pour cacher la nudité des piliers massifs qui soutiennent ses trois nefs qu'on les a revêtus d'anciennes tapisseries de l'école italienne, riches par la couleur et le fini du travail, autant que par les arabesques et les fleurs dont se composent leurs bordures. Elles enveloppent les piliers, depuis leur chapiteau jusqu'à leur soubassement, et forment ainsi une décoration curieuse et pleine d'intérêt qui donne à la vieille église un air de fête continuelle. Le maître-autel offre un rétable, sculpté en albâtre, et le chœur des stalles gothiques, en chêne de Flandre. Mais, c'est le cloître qu'il faut admirer ! Quelle légèreté ! Quelle élégance achevée, comparativement à l'église ! Les quatre galeries sont dans un état parfait de conservation, ce que l'on rencontre rarement, même en Espagne. Figurez-vous une belle voûte ogivale; des arcades extérieures semi-circulaires, soutenues chacune par deux colonnettes dégagées, et comprises trois par trois, dans un plus grand arc de style gothique; des chapiteaux richement sculptés; des grilles d'un travail admirable ; enfin des portes et des fenêtres d'un style gracieux et charmant; figurez-vous tout cela, puis mettez au centre des quatre galeries un *patio*, couvert d'orangers et de fleurs; alors vous aurez une idée du superbe cloître de Tarragone, le plus beau de tous ceux que j'ai vus en Espagne, sans même en excepter celui de Barcelone, qui, malheureusement, n'est pas régulier.

En sortant de la cathédrale, nous nous enfonçâmes dans une multitude de petites rues sales et obscures, afin de gagner la *Rambla*, en abrégeant le chemin. Mais nous fûmes arrêtés par un cortège funèbre, que nous laissâmes passer, en nous serrant l'un contre l'autre sur le seuil d'une porte. C'était une femme que l'on portait à sa dernière demeure, et les prêtres chantaient le psaume *In exitu Israël de Ægypto!* Je fus touché de l'à-propos de ce chant du départ, de cette hymne de la délivrance, qui convient si bien à l'âme exilée, retournant dans sa patrie céleste ; et je me pris à regretter l'absence du psaume *In exitu* dans nos funérailles françaises. Puisque je suis entrain de louer le clergé espagnol, je dirai, de suite, ce que j'en pense. Mon intime conviction, c'est qu'il est calomnié par des gens qui ne le connaissent point et qui ont intérêt à le rendre odieux, pour justifier la spoliation de ses biens. L'*Inquisition* est devenue un mot banal dont tous les romanciers ont abusé, pour exciter la haine du peuple contre les moines et les prêtres ; mais il n'y a plus d'*Inquisition*, il n'y a plus de *moines ;* il ne reste plus que des prêtres bien *pauvres* et bien *inoffensifs !* On les voit circuler paisiblement dans les rues, drapés avec dignité dans leur large manteau, à collet droit ; ils ne se mêlent point aux plaisirs et aux émeutes de la foule ; ils n'affichent aucune arrogance, aucunes prétentions ; ils sont doux, humbles, décents, polis, charitables ; que leur demandez-vous de plus ? Je les ai vus, dans leurs églises ; ils s'y tiennent parfaitement bien ; leurs cérémonies sont dignes, leurs vêtements sacerdotaux convenables et leurs offices gravement chantés. Maintenant que pouvez-vous leur reprocher ? — De fumer la cigarette ? Mais tout le monde la fume en Espagne ; c'est l'usage du pays ! En France, nos prêtres se bourrent bien le nez de tabac en poudre, lorsqu'ils sont à l'église ; pourquoi ne voudriez-vous pas qu'un prêtre espagnol fumât dans la rue ? Où est le commandement de Dieu, ou le précepte formel de l'Eglise qui défende l'usage du tabac ? Je n'en connais point. Il ne faut donc pas se scandaliser pour si peu de chose, ni dire que le chien de son voisin est galeux quand on veut s'en défaire !

Nous descendîmes, à Tarragone, dans un hôtel situé sur la Rambla et qui s'appelait, je crois, *l'hôtel de l'Europe*. C'était une de ces grandes fondas espagnoles, qui reçoivent fort peu de voyageurs et qui ont des escaliers et des chambres à n'en plus finir. Notre appartement avait accès sur une belle terrasse, du haut de laquelle notre regard plongeait dans une large rue, bordée d'arbres et dont chaque extrémité avait une porte, donnant, l'une, sur la mer, et l'autre, sur les remparts. Il y avait, dans cette rue fort peu longue, trois églises, deux casernes et un collége ; le côté où nous étions, ne comptait guères qu'une douzaine de maisons ; ainsi nous nous trouvions-là au grand air et dans la tranquillité la plus parfaite pour dormir à notre aise, durant la nuit, ce dont je m'acquittai à merveille.

Le lendemain, nous roulions vers Barcelone, en côtoyant la mer, d'abord ; et ensuite, en pénétrant dans les terres, où nous vîmes, tour-à-tour, Vendrell, Villafranca et Martorel, dont le pont, d'une seule arche, a été construit par les Carthaginois. Les hautes cheminées des fabriques nous annoncèrent bientôt l'approche d'une grande ville, toute de commerce ; et, en effet, quelques minutes après, nous entrions dans Barcelone, la Marseille et la seconde ville de l'Espagne.

Un omnibus nous conduisit à l'*hôtel de l'Orient*, sur la *Rambla*, sorte de boulevard intérieur qui traverse la ville dans toute sa longueur et qui tient lieu, ici, d'Alameda. Nous trouvâmes-là un avant-goût de la France ; car la langue, les modes et la cuisine y étaient françaises, et presque tous les voyageurs, qui y étaient logés, se trouvaient être de nos compatriotes. D'ailleurs, Barcelone, elle-même, n'a plus le caractère des autres villes espagnoles ; ses habitants sont plus vifs, plus actifs, plus industriels et surtout plus propres que ceux du reste de la Péninsule. On sent bien que la France n'est pas loin !

En sa qualité de ville exclusivement commerçante, Barcelone n'a pas de musée ni de curiosités artistiques à montrer aux étrangers ; elle n'a que ses nombreux magasins qui sont, en général, très-bien fournis et très-beaux. Elle a aussi de grandes rues, de larges places et un superbe jardin public. Qu'il me suffise de dire que c'est une ville qui s'est tout-à-fait *modernisée*, et qui, maintenant, ressemble à un très-grand nombre d'autres villes riches et opulentes comme elle. Pourtant elle a conservé plusieurs belles églises, telles que *Santa-Maria del Mar*, *Santa-Maria de los Reyes*, la *Colegiata de Santa-Ana*, et, par-dessus toutes, la cathédrale, qui possède un cloître magnifique et d'un aspect des plus grandioses. La cathédrale de Barcelone a cela de particulier qu'elle est la seule, peut-être au monde, qui ait une chapelle souterraine, directement au-dessous de son sanctuaire. Ce n'est pas une simple *confession*, comme celles des basiliques romaines, mais un autre sanctuaire véritable, qui semble être le rez-de-chaussée du premier. On y descend par un large escalier de vingt marches. Le seuil de la crypte est fermé par une grille, qui s'ouvre durant la célébration des saints mystères. Le jour où nous visitâmes la cathédrale de Barcelone, on chantait une grand'messe dans cette chapelle souterraine, dédiée à Sainte-Eulalie, et les chanoines répondaient aux chants du prêtre, du fond de leurs stalles, ce qui établissait, entre la crypte et le chœur, une psalmodie des plus étranges; car la voix de l'officiant semblait sortir d'un sépulcre et contrastait singulièrement avec les voix graves et sonores du lutrin capitulaire. Les fidèles peuvent voir le prêtre à l'autel par les soupiraux de la crypte, qui s'ouvrent entre les dix piliers dont le maître-autel est entouré, en avant de l'abside. Ce maître-autel, élevé de plusieurs degrés audessus du sol du reste de l'église, est un gracieux ensemble de fines colonnettes, de ciselures, de trèfles et de découpures en pierre, ayant la forme d'un petit temple gothique, surmonté d'un crucifix. Quant aux stalles du chœur, la boiserie en est d'une grande richesse; chaque siége est couronné par un joli baldaquin dont les clochetons sont finement découpés, et sur les dossiers sont peints les noms et les armoiries des chevaliers qui reçurent la *Toison d'Or*, le 5 mars 1519, dans un chapitre tenu par le roi don Carlos Ier. Le cloître, comme la cathédrale, est entouré de chapelles, fermées par des grilles de fer d'un beau travail. Il est entièrement pavé de pierres tombales, et possède un *Lavadero*, ou fontaine monumentale, placée sous un double arc dentelé qui forme, au point de rencontre, un énorme cul-de-lampe supportant un saint Georges.

Près de la cathédrale se trouve la *casa consistorial*, qui est un très-bel édifice gothique, datant de 1373, et dont le *patio* offre des sculptures admirables. Voilà, à peu près, tout ce que le moyen-âge a laissé à Barcelone. Pour donner une idée du peu d'importance que les Barcelonais attachent à ces vieilleries architecturales, je dirai que, depuis trois siècles, ils n'ont pas encore eu le cœur d'achever la façade de leur cathédrale et qu'ils ne font aucune réparation à leurs édifices gothiques, dont plusieurs sont déjà complétement tombés en ruines, témoins l'église de l'*Université* et le cloître de *Santa-Ana*. On nous avait indiqué, dans l'église de cette collégiale, un magnifique tombeau de don Miguel Bohera, qui commanda à la bataille de Ravenne et que Charles-Quint nomma général des galères d'Espagne; nous demandâmes au sacristain où était ce tombeau. Il nous conduisit dans un coin, près de la porte, et nous montra, derrière un tas de morceaux de bois, quelques pierres, dressées le long du mur. C'était le tombeau que nous cherchions et que beaucoup d'étrangers venaient voir, nous dit-il, sans qu'il pût s'imaginer pourquoi!

Il y a, dans toutes les villes d'Espagne, un très-grand nombre de marbriers qui, tous, travaillent presque exclusivement pour les cimetières; ajoutez à cela des marchands de cercueils, comme en Chine, qui vous vendent des bières de toutes les grandeurs et de tous les prix, et vous me direz si vous comprenez la naïveté de ce sacristain, qui s'étonne qu'on puisse venir visiter un vieux tombeau! En revanche, tous les Barcelonais sont fiers que l'on visite leurs théâtres, leur *paseo de Gracia*, leur *muraille de mer*, leur port, leur citadelle et leur *Barcelonnette*, faubourg de 11,000 âmes, dont toutes les rues sont parallèles, ou se coupent à angle droit, et dont toutes les maisons sont entièrement pareilles! J'allais oublier le *Montjoui*, ou *Monjuich (Mons Jovis* ou *Mons Judaicus, ad libitum)!* Nous en avons fait l'ascension. On jouit, à son sommet, d'une vue magnifique sur la mer et sur une immense étendue de pays; mais il y a là un château-fort, hérissé de canons et qui est une menace perpétuelle aussi bien pour l'ennemi que pour la ville; car Barcelone doit se rappeler les bombes, qu'en 1842, le général Espartero lui envoya du haut de Montjoui, et qui semèrent la mort et la destruction dans ses murs!

Il y avait déjà près de huit jours que nous étions à Barcelone; nous n'avions plus rien à y voir; par conséquent, nous songeâmes à refaire nos paquets, non plus pour une autre ville d'Espagne, mais bien pour la France. Nos bagages s'étaient considérablement accrus en voyage : nous avions acheté, entre autres choses, un harnais andaloux, à Grenade; une superbe *mante espagnole*, à Valence, et une jolie petite chienne de la Havane, à Barcelone. De tout cela, c'était la petite chienne qui était le plus difficile à emporter; car il fallait la soustraire aux yeux des employés du chemin de fer, si nous voulions la garder près de nous, et elle était trop jeune pour aller dans le compartiment des chiens! Nous nous tirâmes d'affaire, en la faisant voyager dans un panier que nous portions, tour à tour, et qui ne nous quittait jamais, quand nous étions en chemin de fer. C'est ainsi que nous sommes arrivés à Gerone, notre dernière étape sur la térre d'Espagne. Je n'ai presque rien pu voir de cette ville qui, en 1809, soutint un siége si mémorable contre les Français, et que la famine seule put contraindre à capituler, après un blocus de six mois. Je ne me souviens plus que de la *fonda*, où nous avons déjeûné, et de la diligence, où nous sommes montés de suite pour nous rendre à Perpignan.

CHAPITRE XVII

SOMMAIRE : En diligence de Gerone à Perpignan. — La dame aux deux guitares. — Les émotions de la douane. — Perpignan. — *Le lait* et *l'étage*. — Narbonne. — Sa cathédrale et son musée. — Toulouse. — Saint-Sernin. — Le cloître des Augustins. — Excursion à Pibrac. — De Toulouse à Tarbes. Seconde visite à Artagnan. — Excursion à Bagnères-de-Bigorre. — La ville de Montesquiou. — Auch. — Marsan. — Agen. — Périgueux. — Limoges. — Bourges. — Orléans.

Comme nous étions entassés dans cette malheureuse diligence de Gerone ! J'étais dans l'intérieur, avec le *panier;* et Pierre était sur l'impériale, avec deux ou trois commis-voyageurs, qui se trahissaient par une grande intempérance de paroles et par une gaieté des plus bruyantes. J'avais, devant moi, un Anglais, un Italien et un Russe ; à mes côtés étaient deux Espagnols. Le coupé renfermait un ancien négociant de Lille et sa femme; quant à la rotonde, elle était bourrée de gens de toute sorte. Nous prîmes, en outre, à quelque distance de Gerone, une dizaine de contrebandiers qui grimpèrent, sans façon, sur le sommet de la diligence et se logèrent comme ils purent au milieu des bagages. C'est une gracieuseté que leur faisait notre conducteur, qui, sans doute, avait un intérêt quelconque à les ménager. Notre lourd véhicule, plein comme un œuf, roulait donc ainsi vers le *tant beau* pays de France, traîné par huit chevaux ; et, tandis qu'il roulait, j'examinais silencieusement mes compagnons de voyage, que j'avais déjà, presque tous, rencontrés, soit à Valence, soit à Barcelone. L'Anglais était long, maigre et efflanqué ; il avait les cheveux roux et d'énormes favoris de la même couleur. C'était un original, qui aimait beaucoup *les fèves*; il en avait mangé de si bonnes à notre table d'hôte de Barcelone qu'il avait dit à un des garçons :

— « Gaaçone, je volai vous donner, à moâ toute seule, troisse kilos de fèves, couites avec le beurre, pour le dîner de moâ. »

Quoique très-friand de ce légume, un Romain n'en n'eût pas tant mangé, dans toute sa semaine ! Je crois qu'alors ce digne fils d'Albion continuait à digérer les quantités de fèves qu'il avait avalées à Barcelone ; car il ne disait rien et se tenait délicieusement enfoncé dans son coin, avec le sourire béat d'un homme qui digère. L'Italien, tout jeune encore, était le domestique du Russe ; sa qualité de serviteur le rendait naturellement très-réservé devant son maître ; aussi ne parlait-il que par monosyllabes. Presque aussi jeune que son domestique, c'est-à-dire à peine âgé de vingt-quatre ans, le Russe que j'avais rencontré, pour la première fois, à Valence, et qui se nommait le prince Mousarine, était un petit courtaud, fort d'épaules, à la figure fraîche, rosée et bien nourrie, aux yeux bleus, à la bouche en cœur, aux cheveux blonds et aux mains potelées. Il jouait avec son pince-nez, tout en regardant silencieusement le paysage à travers la vitre de la portière. Quant aux deux Espagnols, ils causaient pour six, et avec une telle volubilité qu'une parole n'attendait pas l'autre. J'étais si fatigué d'entendre toujours ce bavardage inintelligible pour moi, que je cherchais l'occasion favorable de lier conversation avec l'Anglais ou le Russe, quand de petites plaintes, sorties de mon panier, vinrent à mon aide. Je levai tout doucement l'un des couvercles, et *mademoiselle Chiquita* mit aussitôt son joli museau rose à la fenêtre de sa prison. L'Anglais, en l'apercevant, cessa de digérer.

— Oh ! oh ! s'écria-t-il, c'était oune jolie petite chien ! Vous avoir acheté loui à Barcelona ? Il était des matelots sur le Rambla qui voulait vendre à moâ oune petite chien blanche *from* Havana, toute pareille!....

— En effet, répondis-je, c'est-là où je l'ai achetée. Voyez comme elle est gentille !

Et, faisant sortir mademoiselle Chiquita de son panier, je la présentai officiellement au mangeur de fèves qui la prit sur ses genoux, en disant :

— « *Indeed! Indeed!* c'était bien loui, le petite chien du Rambla ! Elle était *biautiful,* siouperbe!....

Et il se mit à la caresser. Le Russe rompit alors le silence et me fit des compliments sur ma bête, qui des genoux de l'Anglais passa bientôt sur les siens. La conversation était maintenant engagée, et je ne fis plus attention au babillage de mes deux Espagnols, ni à la longueur de la route. Le Russe parlait très-bien français et avait beaucoup d'instruction ; il fut très-aimable et nous raconta une foule de choses intéressantes sur son pays et sur ceux qu'il avait visités. Il trouvait Paris la plus belle ville du monde, ce qui chatouillait agréablement mon orgueil national. Comme nous approchions de la frontière, l'Anglais nous fit oberver que les cochons, qui sont tous noirs en Espagne, commençaient à changer de couleur. En effet, ceux que nous apercevions sur le bord de la route étaient noirs et blancs.

— Et de quelle couleur sont les cochons anglais? lui demanda le prince Mousarine.

— Mais de toute sorte de couleurs, je pense, répondit John Bull.

— Et comment sont-ils habillés? demandai-je à mon tour.

— Comme les cochons russes, je pense! répartit l'Anglais, avec un sourire malin.

— Vous n'y êtes pas, objecta Mousarine, car nos pourceaux sont vêtus de fourrures d'Astracan.

— En ce cas, ils sont plus riches que ceux de France et d'Angleterre, qui ne sont qu'habillés de *soies,* ajoutais-je, en riant.

Le prince comprit le jeu de mots, mais John Bull n'y vit que du feu.

— Plaisanterie à part, je vous dirai, très-sérieusement, Messieurs, que si nous avons des cochons en France, c'est aux Anglais seuls que nous les devons.

— Comment cela ?

— Ils nous les ont donnés, en faisant mourir Jeanne d'Arc.

— Le raison il n'était pas conséquente.

— Patience ! vous allez voir ! Avant la mort de Jeanne d'Arc, il n'y avait pas un seul cochon en France, il n'y avait que des pourceaux, comme partout ailleurs. Mais voici que les Anglais prennent Jeanne d'Arc ; ils la font condamner à mort par l'évêque de Beauvais, un Anglais nommé *Cauchon* ; et, dès que l'héroïne d'Orléans eut expiré au milieu des flammes, voilà que le peuple français se venge de ce meurtre juridique, en donnant à l'animal le plus immonde le nom du juge inique, qui a condamné au bûcher l'innocente et infortunée Jeanne d'Arc. Dès lors il n'y a plus de pourceaux en France, tous sont devenus des *Cauchons !* L'orthographe de ce mot a légèrement changé, avec le temps, mais la flétrissure est restée sur le nom du juge, comme une tache indélébile. Maintenant, comprenez-vous comment les Anglais nous ont donné des *cochons ?*

— Parfaitement ! dit le prince.

— Oh ! *yès*, je comprenais, moà aussi ! dit John Bull.

Tout en causant ainsi, nous étions arrivés à la douane française. On descendit de voiture et chacun se prépara à passer à l'inspection. La dame de Lille, me voyant, avec mon panier, me dit :

— Vous avez-là, sans doute, quelque chose de fragile?

— Pardon, Madame, c'est quelque chose de vivant.

— Ah ! oui, une petite chienne de la Havane que vous avez fait manger et boire à l'hôtel de Gerone ! C'est embarrassant, mais ce n'est pas fragile. Tandis que moi, c'est, tout à la fois, fragile et embarrassant : figurez-vous que j'ai *deux guitares !*

— Vous voulez dire deux mandolines ?

— Non, Monsieur, deux guitares, tout ce qu'il y a de

plus *guitare*. La mandoline est une sorte de luth dont on joue avec une plume ; mais la guitare est un instrument à six cordes qui se joue avec les doigts.

— Eh bien ! donc, vous avez comme cela deux guitares.....

— Hélas ! oui, Monsieur, et c'est une de trop !

— Alors, pourquoi en avez-vous acheté deux ?

— Mais, je n'en ai bien acheté qu'une seule, s'il vous plaît !... Malheureusement on m'a donné la seconde, après que j'eus acheté la première !

— Oui, si vous n'aviez pas acheté la première...

— Cela ne m'en ferait qu'une, et c'eût été bien assez pour moi, qui ne suis pas positivement très-forte en musique. Mais je pensais qu'une guitare, rapportée d'Espagne, ferait bien dans mon salon de Lille, accrochée au-dessus du piano.

— Il me semble que deux feront encore mieux qu'une, au-dessus de votre piano.

— Vous croyez ? Pourtant, moi, je ne crois pas !... Enfin, puisque je les ai, il faut bien que je les garde ; mais c'est si fragile, si embarrassant en voyage que vraiment...

— A qui le coffre de sapin ? cria, en ce moment, un des hommes qui déchargeaient la diligence, pour mieux faciliter l'inspection de la douane. A qui le petit cercueil ?

— O mon Dieu ! Ce sont mes guitares ! Prenez garde ! C'est très-fragile !

Et, en disant cela, la dame de Lille s'élança vers l'échelle au haut de laquelle était l'homme qui tenait son coffre à guitares.

— Prenez garde ! répétait-elle ; prenez bien garde ! C'est très-fragile !

— N'ayez donc pas peur, Madame, nous connaissons bien ça, le fragile ; nous en manions tous les jours !

Et en parlant de la sorte, cet homme présentait le colis *fragile* à un autre employé de la douane qui, malheureusement, parlait alors avec un de ses camarades, tout en levant les bras pour recevoir l'objet qu'on déchargeait. Il arriva ce qui arrive souvent en pareille circonstance. Le coffre léger lui glissa entre les mains et tomba par terre, en rendant un gémissement des plus harmonieux. Les douze cordes des deux guitares s'étaient plaintes à la fois !

— Tiens, comme ça chante là-dedans! murmura le maladroit.

— Je crois bien que ça chante, reprit la dame toute bouleversée; puisque ce sont mes guitares. Je vous avais pourtant assez prévenu que c'était *très-fragile!...*

— Allons! allons, il n'y a pas trop de mal! poursuivit l'employé. On n'ouvrira pas votre caisse, puisqu'on sait à présent ce qu'il y a dedans!...

Et il passa à d'autres bagages beaucoup plus lourds.

La douane est là, sur toutes les frontières, comme une espèce de *croque-mitaine,* pour effrayer les fraudeurs. Elle fait naître en vous des émotions de crainte qui étouffent brutalement les joies si douces et si légitimes que tout homme éprouve, en remettant le pied sur le sol de la patrie; et c'est là son plus vilain côté. Comment sourire franchement à ces bons gendarmes, à ces braves soldats, qui portent l'uniforme français, qui parlent votre langue, qui fument un cigare de la régie, un cigare de cinq centimes, quand vous êtes préoccupé du ravage qu'une main soupçonneuse va faire dans votre malle! Vous n'êtes pas contrebandier, assurément; mais vous rapportez quelques souvenirs de vos voyages, quelques objets de curiosité, qui sont peut-être soumis aux droits. Quand bien même, ils ne le seraient pas, on va les étaler au grand jour; on va les déranger, les froisser, les arracher de leur cachette; or, tout cela est vexant et désagréable au possible, convenez-en! J'éprouvais toutes ces transes; et pourtant mon harnais andaloux, ma mante de Valence et tous mes autres *bibelots* espagnols eurent le bonheur d'échapper aux griffes des douaniers. *Audaces fortuna juvat!*

Nous n'arrivâmes que fort tard à Perpignan, où l'on nous descendit à l'*hôtel Bosc,* tenu par de bien braves gens, mais servi par des domestiques bien bêtes. Nous étions logés au premier étage, qui avait un garçon spécial pour répondre aux coups de sonnette. Comme nous avions, le lendemain matin, inutilement tiré le cordon, Pierre sortit de l'appartement pour réclamer du premier serviteur venu ce dont nous avions besoin, c'est-à-dire du *lait* pour notre petite chienne. Il rencontre un domestique sur l'escalier, l'arrête et lui dit :

— Apportez-moi donc de suite un peu de lait.

— Monsieur, je ne suis pas de l'*étage*, répondit le maroufle, en continuant son chemin. Il avait, sans le vouloir, fait un jeu de mot qui n'était pas *laid*.

Perpignan est une assez triste ville, surtout quand il y tombe de l'eau, comme il en est tombé le lendemain de notre arrivée. Sa cathédrale est d'une pauvreté dont rien n'approche, et ses rues sont étroites, tortueuses et sales, comme celles de par-delà les monts. Le voisinage de l'Espagne lui est funeste pour cela, et je dirai même qu'elle est plus espagnole que Barcelone. Elle a néanmoins quelques vieilles tours assez curieuses et deux belles promenades publiques, dont l'une est plantée de superbes platanes qui feraient l'admiration de tout Paris, si on pouvait les y transporter, comme on y transporte les artichauts de Perpignan.

La diligence a fait place au chemin de fer, et c'est la vapeur qui nous a menés à Narbonne. Là, ce ne sont pas les souvenirs historiques qui manquent; il y en a même trop pour une si petite ville, dont toutes les murailles sont farcies de débris d'antiquités romaines. Narbonne, avant la révolution, était le siége d'un archevêché primatial; maintenant, elle n'a même pas un évêque; on l'a réunie au diocèse de Carcassonne! Mais elle a conservé sa magnifique cathédrale qui, malheureusement, comme celle de Limoges, n'a jamais été achevée. Elle a, en outre, une église, celle de *Saint-Paul-Serge*, qui, malgré son état de vétusté, est encore admirable et que nous avons visitée, avec le plus grand intérêt. On conçoit que l'ancienne capitale de la Gaule Narbonnaise ait un beau musée, car elle avait autour d'elle tous les éléments nécessaires pour former une riche collection d'antiques. Ce musée renferme aussi quelques bons tableaux. Nous avons vu tout cela, avec d'autant plus de plaisir, que c'était à peu près tout ce qu'il y avait à voir, pour nous, à Narbonne.

Nous ne nous sommes point arrêtés à Carcassonne, et nous sommes allés directement à Toulouse, où nous avons retrouvé tous les usages parisiens. On peut vraiment dire, qu'avec la manie de copier en tout la capitale, il n'y a plus de *province* maintenant. Toulouse est donc un petit Paris. Du reste, c'est une très-belle ville; il y a là de grandes rues, de larges places, de beaux boulevards et des squares délicieux. Les maisons sont généralement bien alignées, solidement bâties et à plusieurs étages. La population toulousaine a des allures autrement vives que la population madrilène; et l'on voit aisément que les eaux de la Garonne ont une bien autre vertu que celles du Manzanarès! Nous avons vu son vaste *Capitole*, sorte de *Capharnaüm* administratif, où l'on retrouve un peu de tout; car il y a, là, une mairie, une justice de paix, une académie littéraire, un théâtre, une salle *des Illustres*, un corps de garde de pompiers, etc., etc. Mais, selon nous, la perle de Toulouse, son plus merveilleux monument, c'est la collégiale de *Saint-Sernin*, que l'on restaure, en ce moment, et qui est un véritable chef-d'œuvre d'architecture romane. Nous y avons admiré des cryptes, qui valent presque les Grottes-Vaticanes. La cathédrale, la Dalbade, la Dorade et toutes les autres belles églises de Toulouse pâlissent auprès de *Saint-Sernin*. Quant au musée, il doit sa plus grande beauté, non pas à ses tableaux ni à ses antiques, mais à son heureuse installation dans le magnifique cloître des Augustins.

Nous étions trop près de Pibrac pour ne pas aller visiter le tombeau de la bienheureuse Germaine Cousin, cette humble bergère que l'Eglise vient d'élever aux honneurs de ses autels. Il est à remarquer, qu'en France, les bergères ont jeté plus d'éclat que partout ailleurs; c'est la bergère de Nanterre, sainte Geneviève, qui sauve Paris des fureurs d'Attila; c'est la bergère de Domremy, l'héroïque Jeanne d'Arc, qui sauve la monarchie française, en battant les Anglais sous les murs d'Orléans; enfin ce sont des bergères que Bourges, Toulouse et plusieurs autres villes invoquent aujourd'hui comme leurs patronnes. Je trouve l'explication de ce mystère dans la sagesse divine, qui se révèle aux humbles et qui résiste aux superbes. Pibrac est un pauvre petit village, bâti sur un côteau; il n'a d'autres mérites que celui d'avoir été le théâtre des vertus de la bienheureuse Germaine, et de posséder son tombeau. Il faut aller là, avec la foi dans le cœur, si l'on veut ne pas regretter la perte d'une demi-journée et les fatigues d'une assez longue route, faite en omnibus.

En quittant Toulouse, nous prîmes le chemin de fer de Montrejeau, pour gagner Tarbes et ensuite Artagnan, où nous voulions nous arrêter, cinq ou six jours, afin de mieux voir cette terre et celle de Gensac, que nous avions parcourues trop rapidement, lors de notre première visite. Nous étions maintenant en plein printemps; tout le long du chemin, nous ne voyions que des prairies émaillées de fleurs; que des côteaux couverts de bois ou de vignes naissantes; que des arbres nouvellement feuillés, entre les rameaux desquels les petits oiseaux gazouillaient et faisaient leur nid. Les bords de l'Adour devaient donc être charmants, et Artagnan allait nous apparaître dans toute sa beauté. Nous ne nous trompions pas; car, moins les orangers, les palmiers et tous les autres arbres de l'Orient, nous trouvâmes l'immense plaine du Bigorre, aussi verte, aussi bien arrosée, aussi luxuriante de végétation que la plaine de Valence. Nous reprîmes, avec joie, nos chambres dans le vieux château des sires d'Artagnan, et nous nous reposâmes un peu de cette vie de chemins de fer, de diligences et d'auberges, qui est si fatigante et que nous menions depuis si longtemps.

Nous occupions nos loisirs à parcourir les rives boisées de l'Adour; à suivre le cours des ruisseaux limpides qui arrosaient les prairies de Gensac et d'Artagnan; à errer sous les grands arbres qui forment de gigantesques massifs de verdure au milieu de la plaine; tantôt nous longions un chemin bordé de genêts fleuris; tantôt nous traversions un champ planté de *hautains*, symétriquement alignés et offrant à l'œil de gracieuses guirlandes d'un vert tendre et appétissant. Dans toutes ces promenades, nous avions un but; c'était, ou pour voir une ferme, ou pour voir un moulin, ou pour visiter un village, un bois, une digue ou d'autres dépendances du château. De retour à Artagnan, nous lisions, nous écrivions, nous causions avec l'excellent père Sarthou, qui se mettait en quatre, lui et ses deux fils, pour nous faire plaisir et nous être agréable en toutes choses.

Le jour de l'Ascension, Pierre, en sa qualité de *comte d'Artagnan*, invita à dîner au château le curé de la paroisse, qui vint avec le maire. Le curé nous parla beaucoup de son église à laquelle il manque un tableau pour le maître-autel; et le maire nous entretint longtemps de sa commune, qui n'a pas de maison d'école. Chacun plaida pour son saint. Le fait est qu'ils avaient raison tous les deux; mais comme un tableau est plus facile à trouver qu'une maison à bâtir, je crois que les vœux du bon curé seront plus vite réalisés que ceux du maire. Ce brave homme avait tellement en tête des idées de construction, qu'il ne voyait que des pierres partout; il prétendait même que les cailloux, mis en terre, pouvaient grossir, au bout d'un certain temps. Je trouvai cette assertion si originale, que je la consigne ici, pour la curiosité du fait; et, certes, ce n'est pas une pierre que je jette dans son jardin!

Notre séjour à Artagnan fut entrecoupé par une petite excursion à Bagnères-de-Bigorré dont nous visitâmes les églises, les bains et les marbreries. Mais tout cela est si connu que je n'en parlerai pas davantage. J'aime mieux dire adieu au vieux manoir d'Artagnan et partir de suite pour Montesquiou, que nous ne pouvons nous dispenser d'aller voir, en étant si près.

Montesquiou est une petite ville du département du Gers, située dans l'arrondissement de Mirande, et environ à une dizaine de lieues d'Auch. Elle a seulement une population de 2,200 âmes, avec le titre de chef-lieu de canton. Bâtie sur une colline, isolée et arrondie en forme de mamelon, d'où lui vient sans doute son nom latin, *Mons quietis* (?)

cette ville a un aspect des plus étranges. C'est une enceinte toute féodale, où l'on a construit une rue qui se compose d'une trentaine de maisons et qui, à chacune de ses extrémités, a une porte en ogive, sentant son moyen-âge d'une lieue. Je n'ai jamais rien vu d'aussi original, si ce n'est la *Rambla* de Tarragone, qui a des portes à peu près semblables. Du reste, cette originalité a un cachet presque oriental, et il ne manque à Montesquiou que deux ou trois bouquets de palmiers,pour compléter l'illusion. Les vieilles murailles se détachent bien sur l'azur du ciel; les portes ouvrent sur des pentes douces et ont des bancs, où viennent s'asseoir les vieillards et les enfants; l'intérieur de la ville est désert et silencieux; tout enfin rappelle ici la solitude et le mystère de l'Orient! Il n'y a dans l'enceinte des murs que l'église, le presbytère, la mairie, la justice de paix, l'école, la halle, le bureau de poste et la maison du notaire. Tout le reste de la population habite les *faubourgs* et la campagne, qui a environ douze lieues de circonférence. Il y avait autrefois un très-beau château à Montesquiou, mais la *bande-noire* l'a acheté à vil prix pour le démolir. Il avait cinq tours qui dessinaient les cinq rayons d'une étoile, et l'intérieur en était très-grand; aujourd'hui il n'en reste plus rien que des ruines.

Le curé de Montesquiou voulut absolument nous faire les honneurs de sa ville. C'est un beau vieillard à cheveux blancs et qui est là, depuis plus de trente ans. Il nous a menés partout, jusqu'au haut du clocher. Dans la chapelle du cimetière, construite par M. Barris-Laplagne, il nous a fait remarquer, sur un mur, l'inscription suivante :

MEMORIA DOMINORUM DE MONTESQUIVO.

« *Raymundus-Aymericus*, de generatione Clodovei Regis Francorum, primus hujus loci dominus, anno 1060, et filii ejus qui ei successerunt usque ad annum 1570, plerique pietate ac virtute militari insignes, quorum *Raymundus-Aymericus*, nomine *secundus*, in Palestinâ cum Rege Philippo Augusto Sarracenos depugnavit.

Fabianus de Montluc, anno 1570, de eodem sanguine, in occisione gladii mortuus est, anno 1573.

Adrianus de Montluc, princeps de *Chabanais*, comes de Carmaing, baro de Saint-Felix et hujus loci, ab anno 1573 ad annum 1643, cum uxore suâ in ecclesiâ parœciali sepultus est.

Carolus d'Escoubleau, marchio de *Sourdis* et d'Alluye, ab anno 1643 usque ad annum 1666, et uxor Johana de Montluc, quœ ecclesiam parœcialem adornavit.

Antonius Rusé, marchio d'*Effiat*, ab anno 1666 usque ad annum 1669, et Elisabeth d'Escoubleau, uxor ejus.

Joannes-Baptista-Gasto, dux *de Roquelaure*, Franciœ-Marescallus, qui dominium hujus loci acquisivit, anno 1669, et mortuus est, anno 1680.

Ludovicus-Bretagne Alain de Rohan-Chabot, par Franciœ, princeps de Leon, et Francisca de Roquelaure, uxor ejus, anno 1768. Ludovicus-Augustus *Rohan-Chabot*, mortuus est anno 1753.

Petrus-Paulus Bombarde de Beaulieu, qui dominium hujus loci œre suo acquisivit, anno 1754.

Anna-Petrus, marchio de *Montesquivo d'Artagnan*, ab anno 1760, ultimus hujus loci dominus. »

Cette inscription, dont le latin est trop simple pour qu'il soit nécessaire d'en donner la traduction, prouve que les gens de Montesquiou ont un bon cœur et qu'ils savent se souvenir de leurs anciens seigneurs, quoique nous soyions dans un siècle d'égoïsme et d'ingratitude où l'on ne se souvient plus de rien.

Le respectable curé de Montesquiou fit comme celui d'Artagnan; il nous recommanda son église dans le chœur de laquelle est inhumé Adrien de Montluc, prince de Chabanais, qui disait avant de mourir :

« *Souvenez-vous que je suis Montesquiou et que je désire reposer dans le tombeau de mes pères !* »

Nous avons fait le trajet de Montesquiou à Auch dans une mauvaise patache, où nous étions six voyageurs, au lieu de quatre. Heureusement que le cheval était bon, et qu'il y avait un relai à l'*Ile-de-Noé*; de sorte que nous n'avons mis que trois heures pour atteindre le chef-lieu du Gers, qui est vraiment bien laid. Auch n'a de remarquable que sa cathédrale, et encore ne vaut-elle pas ce que nous nous étions imaginés. C'est un grand édifice du style de la 'enaissance. Les deux tours qui flanquent son portail sont ›p rapprochées l'une de l'autre, ce qui écrase la rosace milieu et ôte à la façade toute sa majesté. Cette cathé- 'e possède de magnifiques vitraux de couleur, du XVIIe siècle, et des stalles gothiques d'un grand style; on y voit la place qui était réservée au sire de Montesquiou, en qualité de premier baron d'Armagnac et de bienfaiteur de *Sainte-Marie d'Auch*. On a trouvé, dans cette église, il y a quelques années, le tombeau du cardinal Pictavin de Montesquiou, successivement évêque de Bazas, de Maguelonne et d'Albi, mort en 1356; et ceux de plusieurs membres de sa famille. Ces tombeaux sont aujourd'hui déposés à la bibliothèque de la ville, où nous les avons vus. Parmi ces pierres tumulaires, deux surtout fixèrent mon attention; d'abord celle du cardinal, qui est représenté, en relief, couché sur son tombeau, la mitre en tête, les deux mains jointes et le chapeau rouge sur ses genoux; ensuite celle de Geraud de la Barthe, archidiacre d'Auch et oncle maternel de Raymond-Aimery II de Montesquiou. Une charte du cartulaire de l'église d'Auch nous apprend que cet archidiacre, qui est là, dessiné *au trait* sur sa pierre tombale, poussa la charité jusqu'à se constituer prisonnier à la place de son neveu, Raymond-Aimery II, que le seigneur d'Arbeissan avait surpris et renfermé, chargé de fers, dans son château de Lavardens. Beaucoup d'oncles, de nos jours, feraient plutôt mettre leurs neveux en prison que d'aller y prendre leur place!

Les habitants d'Auch, qu'on appelle les *Auscitains* (*Auscitani*), ont deux escaliers dont ils sont très-fiers : *l'escalier en colimaçon*, qui conduit au faîte de la cathédrale, et *l'escalier monumental*, qui fait communiquer la haute avec la basse ville. Le fait est, que ces deux escaliers sont très-beaux, chacun dans son genre. Il y a encore à Auch un palais de justice, *tout neuf*; c'est petit, mais aussi la ville n'est pas grande! Certaines gens crient contre les églises qui se construisent de tous les côtés; qu'ils crient donc aussi contre les palais de justice, car on en bâtit partout à présent. Il n'y a pas trois villes, dans tout le midi de la France, qui n'aient remis leur *palais* à neuf!

Avant de quitter Auch, nous avons été voir le château de Marsan, qui est situé dans les environs et qui appartient au duc de Fezensac-Montesquiou. Cette habitation a été restaurée par le fameux *abbé* de Montesquiou, celui-là même que Louis XVIII avait créé duc et pair, et qui fut nommé membre de l'Académie-Française pour avoir rédigé la *Charte constitutionnelle*. C'était néanmoins un homme de beaucoup d'esprit et qui, malgré les malheurs des temps, sut rester fidèle aux vrais principes. Parmi les tombes de la chapelle funéraire de Marsan, je n'ai pas vu la sienne. Après avoir passé la majeure partie de sa vie en exil, subirait-il encore l'ostracisme du tombeau?

A Agen, la ville qui rivalise avec Tours pour le commerce des *pruneaux*, nous avons vu les restes du château de Blaise Montluc, un autre Montesquiou, dont le corps repose dans la chapelle de Marsillac. C'était un véritable pèlerinage que faisait alors mon jeune compagnon de voyage; car depuis Artagnan jusqu'à Agen, il marchait à travers les tombeaux de ses ancêtres!

La cathédrale qui a un beau pourtour extérieur, en style roman; l'église gothique des *Carmes déchaussés* et le canal du midi, qui traverse la Garonne sur un large pont de pierre, voilà à peu près tout ce qu'il y a de curieux à Agen. Le reste n'offre qu'un très-médiocre intérêt.

Il n'en est pas de même de l'ancienne capitale du Périgord, qui se présente avec beaucoup plus de souvenirs historiques que l'Agénois. Ses *truffes* à part, Périgueux vaut bien la peine qu'on s'y arrête un instant.

D'abord, sa cathédrale, avec ses dômes moscovites, ne ressemble à rien de ce qu'on voit ailleurs. On la restaure, et nous l'avons trouvée en plein désarroi, ainsi que son chapitre qui ne savait trop où se réfugier, pour chanter l'office. Ensuite, Périgueux a de belles ruines romaines et féodales, témoins la grosse tour éventrée et le château de *Barrière*. L'aspect de la ville est agréable; il y a des places et des quinconces superbes, ornés des statues en bronze de Montaigne, de Fénélon et du maréchal Bugeaud, qui, tous les trois, sont enfants du Périgord.

On a essayé d'introduire en France les combats de taureaux, et des toréadors espagnols sont venus à Périgueux; mais, invoquant la loi Grammont, l'autorité s'est opposée à l'effusion du sang, qui est la base de la *Tauromachie*; par conséquent ces combats, que nous avons vus, se sont réduits à de simples courses très-innocentes.

Nous nous sommes arrêtés à Limoges, pour voir un peu cette vieille ville, dont tout un quartier brûla, il y a deux ans. Les restes de cet incendie sont encore considérables; car il y a très-peu de maisons reconstruites. Ces ruines m'ont rappelé vaguement celles de Pompéï. Il y avait, ce jour-là, la foire à Limoges, de sorte que, toute la ville regorgeant de monde, la circulation n'était pas facile. Nous avions fui Périgueux pour éviter la foire, et nous la retrouvions ici, avec une course de chevaux en plus! C'était avoir peu de chance. Aussi, après avoir vu les principales églises de Limoges, nous hâtâmes-nous de partir pour Bourges, où nous attendait la plus merveilleuse des cathédrales qui soient en France.

Assurément, Bourges peut lutter avec Burgos. Que c'est grand, que c'est vaste, que c'est beau! Quelle richesse de style! Quels admirables vitraux! Il faudrait mettre à la suite les uns des autres des milliers de points d'admiration, pour rendre tout l'étonnement et tout le ravissement que l'on éprouve, en voyant la cathédrale de Bourges. On se sent petit comme un pygmée, en entrant dans cette immense basilique qui a une profondeur et une hauteur incroyables. C'est bien là le temple où réside la divinité, la véritable maison de Dieu! L'église souterraine ajoute encore à toutes ces magnificences architecturales; et, à elle seule, elle ferait déjà un monument des plus remarquables, si elle ne se perdait pas tout entière dans l'ensemble de cette colossale construction, qui est tout un monde de colonnes, d'ogives et de saints de pierre. En voyant tout cela, je me suis demandé pourquoi on allait si loin pour voir de belles cathédrales, quand on a une pareille merveille à sa porte!

Bourges est la ville tranquille par excellence; c'est celle qui a le mieux conservé toutes ses reliques du moyen-âge. Nous y avons vu la maison de Jacques Cœur, argentier du roi Charles VII, celui que, par dérision, les Anglais appelaient *le roi de Bourges,* comme les sans-culottes de 1793 appelaient l'infortuné Louis XVII *le roi de Montbrison.* C'est un édifice remarquablement beau que le gouvernement vient d'acheter et qu'il a classé parmi les monuments historiques. La maison où est né Louis XI et celle qui appartenait à Cujas, le célèbre jurisconsulte, dont nous avons vu la statue à Toulouse, sont également dignes de l'admiration des archéologues. Il serait à désirer, pourtant, qu'au lieu d'être une caserne de gendarmerie, la maison de Cujas fût appropriée pour recevoir les belles collections du musée de Bourges, qui sont mal entretenues et dans un mauvais local.

En revenant d'Italie, nous nous étions arrêtés à Fontainebleau, pourquoi, en revenant d'Espagne, ne jetterions-nous pas un coup d'œil sur Orléans? Avec les chemins de fer on va si vite, qu'on ne s'arrête plus nulle part; et Orléans est une des villes que tout le monde *brûle!* Ne tenant donc pas compte du *qu'en dira-t-on?* nous avons voulu faire le tour de *Sainte-Croix* et saluer la statue équestre de Jeanne d'Arc, avant de rentrer à Paris, où nous sommes revenus avec des illusions de moins et de l'expérience de plus!

FIN.

TABLE

Charleville, Typographie A. Pouillard, rue Napoléon, 22.

www.ingramcontent.com/pod-product-compliance
Ingram Content Group UK Ltd.
Pitfield, Milton Keynes, MK11 3LW, UK
UKHW012008240726
13965UKWH00001B/241